B V
72

Karsten Müller

Teste und verbessere deine
taktischen Fähigkeiten

Karsten Müller – Schachtaktik

Mit einem Vorwort von
Susan Polgar

Joachim Beyer Verlag

ISBN 978-3-95920-015-8

2. überarbeitete Auflage 2018

Ein Imprint des Schachverlag Ullrich, Zur Wallfahrtskirche 5,
97483 Eltmann

Originaltitel: *Chess Puzzle Book 1,* erschienen 2004 bei Russell Enterprises, Milford (USA)

Titelbild: alswart, www.fotolia.de

Inhalt

Vorwort von Susan Polgar

Als ich ein junges Mädchen war, habe ich jeden Tag taktische Schachaufgaben gelöst. Als meine Schwestern das Spiel erlernten, haben sie gleichartige Übungen absolviert. Seitdem habe ich tausende von Schülern trainiert und Taktikaufgaben als eine der effektivsten Trainingsmethoden genutzt. Ich glaube fest daran, dass Taktik ein sehr wichtiger Bestandteil einer Schachpartie ist; das bewusste Studium und Anwenden taktischer Prinzipien haben meinen Schwestern und mir während unserer gesamten Laufbahn erheblich geholfen. Ich stimme der bekannten Maxime „Schach ist 99% Taktik“ absolut zu.

Dieses Buch des deutschen Großmeisters Karsten Müller ist einzigartig und ich mag es persönlich sehr. Es berücksichtigt jede erdenkliche Art von taktischen Motiven. Es behandelt sowohl gewöhnliche Motive wie Grundreihenmatt, Fesselung, Spieß oder Gabel, enthält aber auch ungewöhnliche und einige der schönsten Kombinationen der Schachgeschichte. Dieses Taktikbuch ist sehr nützlich für Spieler fast jeder Spielstärke, vom fortgeschrittenen Vereinsspieler bis zum Internationalen Meister und sogar darüber hinaus. In der Tat habe ich mit diesem Buch gearbeitet, um taktisch fit zu bleiben.

Ich habe viele von Müllers früheren Büchern genossen, insbesondere *The Magic of Chess Tactics* und *Fundamental Chess Endings*. Darüber hinaus finde ich seine Kolumne „Endgame Corner“ unter www.ChessCafe.com sehr lehrreich. Er ist ein ausgezeichneter Autor, der sehr sorgfältig arbeitet und gleichzeitig angenehm zu lesen ist.

Ich schätze dieses Buch insbesondere aus den folgenden Gründen:

- Es deckt einen großen Umfang an taktischen Motiven aller Phasen einer Schachpartie ab.
- Es bietet verschiedene Schwierigkeitsstufen an.
- Die Aufgaben sind aktuellen Partien aus der Großmeisterpraxis entnommen.
- Es bietet eine Wertungsskala an, mit der man seine taktische Stärke messen kann.

Ich kann dieses Buch vorbehaltlos empfehlen. Es wird Ihnen helfen, Ihre taktischen Fähigkeiten zu trainieren und enorm zu verbessern.

Susan Polgar, New York

Einleitung

Das alte Motto „Schach ist 99% Taktik“ trifft mit Sicherheit in vielerlei Hinsicht zu. Auch die beste Strategie hilft nicht, wenn man keine taktischen Komplikationen meistern kann. Es kommt immer der Moment, in dem man konkrete Varianten berechnen muss und nicht nach allgemeinen Prinzipien, wie z.B. die Stellung der schlechtesten Figur verbessern, handeln kann.

Das folgende Beispiel mit Garri Kasparow, einem der zweifellos stärksten Spieler aller Zeiten, zeigt auf, wie wichtig Taktik ist und wie wichtig es ist, immer achtsam zu sein.

A. Huzman (2574) – G. Kasparow (2830)

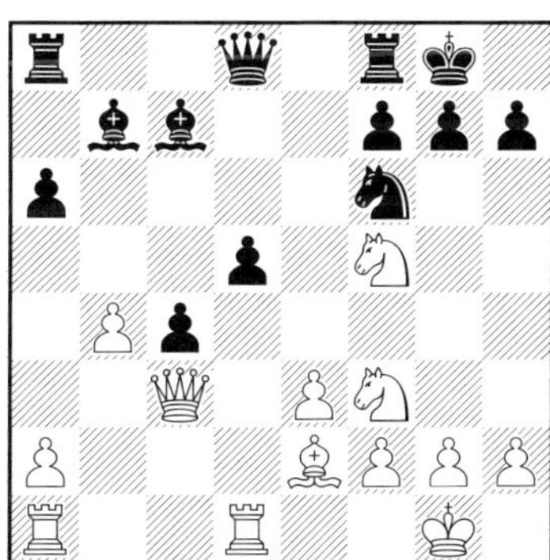

20...♗c8?? Ein unglaublicher Fehler für einen Spieler dieses Kalibers! Wenn man einen Verteidiger aus einer kritischen Position wegzieht, muss man sich sicher sein, dass der Gegner daraus keinen Profit schlagen kann und dementsprechend sind alle möglichen taktischen Fortsetzungen zu prüfen!

21.♖xd5! Der Bauer ist zweifach geschützt, aber keine schwarze Figur kann zurückschlagen. **21...♕e8** 21...♘xd5?? wird widerlegt durch 22.♕xg7#, während nach 21...♕xd5? die Springergabel 22.♘e7+ folgt. **22.♗xc4 1–0**

Lassen sie sich nicht durch dieses Beispiel täuschen. Kasparow ist ein außergewöhnlicher Taktiker (siehe z.B. Kasparow – Topalow auf Seite 153). Nach dem Studium dieses Buchs könnte man auch seine Partien durcharbeiten, um das eigene Verständnis von dynamischem Schach und Initiative zu verbessern. Aber wie soll man Taktik studieren? Bevor man sich in Partiesammlungen von Tal oder Neschmetdinow oder Büchern von mir vertieft, schlage ich vor, dass Sie zuerst ihre taktischen Fähigkeiten anhand z.B. dieses Buches testen und verbessern. Wenn ich junge Spieler trainiere, dann gebe ich ihnen immer taktische Übungen als Hausaufgabe, so wie es meine Trainer mit mir machten. Ich habe davon enorm profitiert und tue es immer noch. Aus eigener Erfahrung weiß ich, dass es am besten ist, Taktikaufgaben nach Motiven zu sortieren. Das hilft bei der Mustererkennung, eine Fähigkeit, die sehr wichtig ist, um ein starker Spieler zu werden. Man kann natürlich auch zuerst die leichten Aufgaben lösen, entweder um sich aufzuwärmen, oder um sich zuerst an diese Art Aufgaben zu gewöhnen. Ich schlage sogar vor, sie mehrmals zu lösen.

Karsten Müller – Schachtaktik

Michael de la Maza empfiehlt in seinem Trainingsprogramm „Seven Circles“, es sieben Mal durchzuarbeiten. Natürlich sollte man dazwischen eine Woche Pause einfügen. Mit der Zeit wird man sich immer schneller an die Lösungen erinnern und am Ende wird man die relevanten Muster automatisch erkennen. Es ist natürlich wichtig, diese Aufgaben regelmäßig zu lösen, aber man sollte sich dazu nicht zwingen. Es sollte immer Spaß machen! Sie sollten sich nicht am letzten Test versuchen, bevor Sie nicht in der Lage sind, nahezu alle vorherigen Aufgaben zu lösen. Bei der Auswahl des Materials habe ich wenig bekannte Stellungen und vornehmlich Aufgaben aus dem Zeitraum 2000-2003 einbezogen. Natürlich konnte ich nicht der Versuchung widerstehen und habe einige meiner Lieblingskombinationen eingefügt. Ich wünsche ihnen viel Spaß beim Lösen der Aufgaben und hoffe, dass sich ihre taktischen Fähigkeiten verbessern!

Ich möchte Taylor Kingston, der das Buch redigiert und einige Kombinationen eingefügt hat, für seine hervorragende Arbeit, Susan Polgar für das Vorwort, Georgios Souleidis für die Übersetzung ins Deutsche, Thomas Beyer für das gelungene Layout der deutschen Ausgabe und nicht zuletzt Hanon W. Russell für seine freundliche Haltung gegenüber dem gesamten Projekt danken.

Karsten Müller, Hamburg, November 2015

Zeichen und Symbole

+−	Weiß steht auf Gewinn
±	Weiß steht deutlich besser
⩲	Weiß steht etwas besser
=	die Stellung ist ausgeglichen
⩱	Schwarz steht etwas besser
∓	Schwarz steht deutlich besser
−+	Schwarz steht auf Gewinn
∞	die Stellung ist unklar
=∞	mit Kompensation für das Material
→	mit gefährlichem Angriff (für die Seite, die den letzten Zug ausgeführt hat, z.B. 11.Sxf7→ bedeutet, dass Weiß einen gefährlichen Angriff hat)
↑	gefährliche Initiative (nicht „Kaffeehaus-Kompensation", z.B. zwei Bauern und ein Schach für eine Figur) für die Seite, die den letzten Zug ausgeführt hat
!!	ein starker und schöner Zug
!	ein starker Zug
!?	ein interessanter und evtl. starker Zug
?!	ein zweifelhafter Zug
?	ein Fehler
??	ein grober Fehler

Grundreihenmatt

Der unglückliche Bauernschutz

Das Motiv tritt häufig auf, so dass Sie damit vertraut sein sollten. Einer der Gründe ist, dass nach der kurzen Rochade die Bauern vor dem König diesen nicht nur beschützen, sondern auch die Felder auf der 2. Reihe einnehmen. Allerdings ist das Problem nicht automatisch gelöst, sobald man einen der Bauern zieht, da die Fluchtfelder vom Gegner kontrolliert werden können. Spektakuläre Ablenkungen der verteidigenden Figur treten häufig auf, so dass Ihre Alarmglocke immer läuten sollte, solange Ihr König kein Luftloch (Fluchtfeld auf der 2. Reihe) besitzt und der Gegner mit einer Dame oder einem Turm auf Ihre 1. Reihe zu ziehen droht. Sorgen Sie dementsprechend für ein Luftloch, ziehen Sie ihre Schwerfiguren zurück oder sichern Sie Ihren König mit einer Figur, z.B. auf f1. Das folgende Beispiel illustriert, was passiert, wenn man die Verteidigung vernachlässigt.

O. Bernstein – J. Capablanca
Moskau 1914

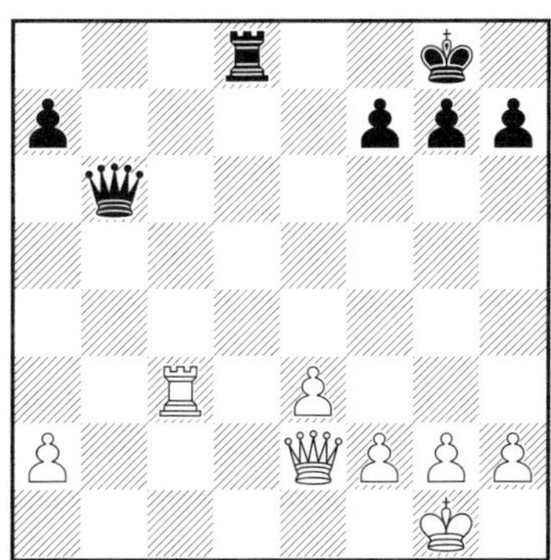

29...♕b2! Diese typische Ablenkung zwang Weiß zur Aufgabe. Wenn Sie die Aufgaben lösen, sollten Sie natürlich alles bis zum Ende berechnen: 29...♕b1+? 30.♕f1 ♖d1?? geht dank der schwachen schwarzen Grundreihe nach hinten los: 31.♖c8+ ♖d8 32.♖xd8#; 29...♕b5?? wird durch 30.♕xb5 ♖d1+ 31.♕f1+− widerlegt. **30.♕d3** 30.♕xb2 ♖d1#. **30...♕a1+** 30...♕xc3?? ist ein furchtbarer Fehler, da 31.♕xd8# mattsetzt. **31.♕f1 ♕xc3−+**.

Ein weiteres berühmtes Beispiel einer Ablenkung des Grundreihenverteidigers ist Adams gegen Torre auf Seite 177.

Manchmal bricht eine angreifende Dame freiwillig in die Grundreihe ein, um eine Überlastung der verteidigenden Figuren herbeizuführen.

J. Gdanski (2557) – L. Schandorff (2520)
Deutsche Bundesliga 2001

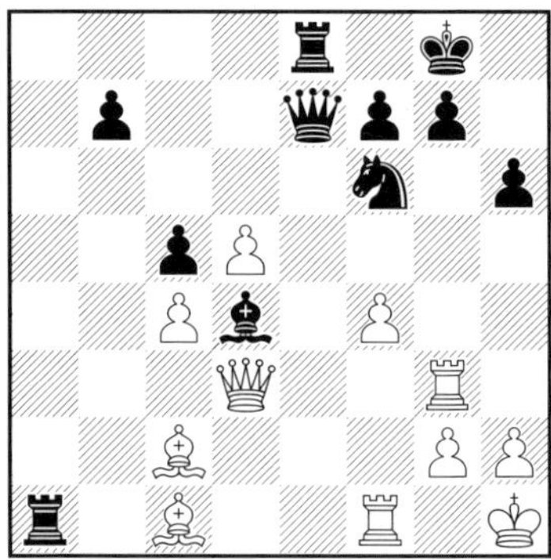

31...♛e1! 32.♖gf3? 32.♕d1 musste geschehen, aber Schwarz behält nach 32...♕b4 33.♖b3 ♕xc4 34.♖xb7 ♕xd5–+ die Oberhand. **32...♛xc1!** Nun kann Weiß die Probleme seiner schwachen Grundreihe nicht lösen. **33.♖xc1 ♖xc1+ 34.♗d1** 34.♖f1 ♖ee1–+. **34...♖e1+ 35.♖f1 ♖xf1+ 36.♕xf1 ♘e4 0–1** Die Drohung ♖xd1 kann nicht pariert werden.

Ein unrochierter König ist nicht immun gegen ein Grundreihenmatt:

A. Schirow (2706) – A. Motyljow (2641)
FIDE-WM Knock-out-Turnier, Moskau 2001

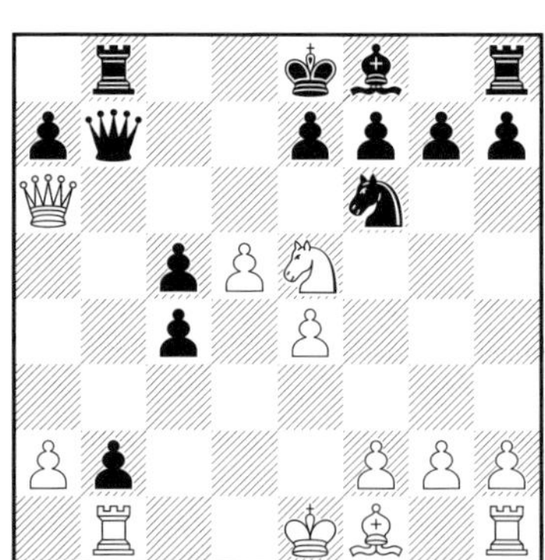

13.♖xb2! Schwarz gab auf wegen **13...♛xa6** 13...♕xb2 14.♕c6+ ♔d8 15.♘xf7#. **14.♖xb8+ ♛c8 15.♖xc8#.** 13.♕a4+ ♘d7 14.♖xb2 gewinnt ebenfalls.

Nun sollten Sie die Aufgaben lösen, um weitere wichtige Motive kennen zu lernen.

Aufgaben

Lösungen auf Seite 207

1. K. Sasikiran (2654) – C. Hansen (2618)
18. Nordsee-Cup Esbjerg 2003

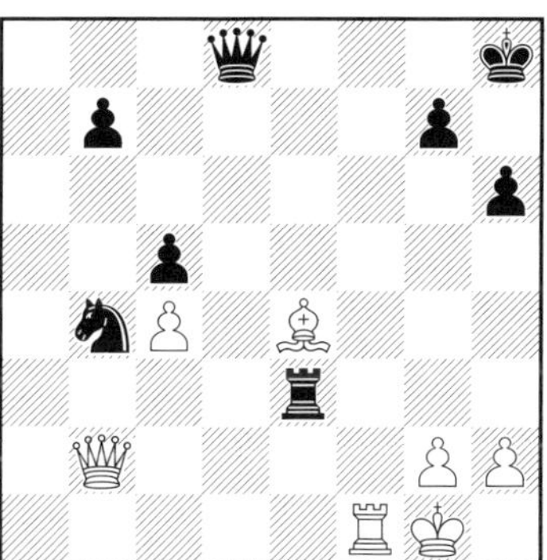

Der Läufer auf e4 hängt, oder? Weiß am Zug.

2. R. Kempinski (2549) – A. Galkin (2535)
Rilton-Cup Stockholm 2000

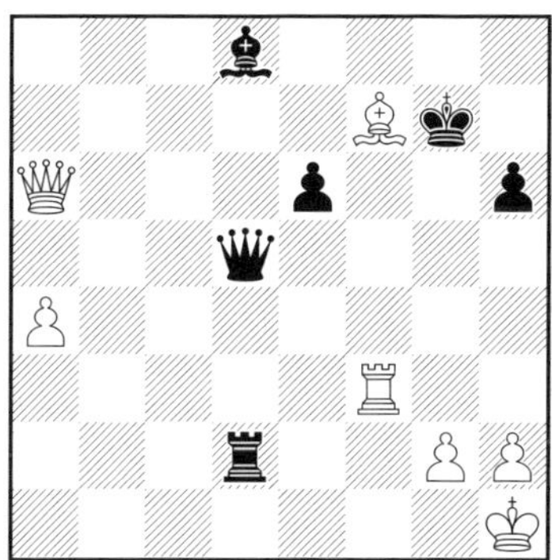

Kempinski gab auf, da es für Schwarz zwei Möglichkeiten gibt, um zu gewinnen. Finden Sie eine der Möglichkeiten.

3. A. Wirig (2347) – M. Kazhgaleyev (2604)
FRA-Mannschaftsmeisterschaft 2003

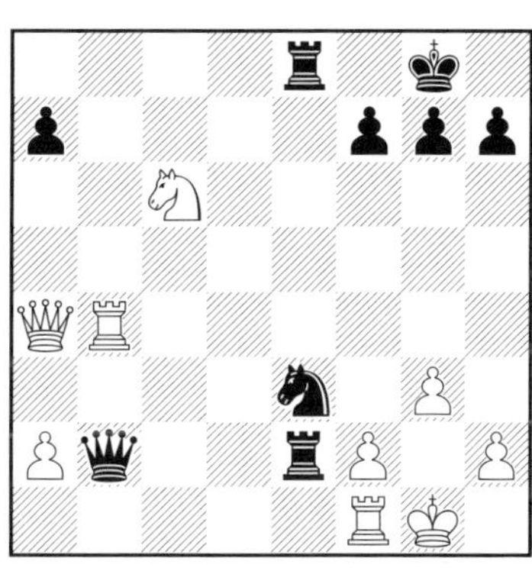

Weiß hat schon g2-g3 gezogen, um frische Luft zu schnappen. Hat ihm das geholfen?

4. V. Moskalenko (2509) – A. Mirzoev (2516)
Offenes Turnier Hostafrancs, Barcelona 2001

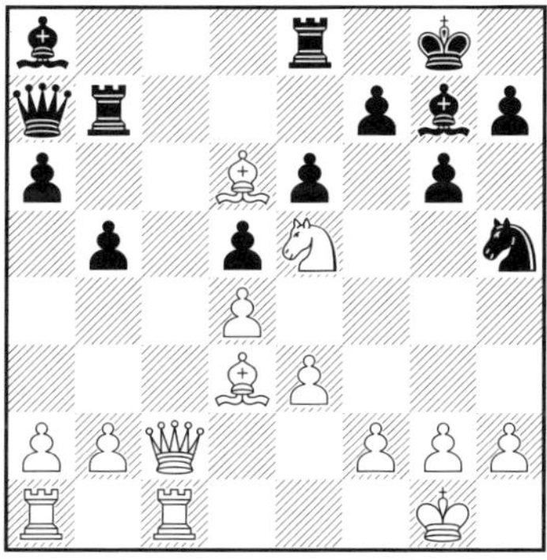

Die schwarzen Figuren sind schlecht koordiniert. Kann Weiß am Zug das ausnutzen?

5. S. Lputjan (2598) –
W. Iwantschuk (2719)
Montecatini Terme 2000

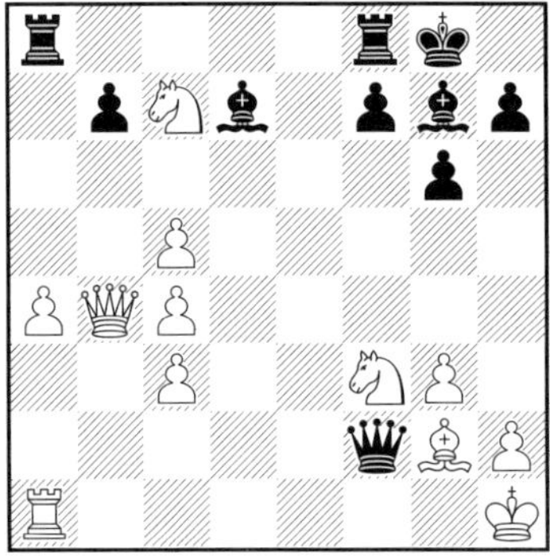

Schwarz hat eine Qualität mehr, aber Weiß hat einige Kompensation, oder? Schwarz am Zug.

6. T. Gelashvili (2551) –
S. Atalik (2551)
31. Griechische Mannschaftsmeisterschaft Halkidiki 2002

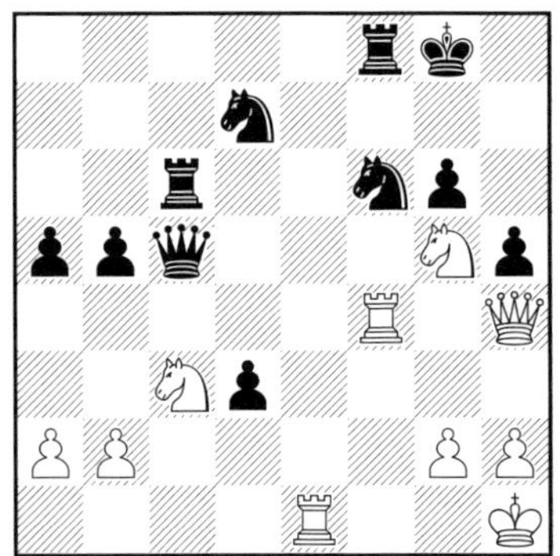

Wie würden Sie 1.♘e6? beurteilen?

7. J. R. Capablanca – G. Thomas
Hastings, Victory Congress 1919

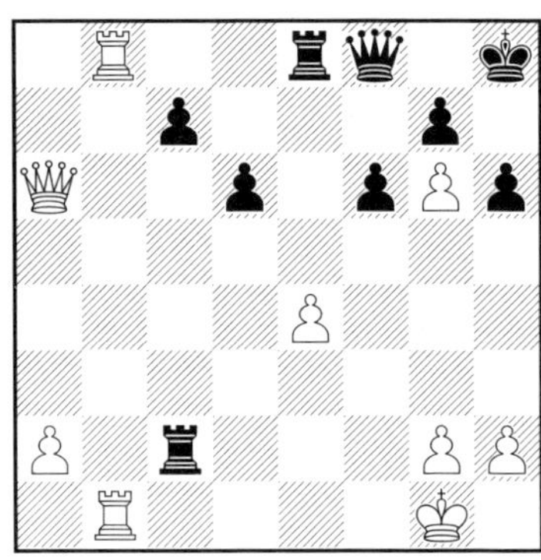

Capablanca spielte 1.♕a8. War das eine glückliche Wahl?

8. Kviletsky – Roslinsky
Posen 1953

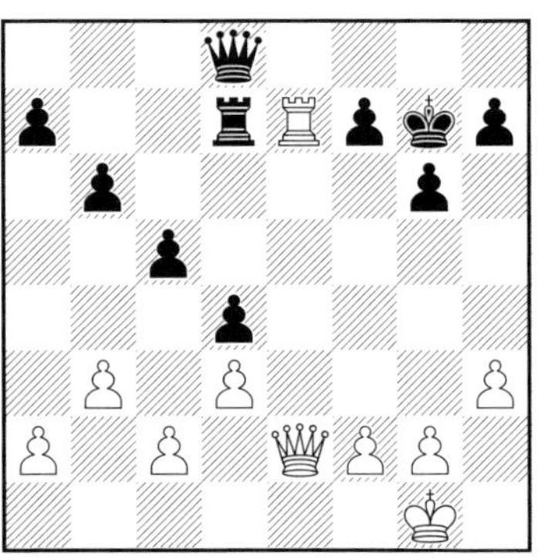

Muss Weiß seinen Turm ziehen?

9. NN – Richter
1957

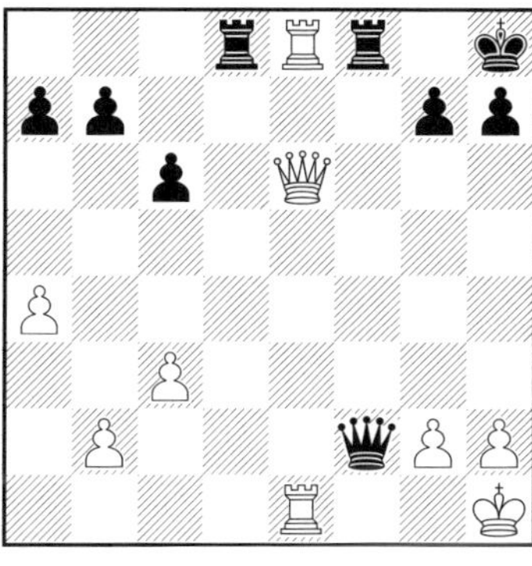

Welche Grundreihe ist schwächer? Schwarz am Zug.

10. S. Reshevsky – R. Fischer
Interzonenturnier Palma de Mallorca 1970

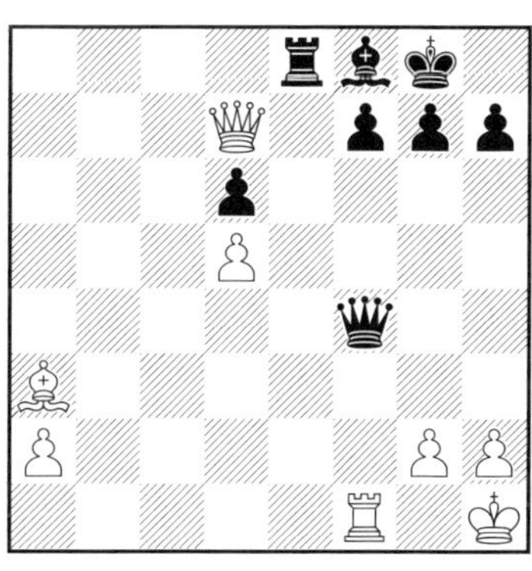

Reshevsky spielte 1.♔g1? und wurde bestraft. Finden Sie heraus wie, und was hätte er stattdessen ziehen sollen?

11. V. Mikenas – D. Bronstein
URS-ch33, Tallinn 1965

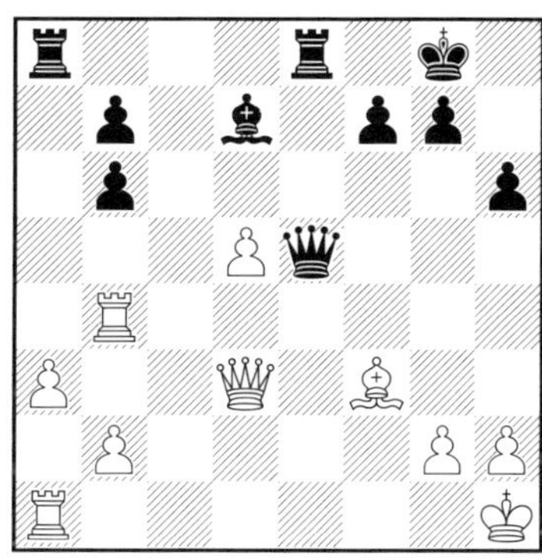

Schwarz am Zug

12. Alden – Nilsson
Schweden 1972

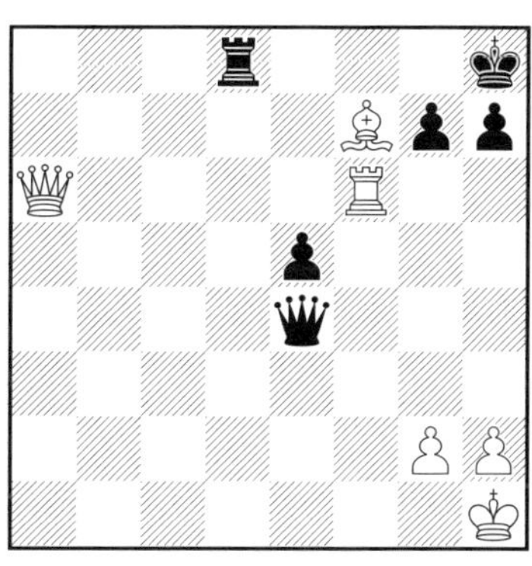

Die weiße Grundreihe sieht furchtbar schwach aus, oder? Schwarz am Zug.

Das Läuferpaar

Schulter an Schulter

Zwei Läufer sind gewöhnlich sehr stark, da der Hauptnachteil eines Läufers – seine Fähigkeit, sich nur auf einer Felderfarbe zu bewegen – nicht existiert. Jonathan Rowson beschreibt das folgendermaßen: „Obwohl zwei Springer sehr effektiv sein können, sehen wir sie nicht als Paar an, weil es nichts gibt, was ein Springer nicht machen kann im Vergleich zum anderen Springer"... In bestimmten Stellungen kann ein „Springerpaar" sehr stark sein, aber das ist eher zufällig, so dass ein „Springerpaar" nicht als wertvoller betrachtet werden kann als die Summe von zwei einzelnen Springern. Auf der anderen Seite kompensiert ein Läufer die Schwäche des anderen Läufers. Wenn Sie also einen Läufer des Gegners tauschen, entfernen Sie nicht nur eine wichtige Figur, sondern schwächen auch den anderen gegnerischen Läufer." Ein einzelner Läufer kann eine gegnerische Figur fesseln, aufspießen, zwei gegnerische Figuren gleichzeitig angreifen oder auf einem Flügel verteidigen, während er auf dem anderen angreift. Dementsprechend ist es einfach nachzuvollziehen, dass zwei Läufer als fernwirkende Figuren große taktische Stärke besitzen – zumindest in offenen Stellungen. Wenn sie auf zwei Diagonalen in Richtung des gegnerischen Königs positioniert sind, spricht man häufig von „Horwitz-Läufern". Anbei ein passendes Beispiel:

Crepinssk – Boto
Jugoslawien 1980

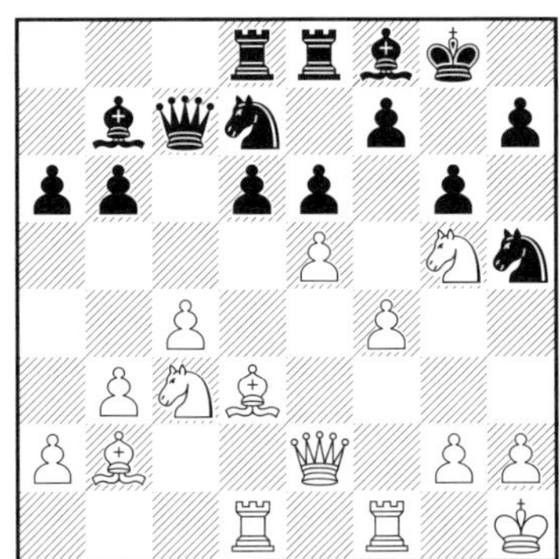

1.♘b5!! Ein Knock-out. 1.♘xh7?! mit der Idee 1...♔xh7? 2.♕xh5+ ♗h6 *(2...Kg8? 3.♗xg6 fxg6 4.♕xg6+ ♗g7 5.exd6+−)* 3.exd6+− kann mit 1...♗g7 2.exd6 ♕c5± beantwortet werden. **1...axb5** 1...♘g3+ 2.hxg3 axb5 3.♕h5!!+−. **2.♕xh5! gxh5** 2...♘f6 3.♕h3 h6 4.exd6+−. **3.♗xh7+ ♔g7 4.exd6+ ♘f6 5.dxc7 ♖xd1 6.♖xd1 ♖e7 7.♗e5 1–0**

Aufgaben

Lösungen auf Seite 207

13. A. Drejew (2676) – Zhang Zhong (2636)
6. Tan Chin Nam-Cup, Beijing 2000

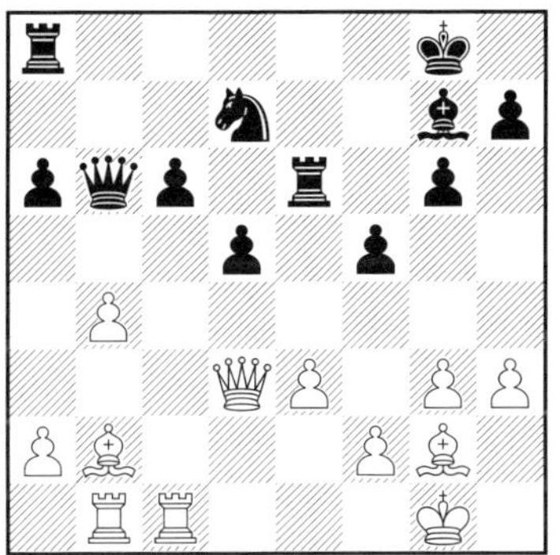

Die schwarzen Bauern schränken den Läufer auf g2 ein, oder? Weiß am Zug.

14. P. Morphy – J. Thompson
New York 1859

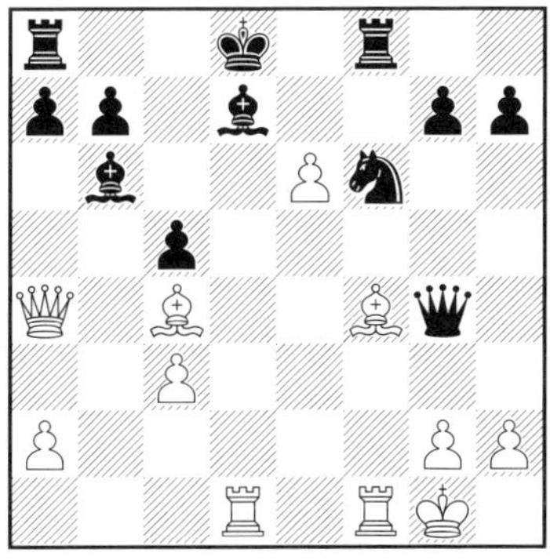

Weiß am Zug setzt in drei Zügen matt.

15. K. Müller (2513) – M. Tschiburdanidse (2545)
Lippstadt 2000

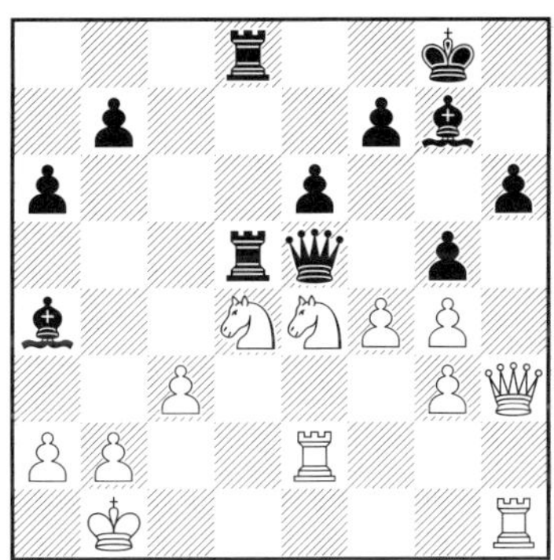

Wessen Angriff ist schneller? Schwarz am Zug.

16. K. Müller (2490) – C. Lutz (2565)
Deutsche Meisterschaft, Dudweiler 1996

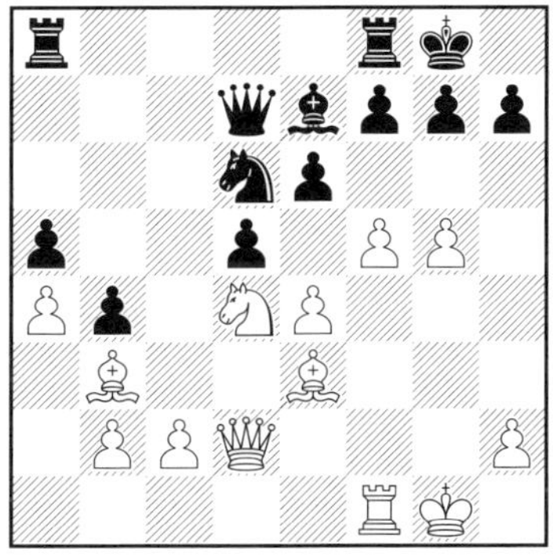

Ich habe einen sehr schlechten Score gegen Christopher Lutz. In diesem Fall gelang mir aber ein Sieg, wie?

17. I. Stohl (2547) –
R. Tischbierek (2523)
Deutsche Bundesliga 2002

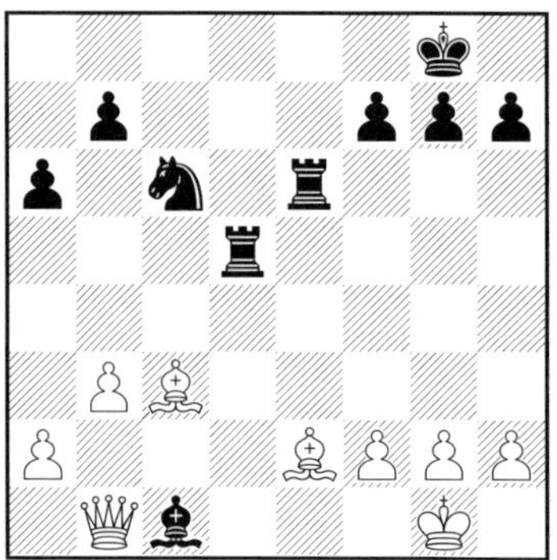

Zwei Türme sind in der Regel genauso stark wie eine Dame. Ist das im folgenden Beispiel auch der Fall? Weiß am Zug.

18. Em. Lasker – J. Bauer
Amsterdam 1889

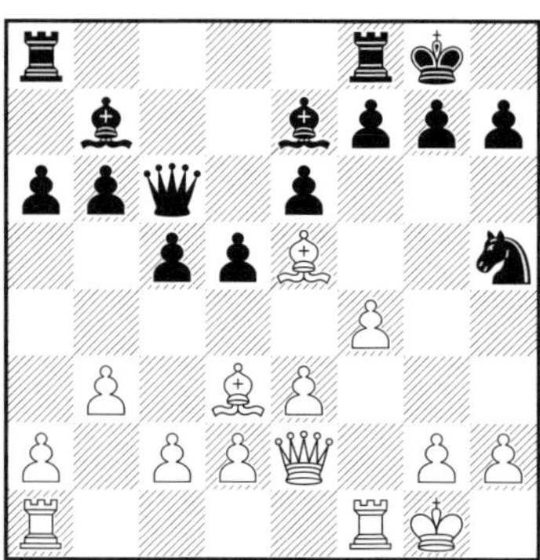

Die folgende Kombination ist sehr berühmt. Berechnen Sie das Feuerwerk bis zum Ende! Weiß am Zug.

In den nächsten drei Beispielen lautet die Frage: Kann einer der Läufer geopfert werden oder nicht? In den ersten zwei Beispielen ist Weiß, im dritten Beispiel Schwarz am Zug:

18A. N. Ibraev – V. Sergeev
St. Petersburg 2003

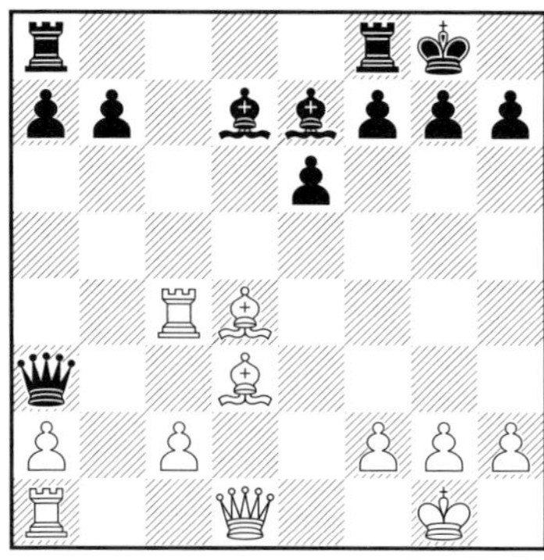

18B. J. Polgar (2722) –
A. Karpow (2693)
Essent Hoogeveen 2003

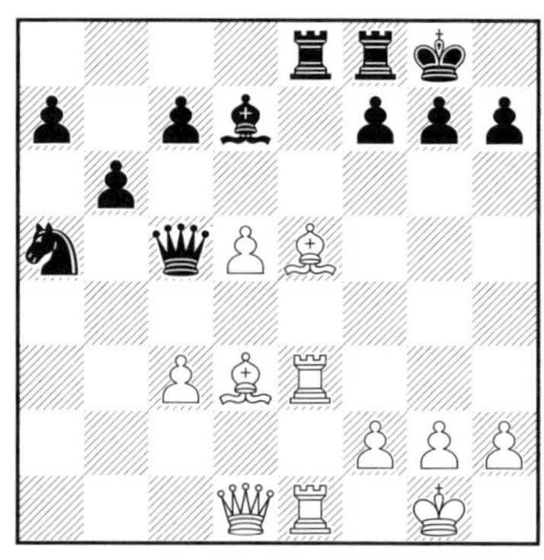

18C. Y. Afek (2430) – E. Liss (2405)
Rishon le Zion 1993

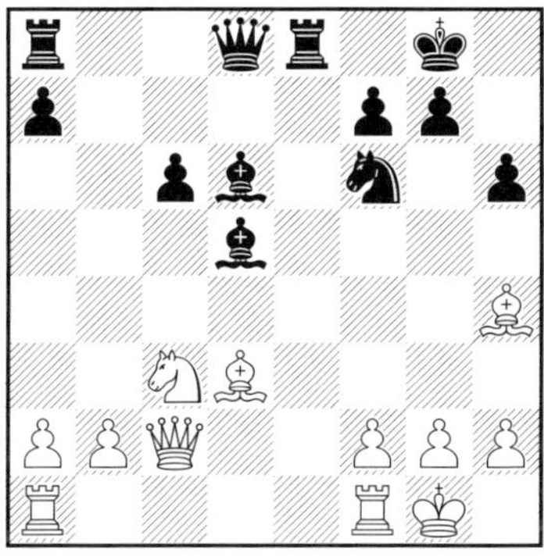

19. A. Nimzowitsch – S. Tarrasch
St. Petersburg 1914

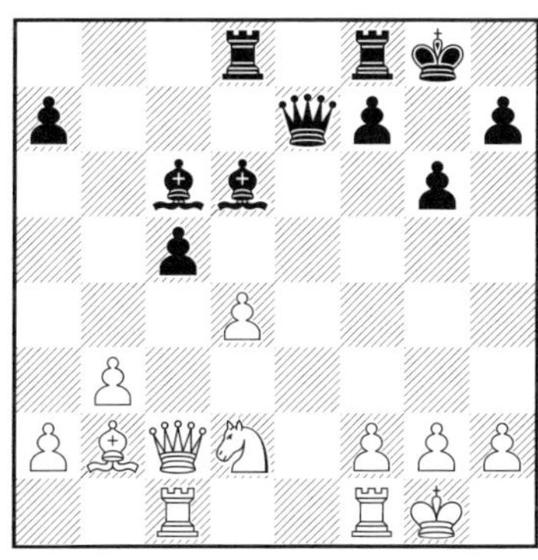

Ein weiterer bekannter Klassiker. Wessen König ist schwächer? Schwarz am Zug.

20. M. Tal – V. Ljavdansky
Kiew 1964

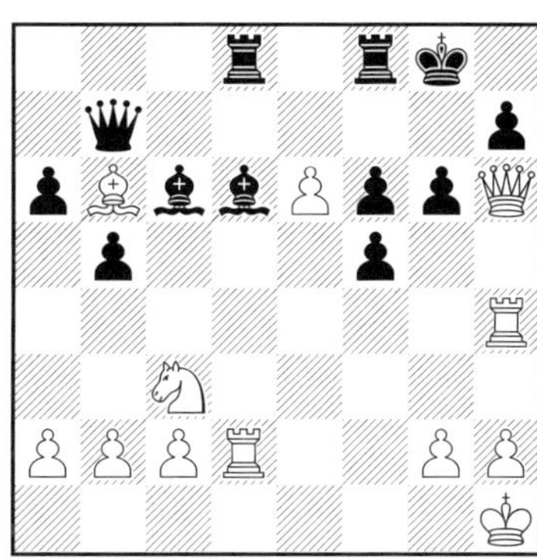

Tal liebte diese Art von Positionen. Seine Figuren sind aber verstreut. Wie hätte das Schwarz ausnutzen können?

21. S. Wolkow (2558) – R. Ponomarjow (2673)
Ohrid 2001

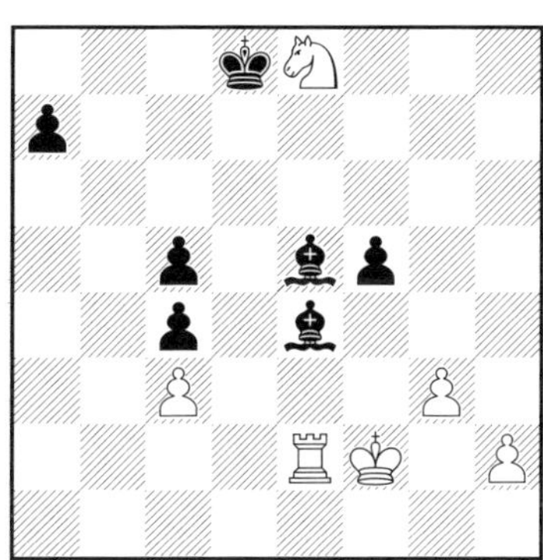

Wer steht besser? Schwarz am Zug.

22. G. Kasparjan
Revista Romana de Sah 1978

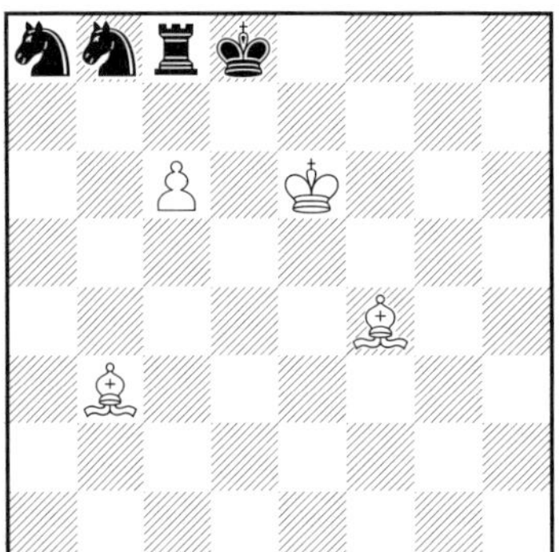

Kasparjan komponierte einige Studien mit dem Thema zwei Läufer vs. Turm und zwei Bauern, die die Stärke des Läuferpaars in einer offenen Stellung demonstrieren. Wie schaffen es die Läufer, in der obigen Stellung zu überleben?

23. H. Stefansson (2570) – L. Bruzón Batista (2589)
36. Capablanca Memorial Elite, Havanna 2001

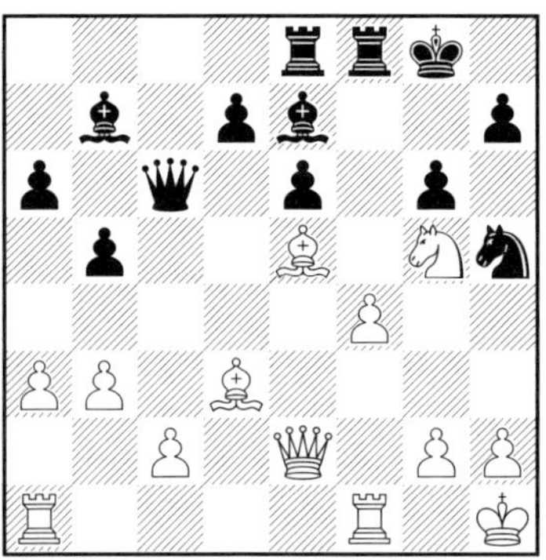

Blackburnes Matt hängt wie ein Damoklesschwert über Schwarz, oder? Weiß am Zug.

24. Riga – Orel
City Fernschachkampf 1896

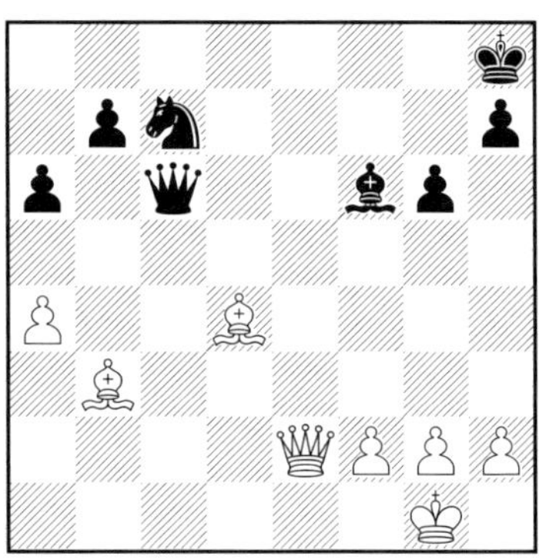

Unterschätzen Sie nicht die Schwierigkeit dieses kleinen Puzzles. Weiß am Zug gewinnt.

Gefährlicher Freibauer

Jeder Soldat möchte ein General werden

Ist Ihnen schon mal aufgefallen, dass es zwei Möglichkeiten gibt, Material zu gewinnen? Die erste Möglichkeit besteht offensichtlich darin, das Material des Gegners zu schlagen und das eigene zu behalten. Die zweite Möglichkeit besteht darin, einen Bauern in eine Dame umzuwandeln. Dadurch gewinnt man sofort acht *Materialpunkte*. Dieser starke Anstieg im Materialverhältnis ist verantwortlich dafür, dass ein weit vorgerückter Freibauer, wie in den folgenden Beispielen zu sehen, taktische Möglichkeiten eröffnet.

J. Kaiser – F. Hoppe
Berliner Meisterschaft 2001

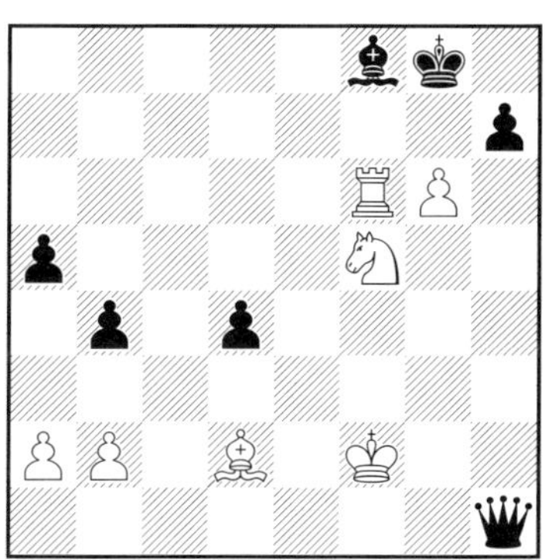

41.♖xf8+! ♔xf8 42.♗h6+ ♔e8! 42...♕xh6? 43.♘xh6 hxg6 44.♔f3 ♔g7 45.♘g4 g5 46.♔e4 ♔g6 47.♔xd4 ♔f5 *(47...♔h5 48.♘e5+−)* 48.♘f2+−; 42...♔g8?? 43.♘e7+ ♔h8 44.g7#. **43.gxh7 ♕h2+ 44.♔f3 ♕e5?** Schwarz verpasste das Dauerschach mit 44...♕h1+ 45.♔g4 ♕e4+ 46.♔g5 ♕g2+ 47.♔f6 ♕c6+ 48.♔g5= *(48.♔g7?* verliert sogar: *48...♕d7+ 49.♔g6 ♕f7+−+).* **45.♘g7+ ♔f7 46.h8♕ ♕d5+ 47.♔f2 ♔g6 48.♕e8+ ♔h7** 48...♔xh6 49.♕e6++−. **49.♕e6 ♕b7 50.♘f5 1–0**

Zwei verbundene und mobile Freibauern sind normalerweise äußerst stark:

V. Neverov (2540) – W. Kramnik (2490)
Moskau 1991

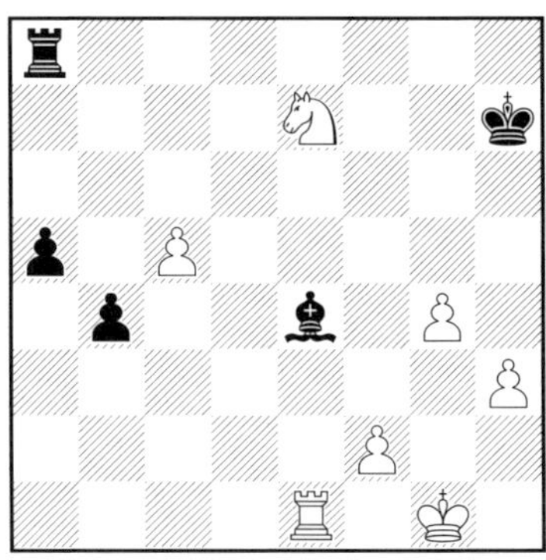

Kramnik rückt einfach seine Bauern vor: **36...a4! 37.c6** 37.♖xe4 a3 38.♖xb4 (38.♖e1 a2 39.♖a1 b3–+) 38...a2 39.Kg2 a1♕ und Schwarz würde auf lange Sicht gewinnen. **37...a3 38.c7 b3 39.c8♕ ♖xc8 40.♘xc8 b2** Weiß gab auf, da die gegnerischen Bauern nicht aufzuhalten sind: 41.♘d6 b1♕ 42.♖xb1 ♗xb1 43.♘b5 a2–+.

Im Mittelspiel kann ein vorgerückter Freibauer genutzt werden, um das Brett in zwei Hälften zu teilen und die gegnerische Koordination zu zerstören:

G. Kasparow (2595) – J. Pribyl (2395)
EU-Mannschaftsmeisterschaft (Männer), Skara 1980

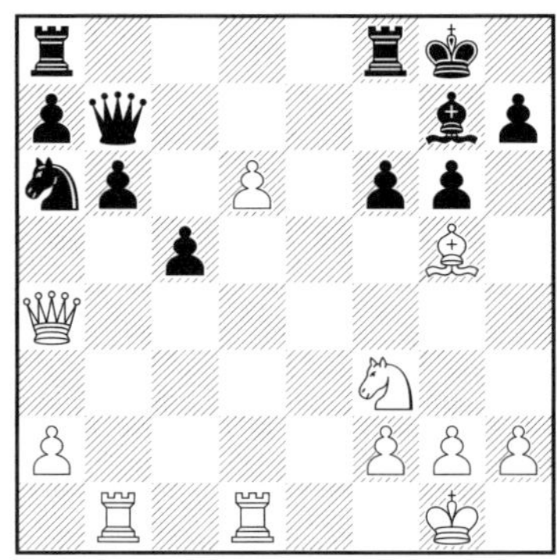

20.d7! fxg5

20...♖ad8 21.♕c4+ ♔h8 22.♘e5! fxe5 *(22...fxg5 23.♘f7+ ♖xf7 24.♕xf7 ♕c7 25.♕e8+ ♗f8 26.♖b3 ♕b8 27.♖e1±)* 23.♗xd8 ♖xd8 24.♕e6 ♘c7 *(24...♕b8 25.♖b3 c4 26.♖h3+–)* 25.♕e7 ♕b8 26.♖b3±. **21.♕c4+ ♔h8 22.♘xg5 ♗f6** 22...♗d4? 23.♖xd4+–. **23.♘e6 ♘c7** 23...♘b4?! 24.♕f4 ♖f7 25.♘g5 ♗xg5 26.♕xf7 ♖d8 27.a3 ♘c6 28.♖d6 ♗e7 29.♖e1+–. **24.♘xf8 ♖xf8 25.♖d6!?**

Kasparow möchte mehr als ein leicht besseres Endspiel nach 25.♕xc5 ♕xg2+ 26.♔xg2 bxc5 27.♖b7.

25...♗e7

Wenn 25...♕b8, so 26.♖bd1 ♕d8 27.♖c6 ♗g7 28.h4 a6 29.♕g4±. Nach 25...♗d8!? gibt Weiß 26.h4 eine starke Initiative, auch wenn die Stellung nicht klar ist. So ein Zug ist typisch: Das Vorrücken schwächt kaum die eigene Königsstellung, verhindert ein Grundreihenmatt (siehe vorheriges Kapitel) und droht den schwarzen Königsflügel zu schwächen.

26.d8♕! ♗xd8 26...♖xd8 27.♖xd8+ ♗xd8 28.♖d1±. **27.♕c3+ ♔g8 28.♖d7! ♗f6 29.♕c4+ ♔h8 30.♕f4 ♕a6?** Übersieht den nächsten weißen Zug. Es musste 30...♗g7 geschehen: 31.♕xc7 ♕xc7 32.♖xc7 ♗d4 33.♖f1±. **31.♕h6! 1–0**

Aufgaben

Lösungen auf Seite 210

25. Medina – M. Tal
Mallorca 1979

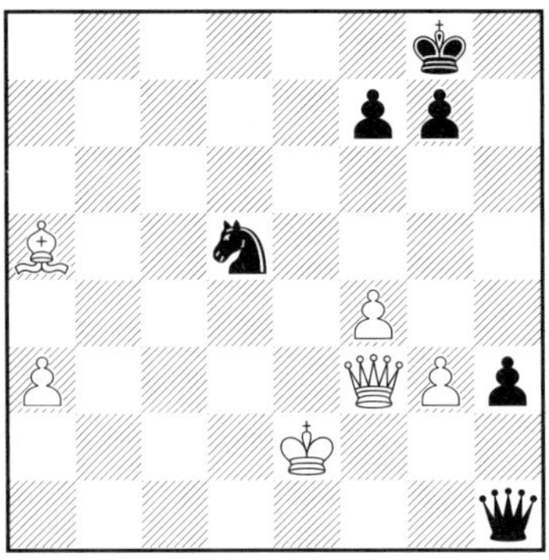

Allgemein ist der Läufer in einem reinen Endspiel Läufer vs. Springer plus Bauern auf beiden Flügeln besser. Sollte Schwarz die Damen tauschen?

26. W. Arencibia (2513) – Ye Jiangchuan (2670)
Olympiade Istanbul (Männer), 2000

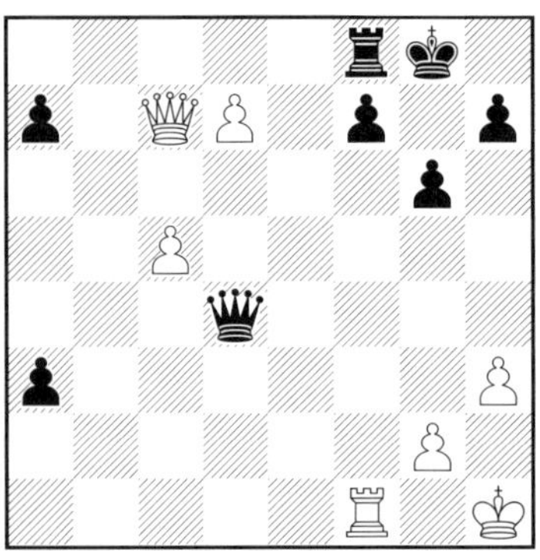

Weiß gewann mit einem netten Schlag. Siehst du ihn?

27. M. Krasenkow (2702) – P. Swidler (2689)
Rubinstein Memorial, Polanica-Zdrój 2000

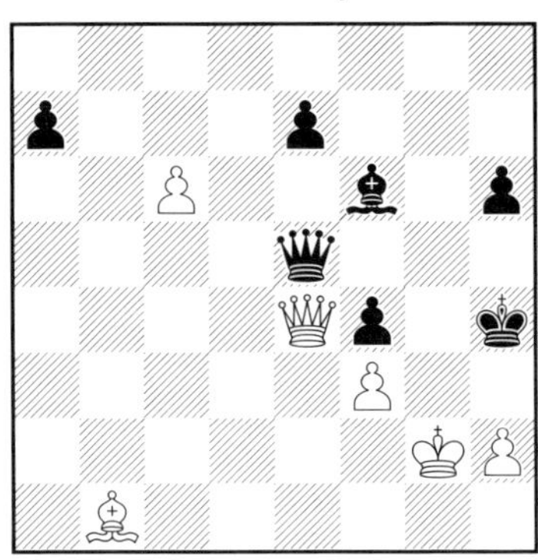

Weiß zieht. Kann er mehr als Remis erzielen?

28. A. Shabalov (2601) – J. Benjamin (2577)
US-Meisterschaft, Seattle 2000

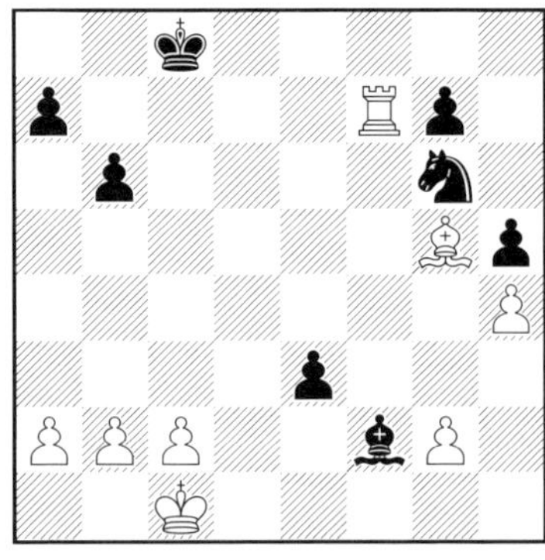

Schwarz hat eine Qualität weniger, aber sein Bauer bietet mehr als genügende Kompensation, oder? Schwarz am Zug.

**29. R. Waganjan (2623) –
W. Topalow (2707)**
Olympiade Istanbul (Männer) 2000

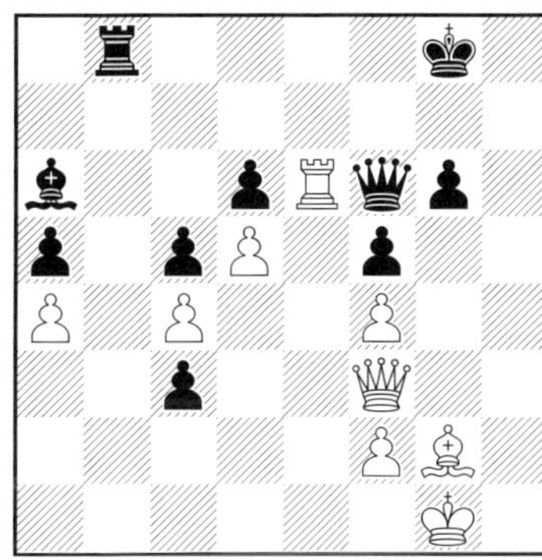

Weiß möchte einen Gegenangriff gegen den schwarzen König einleiten. Wie sollte er dabei vorgehen?

**30. L. Ftacnik (2608) –
J. Ehlvest (2627)**
Olympiade Istanbul (Männer) 2000

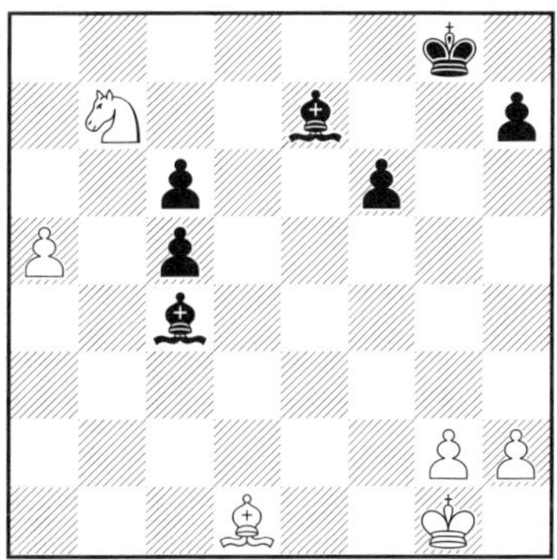

Das schwarze Läuferpaar ist eine gefährliche Waffe, so dass Weiß unbedingt von seinem a-Bauern profitieren muss.

**31. Z. Hracek (2615) – I. Stohl
(2561)**
SVK-Mannschaftsmeisterschaft
2000

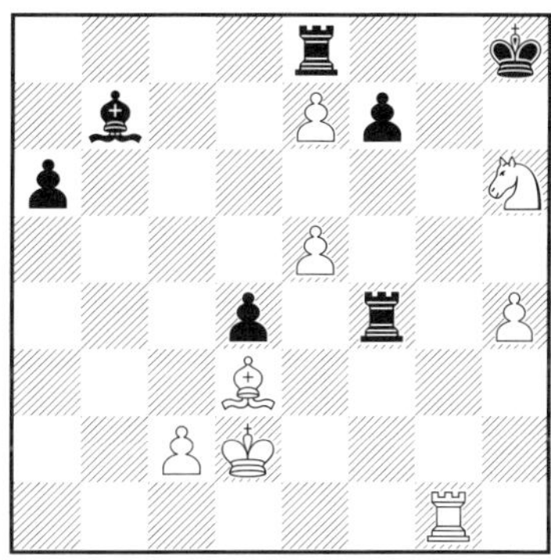

Ist der weiße Bauer auf e7 dem Untergang geweiht, oder vielleicht doch Schwarz? Weiß am Zug.

Falle

Locke die Verteidiger weg

Eine Falle stellt man auf, um eine der gegnerischen Figuren auf ein schlechtes Feld zu locken, z.B. um dem eigenen König das Luftloch zu versperren, oder um eine Springergabel zu erlauben. Man kann auch den gegnerischen König nötigen, sein Versteck zu verlassen:

L. Ftacnik (2585) – O. Cvitan (2570)
Deutsche Bundesliga 1997

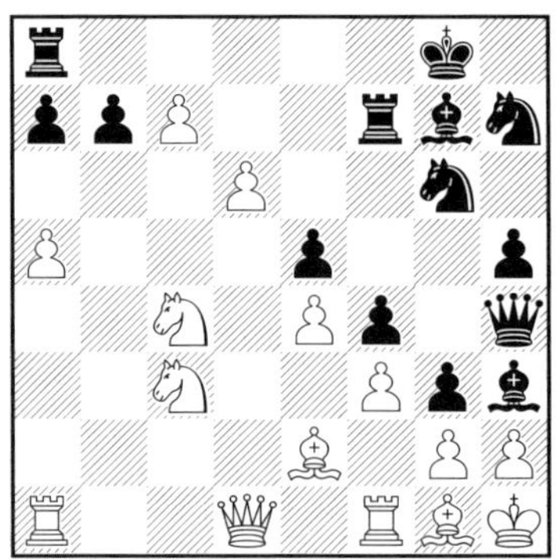

23...♗xg2+! 24.♔xg2 ♕h3+!! Ein wunderschönes Opfer. 24...♘g5? trifft auf 25.♖f2!+−. **25.♔xh3 ♘g5+ 26.♔g2 ♘h4+** und Ftacnik gab auf wegen **27.♔h1 g2# 0-1**

Im Übrigen: 23.bxc7?, wodurch die Diagrammstellung entstand, war ein fürchterlicher Fehler. Stattdessen hätte das Qualitätsopfer 23.gxh3! ♕xh3 24.♖f2! den schwarzen Angriff gestoppt und Weiß ob seiner Aktivität und den schwachen weißen Feldern im schwarzen Lager einen deutlichen Vorteil gesichert.

Ablenkung

Wenn der Verteidiger seine Position verlassen muss

Wenn eine Figur eine wichtige Aufgabe übernimmt, wie ein Mattfeld oder eine angegriffene Figur zu beschützen, ist sie anfällig gegen eine Ablenkung. Dementsprechend ist der Unterschied zwischen einer Falle und einer Ablenkung, dass im ersten Fall eine gegnerische Figur auf ein bestimmtes Feld gelockt und im zweiten Fall von einem bestimmten Feld weggelockt wird. Hier ein typisches Beispiel:

A. Rustemow (2553) – N. Raschkowski (2523)
Bydgoszcz Bank Poztowyop 2000

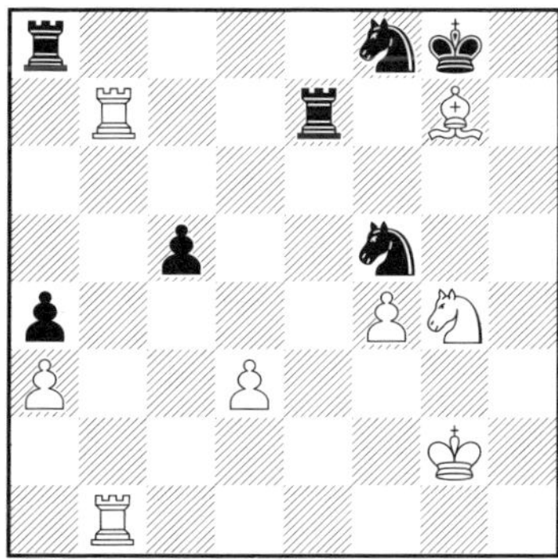

Der schwarze Springer auf f5 schien alles unter Kontrolle zu haben, bis Weiß **40.♘h6+!** auspackte. **40...♘xh6** 40...♔xg7 41.♘xf5+. **41.♖xe7 1–0** 41...♘f5 42.♗xf8+–.

Falle und Ablenkung gehen häufig Hand in Hand, wie im folgenden Beispiel:

W. Uhlmann – Mädler
Ost-Deutschland 1983

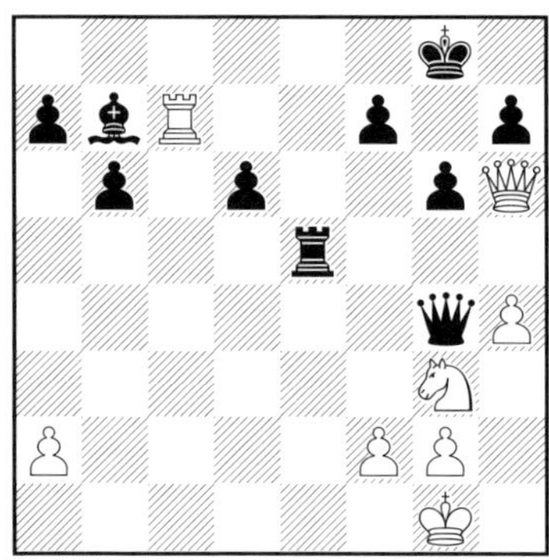

1...♖e1+ 2.♔h2 ♖h1+!! Eine schöne Falle, um den weißen König nach h1 zu locken, oder den weißen Springer abzulenken.
3.♔xh1 3.♘xh1 ♕xg2#. **3...♕h3+ 4.♔g1 ♕xg2# 0-1**

Es liegt nahe, die Aufgaben für Falle und Ablenkung gemeinsam zu präsentieren.

Aufgaben

Lösungen auf Seite 210

32. A. Aleksandrow (2633) – A. Lugovoi (2540)
Offenes Turnier Moskau, Aeroflot 2003

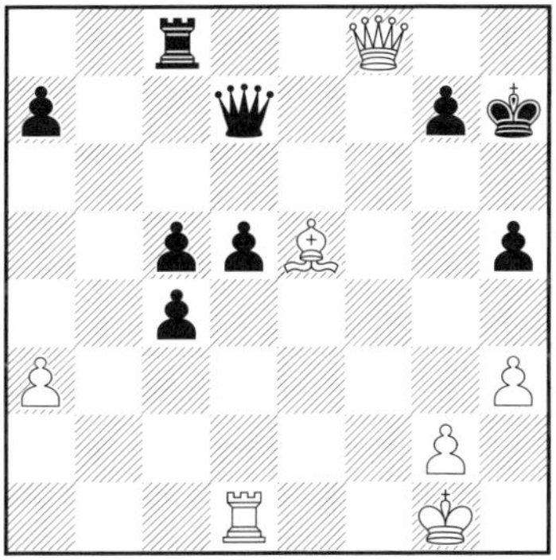

Aleksandrow führte nur noch einen Zug aus, wonach Lugovoi aufgab. Wie lautet der Zug?

33. B. Awruch (2606) – L. Fressinet (2588)
EU-Mannschaftsmeisterschaft (Männer), León 2001

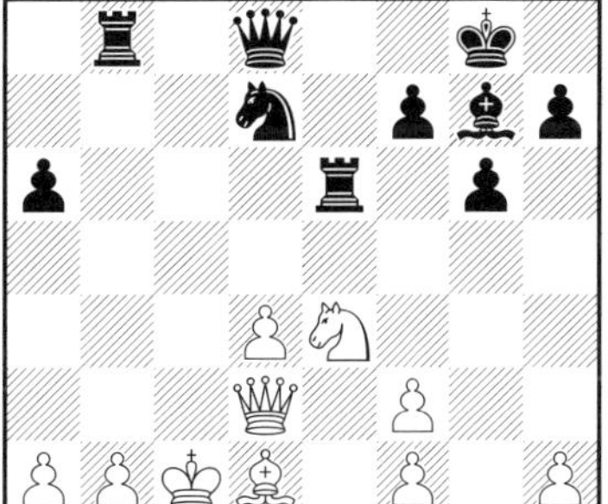

Den weißen Figuren fehlt es an Koordination. Wie nutzte das Schwarz aus?

34. V. Bologan (2630) – P. Smirnow (2572)
Offenes Turnier Moskau, Aeroflot 2003

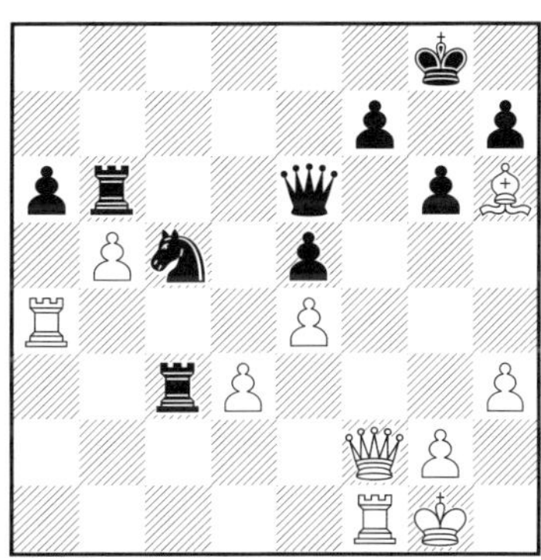

Wie nutzte Weiß die wackelige Stellung der schwarzen Figuren aus?

35. O. Nikolenko (2520) – A. Aleksandrow (2605)
RUS-Team, Smolensk 2000

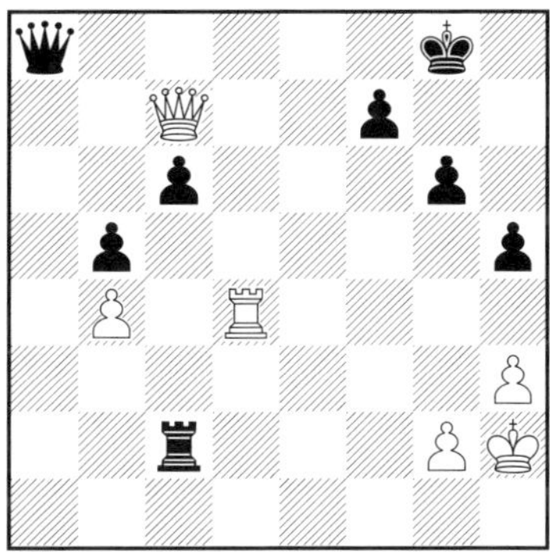

Wie sollte man auf die Drohung 1.Td8+ reagieren?

36. A. Deltschew (2550) –
M. Gurewitsch (2641)
3. EU-Vereinsmeisterschaft,
Batumi 2002

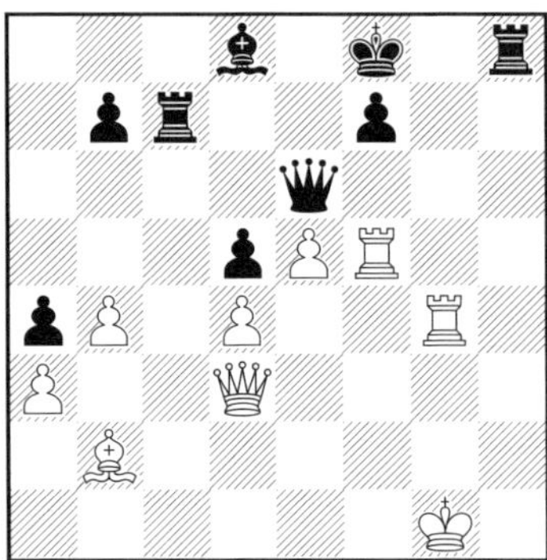

Gurewitsch zog und gewann.

37. V. Golod (2590) –
A. Gershon (2502)
ISR-Vereinsmeisterschaft,
Ramat Aviv/Modiin 2000

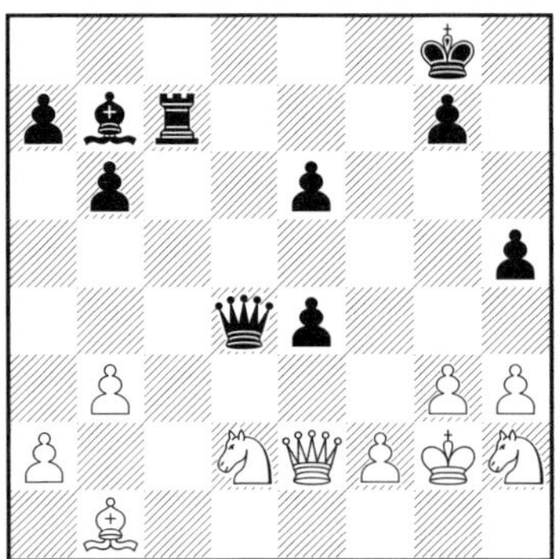

Hat Schwarz etwas besseres als 1...e3+?

38. M. Gurewitsch (2634) –
B. Gelfand (2704)
Cap d'Agde-B 2002

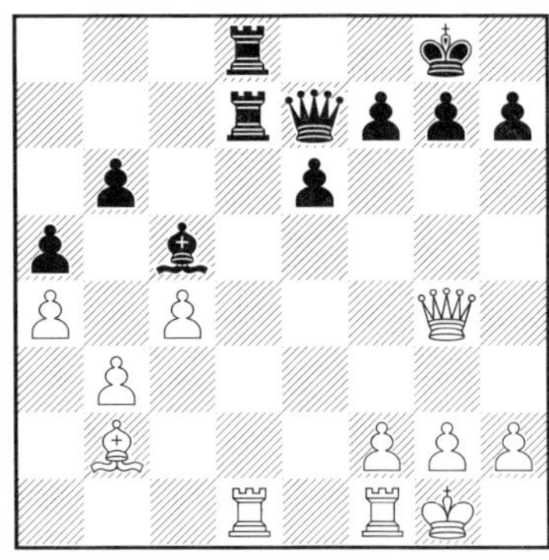

Wie reagierte Gelfand auf die weiße Mattdrohung?

39. Z. Izoria (2547) –
J. Prokoptschuk (2508)
Offenes Turnier Moskau,
Aeroflot 2002

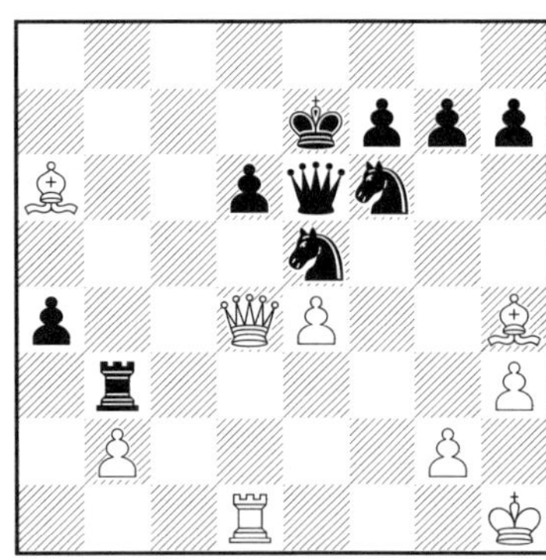

Der schwarze König steht auf e7 nicht sicher, oder? Weiß am Zug.

40. L. McShane (2568) – R. Lau (2506)
Deutsche Bundesliga 2003

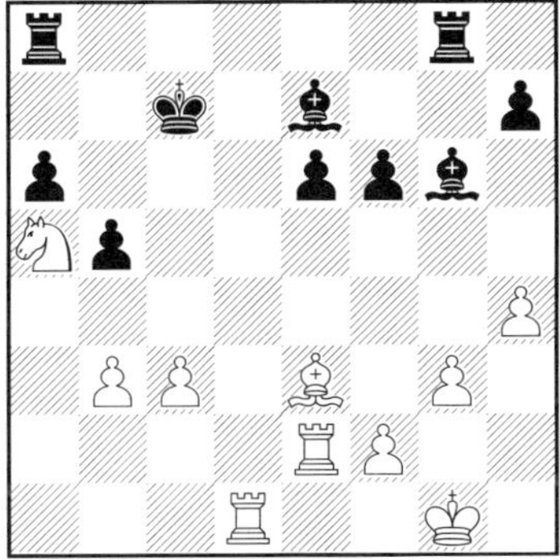

Weiß muss schnell aktiv werden, bevor die schwarzen Läufer die Kontrolle übernehmen.

41. T. Radjabow (2610) – W. Swjaginzew (2673)
Russland – The World, Moskau 2002

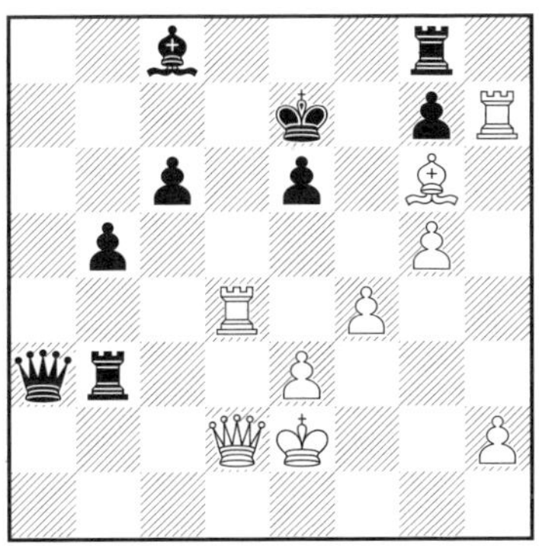

Kann Weiß am Zug die schwarze Verteidigung erschüttern?

42. K. Sasikiran (2664) – A. Barsov (2525)
Doha 2003

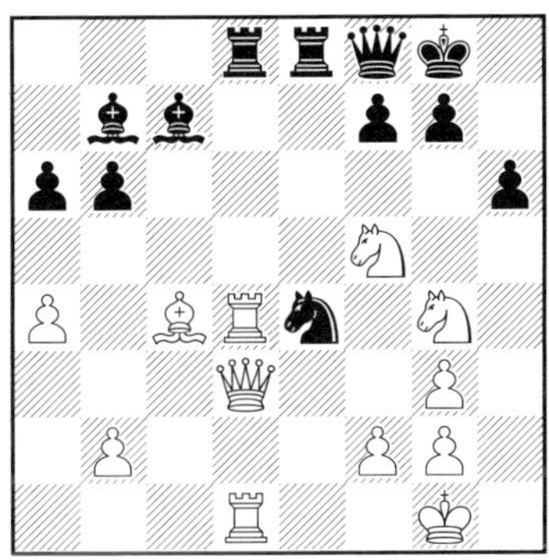

Wo ist die schwarze Achillesferse?

43. J. Speelman (2623) – T. Luther (2547)
Lippstadt 2000

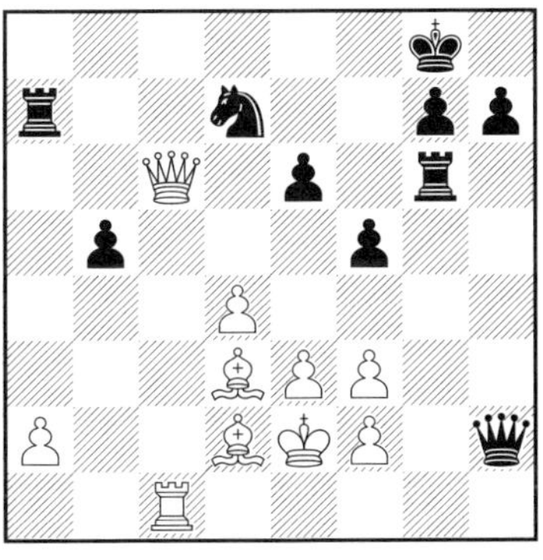

Wie aktivierte Speelman seine Armee?

44. E. Ubilava (2552) –
L. Galego (2511)
Mondariz-Balneario 2002

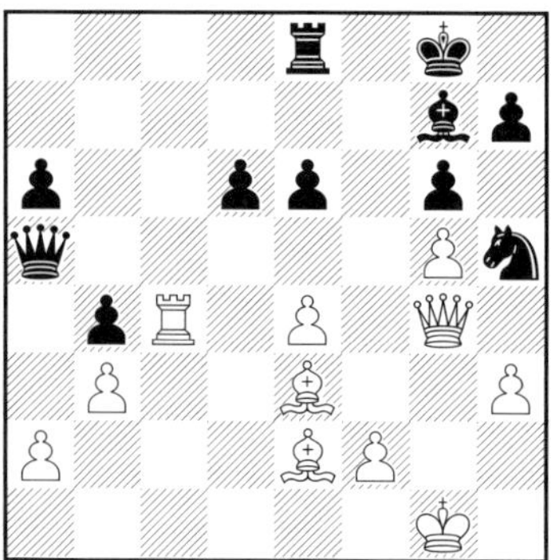

Weiß hat etwas besseres als 1.Tc2. Finden Sie es!

45. E. van den Doel (2594) –
S. Conquest (2537)
Olympiade Bled (Männer) 2002

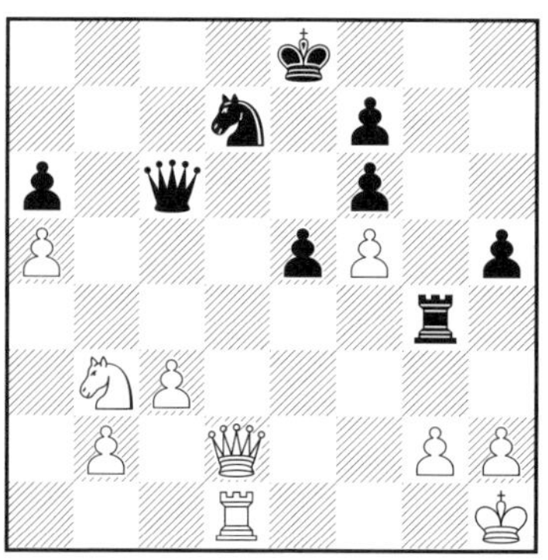

Welcher König steht sicherer? Weiß am Zug.

46. H. Zieher – Stippekohl
Deutsche Bundesliga 76/77

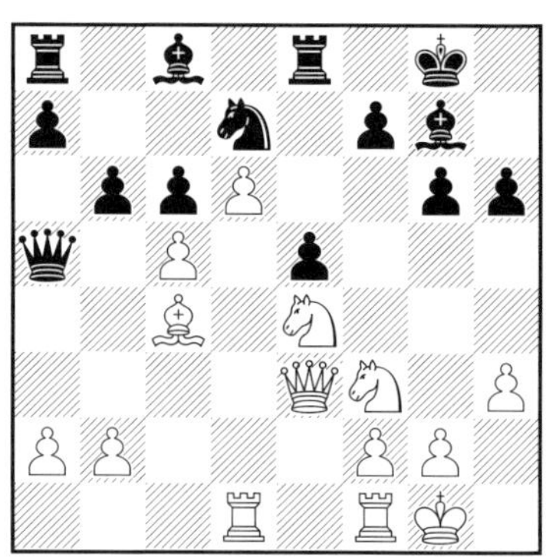

Wie soll man mit Weiß den Raumvorteil und die Aktivität in einen vollen Punkt ummünzen?

47. V. Anand (2753) –
C. Hansen (2610)
SIS-MH Masters, Middelfart 2003

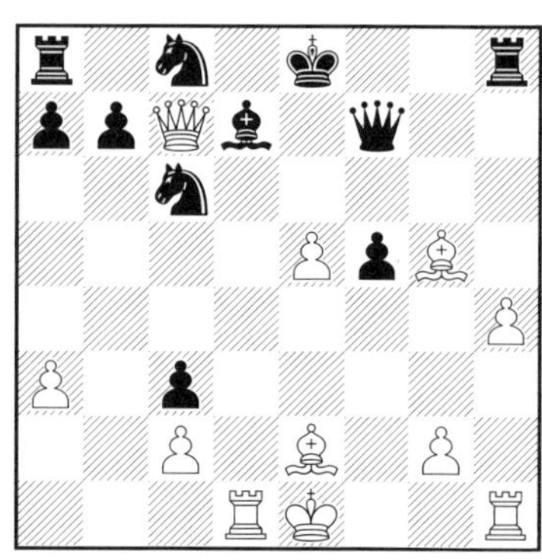

Fand Anand einen Weg, um sein Figurenopfer zu rechtfertigen?

48. V. Babula (2573) –
A. Rustemow (2553)
Deutsche Bundesliga 2000

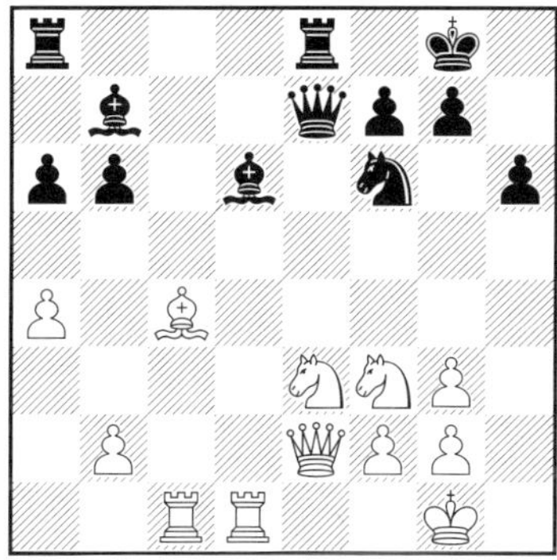

Schwarz braucht nur noch einen Zug, um sich zu konsolidieren, aber Weiß ist am Zug. Nutzen Sie es aus.

49. M. Brodsky (2510) –
L. Mikhaletz (2510)
Offenes Turnier Swidnica A 2000

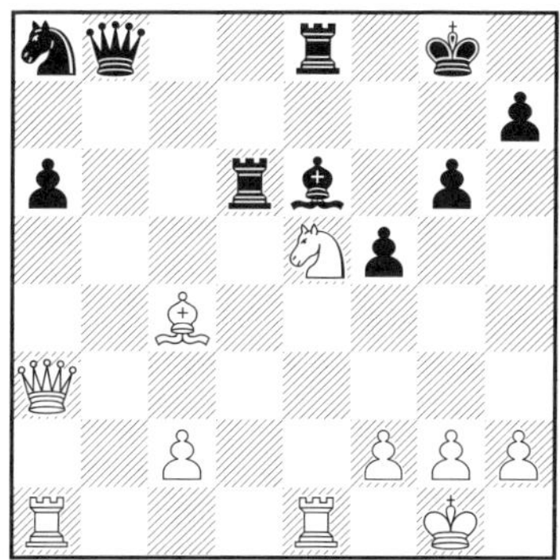

1. ♗xa6 ist natürlich spielbar, aber Brodsky fand eine viel stärkere Fortsetzung!

50. M. Cebalo (2524) –
V. Tkachiev (2643)
CRO-Cup, Rabac 2003

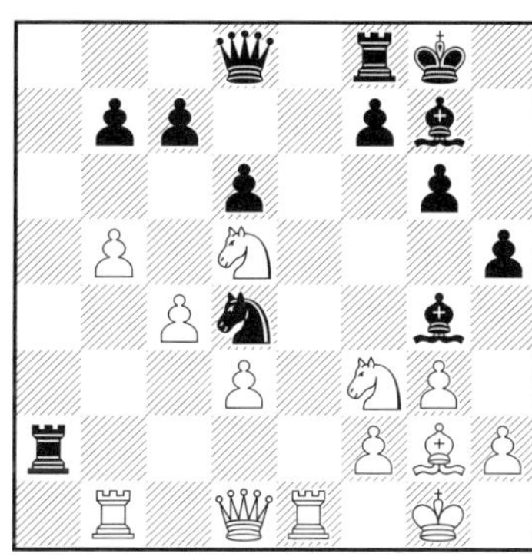

Wie nutzt Schwarz die Fesselung aus?

51. Z. Hracek (2596) –
W. Kramnik (2809)
Eurotel Trophy, Prag 2002

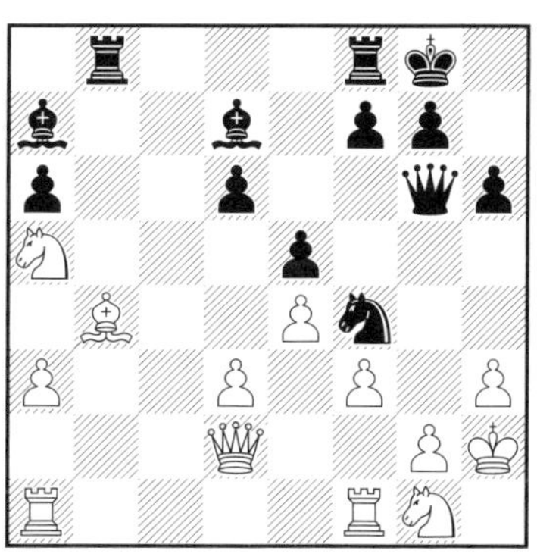

Der schwarze Springer auf f4 ist ein Kraftpaket. Wie nutzte ihn Kramnik, um die Partie zu entscheiden?

52. R. Hübner (2620) - A. Beliavsky (2640)
Julian Borowski-A, Essen 2000

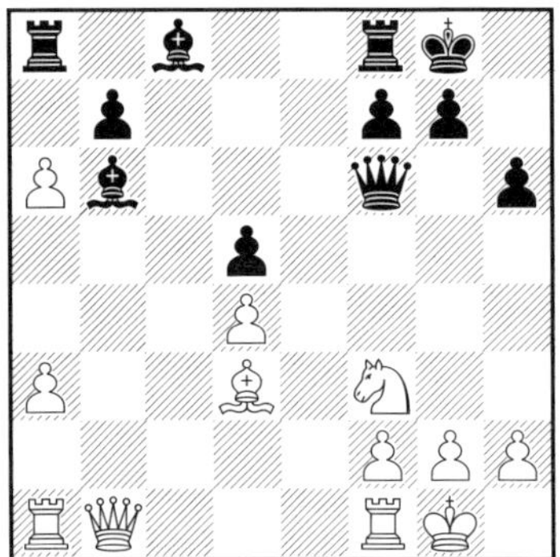

Den Bauern auf a7 zu gewinnen, ist nicht der beste Weg, um die mangelnde Koordination der schwarzen Figuren auszunutzen.

53. A. Jussupow (2610) – R. Dautov (2606)
15. Offenes Borowski Memorial Turnier, Essen 2000

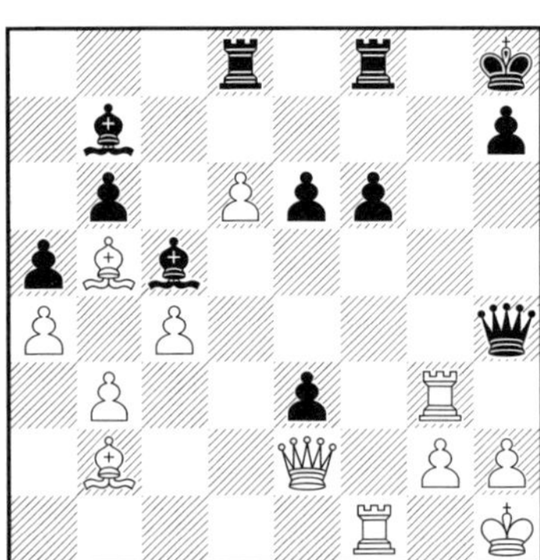

Gibt es etwas besseres als 1.d7?

54. R. Kempinski (2549) – E. Gleizerov (2520)
Rilton-Cup, Stockholm 2000

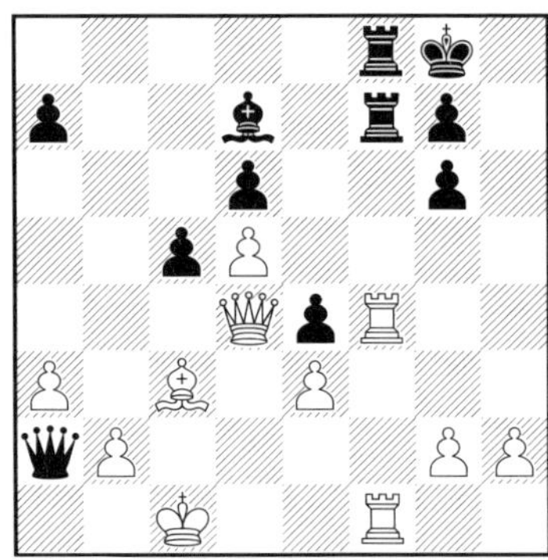

Der letzte schwarze Zug war c7-c5, somit könntest du also en passant schlagen...

55. Z. Kozul (2601) – R. Kasimdshanow (2680)
Bosnia GM, Sarajevo 2003

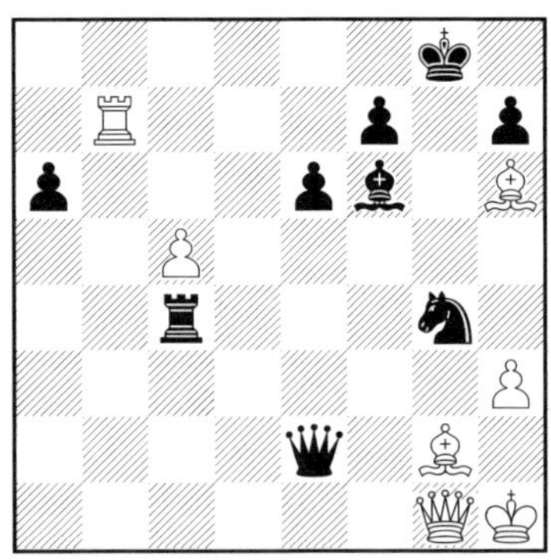

Die schwarze Lage sieht heikel aus, aber der Nachziehende hatte einen feinen Gewinnweg entdeckt. Finden Sie ihn auch?

56. H.W. Russell – Vigorito
Offenes Turnier Bradley, USA 2003

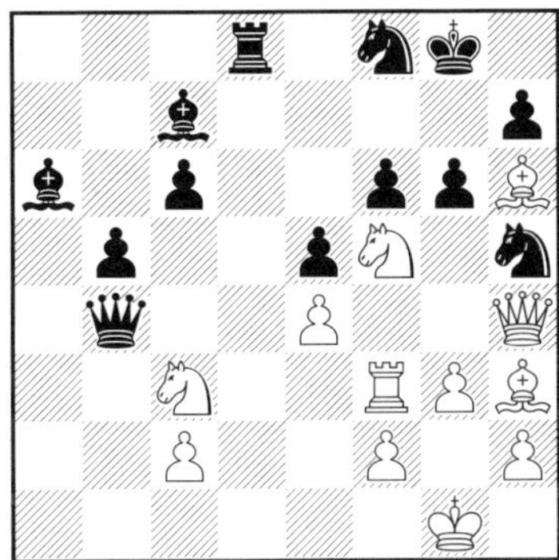

Viele Schachspalten zu editieren, scheint zu helfen. Wie zerstörte der ChessCafe-Webmaster die schwarze Verteidigung?

57. M. Krasenkow (2633) – A. Karpow (2688)
Corus, Wijk aan Zee 2003

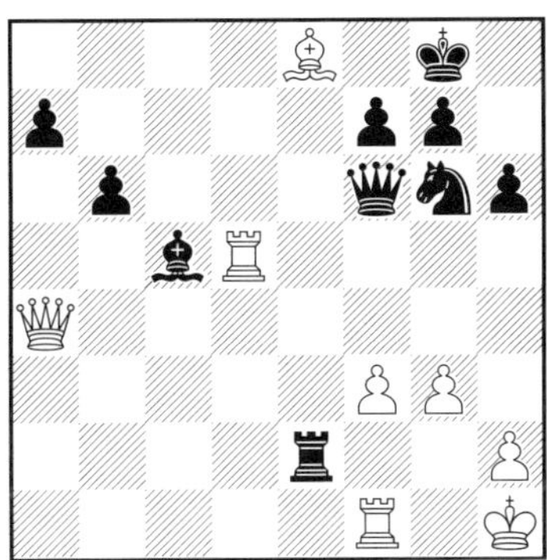

Karpows herausragende Technik bescherte ihm diese Position. Auf welche taktische Weise beendete er die Partie?

Den Verteidiger ausschalten

Alle auf den armen Verteidiger

Anstatt den Verteidiger abzulenken, kann man ihn natürlich auch ausschalten:

R. Slobodjan (2561) – G. Bagaturow (2501)
22. Offenes Turnier, Arco 2000

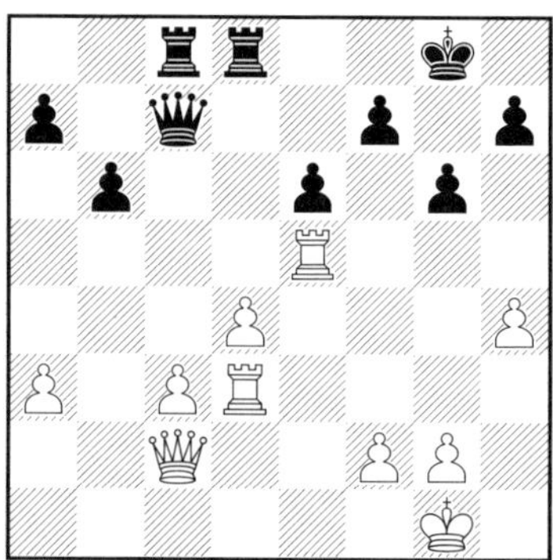

Der Turm auf e5 scheint sicher zu stehen, doch er ist es nicht: **27...♖xd4! 28.♖xd4**. Der c-Bauer ist gefesselt, so dass 28.cxd4?? wegen 28...♕xc2 verliert. Manchmal kann eine angegriffene Figur ihre Haut so teuer wie möglich verkaufen, doch hier verliert 28.♖xe6?? wegen ♖xd3 auf der Stelle. Eine angegriffene Figur auf diese Weise zu verteidigen, wird auch „Desperado-Verteidigung" genannt. Wenn der weiße Turm auf e4 stehen würde, wäre 2.♖xe6! die beste Antwort auf den schwarzen Schlag 1...♖xd4?. In diesem Fall würde aber 1...♕xc3 sofort gewinnen.
28...♕xe5 29.♕d2 ♕c5 Und Schwarz verwertete seinen materiellen Vorteil.

Aufgaben

Lösungen auf Seite 212

58. R. Antonio (2521) – M. Paragua (2500)
Zonenturnier 3.2a Stichkampf g5+10, Ho Chi Minh City 2003

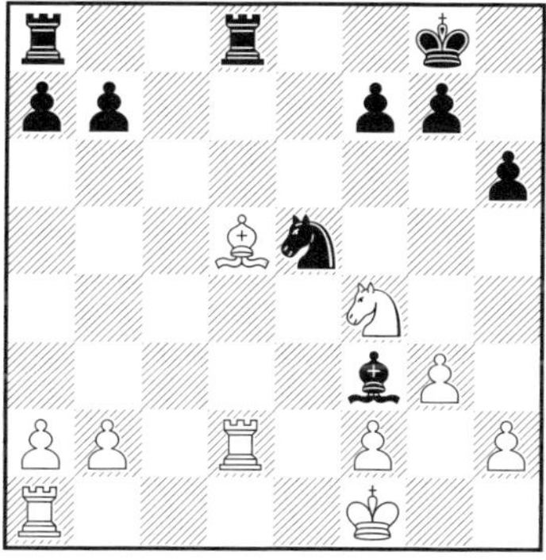

Wie kann Schwarz vom Durcheinander, das er herbeigeführt hat, taktisch profitieren?

59. C. Lutz (2644) – A. Jussupow (2618)
22. Julian Borowski-Meisterschaft, Essen 2002

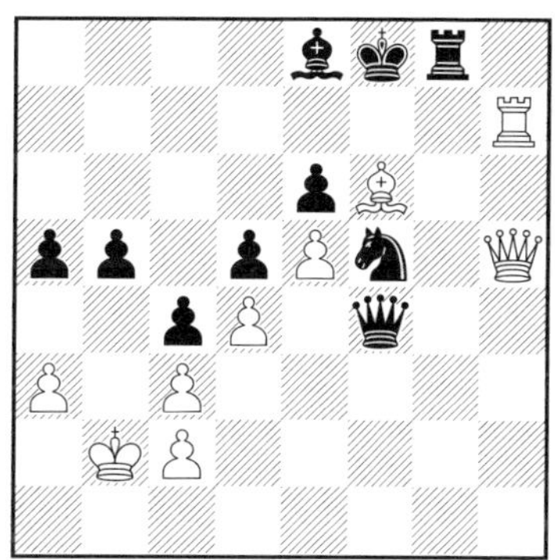

Gab Christopher Lutz in dieser Stellung auf?

60. E. Barejew (2729) – L. van Wely (2668)
Amber Blindschachturnier, Monte Carlo 2003

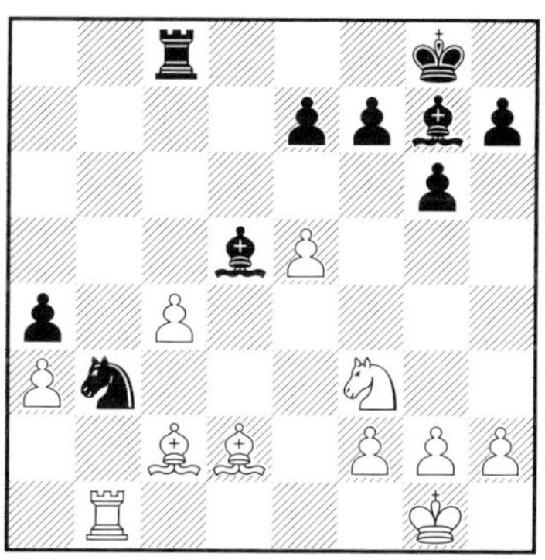

Wie kann man Weiß für seine schlecht postierten Figuren bestrafen?

Abzugsangriff

Woher kam dieser Pfeil?

Wenn eine Ihrer fernwirkenden Figuren nur von einer Ihrer Figuren verstellt wird, sind die Bedingungen für einen erfolgreichen Abzugsangriff gut. Da die verstellende Figur in der Regel mehrere Möglichkeiten hat, abzuziehen, bedeutet dies Ärger für den Verteidiger. Die Chancen des Angreifers sind dann besonders gut, wenn die bedrohte Figur der gegnerische König ist, da ein Doppelschach in der Luft hängt. Ein Doppelschach ist eine tödliche taktische Waffe, da der doppelt angegriffene König immer ziehen muss. Ein Abzugsschach ist in der Regel ebenfalls sehr gefährlich, wie die folgende Kombination, auch als „Zwickmühle" bekannt, aufzeigt:

C. Torre – E. Lasker
Moskau 1925

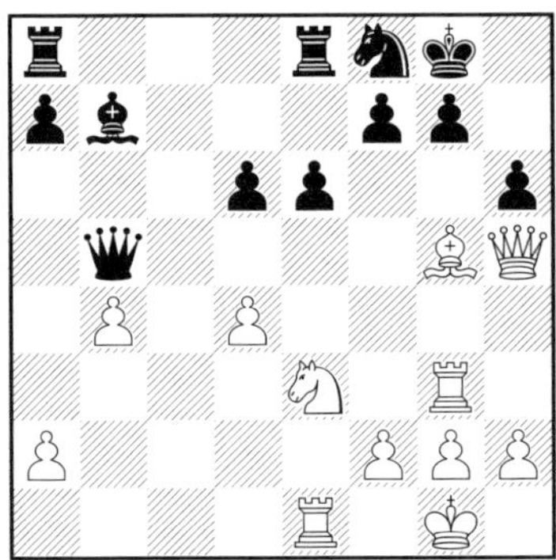

In diesem berühmten Klassiker überraschte der mexikanische Spieler den großartigen Emanuel Lasker mit **25.♗f6!! ♕xh5 26.♖xg7+ ♔h8**. Zuerst räumt Weiß die 7. Reihe ab.

27.♖xf7+ ♔g8 28.♖g7+ ♔h8 29.♖xb7+ ♔g8 30.♖g7+ ♔h8 Und nun setzt Torre den Todesstoß: **31.♖g5+** Es sprach auch nichts gegen 31.♖xa7+.

31...♔h7 32.♖xh5 ♔g6! Lasker, der alte Fuchs, kämpfte immer bis zum Ende. **33.♖h3**

33.g4!? ♔xf6 34.♖xh6+ ♔g7 35.g5+–. **33...♔xf6 34.♖xh6+** Und Torre verwertete seinen materiellen Vorteil.

Aufgaben

Lösungen auf Seite 212

61. A. Romero Holmes (2524) – B. Damljanovic (2550)
Tch-ESP, Mondariz 2002

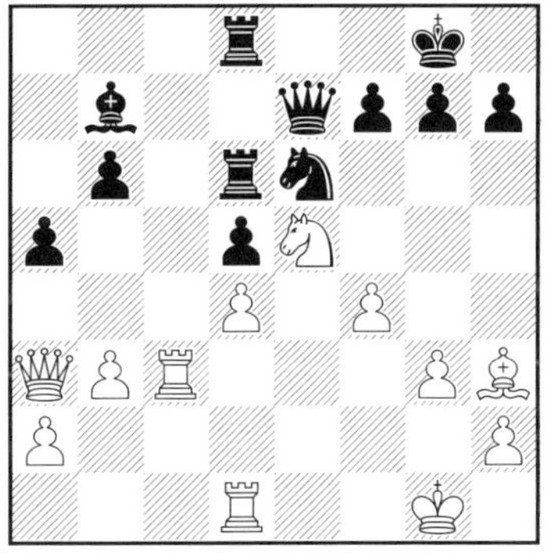

Auf den ersten Blick steht Weiß besser, aber Schwarz ist am Zug.

62. J. Gustafsson (2542) – H. Banikas (2520)
Deutschland - Griechenland, Fürth 2002

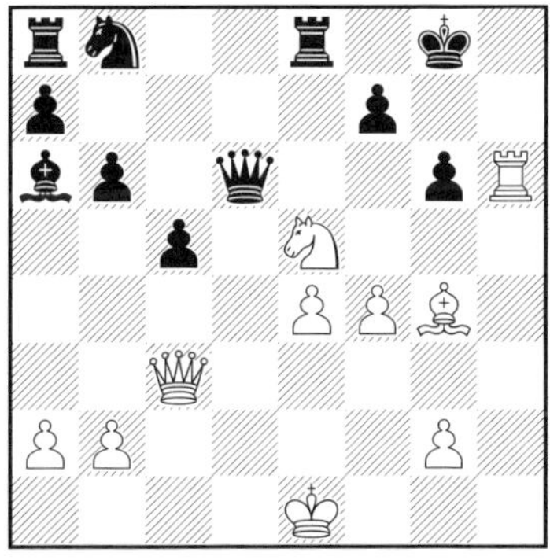

Wie rechtfertigte Weiß sein Turmopfer?

63. K. Müller (2527) – I. Farago (2467)
Hamburg, 2000

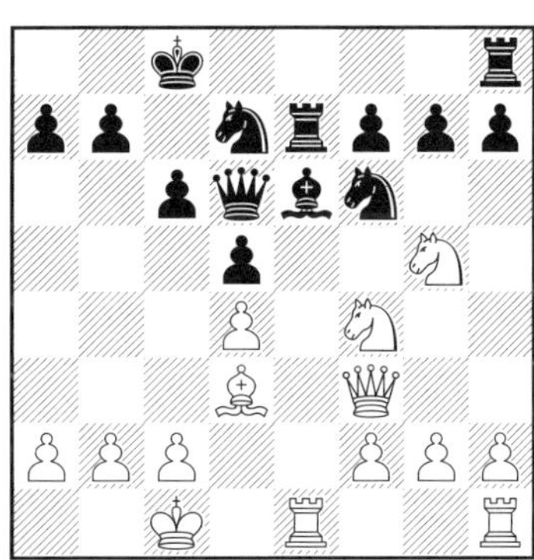

Wo befindet sich hier die schwarze Achillesferse?

64. O. Duras – R. Spielmann
Bad Pistyan 1912

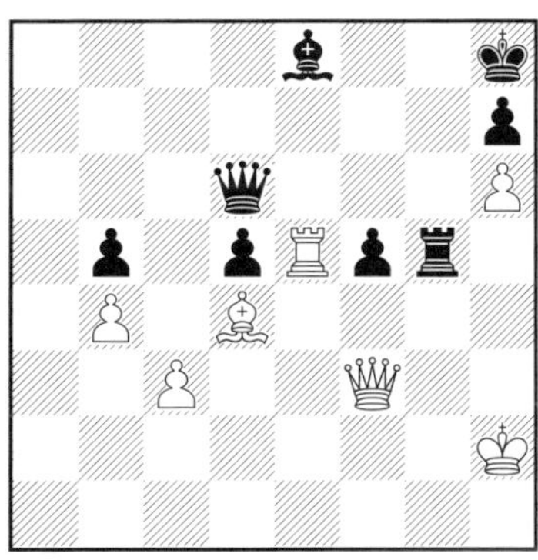

Wie setzt Weiß seine mächtige Batterie in Gang?

65. Analyse von A. Schirow (2670) – J. Lautier (2635)
München 1993

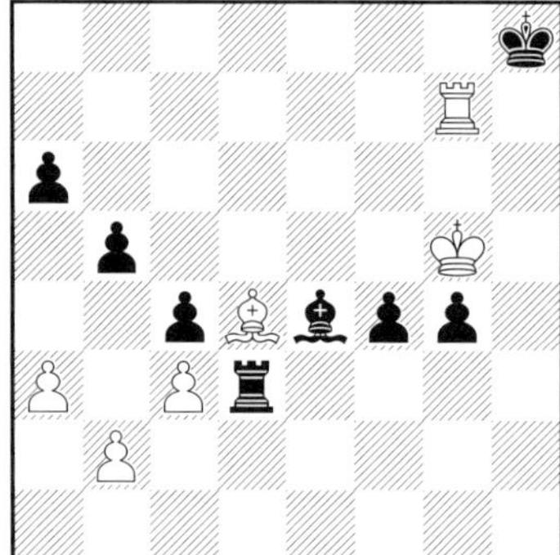

Ich war Schirows Sekundant in München. Kurz vor Wiederaufnahme der Partie fanden wir heraus, dass Weiß am Zug in dieser Nebenvariante gewinnt. Wie?

66. Maróczy – Romi
San Remo 1930

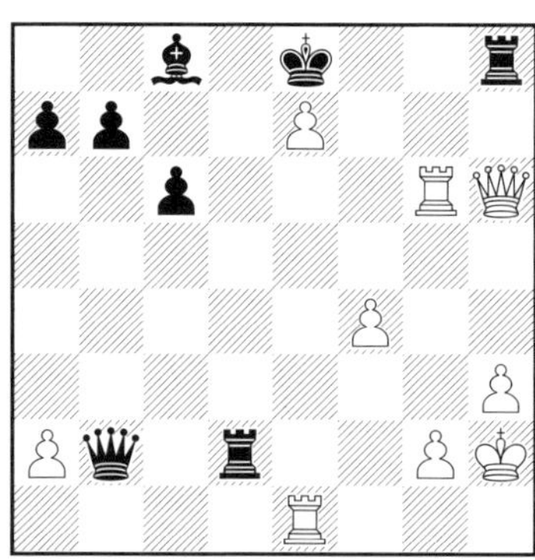

Weiß ist am Zug. Die Lösung ist nicht einfach zu finden. Wäre Schwarz am Zug, würde er gewinnen. Finden Sie die Lösung in beiden Fällen!

67. R. Réti – S. Tartakower
Wien 1910

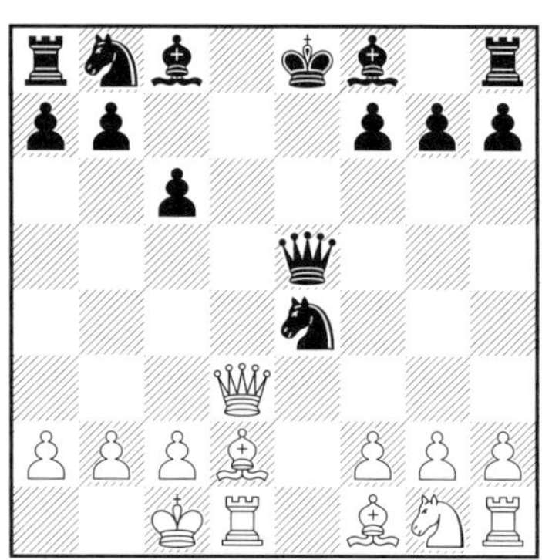

Falls Sie diesen Klassiker nicht kennen, wird es Zeit, ihn zu genießen. Weiß am Zug gewinnt.

68. T. Kingston – R. Roach
Golden Bear, Offenes Turnier, Berkeley, Kalifornien 1983

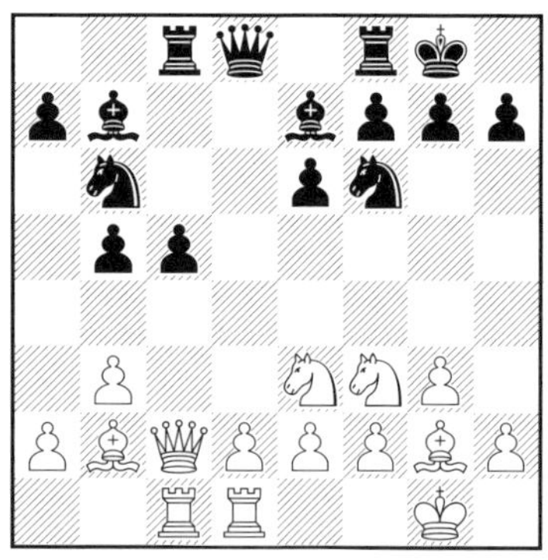

Schwarz hatte gerade 13... Sd7-b6 gezogen. Wie zeigte Weiß auf, dass dies ein Fehler war?

Doppelangriff

Die Mutter aller Angriffe

Der Doppelangriff ist eine der fundamentalsten und tödlichsten taktischen Waffen. In der Regel ist es möglich, eine angegriffene Figur zu beschützen oder wegzuziehen, aber zwei bedrohte Figuren zu retten ist meistens unmöglich. Eine spezielle Form des Doppelangriffs, die Springergabel, wird in dem späteren Kapitel „Der mächtige Springer" behandelt. Wir beginnen mit einem Beispiel, in dem ein Doppelangriff sofort die Partie entschied:

M. Markovic (2586) – K. Sakajew (2629)
JUG-Cup, Herceg Novi 2000

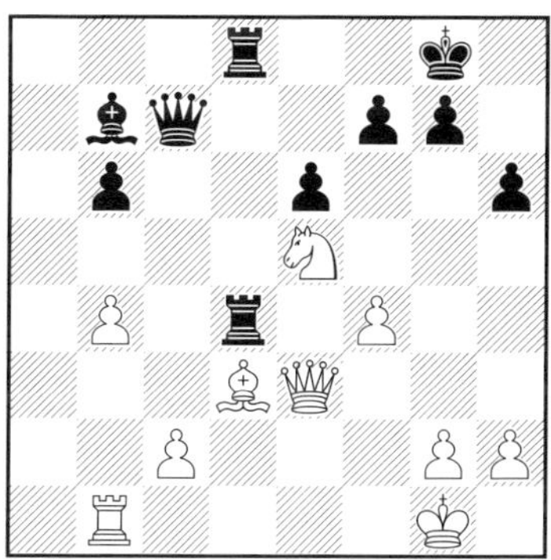

27...♖xd3! und Weiß gab wegen **28.cxd3 ♕c2** auf, er kann die Drohungen ♕xg2# und ♕xb1+ nicht gleichzeitig parieren. Nach 28.♘xd3 ♕xc2 hat Schwarz sogar drei tödliche Drohungen, und 29.♖b2 wird mit ♕xd3 beantwortet.

Aufgaben

Lösungen auf Seite 213

69. Zhang Zhong (2636) – M. Gurewitsch (2667)
Cap d'Agde-B 2000

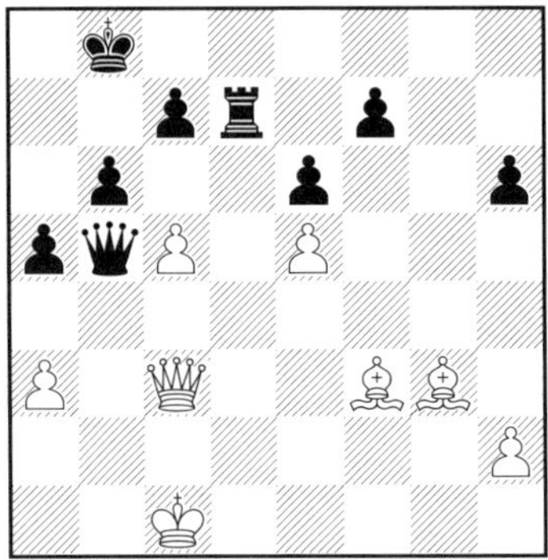

Auf John Nunn geht das Akronym „LPDO“ (loose pieces drop off – auf Deutsch „ungedeckte Figuren gehen verloren“) zurück, das hier Anwendung findet. Schwarz am Zug.

70. V. Akopjan (2654) – A. Greenfeld (2570)
Ohrid 2001

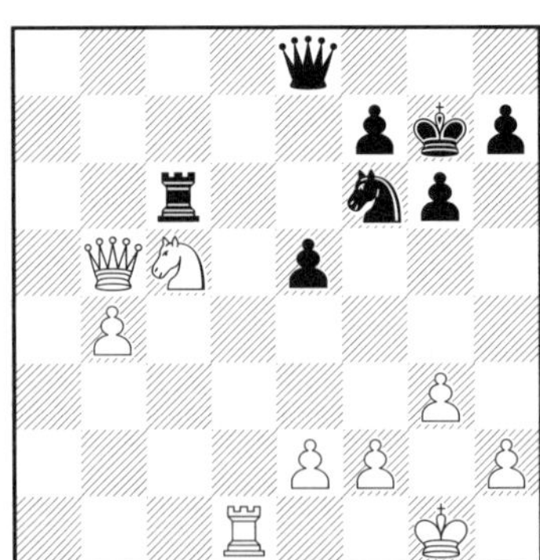

Weiß hatte gerade den Bauern auf b5 geschlagen. War er vergiftet?

71. K. Tschernyschow (2520) – V. Zakharstov (2526)
6. Offenes Turnier, Voronezh 2002

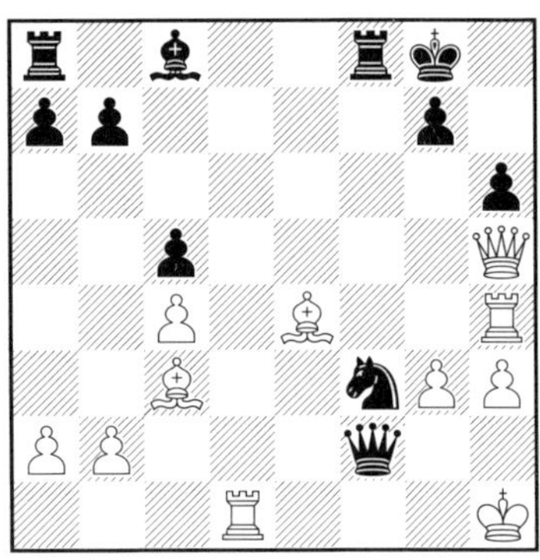

Die weißen Läufer sehen beeindruckend aus. Wie gewinnt der Anziehende?

72. L. Christiansen (2620) – A. Karpow (2725)
Hoogoven-Turnier, Wijk aan Zee 1993

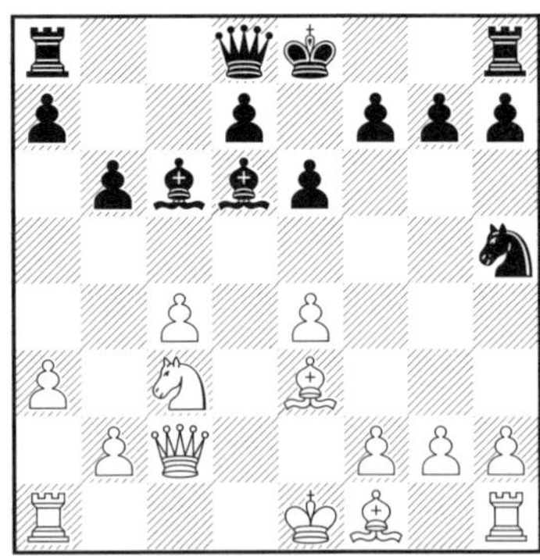

Karpow verliert sehr selten in der Eröffnung, aber sein letzter Zug war ein furchtbarer Fehler. Wie nutzte das Larry Christiansen aus?

73. I. Glek (2576) –
M. Gurewitsch (2634)
AUT-Mannschaftsmeisterschaft,
2M 2002

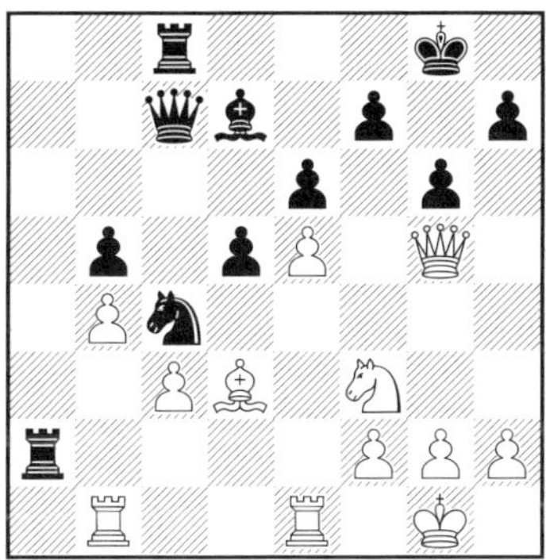

Ist 1...♘d2 eine gute Idee?

74. A. Deltschew (2629) –
W. Tukmakow (2604)
CRO-Mannschaftsmeisterschaft,
Pula 2001

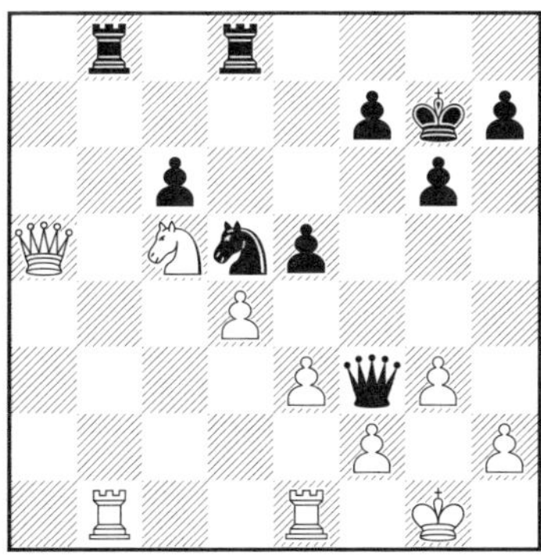

Finden Sie den besten Zug für Weiß!

75. D. Rogozenko (2548) –
Z. Peng (2391)
Offenes Turnier,
Dieren 2001

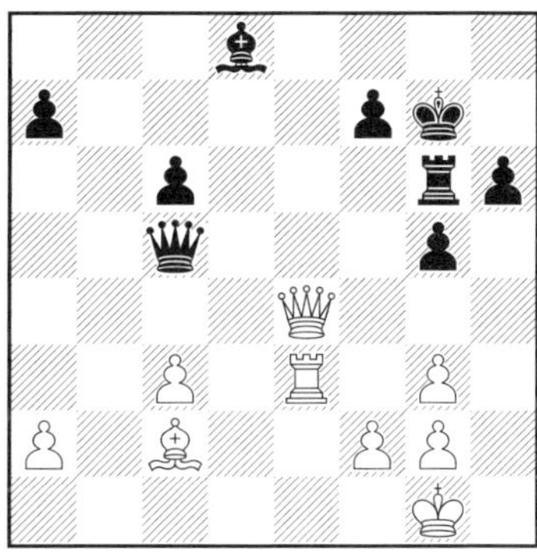

Weiß steht natürlich besser, aber wie erzielt man Fortschritte?

76. S. Rublewski (2639) –
Peng Xiaomin (2629)
CHN-RUS Summit Men,
Shanghai 2001

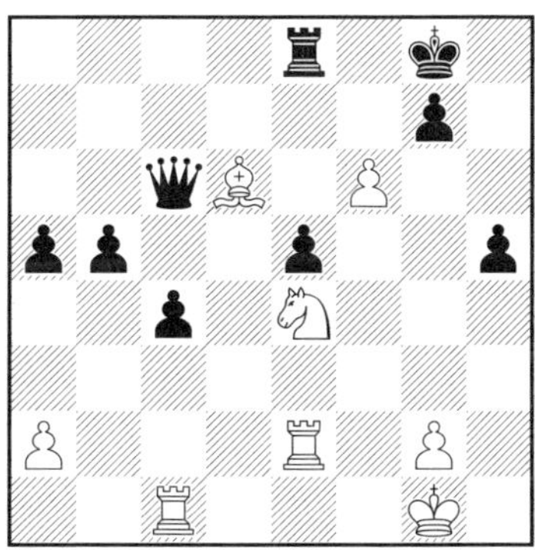

Wer steht besser? Schwarz am Zug.

77. G. Sax (2609) – M. Sadler (2630)
Deutsche Bundesliga 2000

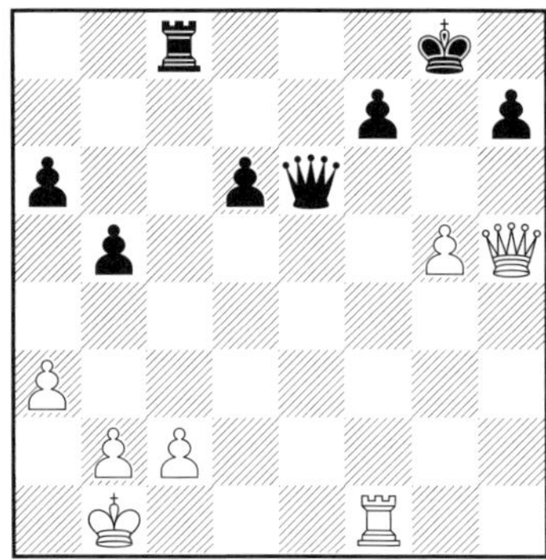

Finden Sie den besten Zug für Schwarz!

78. P. Swidler (2672) - S. Rublewski (2662)
RUS-Team, Smolensk 2000

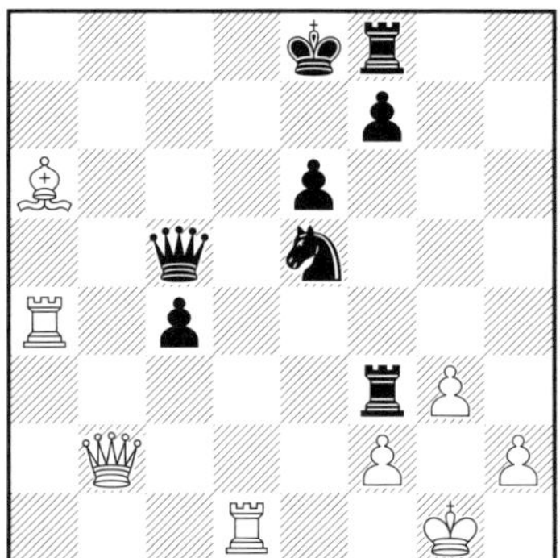

In einer so scharfen Stellung ist es häufig entscheidend, am Zug zu sein. Hier durfte Weiß zuerst ran.

79. Xu Jun (2643) – O. Cvitan (2562)
Olympiade Bled (Männer) 2002

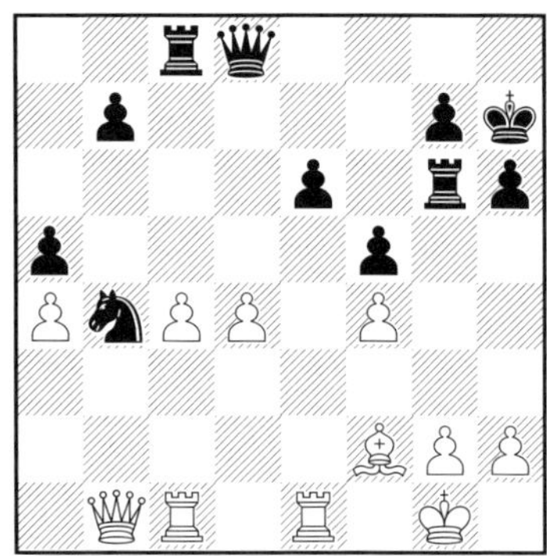

Welche Leichtfigur ist stärker? Schwarz am Zug.

Das Remis finden

Vorsicht ist besser als Nachsicht

Das Ziel im Schach ist natürlich zu gewinnen, aber manchmal bereitet es genauso viel Freude, ein wertvolles Remis zu erreichen. Nehmen Sie sich Zeit für dieses Kapitel. Es beinhaltet Aufgaben zu den Themen Patt, Dauerschach, Zugwiederholung, Festung, Remisendspiel usw. Das folgende Beispiel zeigt einige dieser Motive:

D. Bocharov (2502) – A. Vaulin (2549)
10. Tschigorin Memorial, St. Petersburg 2002

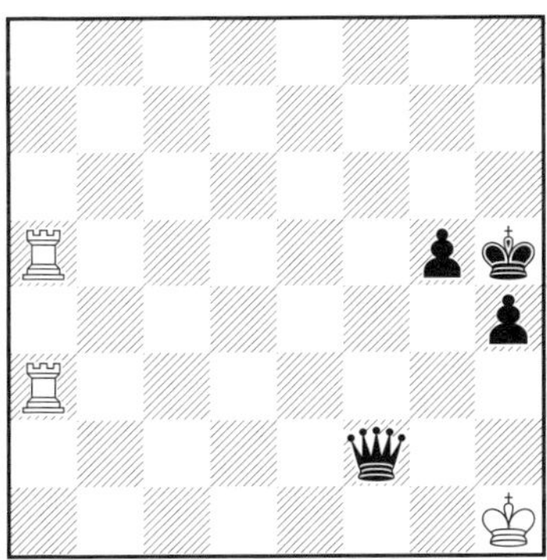

80.♖xg5+! ♔xg5 81.♖g3+! Ein Desperado-Turm. 81.♖a5+? ♔f6 82.♖a6+ ♔f7 mit Gewinn, da Weiß kein Schach mehr hat.
81...hxg3 Patt ½–½. 81...♔f5 hilft nicht, da der weiße Turm auf der g-Linie Dauerschach gibt: 82.♖g5+ ♔e4 83.♖g4+ ♔e3 84.♖g3+ ♔e2 85.♖g2+ =.

Lösen Sie die Aufgaben, verpassen Sie aber nicht das Kapitel „Finde die Verteidigung“, um Ihre Defensiv-Fähigkeiten zu verbessern!

Aufgaben

Lösungen auf Seite 213

80. A. Morosewitsch (2756) – A. Minasian (2595)
Olympiade Istanbul (Männer) 2000

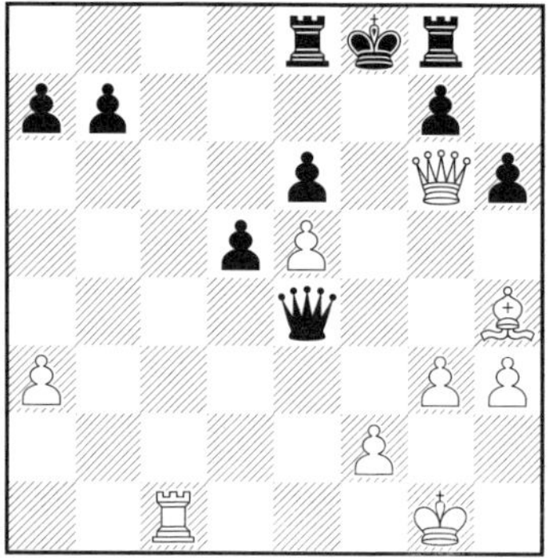

Morosewitsch opferte eine Qualität. Wie rechtfertigte er seine Vorgehensweise?

81. I. Nataf (2526) – C. Bauer (2562)
Mondariz, Zonenturnier 1.1 2000

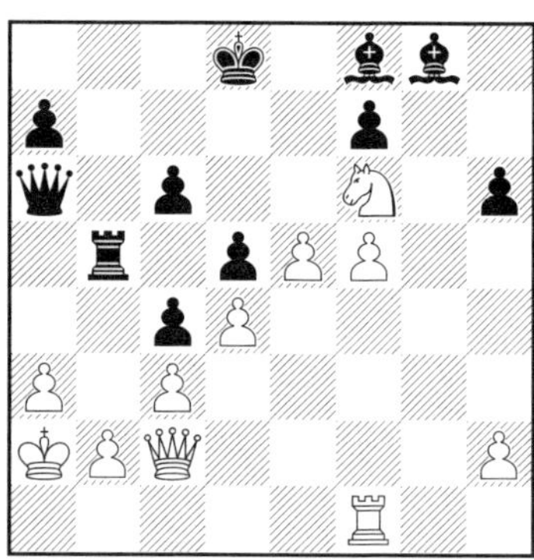

Wie kann Schwarz das Remis forcieren?

82. L. van Wely (2714) – A. Fjodarau (2599)
EU-Mannschaftsmeisterschaft (Männer), León 2001

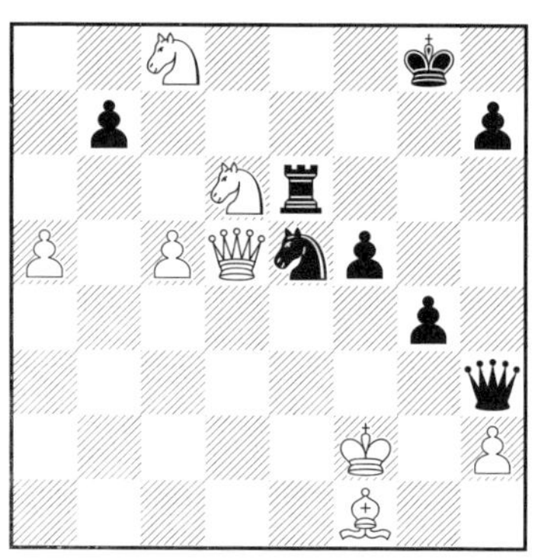

Kann sich Schwarz retten?

83. A. Schirow (2722) – A. Morosewitsch (2749)
Astana 2001

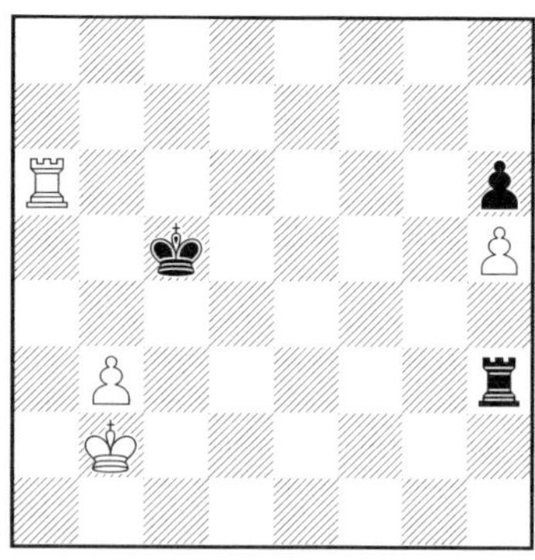

Beide Spieler schätzten die Situation falsch ein. Schwarz am Zug kann remis halten.

84. M. Fehling – U. Rüetschi
Biel 1984

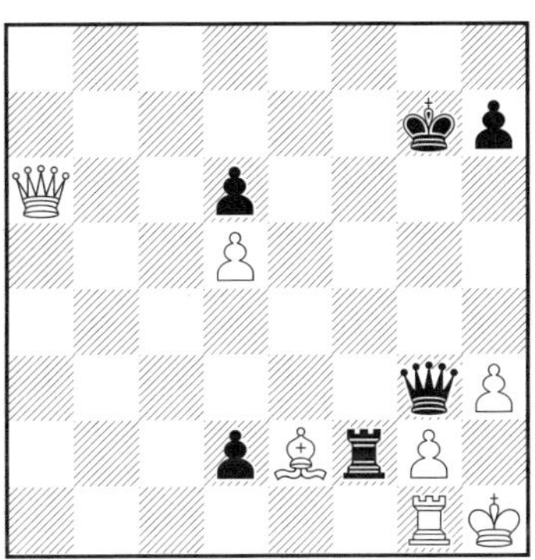

Es mag unglaublich erscheinen, aber Schwarz konnte den Remishafen erreichen. Finden Sie die Rettung?

85. A. Herbstmann and L. Kubbel
1. Preis, Troitzky-Turnier
1937

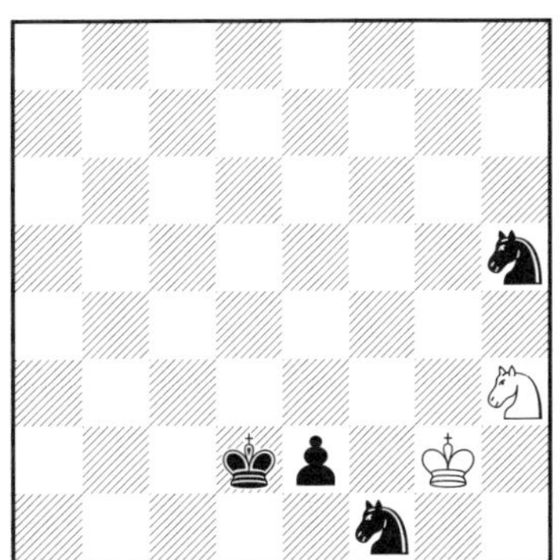

Das ist eine meiner Lieblingsstudien. Beachten Sie auf der Suche nach dem Remis, dass drei Springer normalerweise gegen einen gewinnen.

86. M. Erdogdu (2295) – I. Tscheparinow (2457)
3. EU-Vereinsmeisterschaft, Batumi 2002

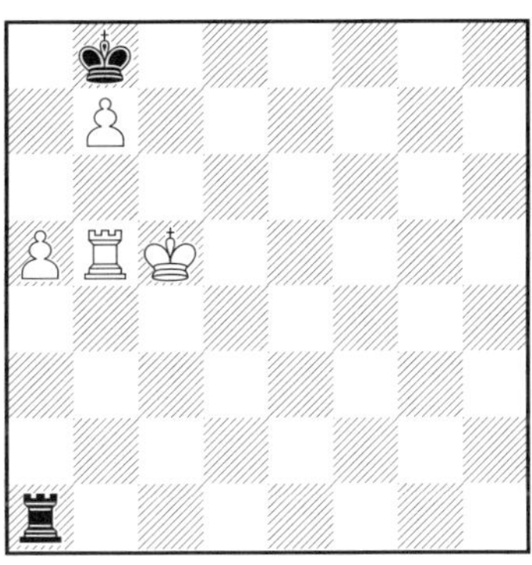

Kann sich Schwarz retten?

87. B. Arab (1827) – M. Riesenbeck (1283)
Deutsche-Mannschaftsmeisterschaft U20, Hamburg 2001

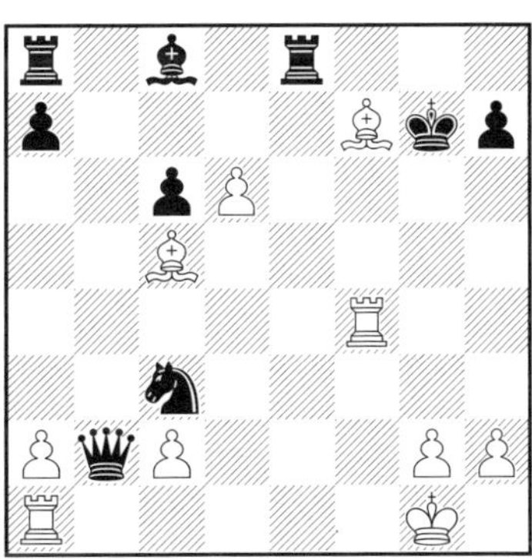

Weiß opferte mutig die Dame. Konnte er das rechtfertigen?

Danaergeschenk

Schlage nicht die trojanischen Pferde und Läufer

Das Läuferopfer auf h7 ist fast so alt wie das Spiel selbst. Wenn ein gegnerischer Springer das Feld g5 anvisiert und die gegnerische Dame auf die h-Linie ziehen kann, sollten Ihre Alarmglocken sofort läuten. Es ist einfacher, zuerst die Situationen anzugeben, in denen das Läuferopfer nicht funktioniert:

1. Der schwarze König steht auf g8, der weiße Springer auf g5 und die weiße Dame auf h5 *und*:
   1.1. Schwarz kann Sf8, ♘f6, ♗f5 oder etwas wie ♕c2 oder ♕d3 spielen, um h7 zu decken.
   1.2. Der schwarze König kann über f8 sicher fliehen, da der Punkt f7 gedeckt ist.
   1.3. Der schwarze Materialvorteil ist schon so groß, dass er sich Dxg5 leisten kann.

In anderen Fällen ist es schwieriger, die Bedingungen so präzise anzugeben. Falls der schwarze König auf g6 oder h6 steht, besitzt Weiß meistens langanhaltende Kompensation. Nehmen Sie sich Zeit und schauen Sie sich die folgenden Aufgaben genau an, da dieses Motiv sehr häufig vorkommt. Ein typisches Beispiel ist:

Razinger – F. Harum
Ebensee fin-B 1933

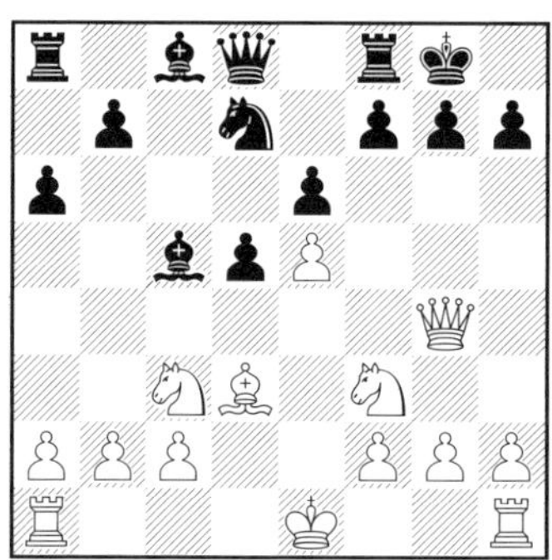

12.♗xh7+! ♔xh7 12...♔h8? 13.♕h5 verliert sofort. **13.♘g5+** 13.♕h5+ ist sogar präziser, da es den König nach g8 zwingt. **13...♔g8** 13...♔h6!? 14.f4 ♘xe5 15.♕h4+ ♔g6 16.♕h7+ ♔f6 17.fxe5+ ♔e7 *(17...♔xg5 18.♕xg7+ ♔h5 19.h4+−)* 18.♕xg7+−; 13...♔g6? 14.♘xe6+ ♔h6 15.♕xg7+ ♔h5 16.♕h7+ ♔g4 17.♕h3#.

14.♕h5 ♖e8 Nun gewann Weiß mit dem typischen **15.♕xf7+!** 15.♕h7+? wird durch 15...♔f8 16.♕h8+ ♔e7 17.♕xg7 ♖f8 widerlegt. **15...♔h8 16.♕h5+ ♔g8 17.♕h7+ ♔f8 18.♕h8+** und Schwarz gab wegen **18...♔e7 19.♕xg7#** auf. Merken Sie sich dieses Verfahren!

Aufgaben

Lösungen auf Seite 215

88. Zieher – Vormum
Deutsche Bundesliga
1977/78

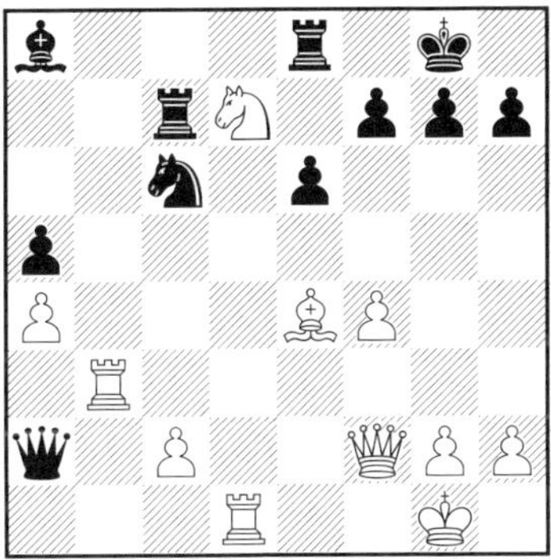

Hier und in den folgenden Aufgaben lautet die Frage immer, ob ♕xh7+ funktioniert oder nicht?

89. Z. Lanka (2504) – M. Vokac (2523)
1. Steinitz Memorial-A, Prag 2001

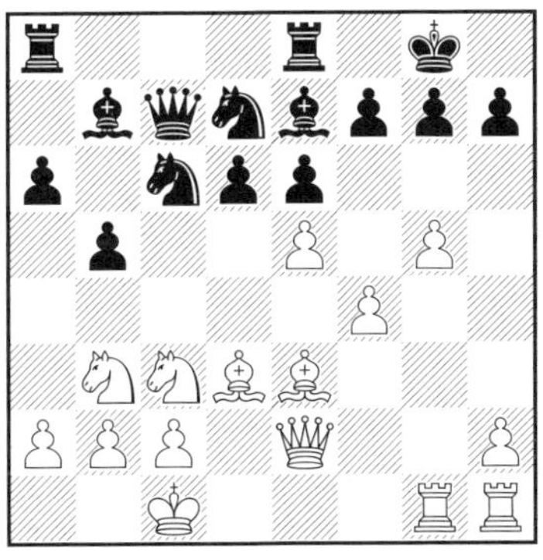

90. E. Rozentalis (2563) – Z. Kozul (2565)
Olympiade Bled (Männer) 2002

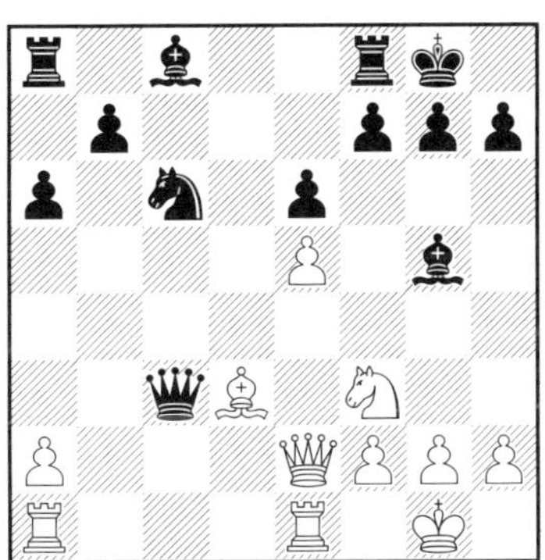

91. L. Paulsen – A. Schwarz
Wettkampf Leipzig
1879

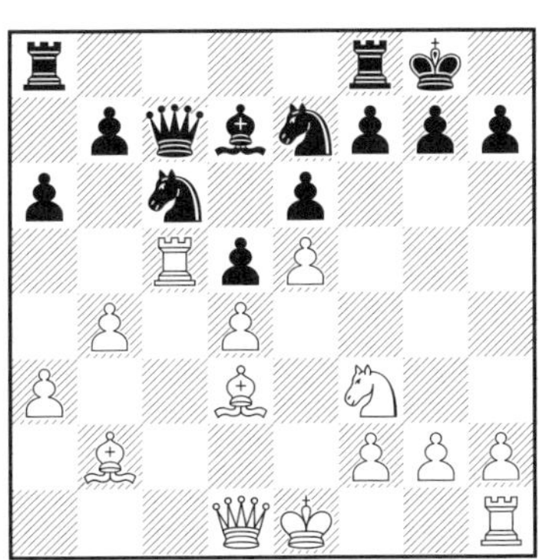

92. E. Colle – J. O'Hanlon
Nizza 1930

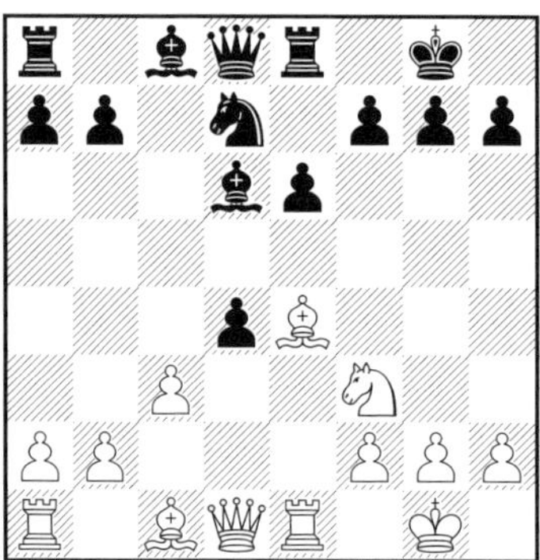

93. J. de Soyres – A. Skipworth
Counties Chess Association,
Boston 1880

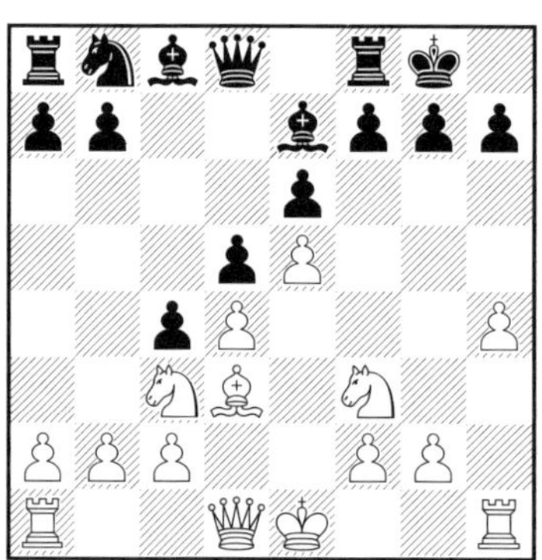

94. J. Cochrane – H. Staunton
Wettkampf London 1842

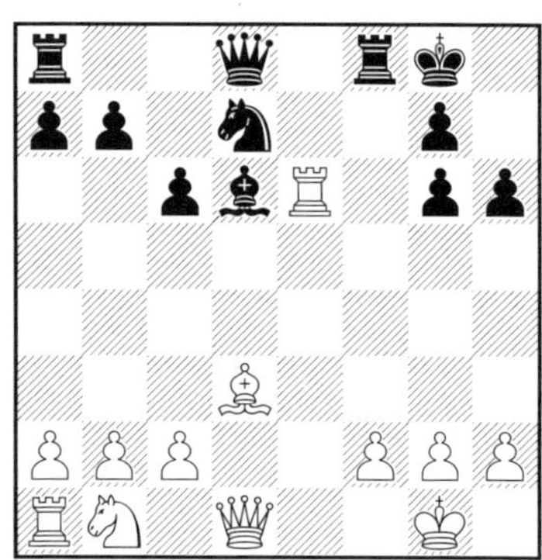

Hier ist ausnahmsweise Schwarz am Zug.

95. H. Bird – W. Steinitz
Wettkampf London 1866

Gewinnt ♗xh7+?

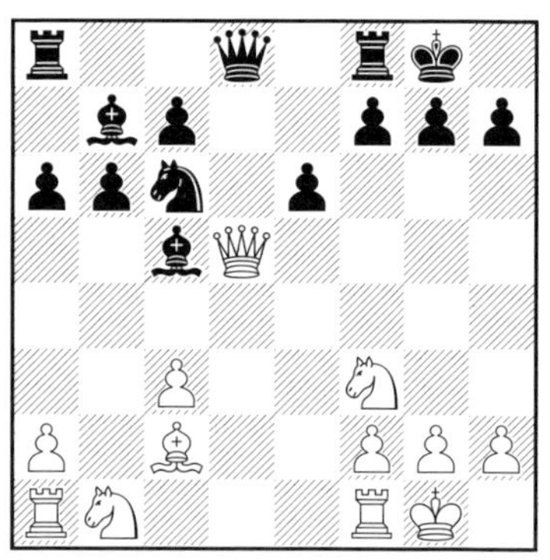

Verstellung

Schneide ihm den Weg ab!

Wenn Ihr Gegner wichtige Felder beschützt, sollten Sie immer nach Wegen suchen, die Verbindung der gegnerischen Figuren zu unterbrechen. Die zwei folgenden Beispiele illustrieren das Motiv:

I. Stohl (2578) – I. Smirin (2677)
CRO-Mannschaftsmeisterschaft, Pula 2000

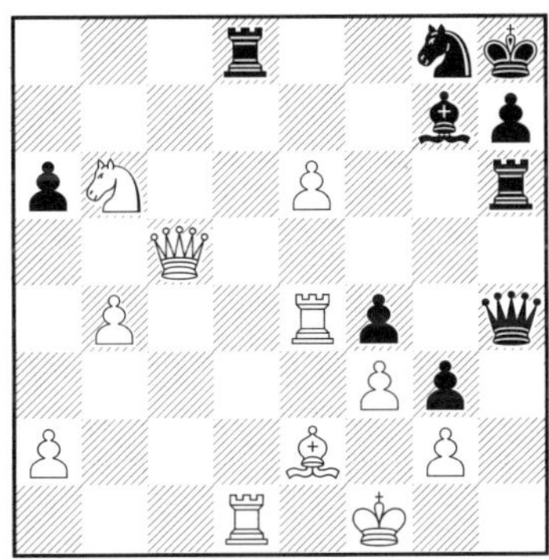

Schwarz verhinderte den rettenden Rückzug ♕g1 mit **30...♗d4! 0-1**
30...♖d4 gewinnt ebenfalls.

Ye Jiangchuan (2676) – J. Polgar (2677)
Eurotel Trophy, Prag 2002

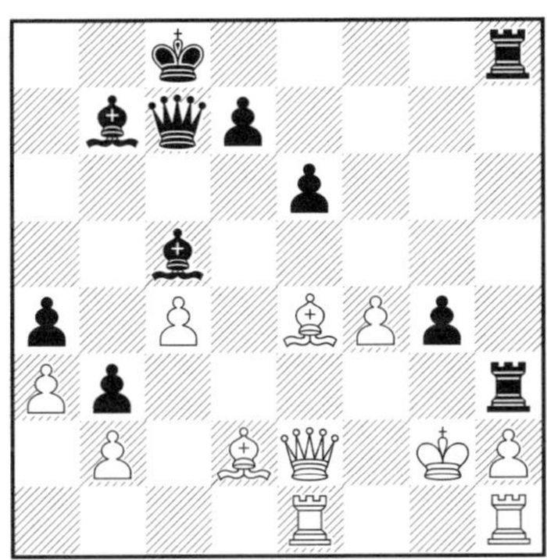

Der Läufer auf e4 ist ein Pfeiler der weißen Verteidigung. Dementsprechend suchte Judit Polgar nach einem Weg, seine Wirkung aufzuheben, und fand **28...♗e3!** 0-1 28...♖e3 funktioniert ebenfalls.

Aufgaben

Lösungen auf Seite 216

96. A. Goloshchapow (2543) – B. Jobava (2566)
Offenes Turnier, Dubai 2002

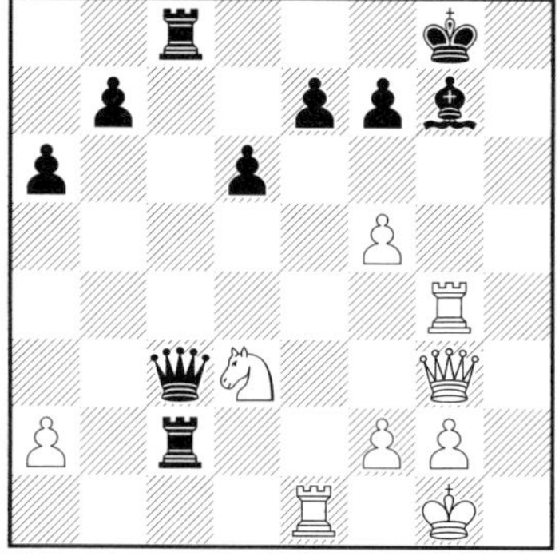

Wie sollte Weiß seinen Angriff fortsetzen?

97. R. Kempinski (2576) – Zhang Pengxiang (2522)
9. Offenes Turnier, Linares Anibal 2002

Der schwarze Springer hängt in der Luft. Welche Lösung bietet sich an?

98. H. Hamdouchi (2541) – P. Tregubow (2620)
Cap d'Agde-A 2000

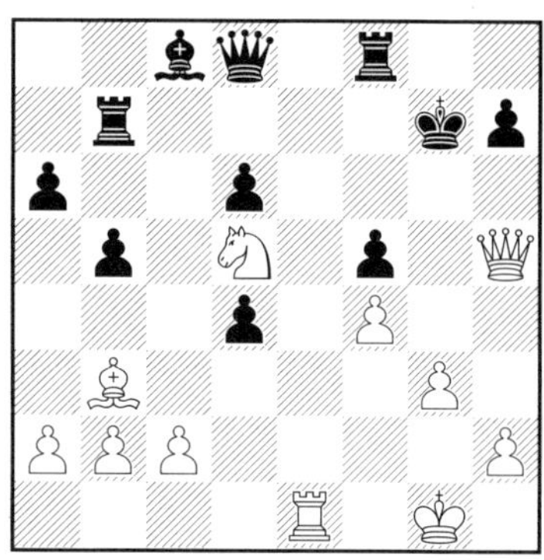

Finden Sie den besten weißen Zug!

99. A. Reggio – J. Mieses
Monte Carlo
1903

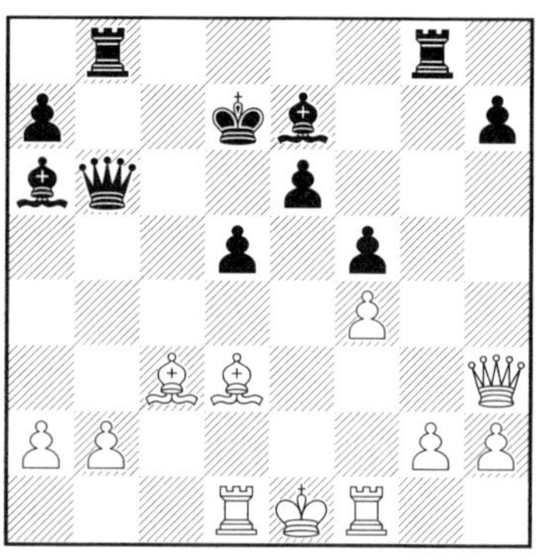

Wer steht besser und warum? Schwarz am Zug.

100. T. Kingston – T. Zilius
Burlington Schachclub,
Vermont 1995

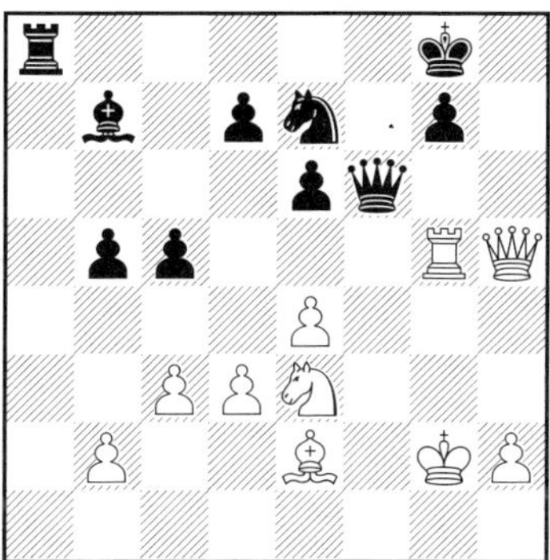

Der weiße Angriff sieht stark aus. Wie setzt man am besten fort?

Königsangriff

Zentralisieren und opfern

Dies ist ein sehr wichtiges Kapitel, da das ultimative Ziel unseres Spiels darin besteht, den gegnerischen König mattzusetzen. Das ist natürlich ein sehr ausführliches Thema und deswegen kann ich nicht alle Aspekte systematisch beleuchten. Allerdings möchte ich auf einige generelle Prinzipien hinweisen:

1. Lade jeden zur Party ein (alle verfügbaren Kräfte in den Angriff einbeziehen).
2. Fluchtfelder zu kontrollieren ist häufig sehr wichtig.
3. Berechne zuerst die forcierten Varianten wie Schachgebote oder Abtausch, schaue aber auch nach anderen Möglichkeiten, falls der Angriff allein mit Schachgeboten nicht durchdringt. Das gilt insbesondere für Züge, die neue Kräfte in den Angriff einbeziehen oder Fluchtfelder kontrollieren.
4. Ungleichfarbige Läufer favorisieren in der Regel den Angreifer.
5. Falls nötig, opfere Material, um Linien zu öffnen oder den Bauernwall vor dem gegnerischen König zu zerstören.
6. Horwitz-Läufer (zwei Läufer auf benachbarten Diagonalen, die auf die gegnerische Königsstellung wirken) oder zwei Türme auf der 7. Reihe verheißen Unheil.
7. Dame und Springer sind ein starkes Duo für den Angriff.

Als Beispiele möchte ich Ihnen nur zwei mit ungleichfarbigen Läufern und ein typisches Turmopfer zeigen. In den Aufgaben erwarten Sie viele weitere Motive.

A. Alexandrow (2645) – S. Sulskis (2579)
13. Offenes Turnier Goodricke, Kalkutta 2002

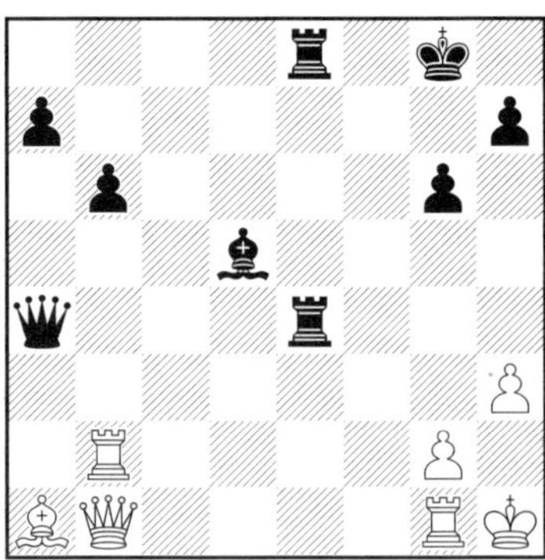

Beide Könige stehen exponiert, aber Schwarz ist viel aktiver und am Zug: **38...Te3!** 38...Th4? kann mit 39.Dd3 beantwortet werden; 38...Tf8? 39.Td2 Db3 40.Txd5

♕xd5 41.♕b2 gibt Weiß Gegenspiel, auch wenn Schwarz nach 41...♔f7! besser steht. **39.♖f1** 39.♔h2 ♕f4+ 40.g3 ♖e2+ 41.♖g2 ♕f3 42.♕g1 ♖xb2 43.♗xb2 ♖e2−+. **39...♖xh3+ 40.♔g1 ♕h4 0–1**

Das nächste Beispiel ist ein berühmter Klassiker:

A. Karpow (2720) – G. Kasparow (2700)
32. WM Moskau 1985

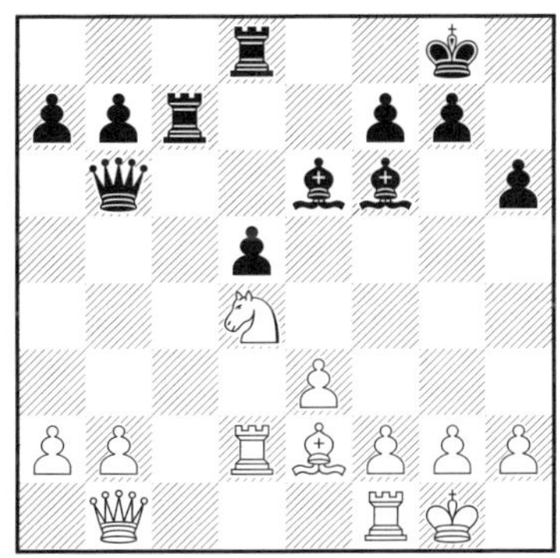

Ist ♘xe6 eine Drohung oder nicht? Eine schwierige Frage, die von Kasparow mit „Nein" beantwortet wurde. Karpow zeigte aber, wie gefährlich der weiße Angriff ist. Studieren Sie Karpows Strategie: **20...♖dc8?!** Dworetski bevorzugt 20...♗xd4 21.♖xd4 ♖dc8 22.♗d3 ♖c5 23.h3 ♕c7, was für Weiß nur etwas besser ist. **21.♘xe6! fxe6 22.♗g4!**

Das langfristige Ziel von Weiß ist, mit e3-e4 weitere Linien zu öffnen und auf der Diagonale b1–h7 eine Batterie aufzubauen. Zuerst erinnert aber Karpow seinen Gegner an dessen weißfeldrige Schwächen.

22...♖c4 23.h3 ♕c6 24.♕d3 ♔h8?! Hier ist der König ein gefundenes Fressen. **25.♖fd1 a5 26.b3 ♖c3 27.♕e2 ♖f8 28.♗h5 b5 29.♗g6 ♗d8 30.♗d3 b4 31.♕g4 ♕e8 32.e4 ♗g5 33.♖c2 ♖xc2?** Ein strategischer Fehler, da Schwarz seinen aktiven Turm benötigt, um gegen die weiße Initiative am Königsflügel zu kämpfen. Dworetski gibt in *Positionelles Schach* 33...♕c8! 34.exd5 exd5 35.♕xc8 ♖fxc8 36.♖e2 ♖c1 37.♖xc1 ♖xc1+ 38.♔h2 ♖c8 39.♗g6 ♗f6 mit zäher Verteidigung an. **34.♗xc2 ♕c6 35.♕e2 ♕c5 36.♖f1 ♕c3 37.exd5 exd5 38.♗b1! ♕d2 39.♕e5 ♖d8 40.♕f5 ♔g8 41.♕e6+ ♔h8 42.♕g6 ♔g8 43.♕e6+ ♔h8 44.♗f5 ♕c3 45.♕g6 ♔g8 46.♗e6+ ♔h8 47.♗f5 ♔g8 48.g3 ♔f8 49.♔g2 ♕f6 50.♕h7 ♕f7 51.h4! ♗d2** 51...♗f6 52.♖e1 ♕g8 53.♕g6 ♕f7 54.♕g4 und der weiße Angriff geht weiter. **52.♖d1 ♗c3 53.♖d3**

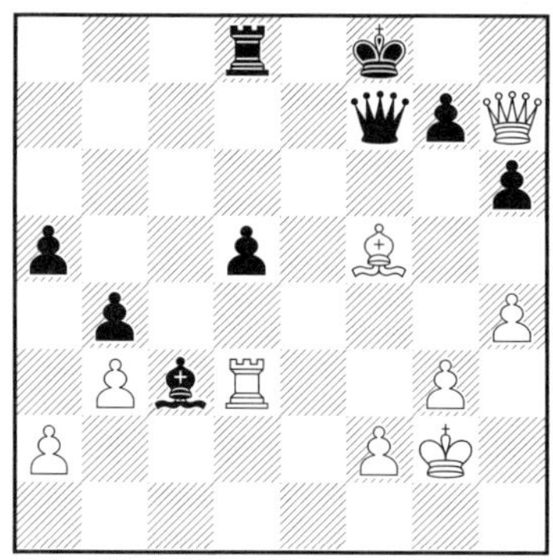

53...♖d6?

53...♕f6? 54.♖f3 ♕b6 55.♖e3 d4 56.♖e6 ♕b7+ 57.♖e4 ♕d5 58.♗e6+−. 53...♗f6! war zäher.

54.♖f3! ♔e7

54... ♖f6 55. ♖e3 ♖xf5 56. ♕h8+ ♕g8 57. ♖e8+ ♔xe8 58. ♕xg8+ ♔e7 59.♕c8+−.

55.♕h8?!

55.♖e3+ ♔d8 56.♕h8+ ♔c7 57.♕c8+ ♔b6 58.♕b8+ ♔c5 59.♗d3 ♖b6 60.♕d8 ♗d4 61.♖e2 g5 62.h5 gibt Weiß einen starken Angriff, da der schwarze König keinen Unterschlupf mehr findet.

55...d4?

55...♕f8? 56.♖e3+ ♔f7 57.♗e6++−. 55...♗d4 bietet stärkeren Widerstand.

56.♕c8 ♖f6

56...♕d5 57.♕c7+ ♔e8 58.♗e4 ♕xe4 59.♕xd6+−.

57.♕c5+ ♔e8

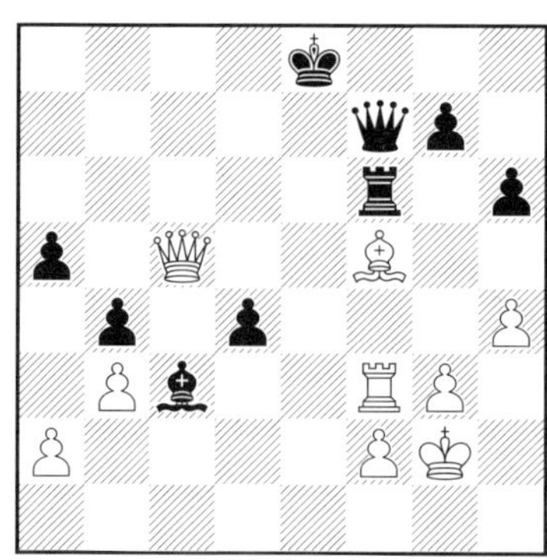

58.♖f4 Der Turm kommt immer näher. **58...♕b7+ 59.♖e4+! ♔f7**

59...♔d8 60.♕xa5+ ♖b6 *(60...♕b6 61.♕a8+ ♔c7 62.♖e7+ ♔d6 63.♖d7+ ♔e5 64.♕d5#)* 61.♔h2 g6 62.♖e6+–.

59...♖e6!? trifft auf 60.♕c4! ♖xe4 61.♕g8+ ♔e7 62.♕xg7+ +–.

60.♕c4+ ♔f8 61.♗h7 ♖f7 62.♕e6 ♕d7 63.♕e5! 1–0 Schwarz gab auf wegen **63...♕d8 64.♕c5+ ♖e7 65.♖f4+ ♔e8 66.♕c6+ ♕d7** (66...♖d7 67.♕e6+ ♕e7 68.♖f8+ ♔xf8 69.♕g8#) **67.♗g6+ ♔d8 68.♖f8+ +–.**

Ein sehr instruktives Beispiel für Powerplay auf den weißen Feldern!

In gewisser Weise handelt das folgende Beispiel ebenfalls von ungleichfarbigen Läufern, da Schwarz nichts gegen den mächtigen Läufer auf d5 unternehmen kann:

T. M. Haub – K. Müller

Schnellschach-Turnier, Nordhorn 2003

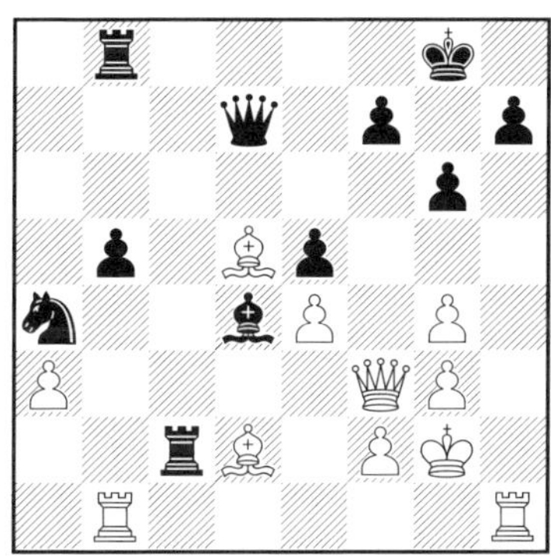

1.♖xh7! ♖xd2 1...♔xh7 2.♕f6 ♕xg4 3.♖h1+ ♕h5 4.♖xh5+ gxh5 5.♕xf7+ ♔h8 6.♕xh5+ ♔g7 7.♕h6#. **2.♖xf7 ♖xf2+ 3.♕xf2 ♕xd5 4.exd5 ♗xf2 5.♖xf2 ♘c3 6.♖b3 ♘xd5 7.♖e2 1–0**

Aufgaben

Lösungen auf Seite 216

101. A. Kveinys (2530) – J. Speelman (2583)
Olympiade Bled (Männer) 2002

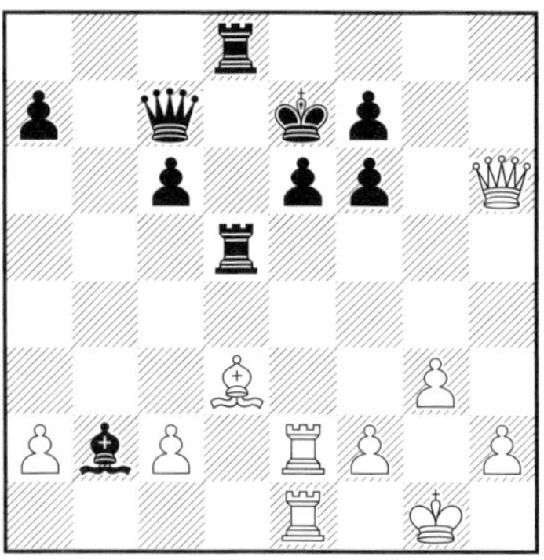

Steht der schwarze König wirklich sicher auf e7? Weiß am Zug.

102. S. Lputjan (2627) – K. Spraggett (2533)
Olympiade Bled (Männer) 2002

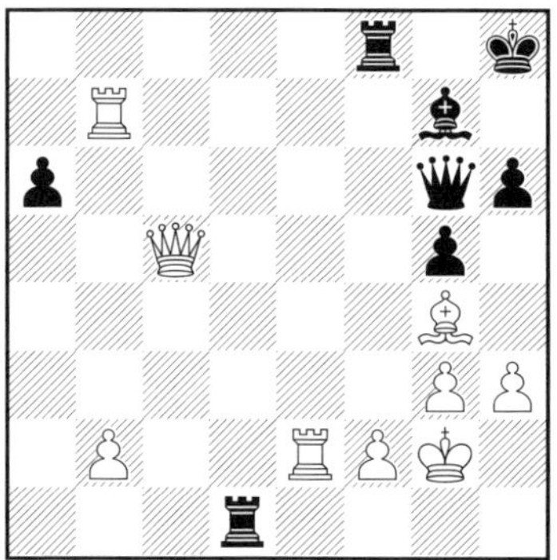

Wie soll man die schwarze Festung erstürmen?

103. T. Kingston – R. Patterson
Fernschach, USCF 82-V-27, 1982

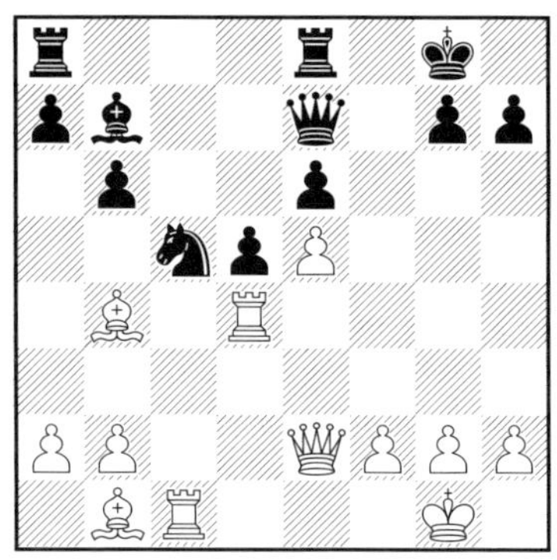

Weiß hat entscheidenden Angriff.

104. I. Nataf (2527) – M. Apicella (2524)
FRA-Vereinsmeisterschaft Pool B, Marseilles 2001

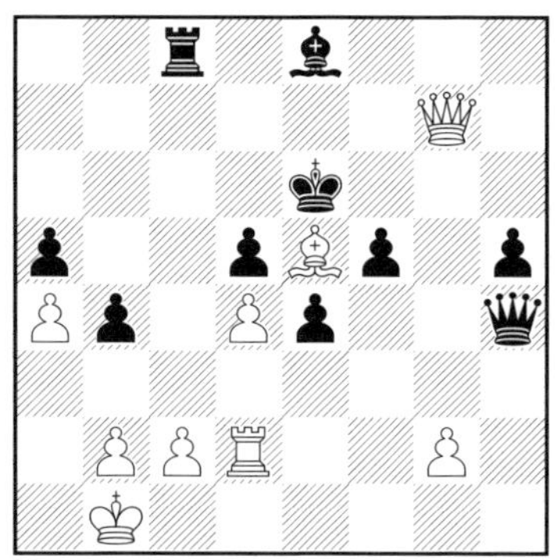

Durch die ungleichfarbigen Läufer hat Weiß einen fürchterlichen Angriff. Wie soll man ihn fortsetzen?

105. A. de Groot (2421) – M. Bulgarini (2347)
XXX APA Magazine section B, Fernschach-Schachklub 2001

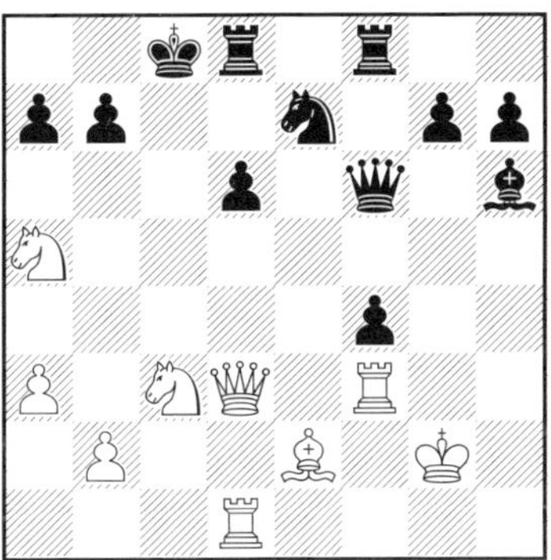

Wessen König steht sicherer? Weiß am Zug.

106. R. Kasimdshanow (2674) – V. Kortschnoj (2635)
4. Julian Borowski-Wettkampf, Essen 2002

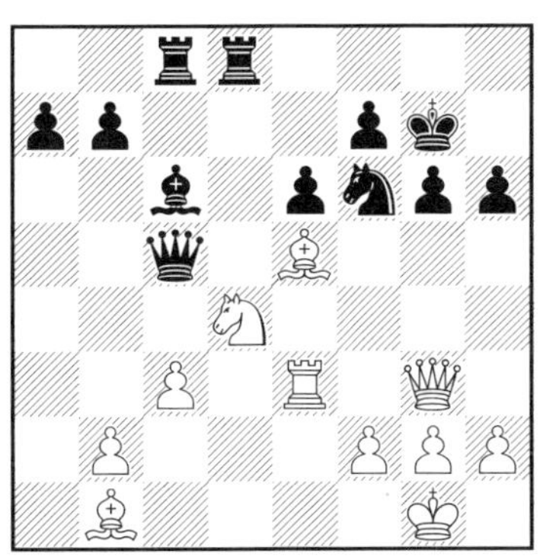

Weiß startete einen beeindruckenden Angriff. Können Sie das auch?

107. K. Müller (2503) – V. Dinstuhl (2402)
Deutsche Bundesliga 2002

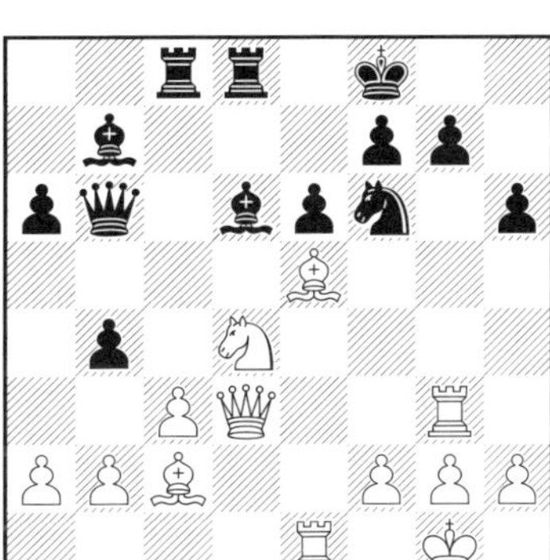

Der letzte schwarze Zug 1...♗e7-d6? war ein Fehler. Wie nutzte Weiß ihn aus?

108. K. Müller – M. Sadler
Altensteig 1992

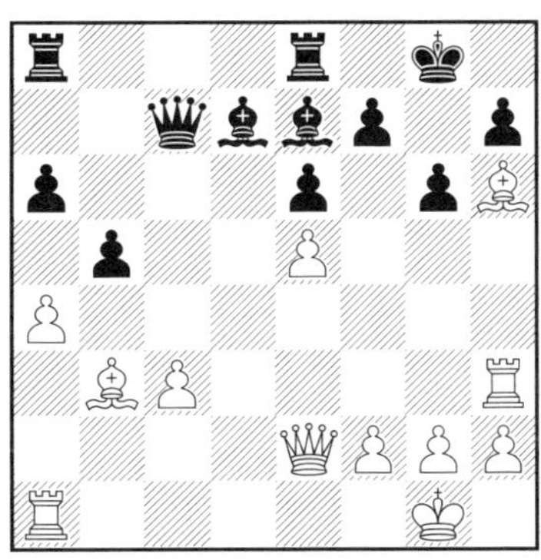

Finden Sie den besten Zug für Weiß!

109. K. Müller – T. Kastek (2255)
Hamburg1988

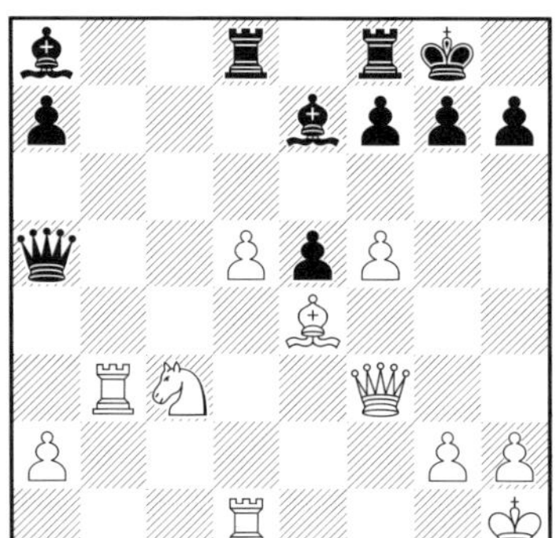

Weiß gewinnt mittels eines typischen taktischen Motivs. Welches?

110. J. Plaskett (2515) – N. Short (2683)
BCF-Mannschaftsmeisterschaft 99/00 (4NCL)

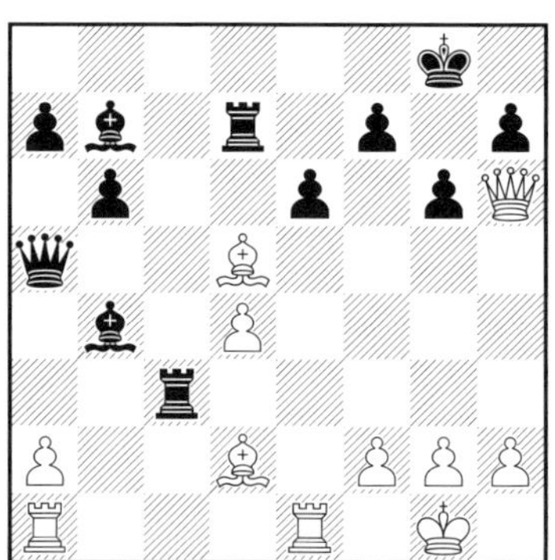

Es geht darum, den König mattzusetzen, nicht um Materialgewinn. Weiß am Zug.

111. A. Riazantsev (2537) – V. Nevostrujev (2502)
RUS-Vereinsmeisterschaft, Krasnodar 2002

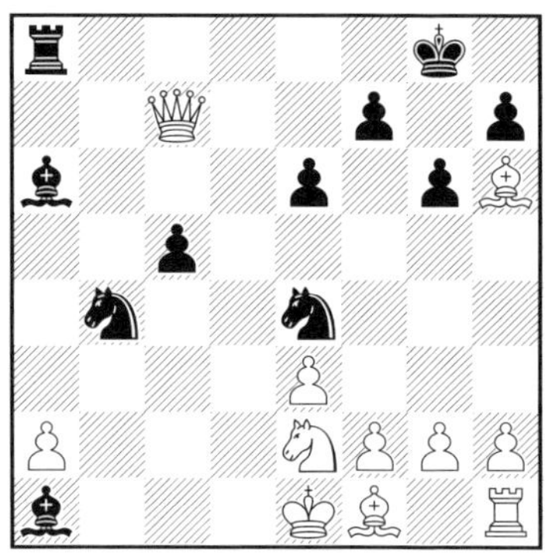

Schwarz am Zug. Wie ist die Stellung zu beurteilen?

112. A. Schirow (2697) – A. Motyljow (2634)
RUS – The World, Moskau 2002

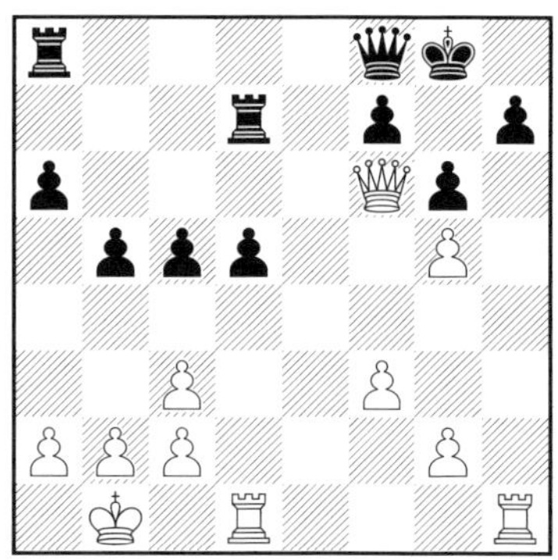

Ich bin mir sicher, dass Schirow den Gewinn sofort sah. Wie ist es mit Ihnen?

113. R. Waganjan (2605) – K. Müller (2558)
Deutsche Bundesliga 1999

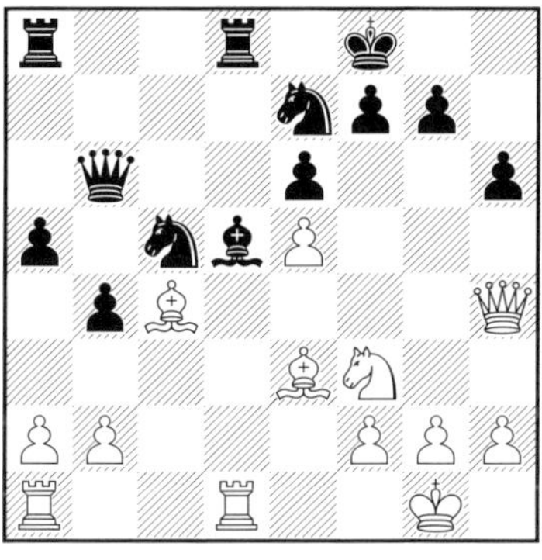

Finden Sie den besten Zug für Weiß!

114. R. Vera (2509) – I. Nataf (2549)
TIM 2003,
Montreal 2003

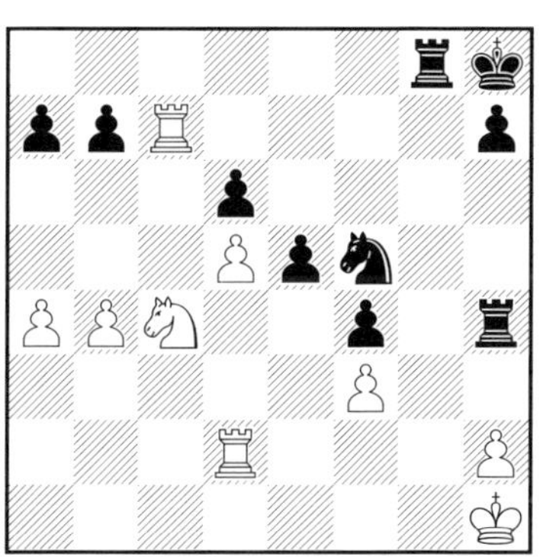

Schwarz startete einen typischen Königsindisch-Angriff. Können Sie das auch?

115. S. Movsesian (2659) – W. Below (2549)
Istanbul 2003

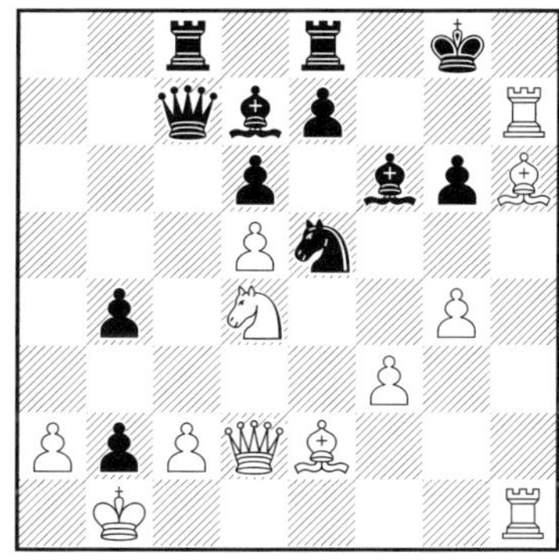

Töten Sie den Drachen!

116. J. Arizmendi Martínez (2503) – W. Tukmakow (2566)
Offenes Turnier Biel MTO 2002

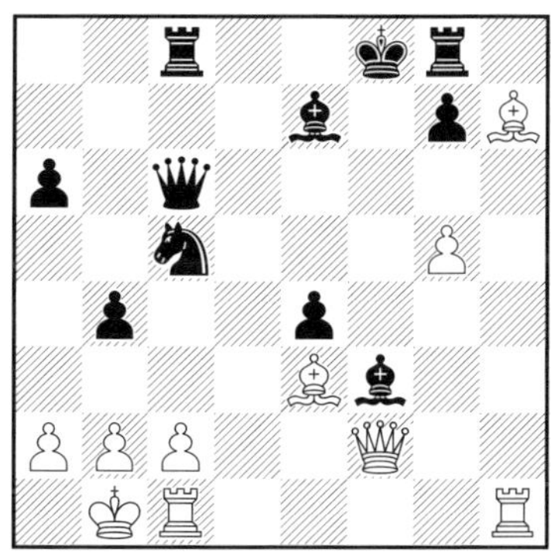

Wie soll man den weißen Angriff fortsetzen?

117. E. Agrest (2563) – E. Bacrot (2653)
EU-Mannschaftsmeisterschaft (Männer), León 2001

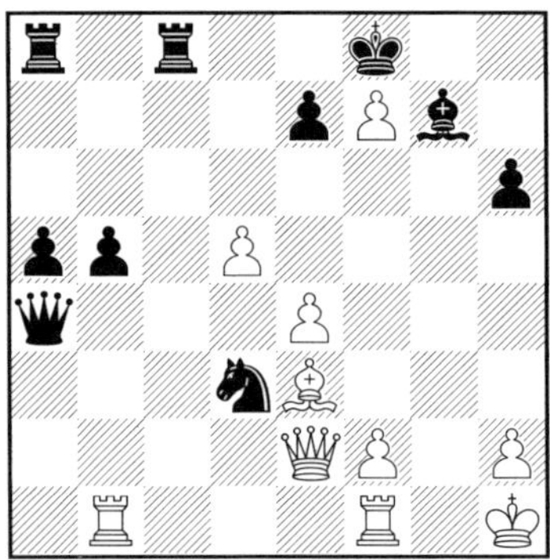

Weiß gewann auf unnachahmliche Weise. Lassen Sie den schwarzen König nicht entkommen!

118. R. Antonio (2519) – J. Wladimirow (2592)
13. Asian Cities, Aden 2002

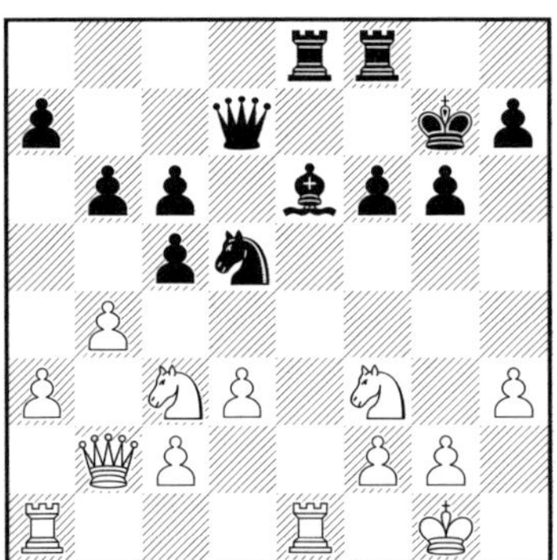

Die weiße Dame verteidigt momentan nicht. Nutzen Sie das aus.

119. L. Aronjan (2562) – A. Yegiazarian (2551)
ARM-Vereinsmeisterschaft, Jerewan 2001

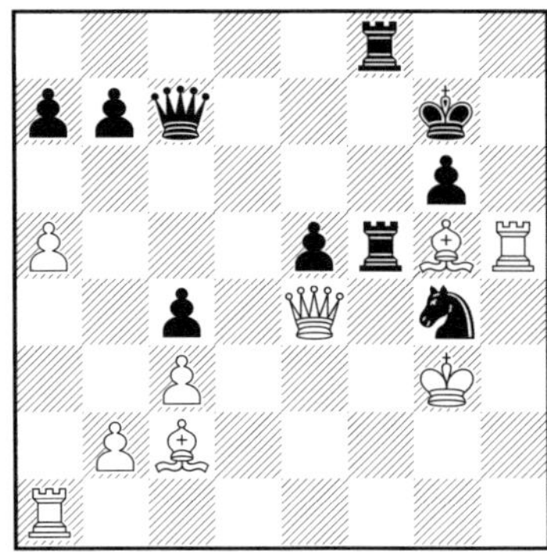

Weiß machte mit dem schwarzen König kurzen Prozess. Erkennen Sie auf welche Weise?

120. B. Awruch (2595) – E. Sutovsky (2657)
ISR-Vereinsmeisterschaft, Tel Aviv 2002

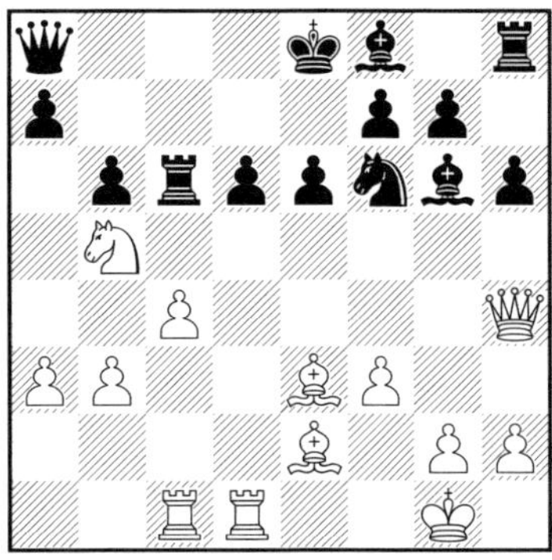

Wie kommt man dem schwarzen König bei?

121. E. Bacrot (2653) –
R. Kasimdshanow (2674)
FIDE GP,
Moskau 2002

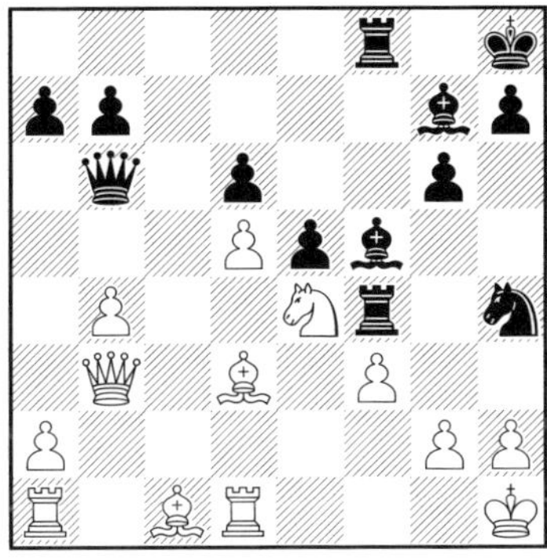

Wie opferte Schwarz?

122. E. Bacrot (2653) –
W. Kramnik (2809)
Grand Prix du Senat, Paris 2002

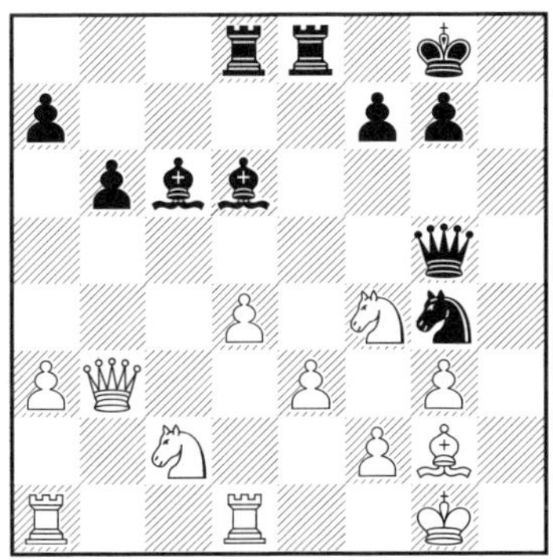

Seine mächtige Armee brachte Schwarz den Sieg. Wie setzte Kramnik fort?

123. E. Barejew (2702) –
W. Akopjan (2660)
Dortmund Super-GM
2000

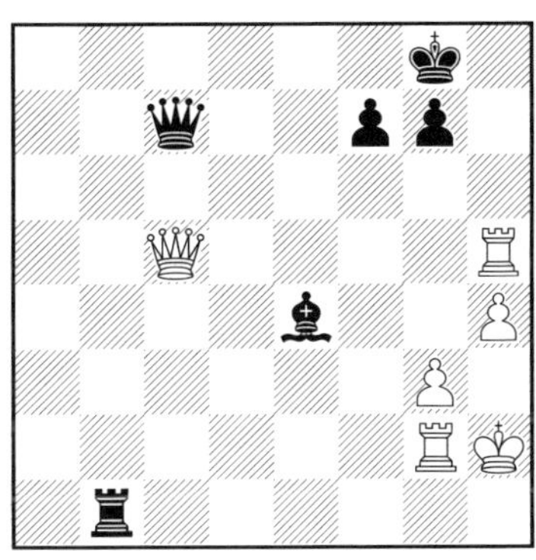

Hat Schwarz mehr als nur Remis?

124. A. Barsov (2525) –
Zhang Zhong (2657)
Hastings 2001

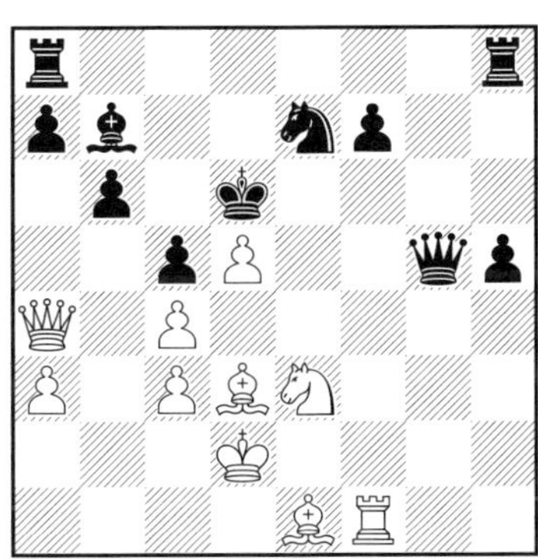

Wie dringt man zum schwarzen König durch?

125. P. Blatny (2512) –
J. Horvath (2557)
Zonenturnier Budapest 1.4 2000

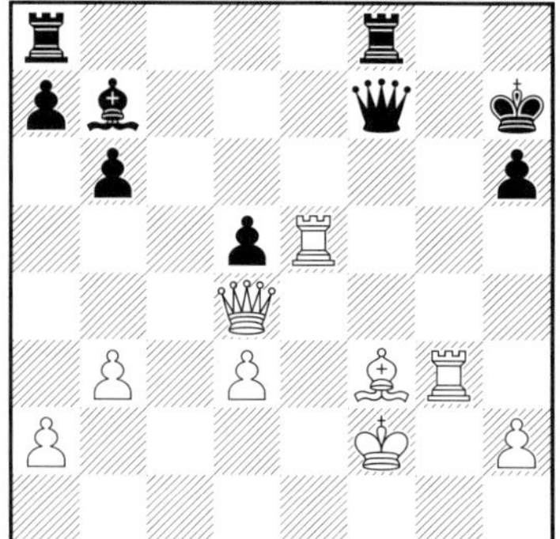

Weiß brach alle Brücken hinter sich ab. Schaffen Sie es auch?

126. D. Campora (2513) –
O. Korneev (2600)
Coria del Rio 2001

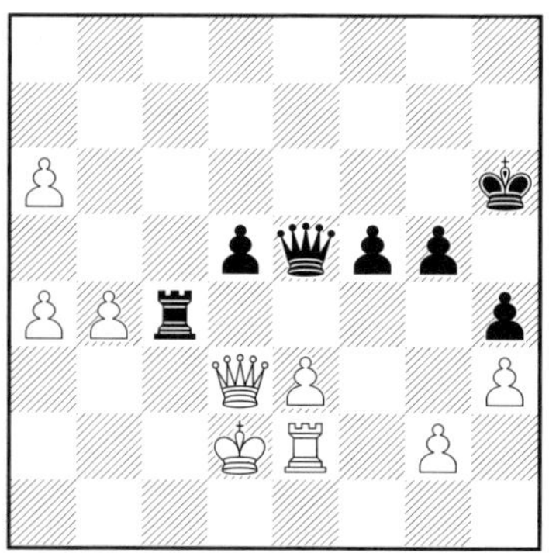

Kann Schwarz am Zug seine Initiative ausnutzen?

127. L. Dominguez (2596) –
A. Wojtkiewicz (2573)
14. Carlos Torre Memorial Turnier, Mérida 2001

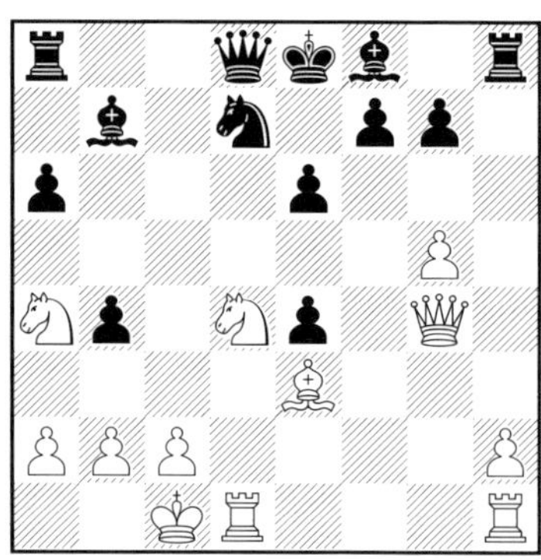

Weiß startete einen staken Angriff. Wie?

128. A. Drejew (2677) –
K. Georgiew (2654)
FIDE GP, Moskau 2002

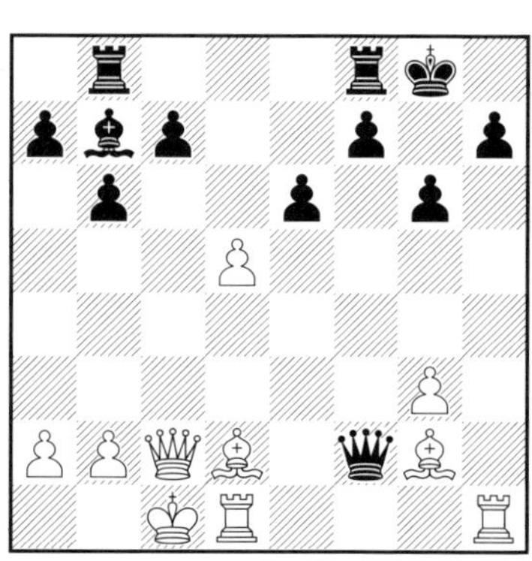

Weiß hat etwas besseres als seine Mehrfigur zu verwerten. Finden Sie es heraus!

129. A. Drejew (2690) –
S. Tiviakov (2635)
XII. Internationales Turnier,
Dos Hermanas 2003

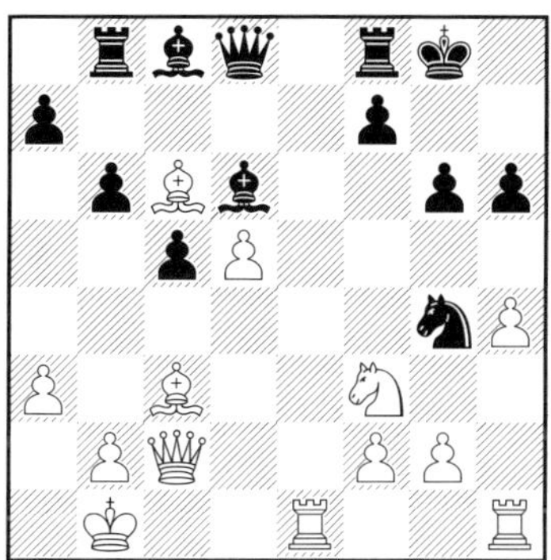

Weiß startete eine mörderische Attacke. Wie?

130. D. Fridman (2621) –
I. Nataf (2559)
Istanbul 2003

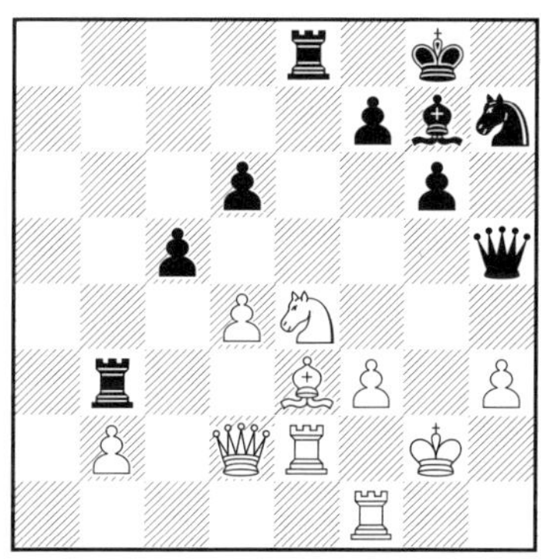

Der weiße Turm sieht verletzlich aus. Wie kann man das ausnutzen?

131. I. Glek (2553) –
S. Wolkow (2554)
4. Offenes Turnier,
Korinthos 2000

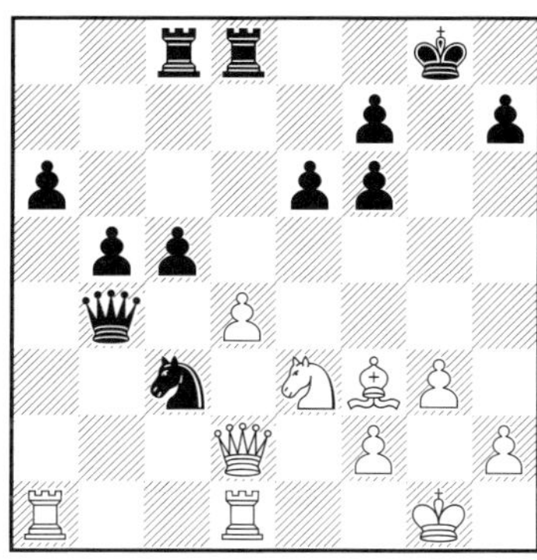

Wie kann man dem offenen schwarzen König beikommen?

132. M. Golubew (2528) –
A. Grischuk (2702)
Deutsche Bundesliga 2003

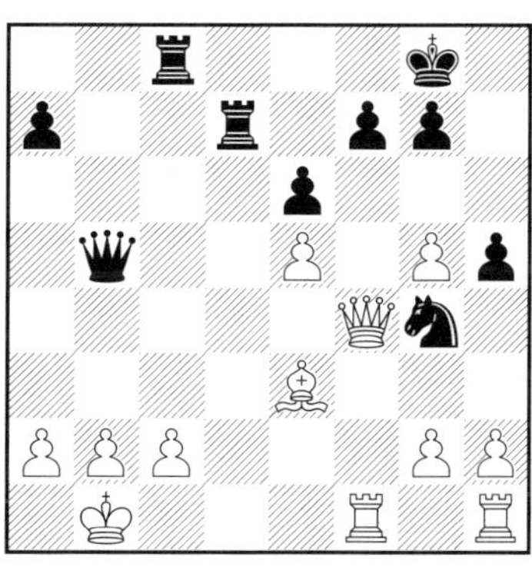

Wie kann man den schwarzen Angriff verstärken?

**133. A. Grischuk (2666) –
A. Graf (2610)**
5. Mannschaftsweltmeisterschaft,
Jerewan 2001

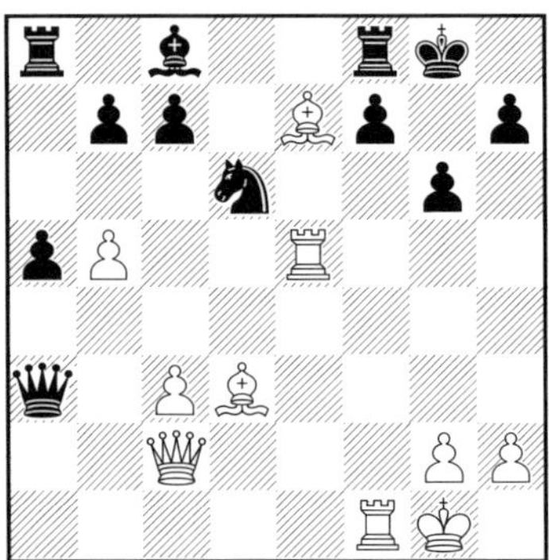

Der schwarze König hat wenige Verteidiger, wie Weiß nachwies. Können Sie es auch?

**134. M. Gurewitsch (2667) –
V. Milov (2626)**
Lost Boys, Offenes Turnier,
Amsterdam 2000

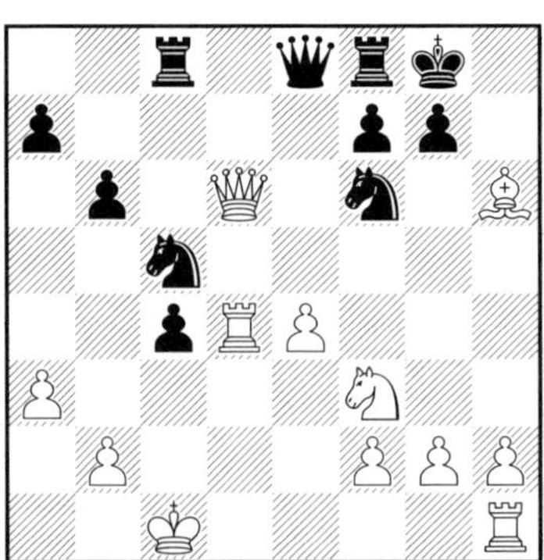

Wie soll man auf die Drohung 1...♘b3+ reagieren?

**135. S. Hansen (2545) –
S. Tiviakov (2628)**
17. Nordsee-Cup,
Esbjerg 2002

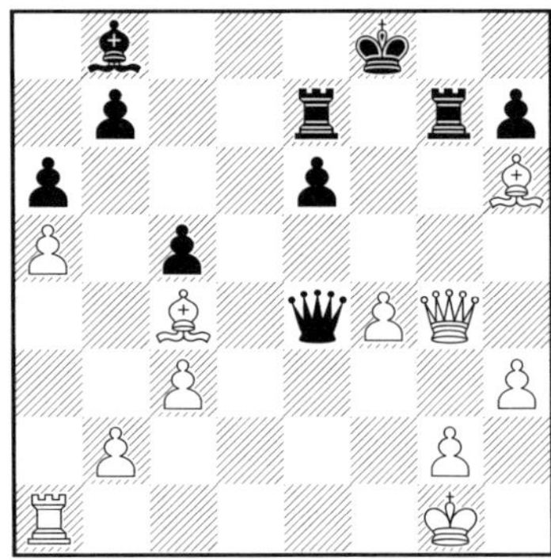

Was ist Ihre Meinung: Hat Weiß noch einen starken Angriff oder kam er zum Erliegen?

**136. A. Hauchard (2527) –
M. Narciso Dublán (2529)**
FRA-Mannschaftsmeisterschaft,
Frankreich 2001

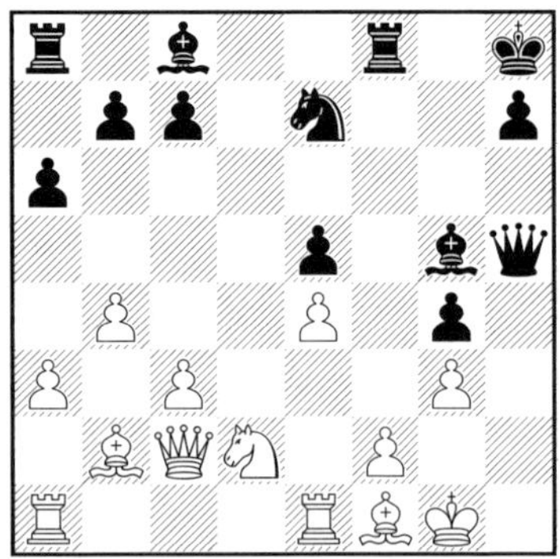

Wie soll man den schwarzen Angriff fortsetzen?

137. F. Hellers (2605) – M. Markovic (2515)
Mannschaftsmeisterschaft Schweden 2003

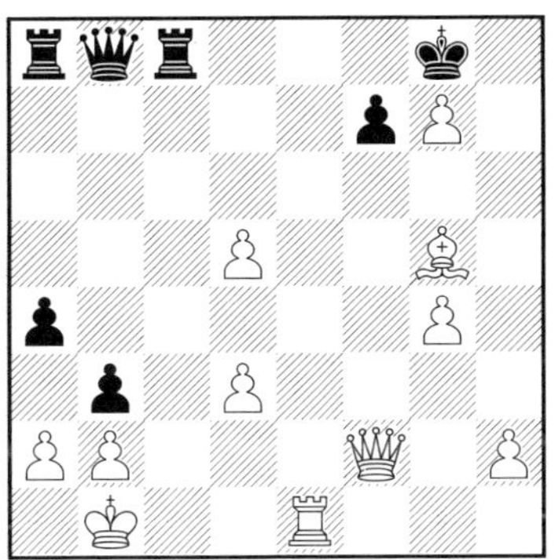

Schafft es Schwarz, zuerst zuzuschlagen?

138. V. Iordachescu (2594) – L. van Wely (2643)
ROM-Mannschaftsmeisterschaft Eforie Nord 2000

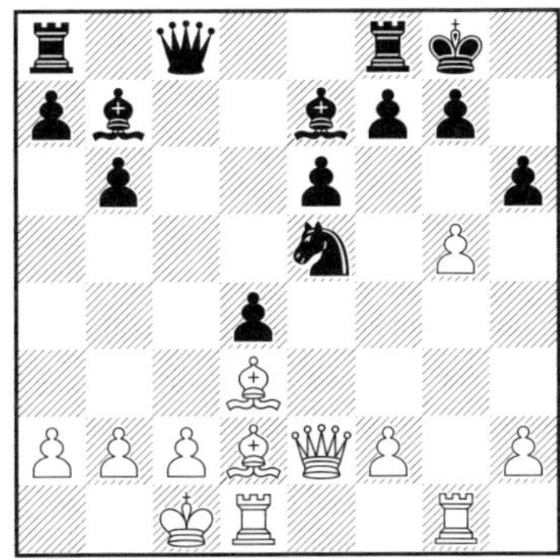

Soll man auf e5 nehmen oder nicht? – Das ist hier die Frage!

139. A. Karpow (2690) – M. Taimanow (2530)
Oktober-Revolution 60, Leningrad 1977

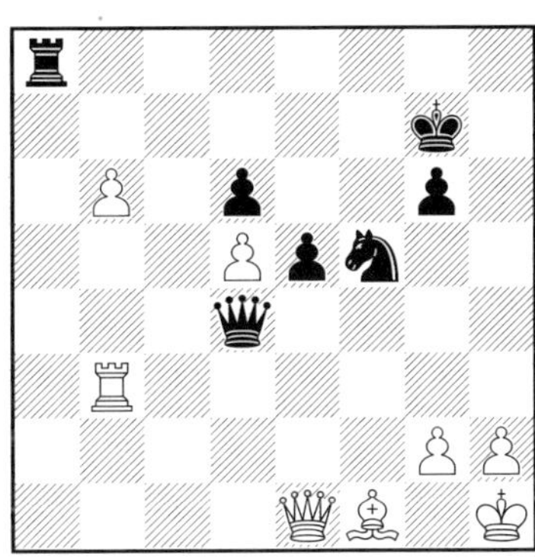

Das ist Mark Taimanows berühmtester Sieg. Wie überwand er die weltmeisterliche Verteidigung?

140. G. Kasparow (2851) – A. Schirow (2751)
Fujitsu Siemens Giants, Frankfurt 2000

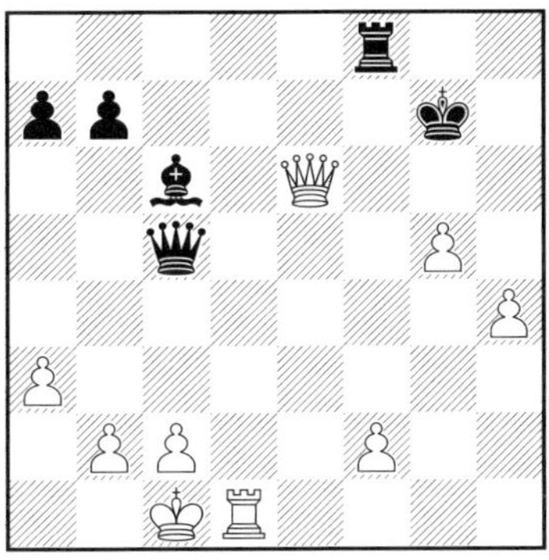

Wie setzte Kasparow seinen Angriff fort?

141. A. Khalifman (2690) – P. Acs (2591)
Essent Crown, Hoogeveen 2002

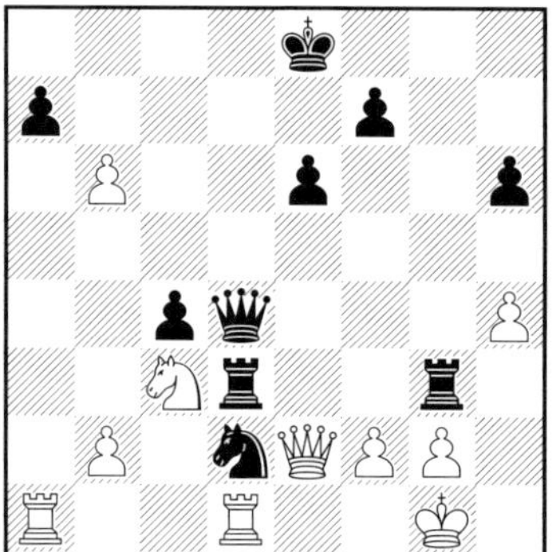

Wie brachte Peter Acs den weißen Monarchen zur Strecke?

142. V. Kortschnoi (2634) – P. Kotsur (2579)
Olympiade Bled 2002

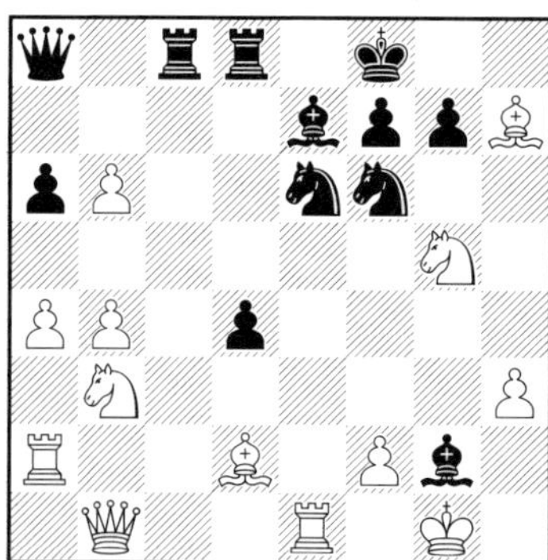

Viktor Kortschnoi führt immer noch eine scharfe Klinge, wie die zwei folgenden Beispiele zeigen. In beiden Fällen gewinnt Weiß am Zug.

143. V. Kortschnoi (2633) – D. Solak (2501)
4. Offenes Turnier Hilton, Basel 2002

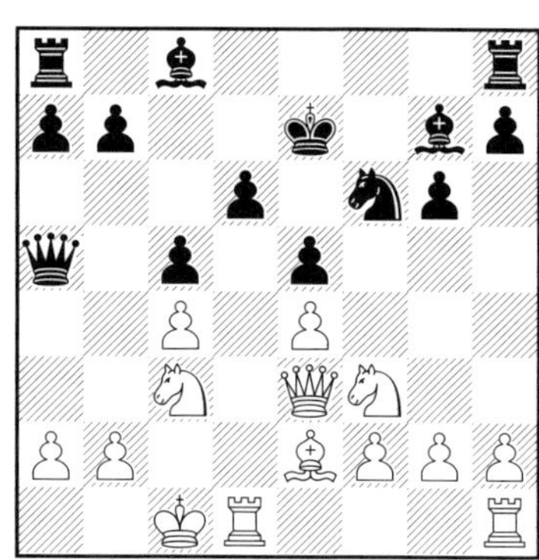

144. A. Korotylew (2550) – J. Alexejew (2567)
9. RUS-Mannschaftsmeisterschaft, Ekaterinburg 2002

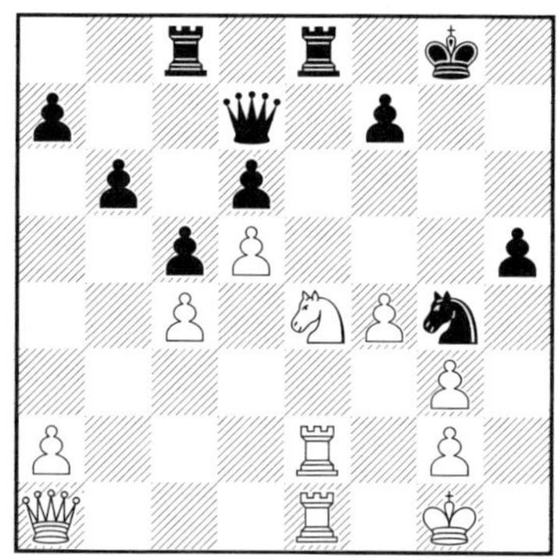

Wie nutzte Weiß seine starken Figuren, um Schwarz zu schlagen?

145. H. Langrock (2171) –
C. Engelbert (2209)
Hamburg 2000

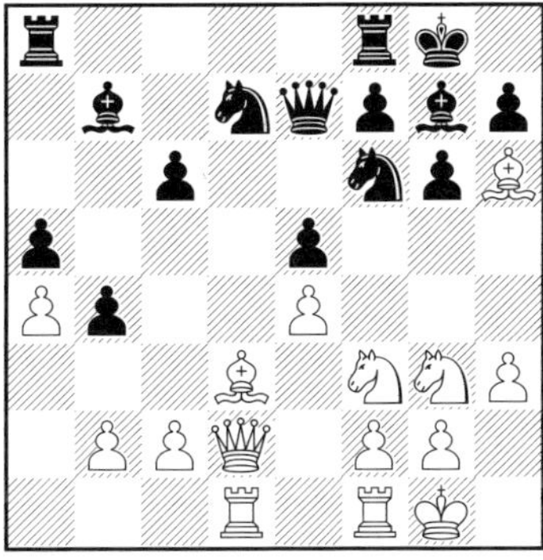

Weiß knackte die schwarze Verteidigung ohne Probleme. Erkennen Sie auf welche Weise?

146. B. Macieja (2588) –
R. Kempinski (2595)
POL-Mannschaftsmeisterschaft, Glogow 2001

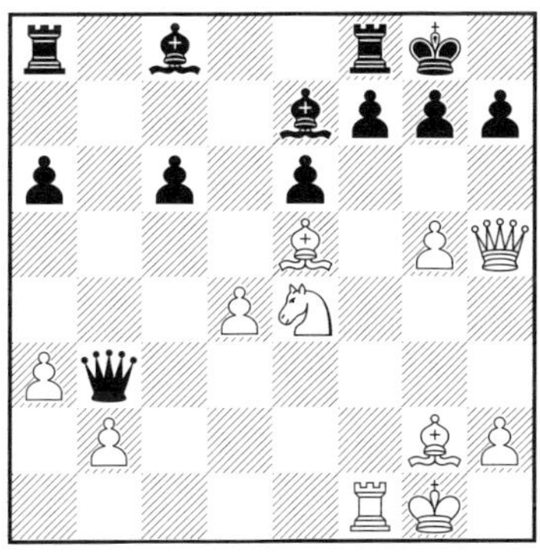

Wie soll man die schwarze Festung stürmen?

147. I. Miladinovic (2518) –
J. Hickl (2605)
Olympiade Bled (Männer) 2002

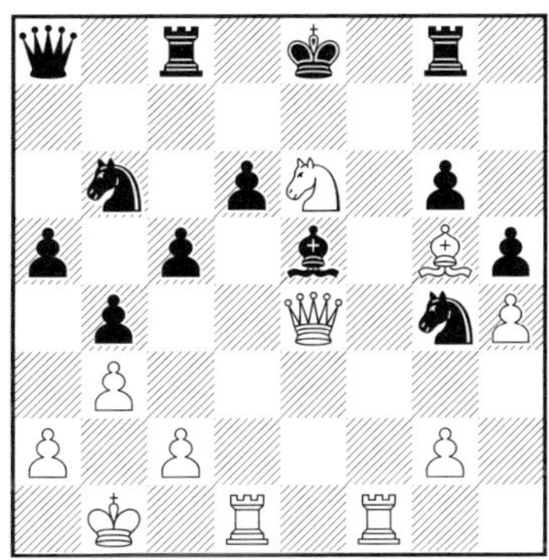

Wie rechtfertigt man das weiße Opfer?

148. V. Milov (2606) –
M. Tschiburdanidse (2516)
3. EU-Vereinsmeisterschaft, Batumi 2002

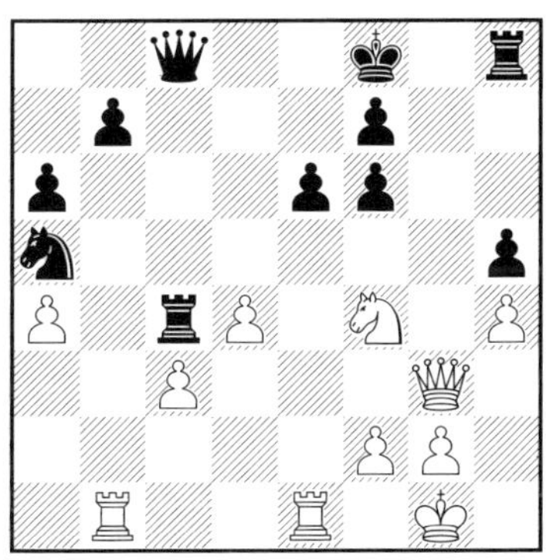

Wie öffnete Weiß Linien für seinen Angriff?

149. N. Mitkov (2532) –
S. Rublewski (2670)
16. EUCup,
Neum 2000

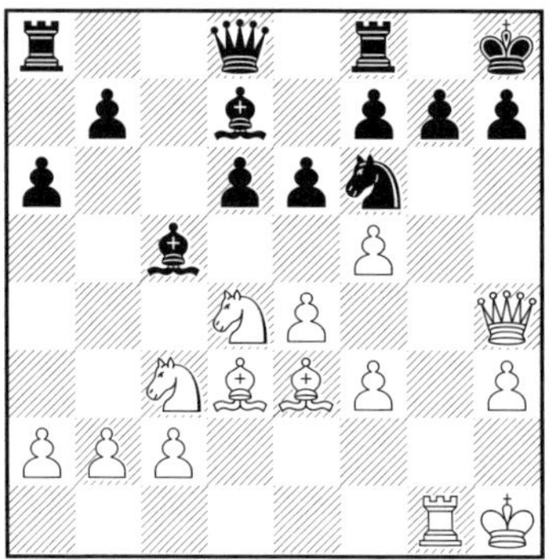

Wie brach Weiß alle Brücken hinter sich ab?

150. A. Motyljow (2552) –
A. Iljushin (2515)
53. RUS-Vereinsmeisterschaft,
Samara 2000

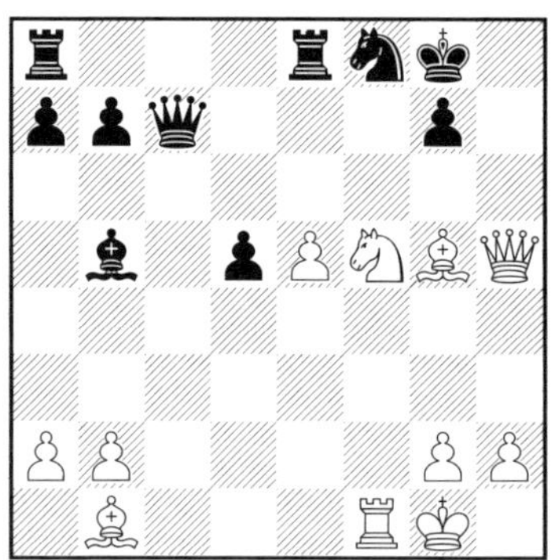

Wie erstürmt man die schwarze Festung?

151. S. Movsesian (2624) –
E. Sutovsky (2660)
SVK-Vereinsmeisterschaft,
Kaskady 2002

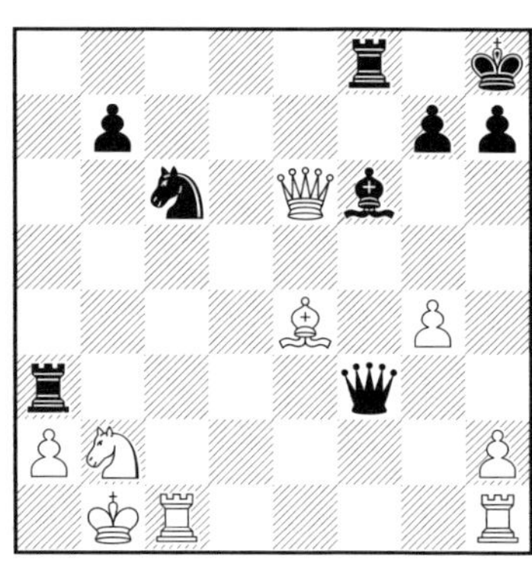

Dem weißen Monarchen bläst ein kalter Wind um die Ohren. Machen Sie einen Sturm daraus.

152. P. Nikolic (2652) –
A. Anastassjan (2588)
FIDE-WM Knock-out-Turnier
Moskau 2001

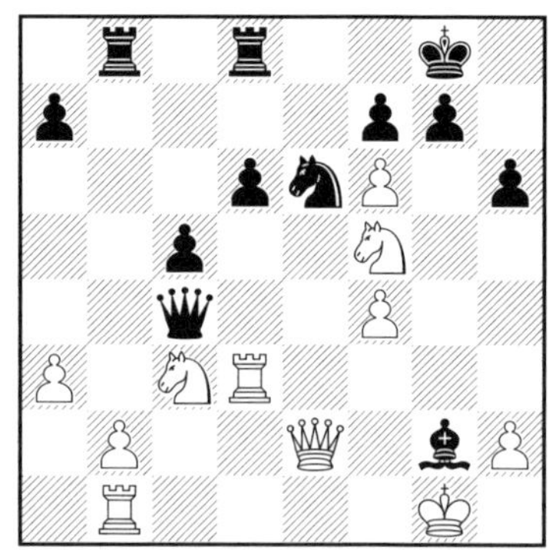

Sollte Weiß den Läufer auf g2 nehmen oder anderswo zuschlagen?

**153. T. Oral (2550) –
D. Navara (2580)**
CZE-Vereinsmeisterschaft,
Luhacovice 2003

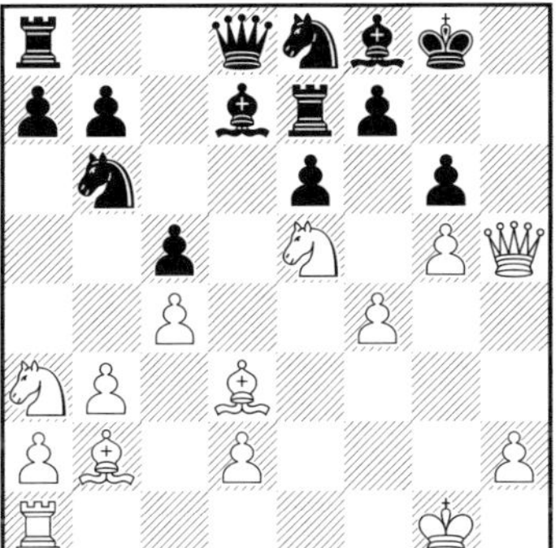

Weiß opferte einen Turm. Mit welcher Idee?

**154. J. Polgar (2715) –
F. Berkes (2578)**
Internationales Turnier,
Budapest 2003

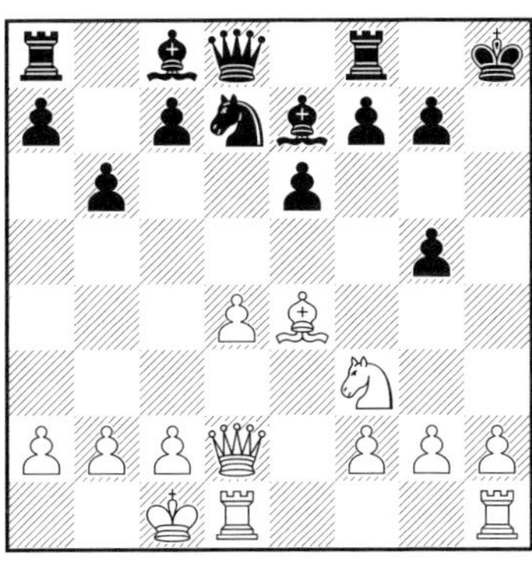

Soll man den Turm auf a8 schlagen oder den Angriff verstärken?

**155. R. Ponomarjow (2630) –
S. Conquest (2529)**
3. Offenes Torshavn-Turnier 2000

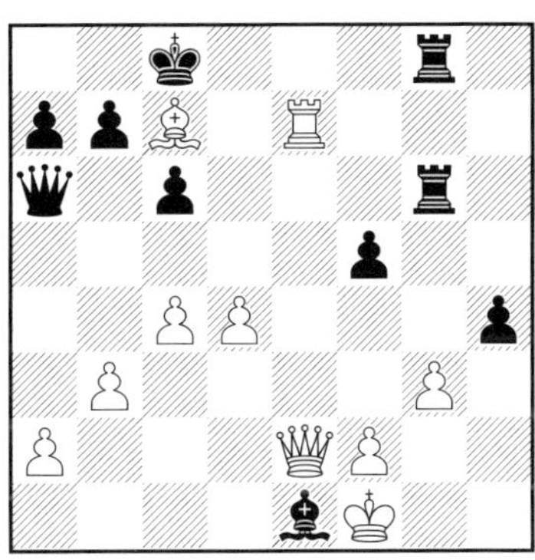

Wie gewinnt Weiß?

**156. A. Skripchenko (2501) –
M. Ulibin (2562)**
5. Offenes Turnier
Dubai 2003

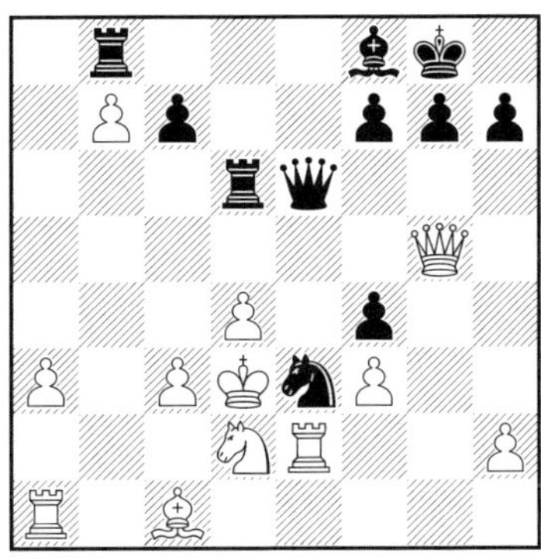

Wie soll man den Leichtsinn des weißen Königs bestrafen?

157. P. Smirnow (2511) –
A. Motyljow (2601)
54. RUS-Vereinsmeisterschaft,
Elista 2001

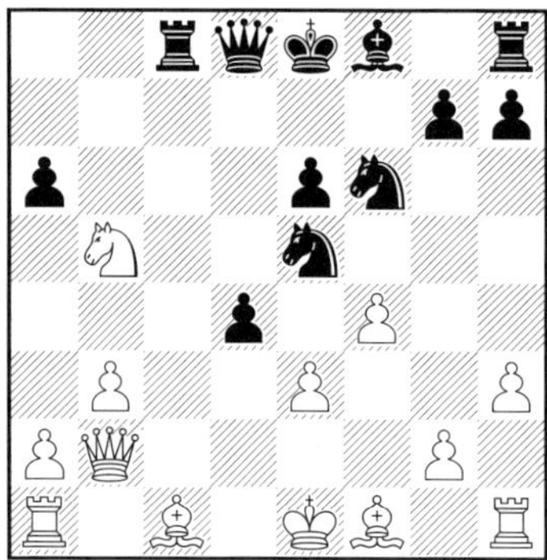

Wie ist die Stellung mit Schwarz am Zug zu bewerten?

158. P. Swidler (2689) –
M. Adams (2755)
16. EUCup,
Neum 2000

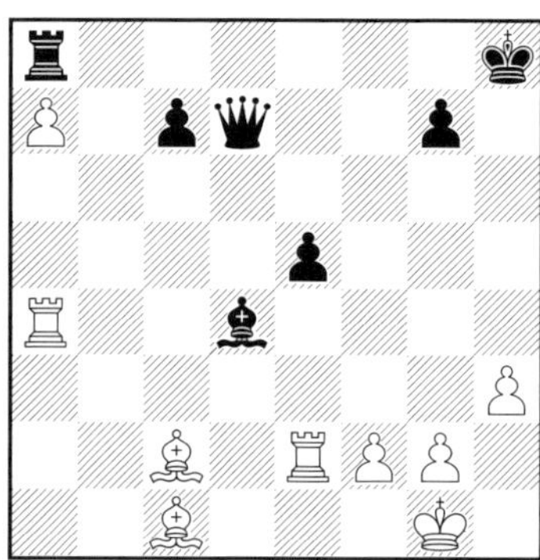

Finde den besten Zug für Weiß!

159. W. Topalow (2739) –
J. Barejew (2707)
11. Amber Schnellschachturnier,
Monaco 2002

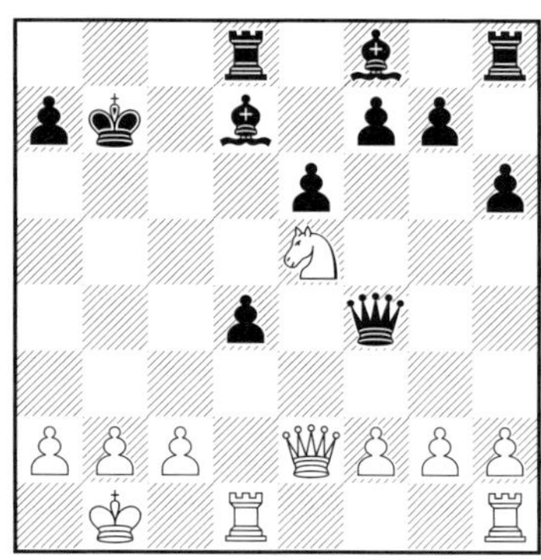

Kann Weiß zum schwarzen König durchbrechen oder steht der sicher?

160. W. Topalow (2745) –
J. Barejew (2726)
Stichkampf Kandidaten-Halbfinale,
Dortmund 2002

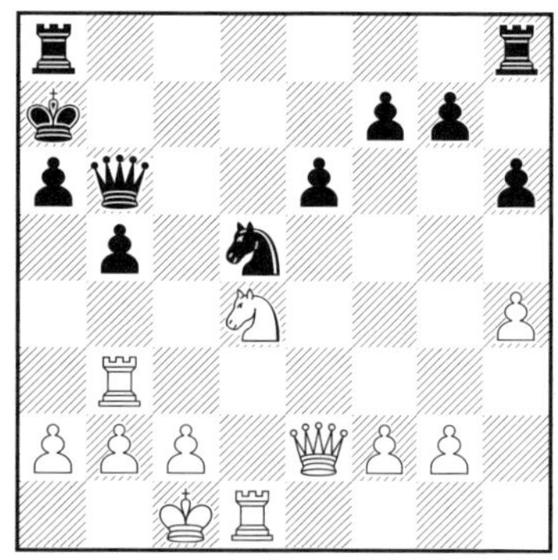

Weiß muss die Gunst der Stunde nutzen, bevor sich Schwarz konsolidiert. Aber wie?

161. P. Tregubow (2628) – S. Atalik (2537)
2. EU-Vereinsmeisterschaft, Ohrid 2001

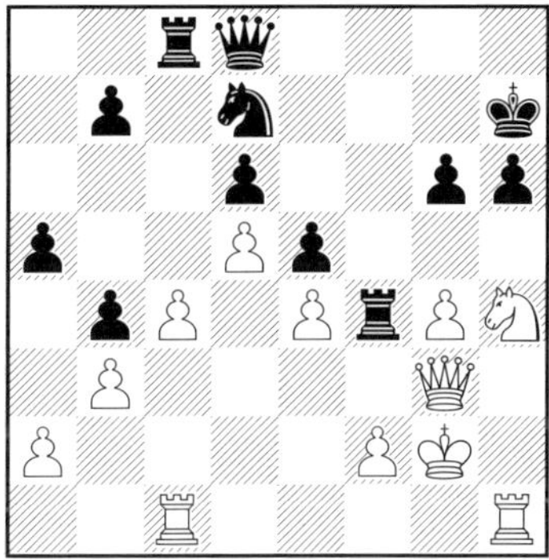

Schwarz steht positionell besser, aber Weiß ist am Zug ...

162. R. Waganjan (2667) – A. Berelowitsch (2541)
Deutsche Bundesliga 2002

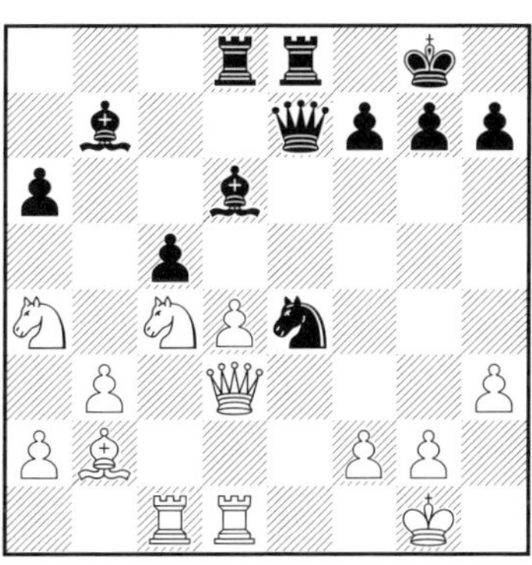

Die Wolken brauen sich um den weißen König zusammen. Wie setzte Schwarz fort?

163. F. Vallejo Pons (2554) – P. Blehm (2518)
EU-Vereinsmeisterschaft U20, Aviles 2000

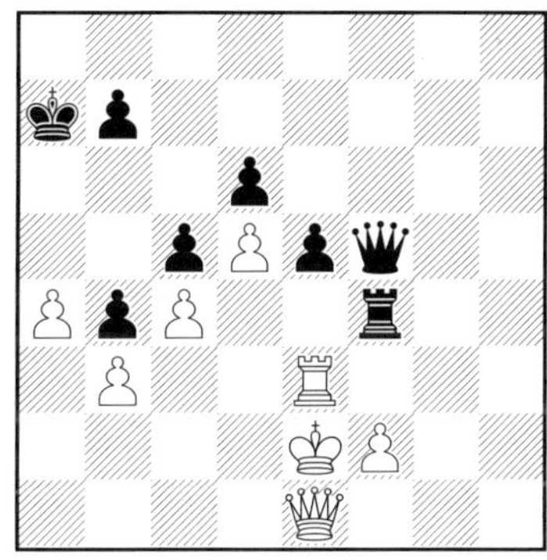

Wie nutzte Schwarz die Disharmonie im weißen Lager aus?

164. L. van Wely (2681) – P. Acs (2591)
Essent Crown, Hoogeveen 2002

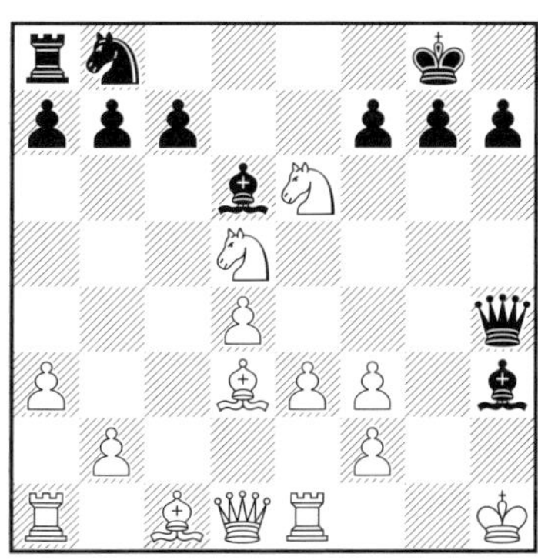

Peter Acs nutzt seinen Läufer wie eine Axt und die Axt schlägt jetzt zu. Wie?

**165. L. van Wely (2646) –
A. Jussupow (2628)**
Fujitsu Siemens Masters,
Frankfurt 2000

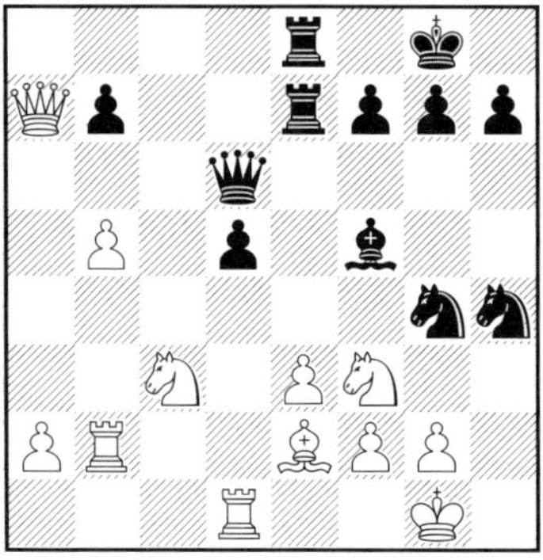

Schwarz hat mehr Angreifer als Weiß Verteidiger. Wo soll man zuschlagen?

**166. L. van Wely (2697) –
J. Timman (2605)**
Corus, Wijk aan Zee 2002

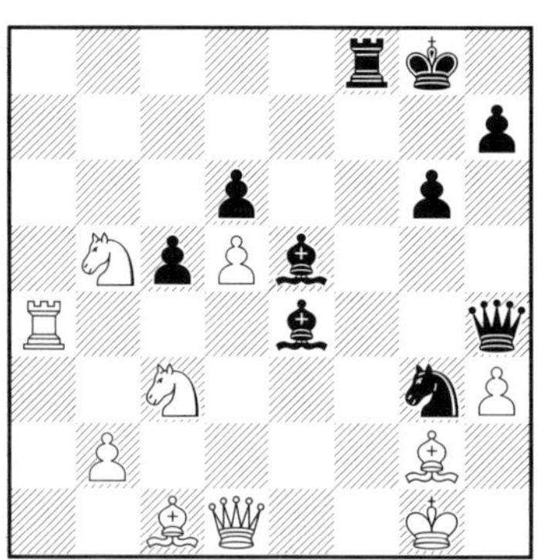

Wie krönt man den schwarzen Angriff?

**167. R. Vera (2534) –
W. Arencibia (2542)**
CUB-Vereinsmeisterschaft,
Holguin City 2002

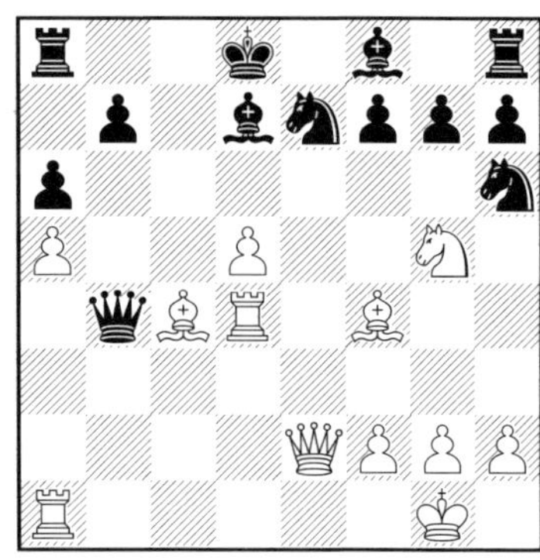

Schwarz ist unterentwickelt und es mangelt an Harmonie in seinem Lager. Wie kann man das ausnutzen?

**168. R. Vera (2544) –
B. Kurajica (2548)**
Benidorm, Hotel Bali 2002

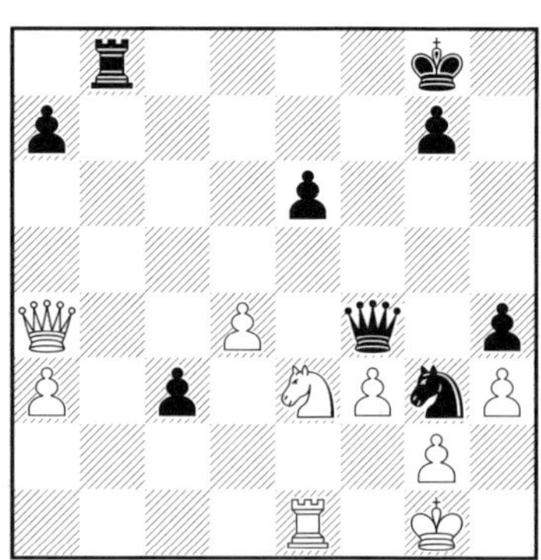

Schwarz zieht und gewinnt.

169. S. Wolkow (2558) – M. Grabarczyk (2506)
2. EU-Vereinsmeisterschaft, Ohrid 2001

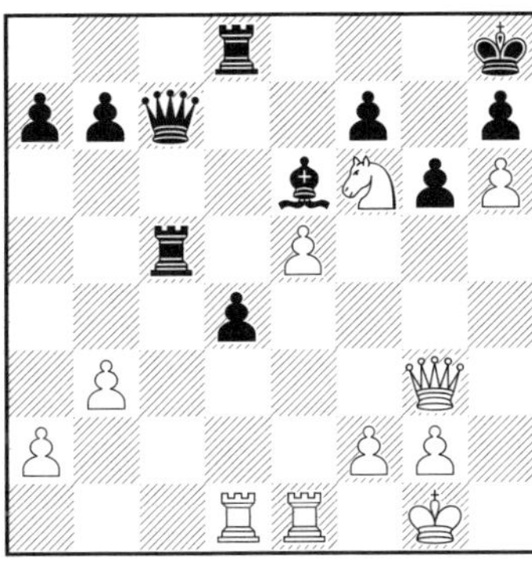

So ein stark postierter Springer verspricht meist Ungemach. Wie brach Weiß zum gegnerischen König durch?

170. A. Wolokitin (2551) – A. Crisan (2635)
Vidmar Memorial, Portoroz 2001

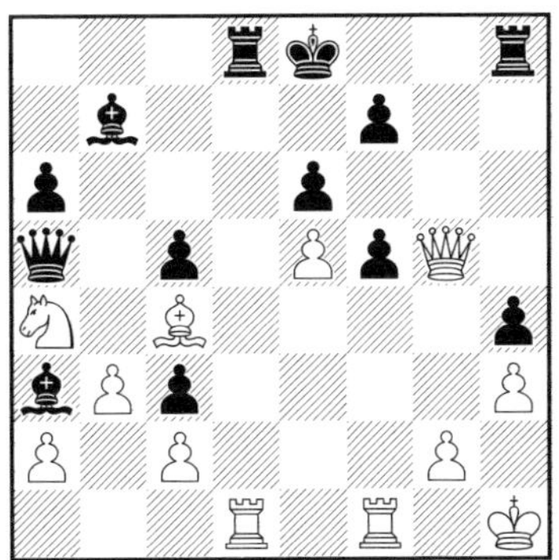

Der schwarze König steht unsicher. Wie nutzte das der junge Ukrainer aus?

171. A. Zontakh (2576) – B. Ivanovic (2502)
Niksic 2000

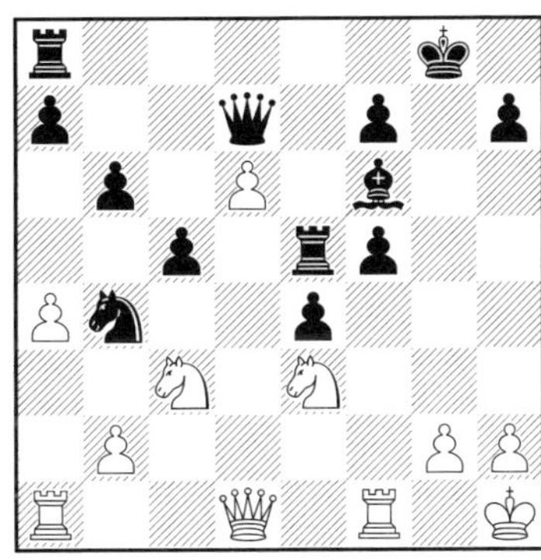

Schwarz braucht nur einen Zug, um sich zu konsolidieren. Geben Sie ihm nicht die Chance!

172. Bu Xiangzhi (2601) – C. Sandipan (2510)
41. Wjun, Goa 2002

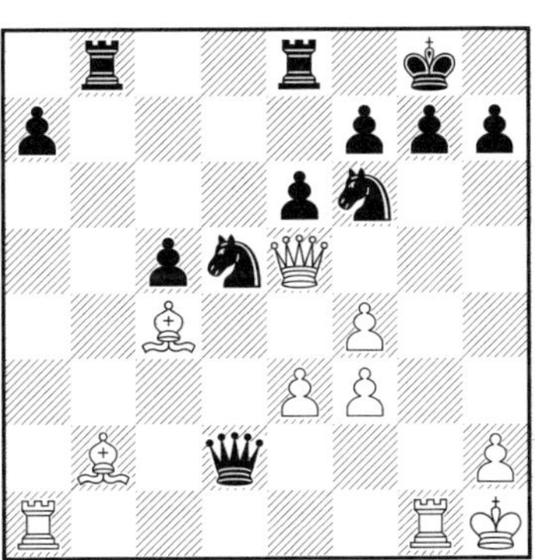

Wie kann man vom Druck gegen den Punkt g7 profitieren?

173. B. Wladimirow – A. Zakharov
Agler Trud-Vereinsmeisterschaft
1969

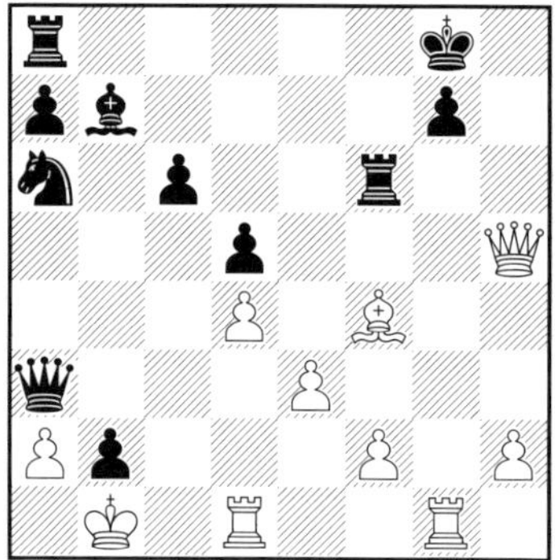

Wessen Attacke dringt zuerst durch? Weiß am Zug.

175. A. Fjodorow (2646) – A. Gershon (2502)
Saint Vincent 2000

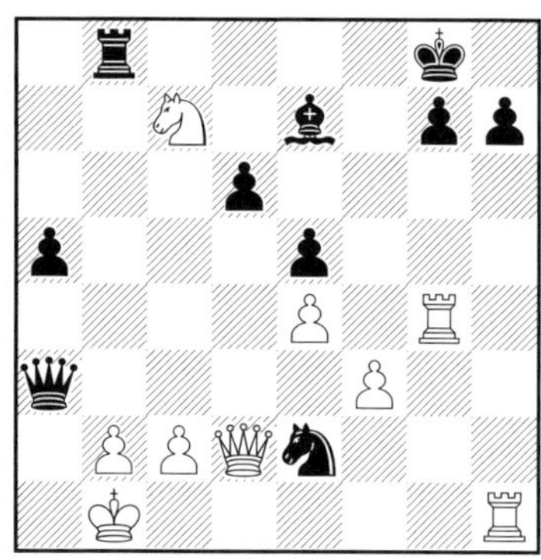

Weiß setzte seinen Gegner forciert matt, wie?

174. M. Apicella (2501) – N. Giffard (2317)
FRA-Mannschaftsmeisterschaft 2003

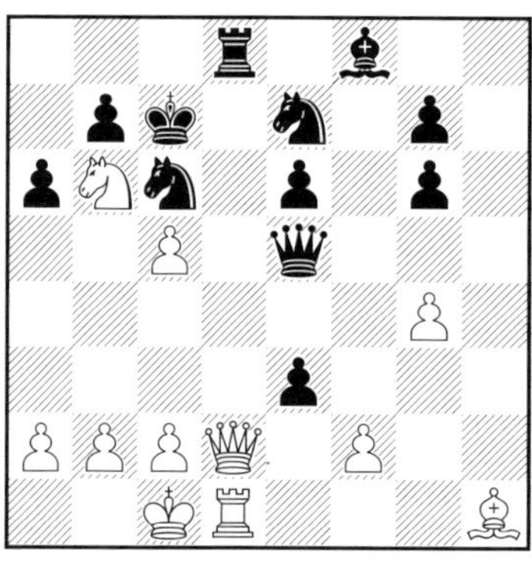

Wohin mit der weißen Dame?

176. Zhang Pengxiang (2550) – Y. Seirawan (2618)
Tan Chin Nam-Cup, Qingdao 2002

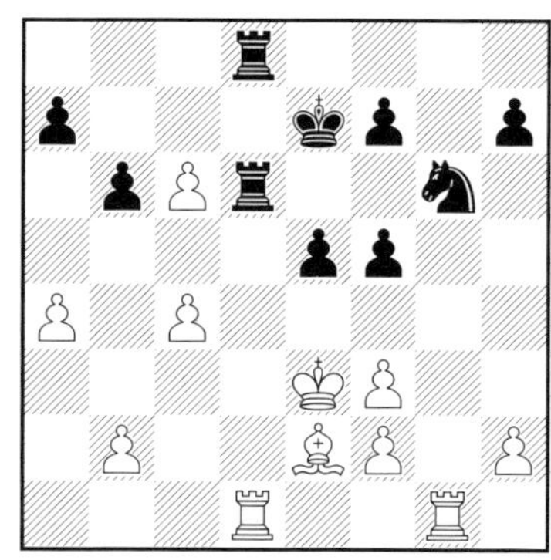

Sollte Schwarz einfach auf c6 schlagen?

177. C. Lutz (2595) – L. Ftacnik (2608)
Deutsche Bundesliga 2001

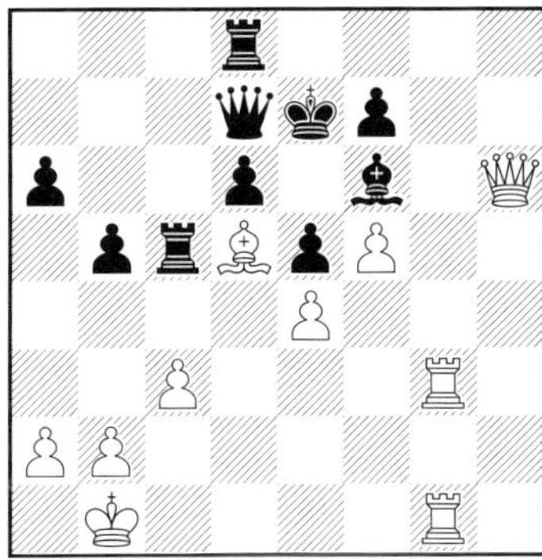

Wie aus dem Nichts startete Weiß einen fulminanten Angriff. Machen Sie es ihm nach!

178. R. Janssen (2469) – I. Sokolov (2647)
Leeuwarden 2002

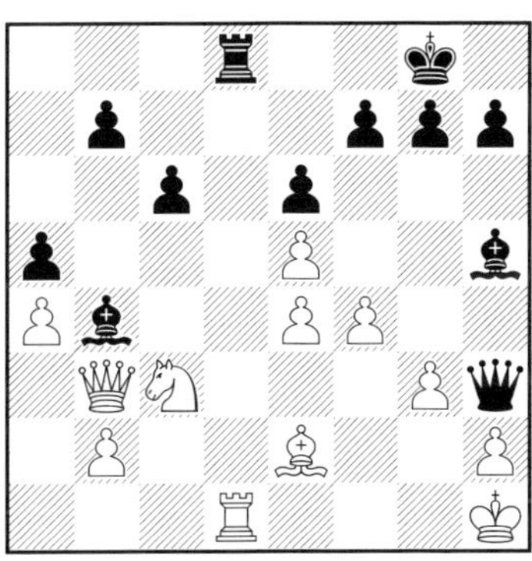

Schwarz am Zug gewinnt.

179. Z. Kozul (2611) – Z. Ribli (2569)
SLO-Mannschaftsmeisterschaft, Bled 2000

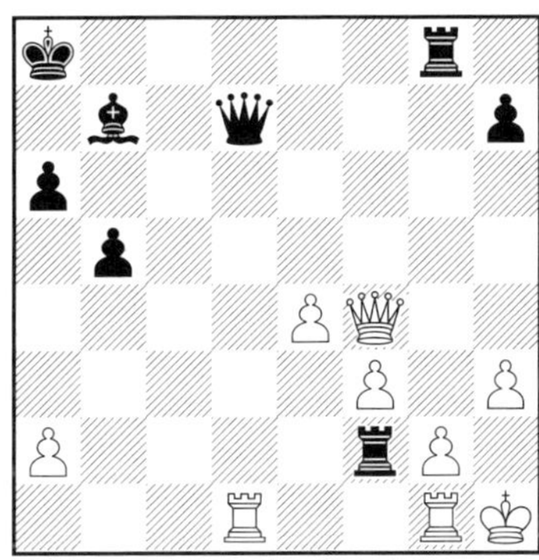

Wie nutzt Schwarz seinen Vorteil aus?

180. P. Morphy – C. Maurian
New Orleans knight odds, 1869

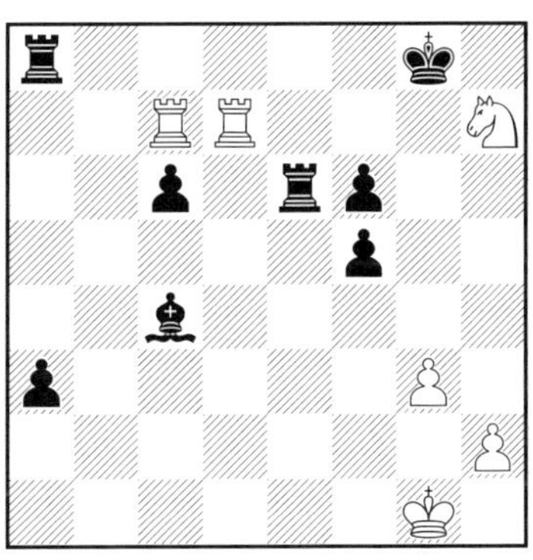

Wie ist die Stellung einzuschätzen? Weiß am Zug.

181. A. Cramer – P. Zilverberg
Offenes Turnier, Leeuwarden 1992

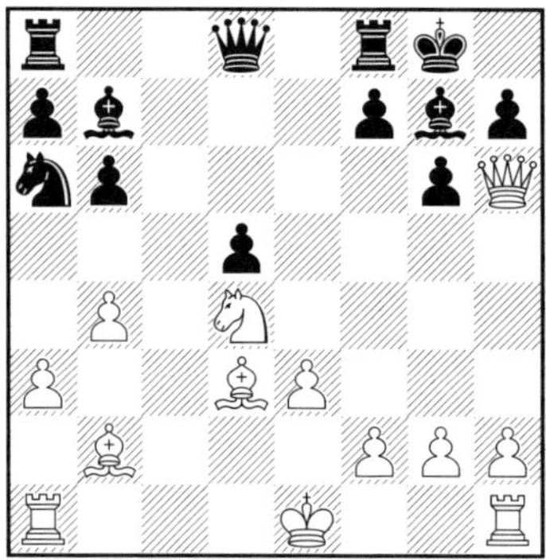

Wohin sollte Weiß seine Dame zurückziehen?

Linien und Felder räumen

Befreie deine Figuren!

Manchmal sind offene Linien wichtiger als Material. Das gleiche gilt natürlich für die Möglichkeit, Linien und Felder zu blockieren, die der Gegner nutzen könnte. Der junge Großmeister Arkadij Naiditsch erhielt für die folgende Meisterleistung den Preis für die beste Partie.

A. Naiditsch (2586) – F. Zeller (2454)
74. Deutsche-Meisterschaft, Saarbrücken 2002

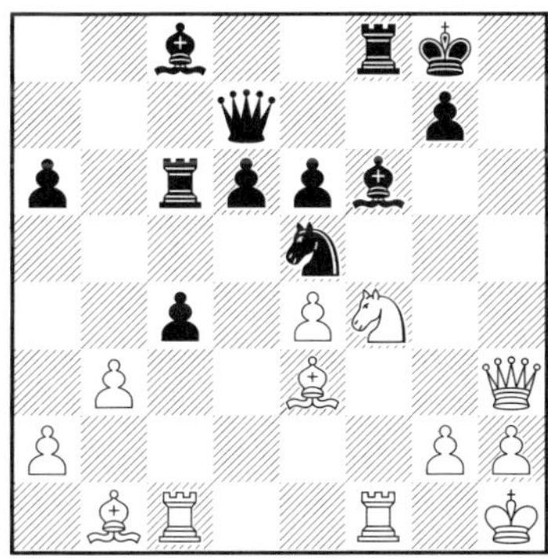

28.♘g6!! Der Springer wird auf einem gegnerischen Feld geopfert, um die Diagonale b1-h7 zu öffnen.

28...♘xg6 29.e5! Der Auftakt eines durchschlagenden Königsangriffs. Das Finale hätte auch gut in das vorherige Kapitel gepasst: **29...♘xe5 30.♕h7+ ♔f7 31.♖xf6+!** Bläst den ersten wichtigen Verteidiger weg. Der nächste Hammer folgt zugleich.

31...♔xf6 32.♖f1+ ♔e7 33.♕xg7+ ♘f7 34.♖xf7+! Das zweite Qualitätsopfer öffnet die Schleusen. **34...♖xf7 35.♗g5+ ♔e8 36.♕g8+ 1-0** Frank Zeller hatte genug gesehen und gab auf. Ein mögliches Finale lautet: **36...♖f8 37.♗g6+ ♕f7 38.♗xf7+ ♔d7 39.♕xf8 cxb3 40.♕d8#**.

Aufgaben

Lösungen auf Seite 224

182. Zinn – Sweschnikow
Decin 1974

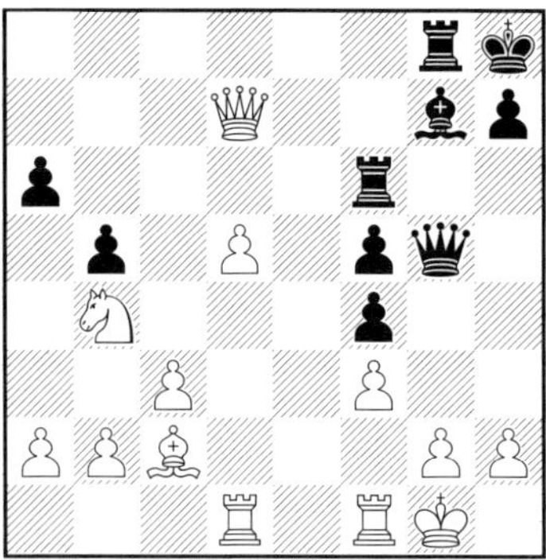

Wie soll man die schwarze Batterie nutzen?

183. Ivkov – Portisch
Bled 1961

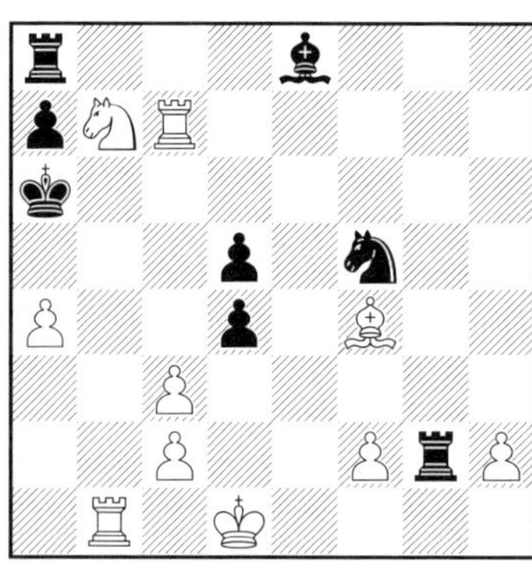

Wie forcierte Weiß das Matt?

184. Rotstein – Katalymov
UdSSR 1952

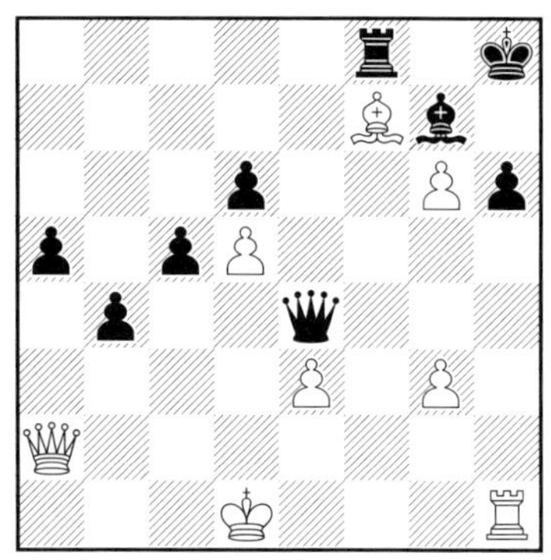

Die schwarzen Freibauern schauen bedrohlich aus, aber Weiß ist am Zug.

185. R. Lima – T. Kingston
Fernschach, USCF 83-VM-31, 1983

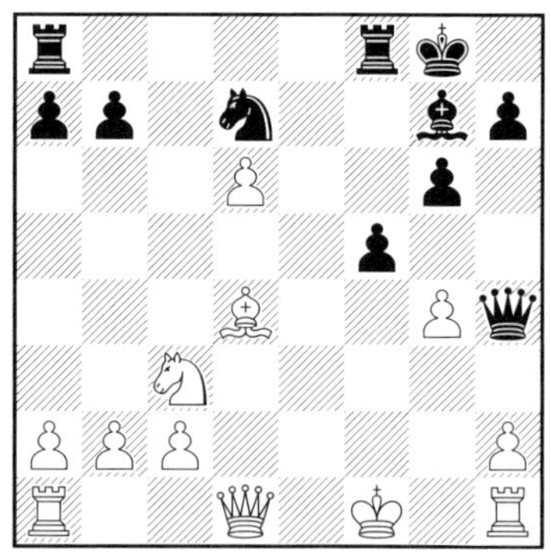

Weiß spielte hier 16.♗xg7. Sollte Schwarz einfach zurücknehmen, oder gibt es einen besseren Zug?

Der mächtige Springer

„Ein Springer, ein Springer, mein Königreich für einen Springer!“

Der Springer ist eine vorwitzige und taktisch orientierte Figur. Immer wenn er zieht, verliert er die Kontrolle über die Felder, die er bis dahin kontrolliert hat. Er ist kurzschrittig und wechselt beim Ziehen immer die Farbe des Feldes. Er ist schwierig zu manövrieren und es ist nicht einfach, ihn auf ein Feld zurückzubeordern, wenn man ihn weit entfernt hat. Z.B. braucht er vier Züge, um von e4 nach g6 zu gelangen. Im Zentrum platziert kann er acht Felder erreichen, aus der Ecke allerdings nur zwei und am Rand drei bis vier. Unter bestimmten Umständen kann der Springer aber auch wie ein weitreichender Oktopus wirken:

R. Hübner (2640) – T. Luther (2538)
74. Deutsche-Meisterschaft, Saarbrücken 2002

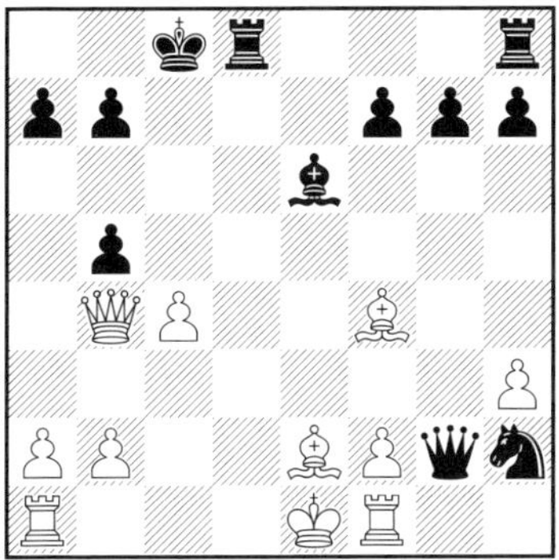

17...♕xf1+!! 17...♘xf1? 18.cxb5 gibt Weiß Gegenspiel.

18.♗xf1 ♘f3+ 19.♔e2 ♘d4+ 20.♔d2 ♘c6+ 21.♕d6 ♖xd6+ 22.♗xd6 ♗xc4 23.♔c3 ♖d8–+ und Schwarz verwertete seine zwei Mehrbauern. Eines der Hauptmotive ist natürlich die Springergabel.

A. Schschekatschew (2546) – R. Dautov (2617)
Offenes Turnier Mainz, Ordix 2002

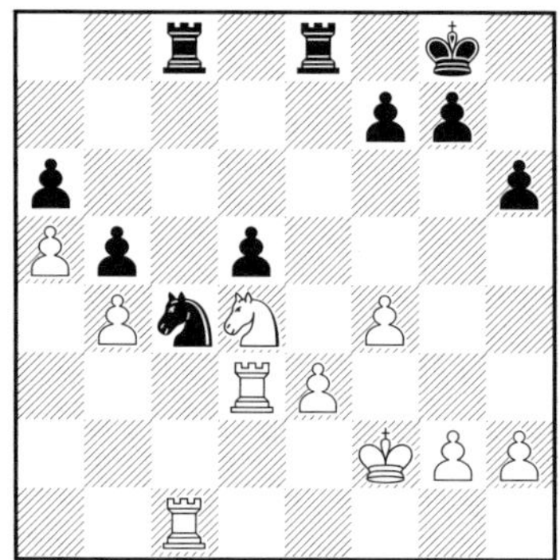

26...♘e5 26...♘b2!? funktioniert auch. **27.♖dc3** 27.♖xc8 ♘xd3+ 28.♔e2 ♘xf4+ 29.Kf3 ♖xc8−+; 27.fxe5 ♖xc1−+. **27...♘d3+** Diese Gabel gewinnt eine Qualität, die es Dautov erlaubt, den Sieg zu sichern: **28.♖xd3 ♖xc1 29.♘f5 ♖b1 30.♖d4 ♖e4 31.♖xd5 ♖bxb4 32.♖d8+ ♔h7 33.g4 g6 34.♘d6 ♖e7 35.♘e8 f5** 35...♖a4?? 36.♘f6+ ♔g7 37.g5+−. **36.♘f6+ ♔g7 37.♘d5 ♖b2+ 38.♔f3 ♖a7 39.h4 ♖d2 40.h5 b4 41.hxg6 fxg4+ 42.♔xg4 b3 43.e4 ♖b7 44.f5 b2 45.f6+ ♔xg6 46.♖g8+ ♔h7 47.♘e7 ♖xe7!** 47...b1♕?? 48.♖g7+ ♔h8 49.♘g6#.
48.fxe7 ♖g2+ 0–1

Aufgaben

Lösungen auf Seite 225

186. K. Müller (2518) – M. Holzhäuer (2407)
74. Deutsche-Meisterschaft, Saarbrücken 2002

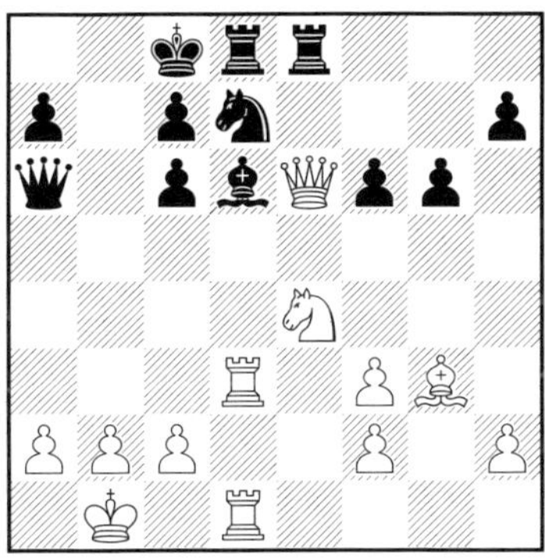

Finden Sie für Weiß den überzeugendsten Weg zum Sieg!

187. E. Sutovsky (2657) – I. Smirin (2683)
ISR-Vereinsmeisterschaft, Tel Aviv 2002

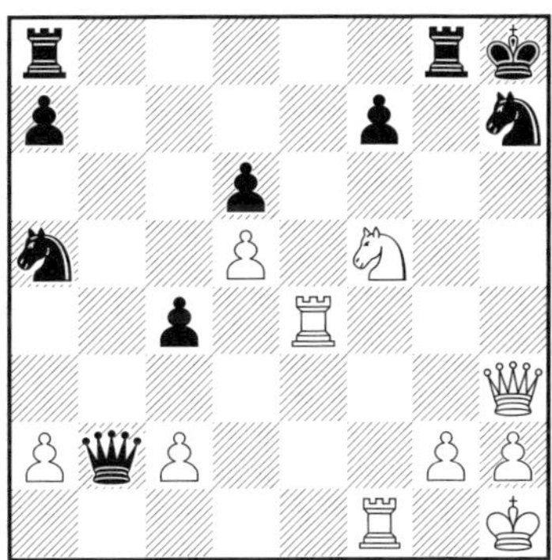

Weiß forcierte das Matt. Können Sie das auch?

188. L. Ljubojevic (2570) – A. Morosewitsch (2678)
Amber Blindschachturnier, Monte Carlo 2003

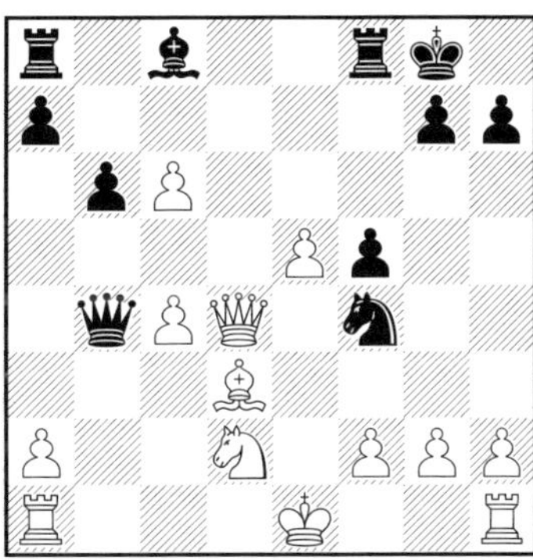

Ist der schwarze Springer stark oder schwach?

189. A. Shabalov (2613) – V. Akobian (2531)
US-Meisterschaft Seattle 2003

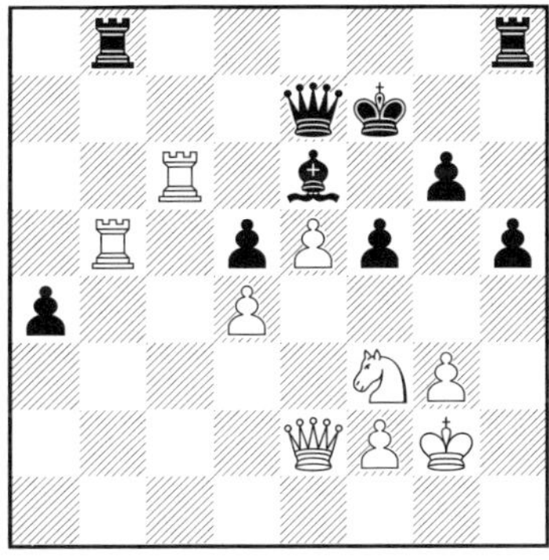

Finden Sie den besten Zug für Weiß!

190. E. Sutovsky (2597) – M. Chandler (2527)
Hastings Premier 2000

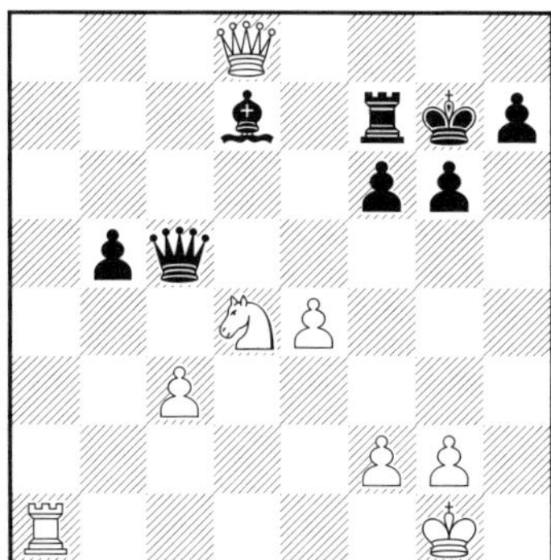

Weiß gewann einfach. Erkennen Sie wie?

191. D. Tyomkin (2516) – B. Chatalbashev (2522)
Offenes Turnier, Verona 2000

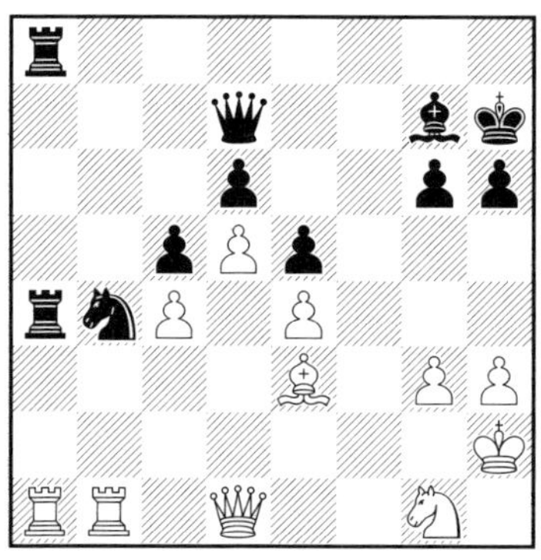

Wie ist diese Stellung mit Schwarz am Zug zu beurteilen?

192. E. Gausel (2504) – L. Johannessen (2525)
Roros 2002

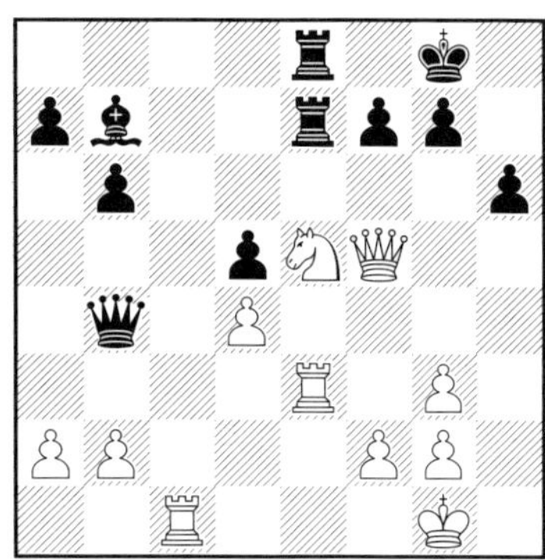

Schwarz greift zwei Bauern an. Wie soll man reagieren?

193. S. Conquest (2529) – Y. Yakovich (2585)
Saint Vincent 2000

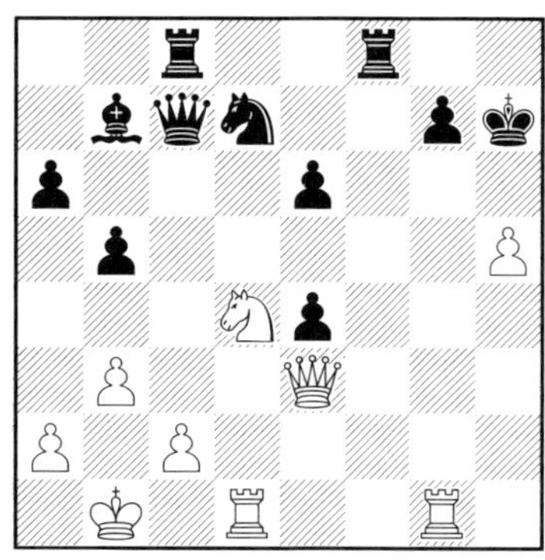

Conquest kam, sah und siegte. Wie?

194. A. Rychagow (2506) –
H. Banikas (2542)
29. Griechische Mannschaftsmeisterschaft, Athen 2000

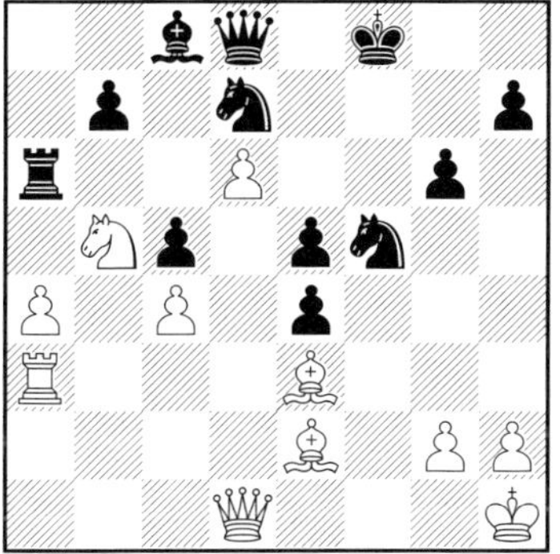

Den schwarzen Figuren mangelt es an Koordination, schlagen Sie zu!

195. A. Grischuk (2606) –
R. Ponomarjow (2630)
3. Offenes Torshavn-Turnier 2000

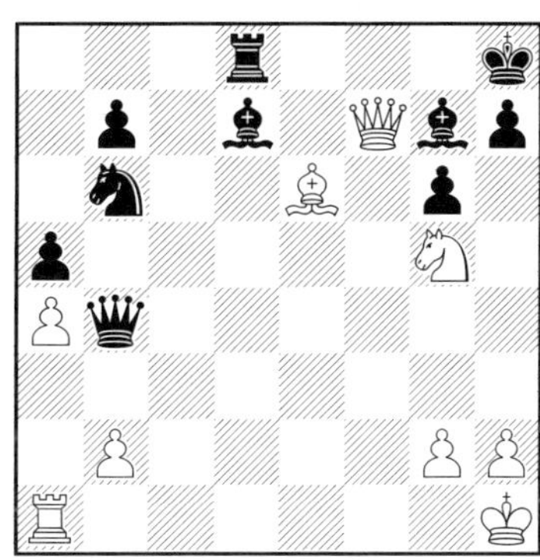

Weiß am Zug gewinnt.

Die Fesselung

Fessle und gewinne!

Eine Figur ist gefesselt, wenn sie zwischen einer wertvollen eigenen Figur und einer weniger wertvollen gegnerischen Figur, die entlang der Wirkungslinie angreift, aufgestellt ist. Eine Fesselung ist absolut, wenn die gefesselte Figur entlang der Wirkungslinie vor dem eigenen König steht. Eine Fesselung ist relativ, wenn die gefesselte Figur den Regeln entsprechend ziehen darf. Falls sie zieht, geht die wertvollere Figur hinter ihr natürlich verloren. Wenn sie in zwei Richtungen gefesselt ist, spricht man von Kreuzfesselung (manchmal auch Malteserkreuz genannt). Ein Beispiel ist Pidorich gegen Tschernousow in den Aufgaben. Die übliche Methode, eine Fesselung auszunutzen, ist die gefesselte Figur anzugreifen oder ihre temporäre Immobilität zu nutzen.

L. Ljubojevic (2566) – W. Iwantschuk (2717)
10. Amber Blindschach-Turnier, Monte Carlo 2001

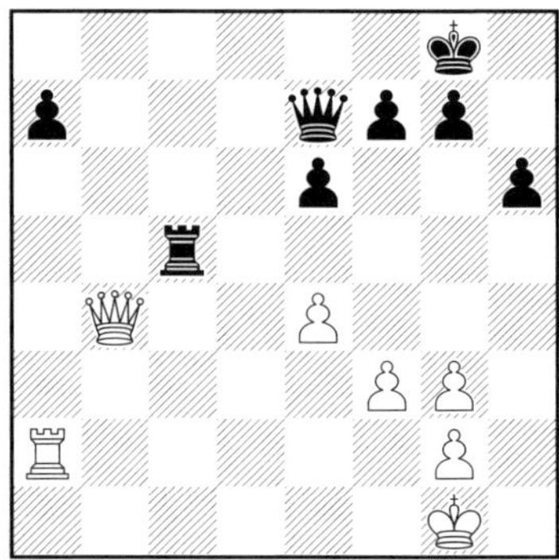

Der schwarze Turm auf c5 ist gefesselt. Weiß gewann mit **32.♖c2! 1–0**. Aber nicht 32.♖a5?? da dies nur eine relative Fesselung ist und der Turm mit Schach wegziehen könnte: 32...♖c1+–+.

Das nächste Beispiel illustriert die gesamte Prozedur:

I. Smirin (2666) – A. Grischuk (2581)
Offenes Turnier, New York 2000

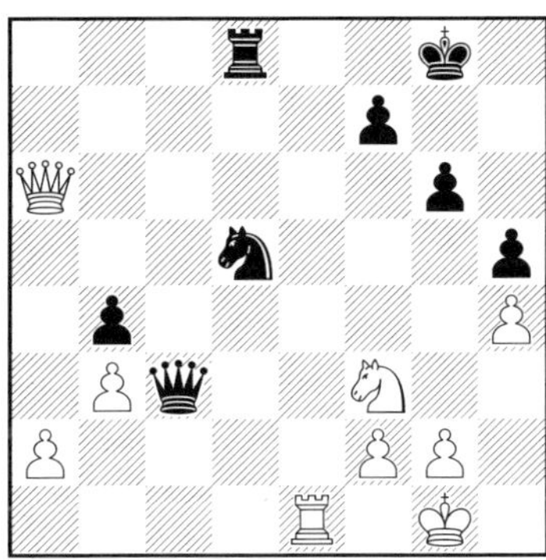

Zuerst wird der Springer gefesselt: **40.♖d1! ♕c5** 40...♕c7 41.♕c4 ♕b7 42.♖d4+−. **41.♕c4 ♕d6 42.♕d4! ♖d7 43.♘e5 ♖d8** 43...♖e7 44.♘c4 ♕d7 45.♘e3+− *(45.♕xd5??* wird durch *45...♖e1+! widerlegt).* **44.♘c4 ♕f8 45.♘b6 1–0**

Aufgaben

Lösungen auf Seite 226

196. F. Berkes (2541) – Cao Sang (2507)
Budapest FS12 GM-A 2001

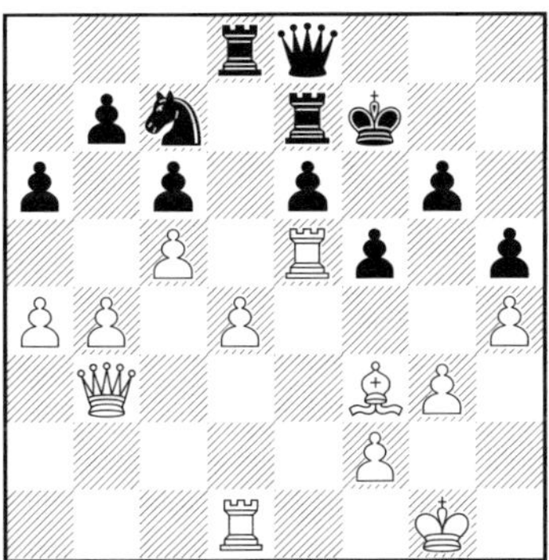

Der letzte schwarze Zug 1...♘d5-c7? erwies sich als sehr unglücklich. Warum?

197. B. Gelfand (2704) – L. Bruzón Batista (2613)
Olympiade Bled (Männer) 2002

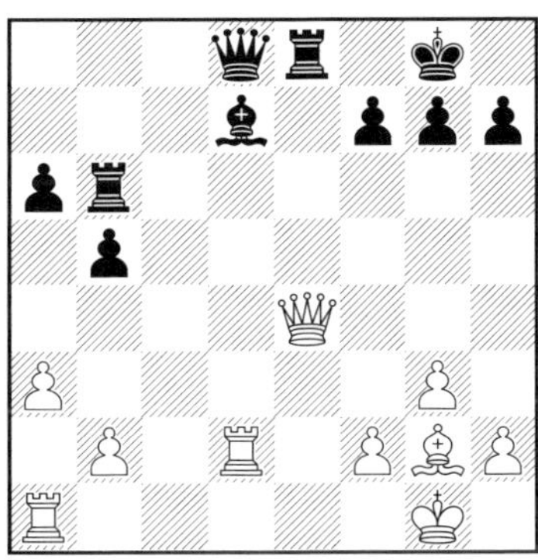

Der Läufer auf d7 ist dem Untergang geweiht. Aber wie soll man ihn gewinnen?

198. E. Ghaem Maghami (2513) – A. Alexandrow (2645)
13. Offenes Goodricke-Turnier, Kalkutta 2002

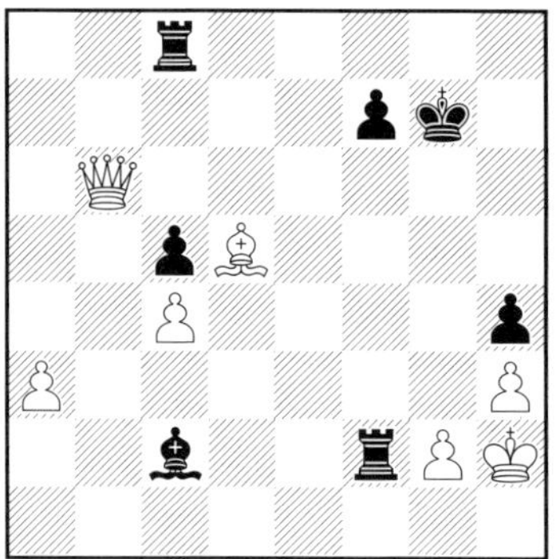

Wie verwertete Weiß seinen Vorteil?

199. J. Hickl (2556) – Z. Lanka (2503)
AUT-Mannschaftsmeisterschaft 2000

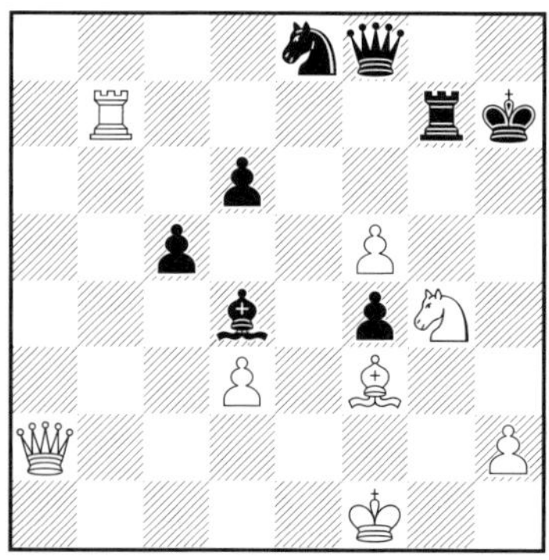

Weiß nutzte die alte Regel „fessle und gewinne", wie?

200. S. Iuldachev (2515) – J. Wladimirow (2598)
Großmeisterturnier Penta Media, Kelamabakkam 2000

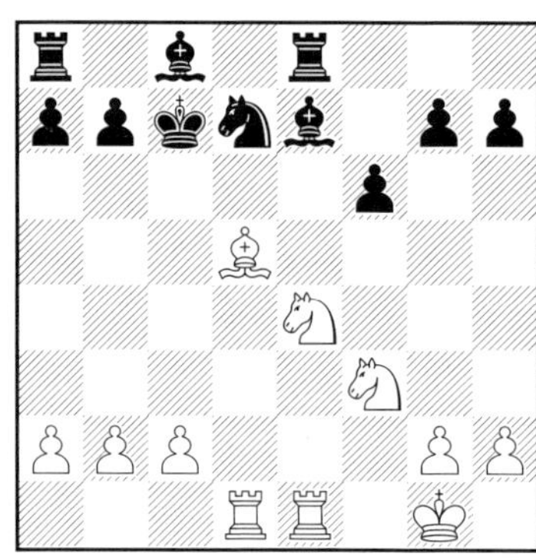

Die schwarze Entwicklung ist auf der Strecke geblieben. Wie kann man das ausnutzen?

201. S. Karjakin (2547) – A. Kostenjuk (2456)
Dannemann Wettkampf, Brissago 2003

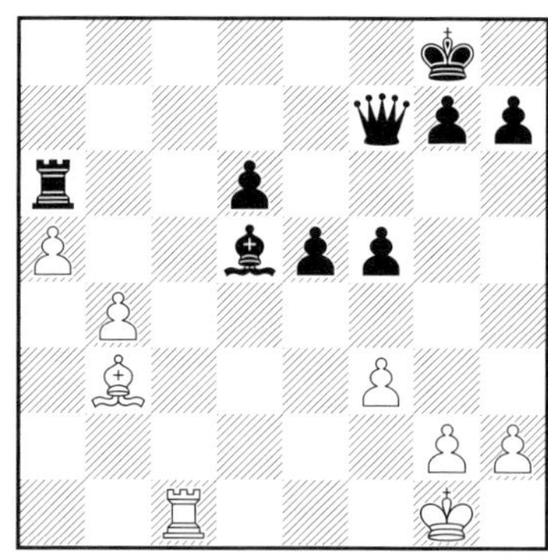

Weiß gewann auf sehr schöne Weise. Finden Sie die verblüffende Kombination?

202. K. Müller (2425) – J. van Mil (2430)
Cansys Budapest 1991

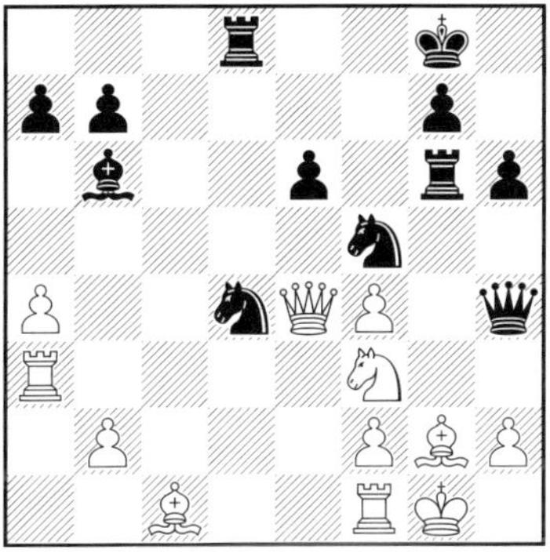

Wie brachte mich Van Mil zur Strecke?

203. D. Paunovic (2532) – A. Karpow (2688)
Benidorm Hotel, Bali 2002

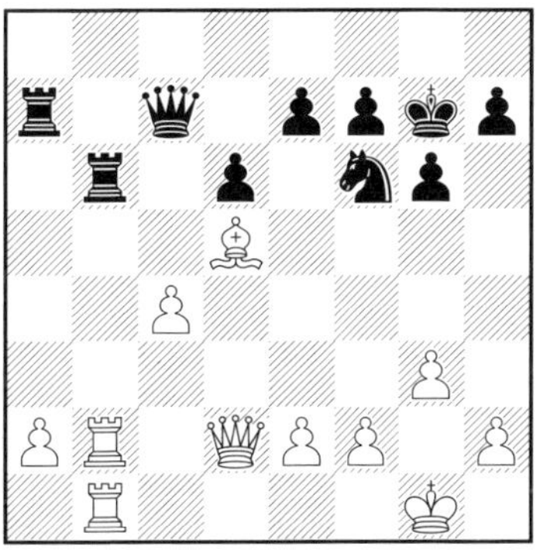

Eine *petite combinaison* brachte Karpow langanhaltenden Vorteil. Was spielte er?

204. Pidorich – D. Tschernousow
Tjumen 1981

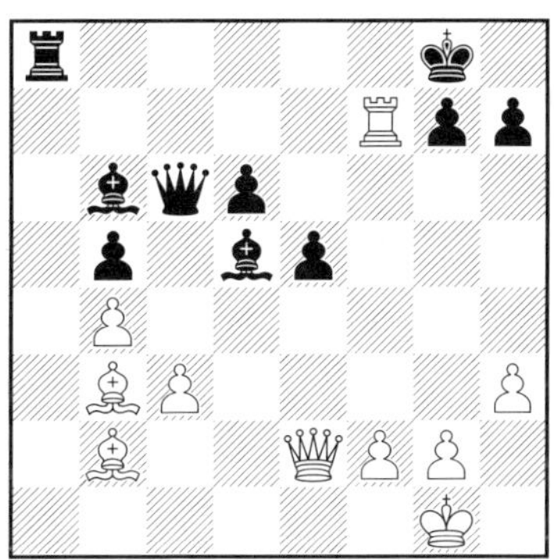

Wie konstruierte Weiß ein „Malteserkreuz"?

205. L. Psachis (2611) – F. Nijboer (2537)
Offenes Turnier Vlissingen HZ 2000

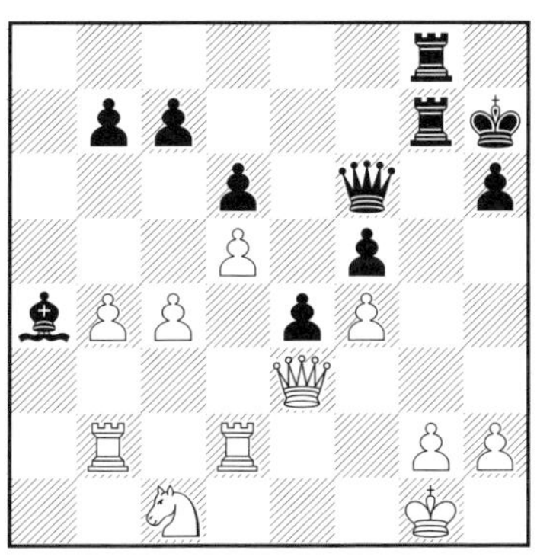

Schwarz muss schnell reagieren, bevor sich Weiß konsolidiert. Sehen Sie den nächsten Zug?

206. G. Sax (2566) – E. Berg (2503)
Hamburg 2002

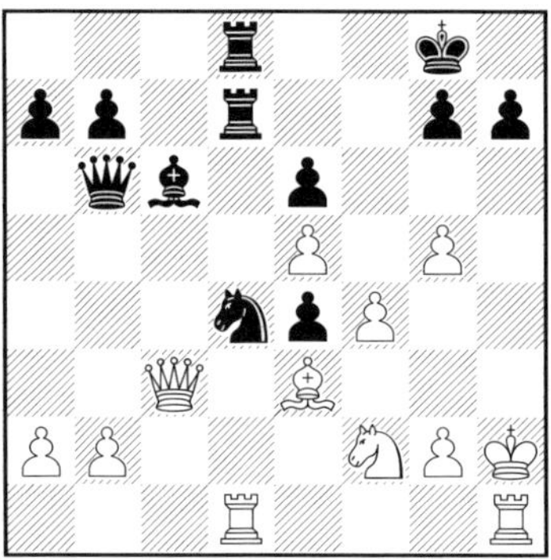

Wie nutzt man die Fesselung des Springers auf d4 aus?

207. J. Speelman (2603) – T. Luther (2604)
Deutsche Bundesliga 2002

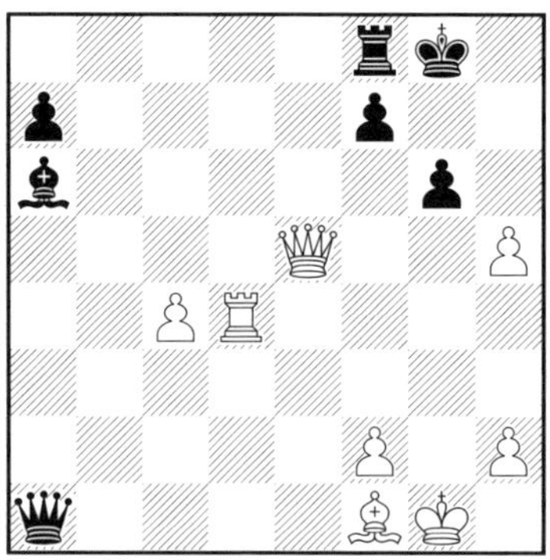

Wessen Attacke ist stärker? Schwarz am Zug.

208. S. Wolkow (2636) – W. Newostrujew (2502)
RUS-Vereinsmeisterschaft, Krasnodar 2002

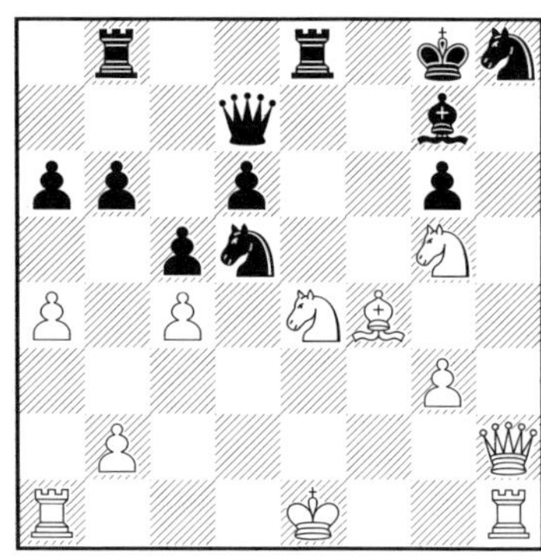

Wie soll man auf den weißen Angriff reagieren?

Der Spieß

Mach den Weg frei!

Dieser Begriff stammt von dem Lehrer Edgar Pennell aus Liverpool aus dem Jahr 1937. Es bedeutet, dass eine langschrittige Figur eine wertvolle gegnerische Figur angreift und sie zum Ziehen zwingt, wonach auf der gleichen Wirkungslinie eine andere Figur geschlagen wird. Die folgende Stellung zeigt für Schwarz einen Spieß entlang einer Linie und für Weiß einen Spieß entlang einer Diagonale.

Erklärendes Beispiel

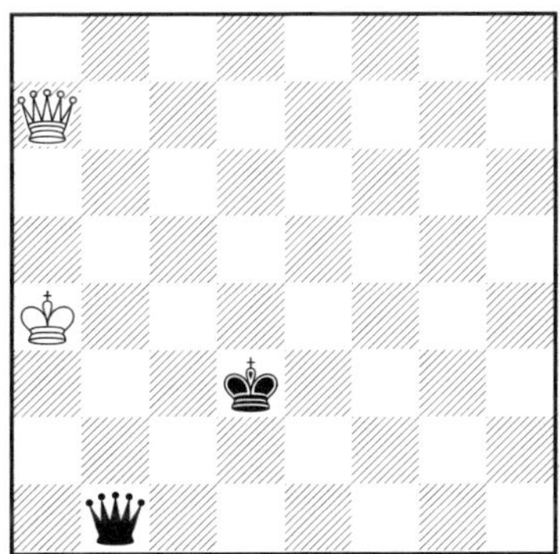

1.♕h7+! gewinnt die Dame. Schwarz am Zug gewinnt mit **1...♕a1+** oder **1...♕a2+.**

Aufgaben

Lösungen auf Seite 227

209. L. Fressinet (2536) – W. Tukmakow (2582)
Salona Solin/Split 2000

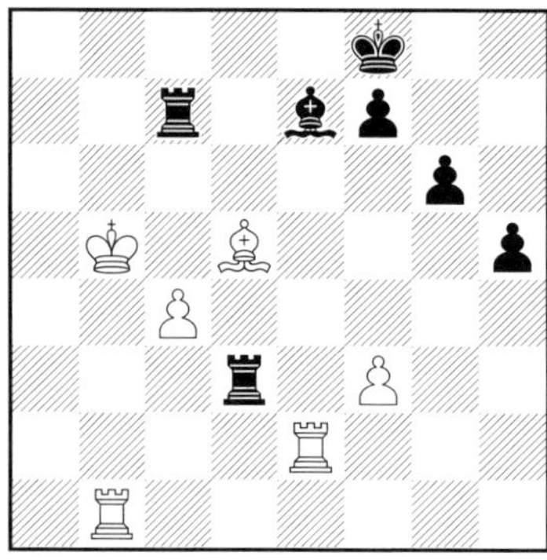

Ist der weiße König aktiv oder steht er exponiert? Schwarz am Zug.

210. I. Morovic Fernandez (2551) – A. Zapata (2543)
Capablanca Memorial Elite, Havanna 2003

Wie soll man mit dem schwarzen Freibauern auf der c-Linie umgehen?

211. D. Solak (2515) – W. Popow (2579)
18. EU-Cup, Halkidiki 2002

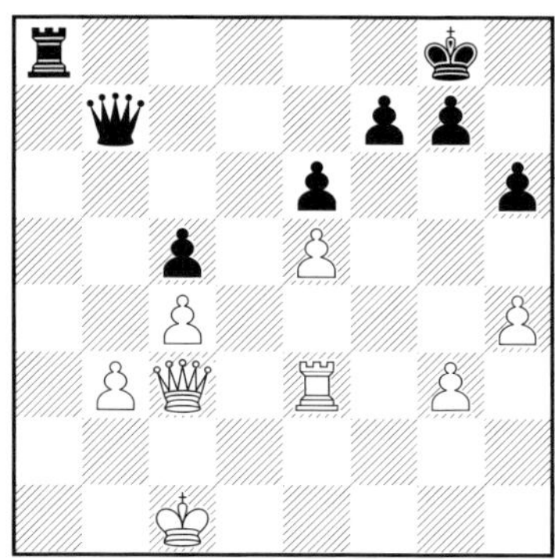

Wie startete Schwarz die Jagd?

212. N. Short (2685) – A. Karpow (2725)
Kandidatenturnier sf1, Linares 1992

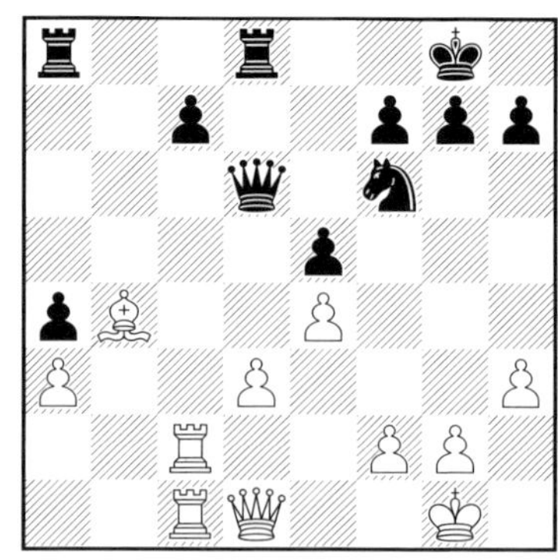

War 1...♕xd3 eine weise Entscheidung?

213. Erklärendes Beispiel

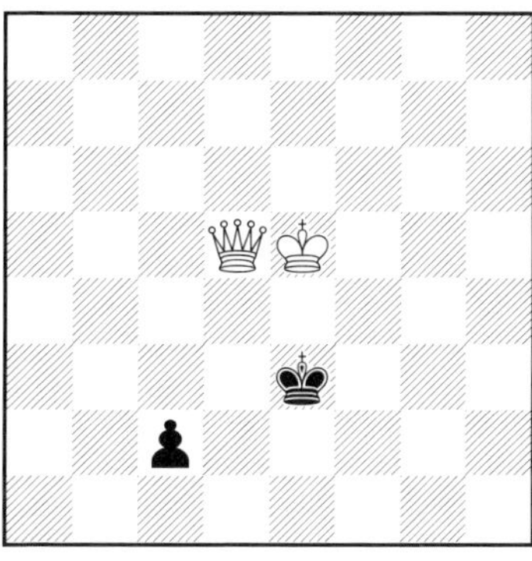

Der weiße König ist außerhalb der Gewinnzone, oder? Weiß am Zug.

214. Rey Ardid

Gewidmet H. Rinck, 1938

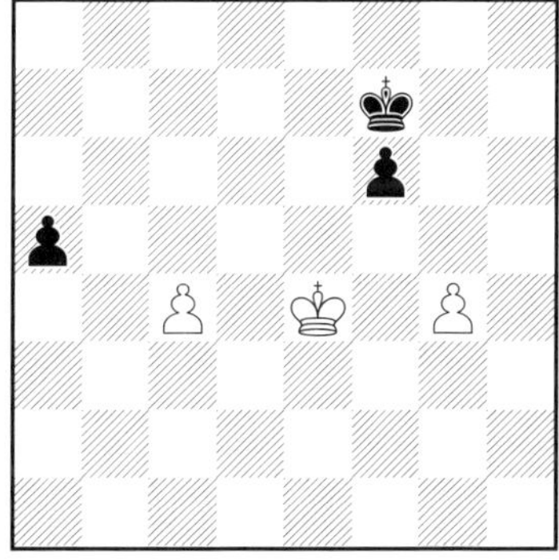

Schwarz hat den entfernteren Freibauern. Reicht das zum Sieg? Weiß am Zug.

215. I. Madl (2408) – M. Tschiburdanidse (2545)

Batumi 2000

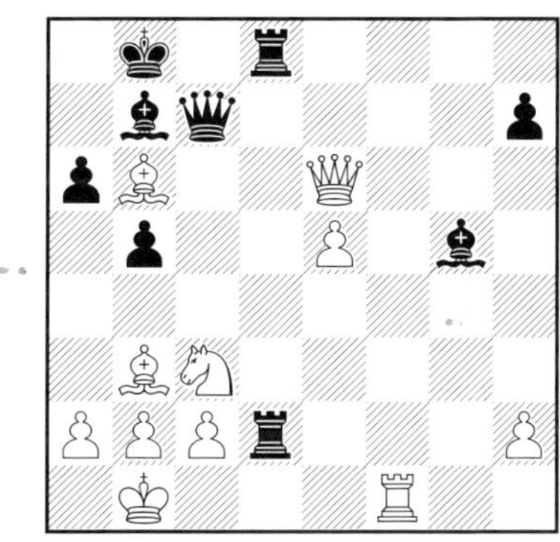

Nicht jeder Spieß ist tödlich. Wie konterte Schwarz in diesem Fall?

Gefangene Figuren

Mobilität ist wichtig

Wenn Figuren in ihrer Mobilität eingeschränkt sind, sollten Sie nach Möglichkeiten schauen, sie zu fangen oder komplett zu dominieren, z.B.:

M. Apicella (2506) – L. Fressinet (2536)
Vichy 2000

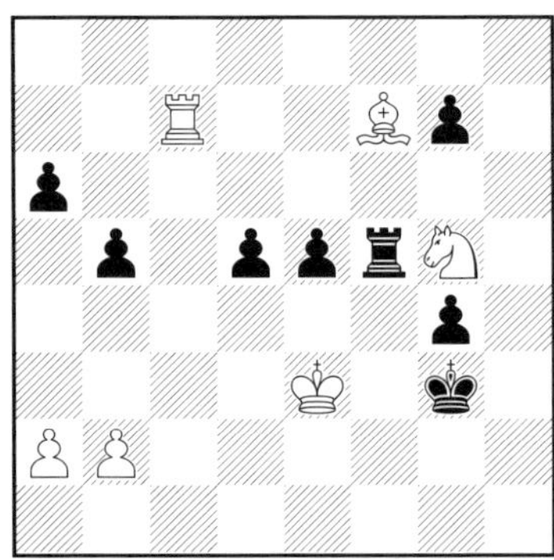

Apicella entschloss sich, es einfach zu machen, indem er den schwarzen Turm dominiert. Eine sehr gute Idee, da der Turm im Endspiel nur dann nützlich ist, wenn er aktives Gegenspiel kreieren kann. Passivität liegt ihm gar nicht:

39.♗xd5!? ♖xg5 40.♗e4 ♔h3 40...♖h5 41.♖xg7 ♖h2 42.♗f5 ♖xb2 43.♖xg4+ ♔h2 44.♗e6+−. **41.♖c1 g3** 41...a5 42.a3 b4 43.axb4 axb4 44.♔f2 g3+ 45.♔g1 ♔h4 46.♖c4+−. **42.♖h1+ ♔g4** Weiß umringt die schwarzen Figuren. **43.b4 1–0** Schwarz gab auf, da sein Turm nach **43...g2** dominiert wird; 43...♖h5? 44.♗f3+ +−. **44.♗xg2 ♔f5 45.♗e4+** 45.♖f1+ gewinnt auch. **45...♔e6 46.♔f3+−.**

Aufgaben

Lösungen auf Seite 227

216. H. Gretarsson (2505) – H. Stefansson (2588)

ISL-Vereinsmeisterschaft, Seltjarnarnes 2002

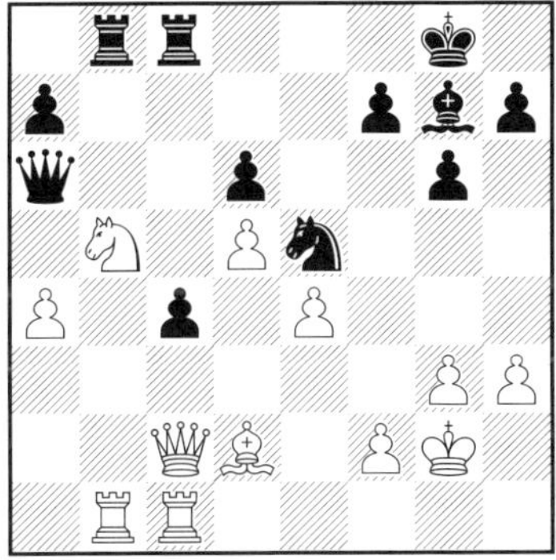

Spielte Weiß 1.Lc3 an dieser Stelle?

217. Z. Gyimesi (2602) – P. Swidler (2695)

2. Deutsche Bundesliga 2002

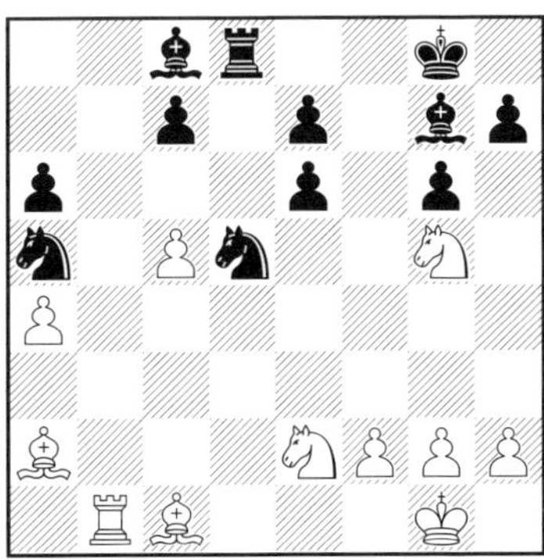

Es ist unglaublich, dass zwei Spieler dieses Kalibers in der 2. Bundesliga spielten. Swidler (damals mit 2695) ist sogar stärker als Gyimesi (2602). Wie bewies er es?

218. N. De Firmian (2567) – A. Ivanov (2567)

US-Meisterschaft Seattle 2000

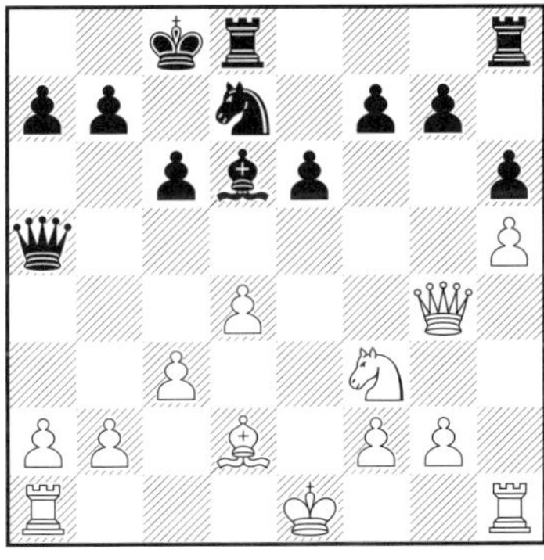

Kann Schwarz auf g7 nehmen?

219. V. Mikhalevski (2501) – D. Rogozenko (2548)

WCN Knock-out-Turnier, Internet 2001

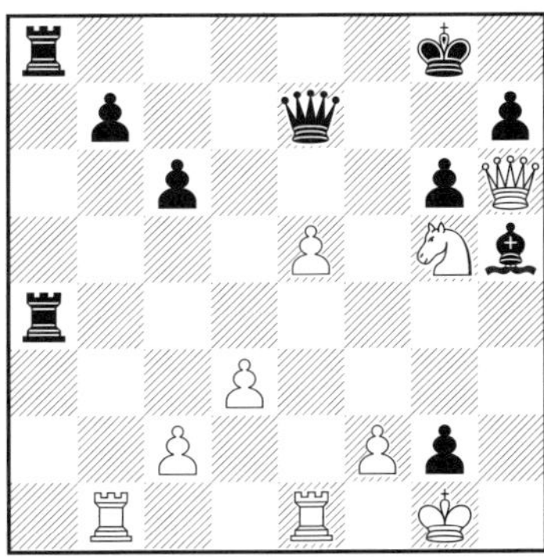

So ein Bauer auf g2 kann den weißen König schützen oder dessen Untergang bedeuten. Wie sieht es in diesem Fall aus? Schwarz am Zug.

220. V. Neverov (2562) –
J. Wladimirow (2612)
Offenes Turnier, Dubai 2001

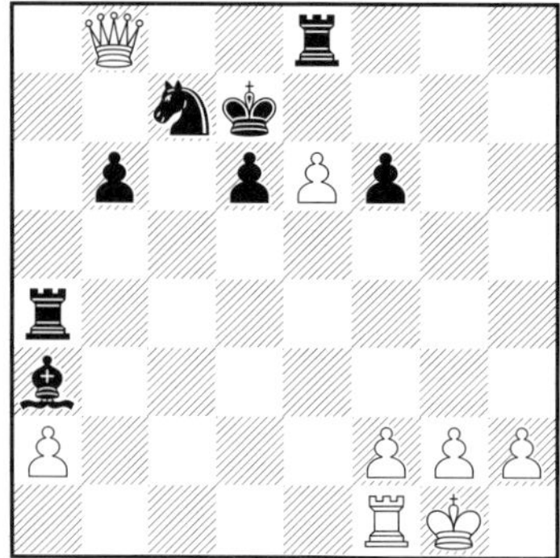

Soll man auf e6 nehmen oder nicht?

221. R. Hübner (2625) –
R. Waganjan (2667)
Deutsche Bundesliga 2003

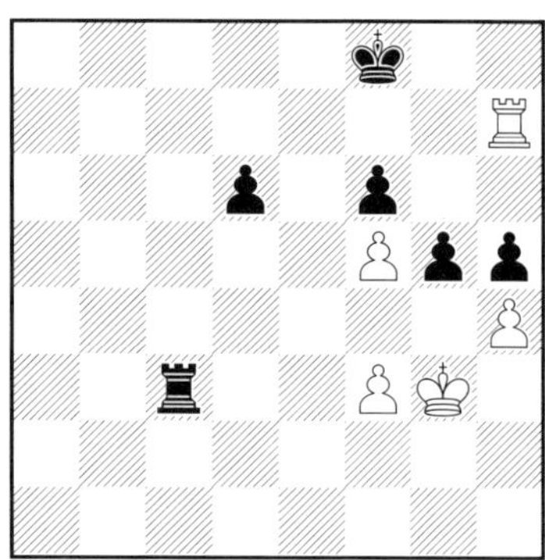

„Alle Turmendspiele sind remis", zumindest sagt man das. Diese Stellung ist aber eine Ausnahme. Welche Überraschung entkorkte Schwarz?

Röntgenangriff

Da steckt mehr dahinter

Sie wissen natürlich, was „eine Figur ist angegriffen“ bedeutet. Was ist aber ein Röntgenangriff? Lassen Sie es mich folgendermaßen erklären: Wenn die Wirkungslinie einer langschrittigen Figur durch eine andere Figur unterbrochen wird, der Angreifer aber eine Möglichkeit hat, den Einfluss auf der Wirkungslinie durch die blockierende Figur hindurch zu nutzen, dann spricht man von einem Röntgenangriff. Anbei ein Beispiel:

Csanadi – Pogats
Ungarn 1963

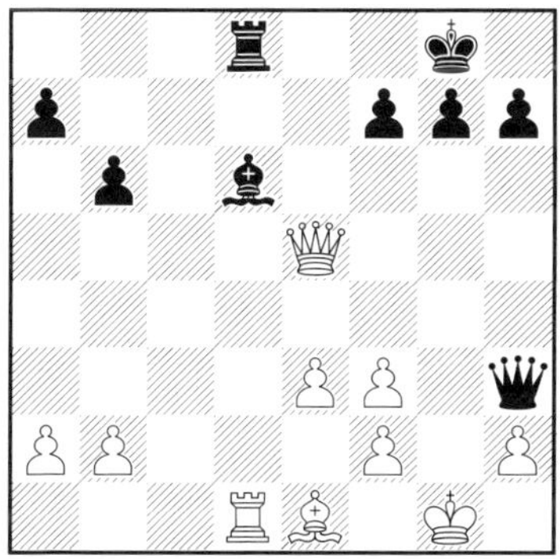

Der Läufer auf d6 ist gefesselt und die Diagonale b8-h2 ist durch die weiße Dame blockiert. Der Einfluss des Läufers auf den Punkt h2 macht sich aber trotzdem bemerkbar: **1...♕xh2+!! 2.♕xh2** 2.♔xh2 ♗xe5+ 3.f4 ♖xd1−+; 2.♔f1 ♕xe5−+. **2...♗xh2+ 3.♔xh2 ♖xd1 0–1**

Aufgaben

Lösungen auf Seite 227

222. V. Jansa – V. Antoschin
Tschigorin Memorial, Sotschi 1965

Die Röntgenwirkung des Läufers auf b7 spürt man bis h1. Aber wie kann das Schwarz ausnutzen?

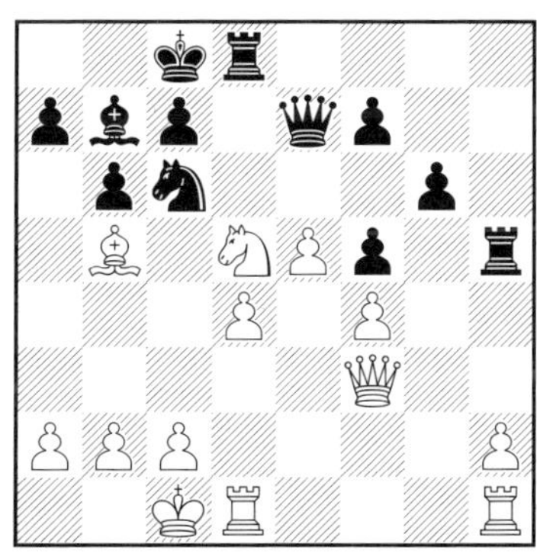

Zugzwang

Eine der schärfsten Endspielwaffen

Normalerweise ist das Recht zu ziehen ein Vorteil. Sie können Drohungen kreieren oder abwehren, oder Ihrem Plan folgen. Aber wenn alle Figuren optimal platziert sind, kann das Recht zu ziehen auch ein Fluch sein. Man möchte nicht ziehen, aber man muss. Das kommt häufig in Endspielen vor, wie dem folgenden:

W. Topalow (2739) – A. Karpow (2693)
Cannes NAO Masters 2002

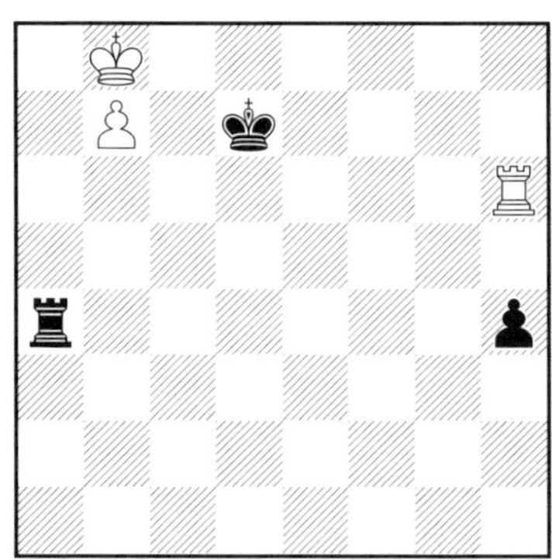

70.♖h7+!? ♔d8
70...♔d6 71.♔c8 ♖c4+ 72.♔d8 ♖b4 73.♖h6+ +–. 70...♔e6 71.♔c7 ♖c4+ 72.♔b6 ♖b4+ 73.♔c5 ♖b1 74.♖h6+ ♔f5 75.♖b6 ♖c1+ 76.♔d6 ♖d1+ 77.♔e7 +–.

71.♖h8+ ♔d7 72.♖h6! Topalow hat freiwillig ein Tempo verloren, um Zugzwang zu kreieren: Der schwarze Turm muss h4 und die a-Linie beschützen, der schwarze König die Felder c8, c7 und d6, und der Bauer kann offensichtlich nicht ziehen. Der Endspielfuchs Karpow wurde überlistet. **72...♔d8 73.♖h7!?** Zugzwang ist eine sehr scharfe Waffe. **73...♖b4 74.♔a7 ♖a4+ 75.♔b6 1–0**

In seltenen Fällen kann Zugzwang auch im Mittelspiel auftreten – mehr davon in den Aufgaben.

Aufgaben

Lösungen auf Seite 228

223. A. Minasian (2473) – M. Marin (2556)
Batumi 2002

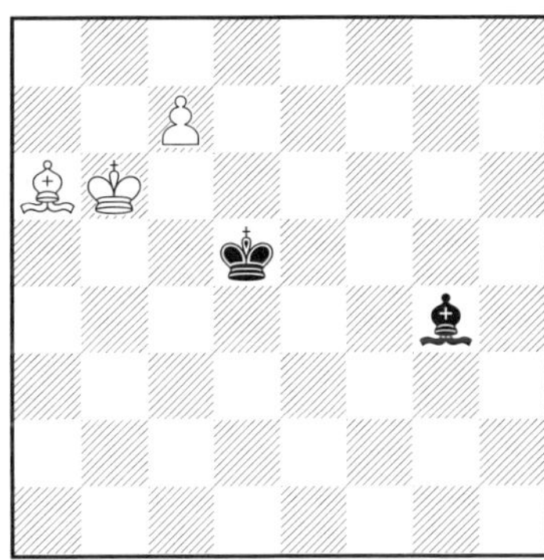

Beweisen Sie, dass Weiß gewinnt, unabhängig davon wer am Zug ist.

224. M. Podgaets – M. Dworezki
Odessa 1974

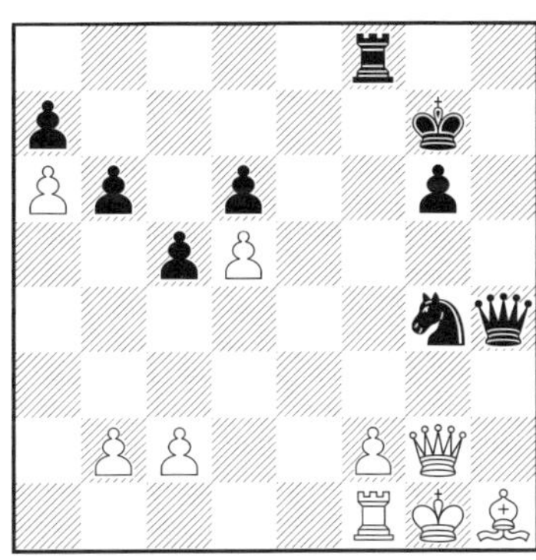

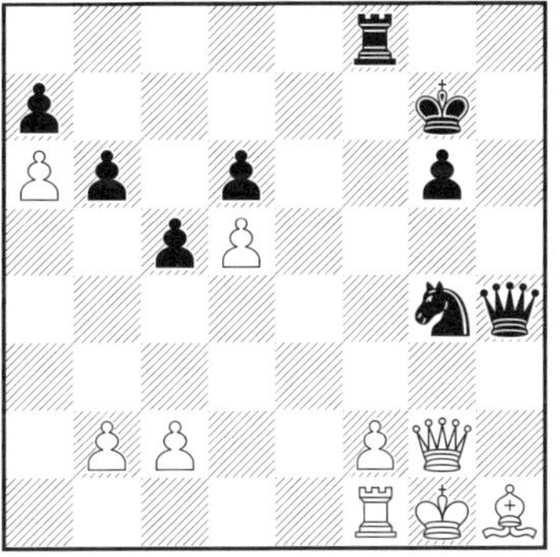

Was spielte der bekannte russische Trainer Mark Dworezki in dieser Stellung?

225. E. Kengis (2594) – J. Heissler (2455)
Deutsche Bundesliga 2002

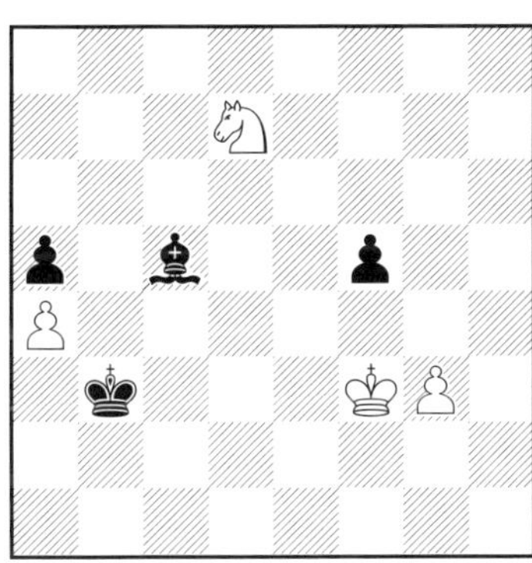

Der schwarze Läufer ist deutlich stärker als der lahme weiße Springer. Wie kann man das zum vollen Punkt nutzen?

226. J. Ehlvest (2589) – A. Khalifman (2688)
Keres Memorial Schnellschach-Turnier, Tallinn 2002

Der weiße Weg zum Sieg ist schmal. Finden Sie ihn.

227. Claus Dieter Meyer

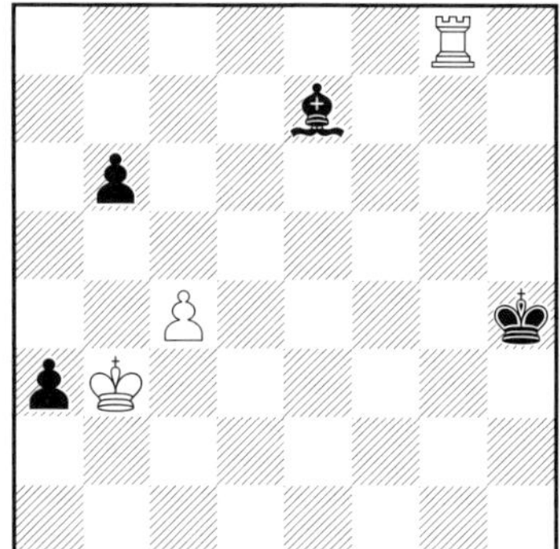

Eine harte Nuss. Wie kann Weiß Schwarz austricksen?

228. Nach I. Maiselis

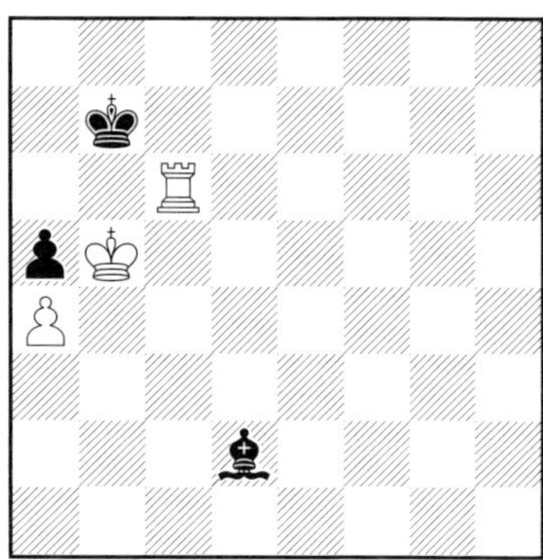

Weiß muss den schwarzen König in der Nähe der Ecke a8 festsetzen, um seine Mehrqualität mittels Zugzwang zum Sieg zu nutzen. Finden Sie den Gewinnweg?

Der Zwischenzug

Schach ist nicht wie Dame!

Der Zwischenzug erinnert daran, dass man im Schach nicht automatisch schlagen oder zurückschlagen muss. Nur wenn der König im Schach steht, muss man darauf reagieren. In allen anderen Fällen kann man Drohungen und Schlagzüge ignorieren, solange man sicher ist, dass ein Zwischenzug so stark ist, dass der Gegner darauf reagieren muss. Ein häufiger Zwischenzug ist ein Schachgebot (Zwischenschach).

P. San Segundo Carrillo (2523) – R. Vera (2544)
Benidorm Hotel, Bali 2002

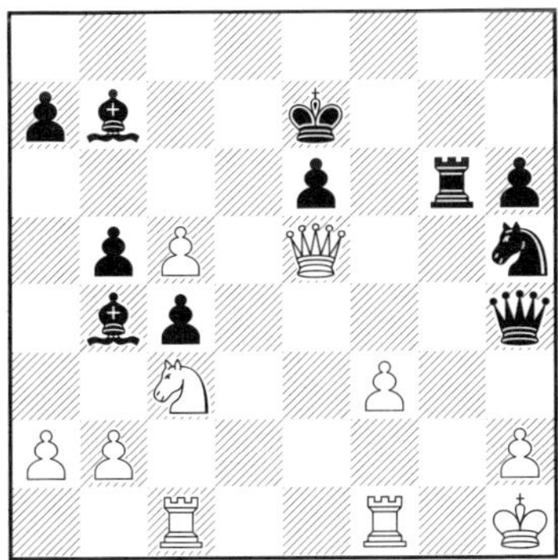

22.♕c7+ ♔f8 23.♕b8+! Das sofortige 23.♕xb7? verliert wegen 23...♘g3+ 24.♔g2 ♘xf1+ 25.♔xf1 ♕h3+ 26.♔e2 ♕g2+ 27.♔e3 ♗xc5+ 28.♔e4 ♖g4+ 29.♔e5 ♕xh2+ 30.♔f6 ♕f4+ 31.♔xe6 ♕d6+ 32.♔f5 ♖f4#. **23...♔g7 24.♕xb7+** Mit Schach!

24...♔h8 25.♘e2 ♕f6 26.♕xb5 ♗d2 27.♕e8+ ♔h7 28.♕d7+ Dieses Doppelschach führt zum Sieg. **28...♘g7 29.♕xd2 ♕f5 30.♕c2 ♕h3 31.♕xg6+ 1–0**

Schwarz gab auf wegen 31...♔xg6 32.♘f4+ +–.

Aufgaben

Lösungen auf Seite 228

229. U. Kersten (2331) – K. Müller (2518)
74. Deutsche-Meisterschaft, Saarbrücken 2002

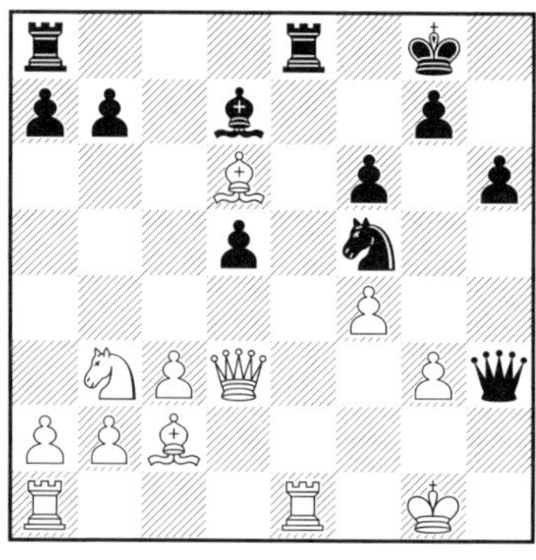

Hat Schwarz etwas besseres als 1... ♘xd6?

230. A. Romero Holmes (2524) – D. Solak (2515)
18. EU-Cup, Halkidiki 2002

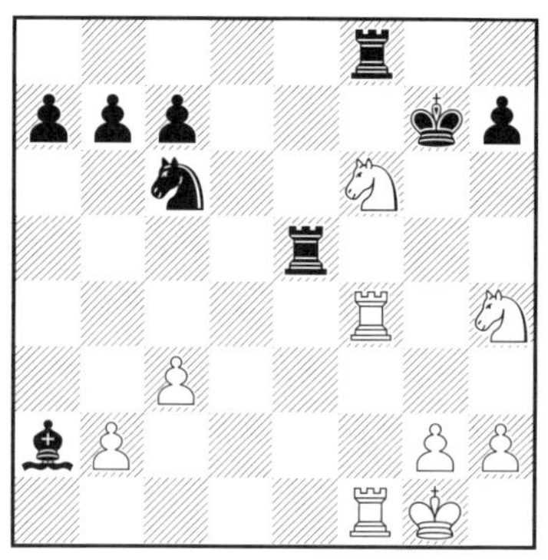

Weiß am Zug gewinnt.

231. N. Hornstein – T. Kingston
Fernschach, 81-NF-2 Golden Knights Finals, 1983-84

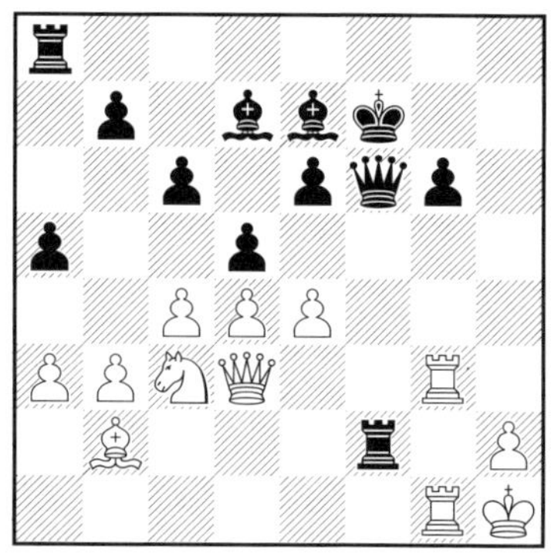

Weiß spielte 28.♖xg6. War das eine gute Idee? Wie sollte Schwarz reagieren?

232. J. van der Wiel (2509) – E. van den Doel (2583)
Leeuwarden 2002

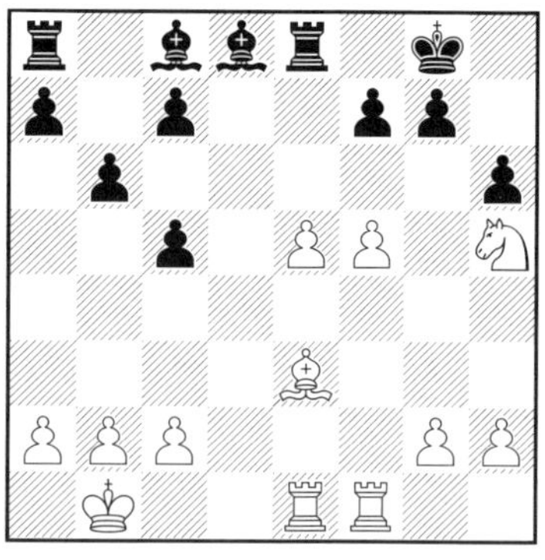

Was übersah Weiß, als er 1.♘h5 wählte?

233. A. Yermolinsky (2596) – G. Kaidanov (2624)
USA-Meisterschaft, Seattle 2000

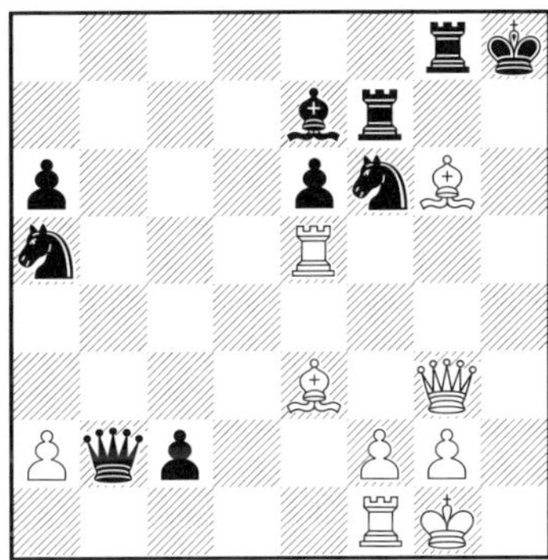

Soll man auf a5 nehmen oder nicht?

Einfache Aufgaben

Starte mit den einfachen Aufgaben, um dich aufzuwärmen und das nächsthöhere Level zu erreichen. Für diesen Fall solltest du die Aufgaben so häufig wiederholen, bis sie dir trivial vorkommen (de la Maza glaubt, dass sieben Mal richtig ist).

Aufgaben Lösungen auf Seite 229

234. E. Bacrot (2653) – J. Lautier (2675)
Grand Prix du Senat 3. Platz, Paris 2002

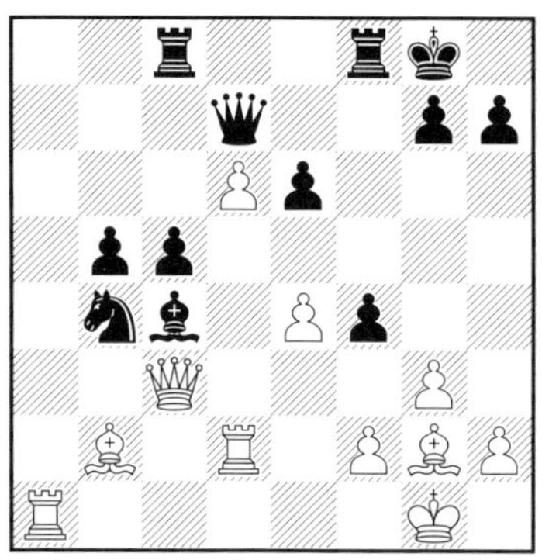

Finden Sie den nächsten weißen Zug!

235. C. Bauer (2612) – A. Grischuk (2668)
Enghien les Bains 2001

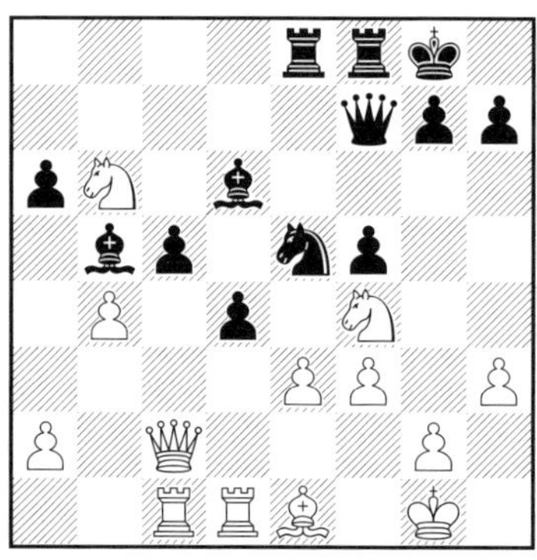

Die weiße Stellung ist fragil. Wie bringt man sie zum Einsturz?

236. C. Bauer (2582) – V. Kortschnoi (2632)
Int. Turnier Enghien les Bains 2003

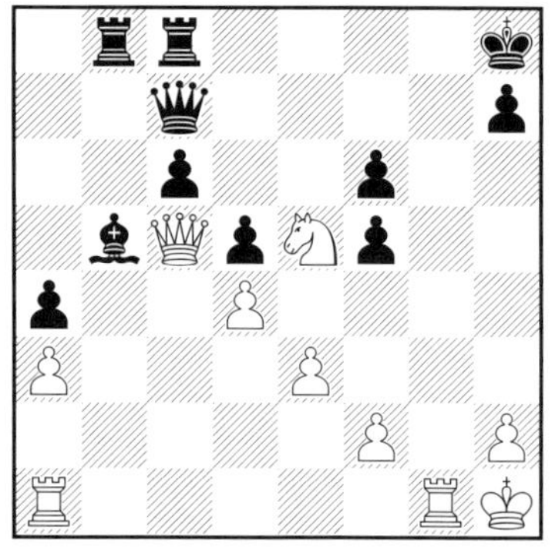

Wie ist die Stellung zu beurteilen? Weiß am Zug.

237. A. Beliavsky (2650) – Wu Shaobin (2544)
Olympiade Bled (Männer) 2002

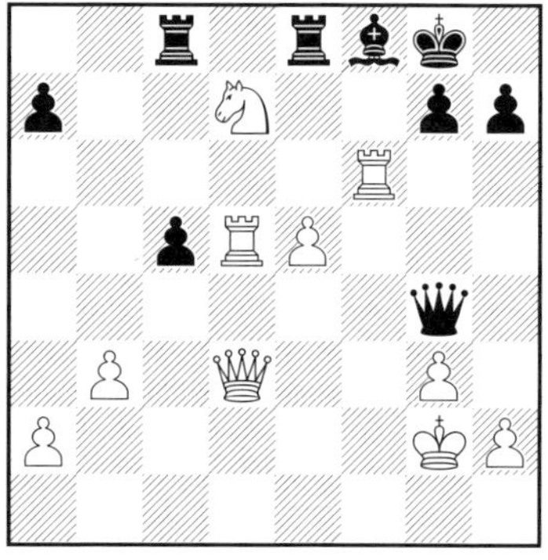

Finden Sie den schnellsten Weg für Weiß zum Sieg.

238. S. Brynell (2506) –
W. Popow (2578)
Rilton-Cup, Stockholm 2002

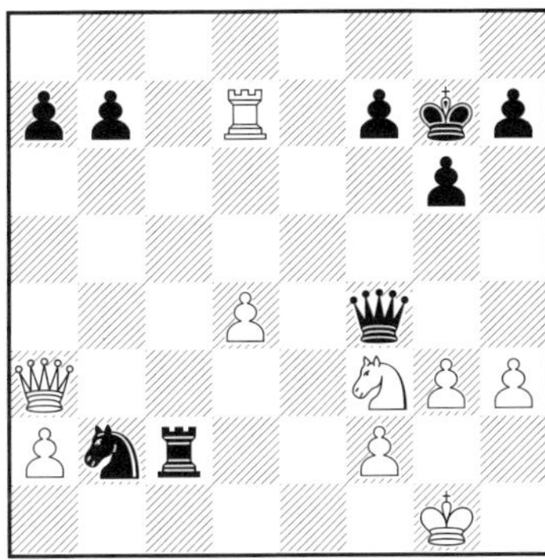

Schwarz zieht und gewinnt.

239. B. Damljanovic (2587) –
H. Banikas (2542)
Istanbul 2003

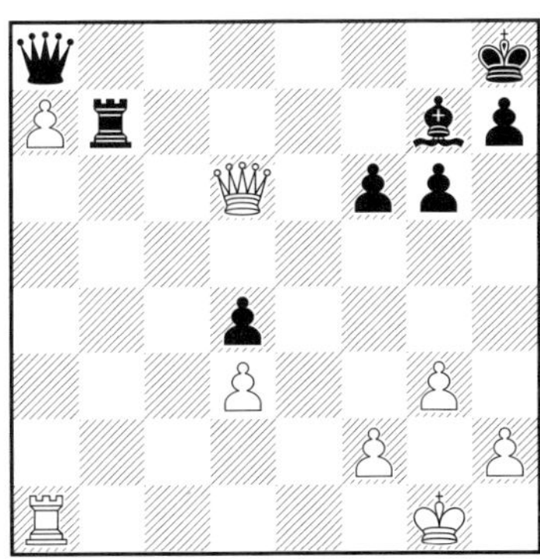

Wie rechtfertigte Weiß sein Figurenopfer?

240. B. Damljanovic (2545) –
A. Onischuk (2655)
18. Offenes Turnier, Skopje 2002

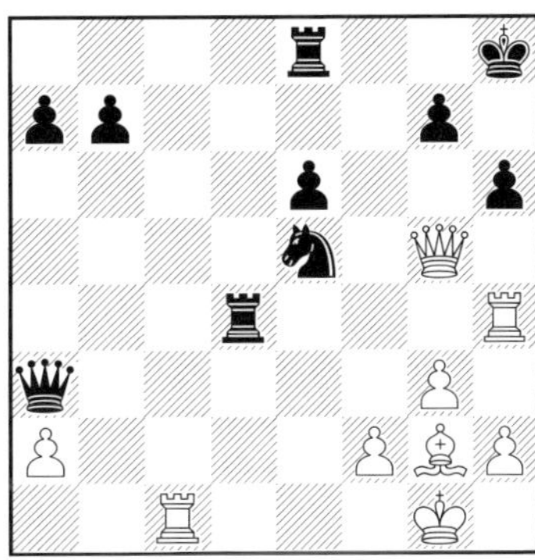

Verlieren Sie im Variantendickicht nicht den Überblick. Weiß zieht und erhält klaren Vorteil.

241. Z. Efimenko (2546) –
A. Korobow (2511)
Memorial-Turnier,
Alushta Puchko 2002

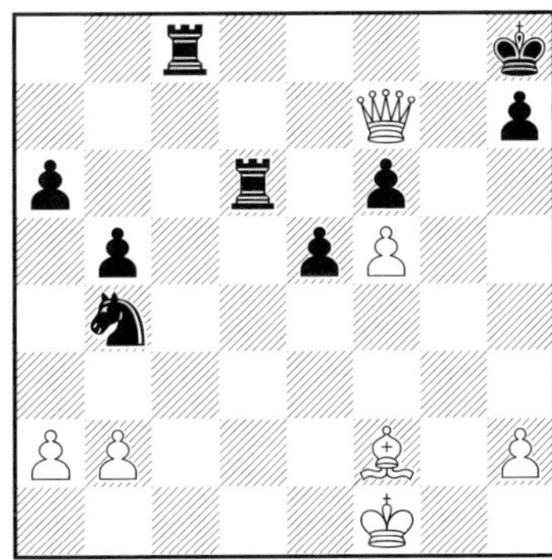

Alle schwarzen Figuren sind ungeschützt. Wie nutzte Weiß das aus?

242. L. Fressinet (2588) – J. Moreno Carnero (2514)
Pamplona 2002

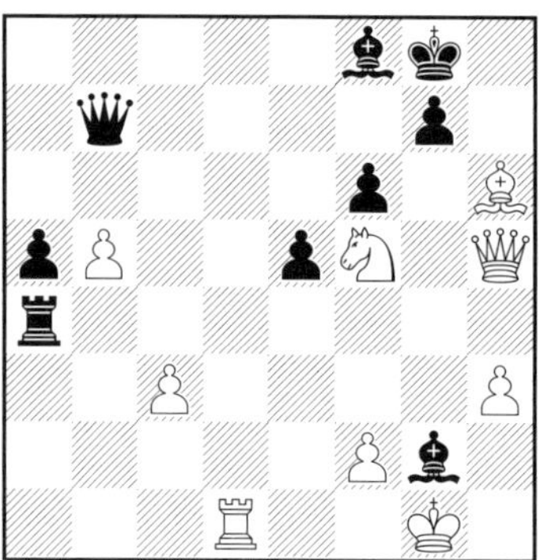

Weiß drang zuerst durch. Erkennen Sie wie?

243. B. Gelfand (2700) – J. Polgar (2715)
Internationales Turnier, Enghien les Bains 2003

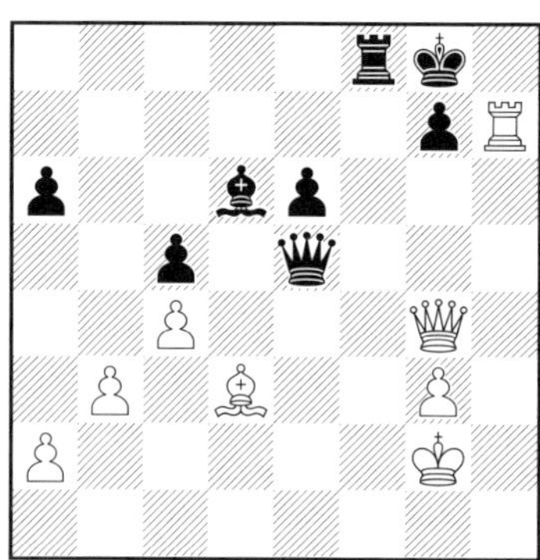

Beide Seiten nutzen die ungleichfarbigen Läufer für einen Angriff. Weiß schlägt zuerst zu, wie?

244. I. Glek (2590) – A. Michaltschischin (2533)
Offenes Turnier, Zürich 2001

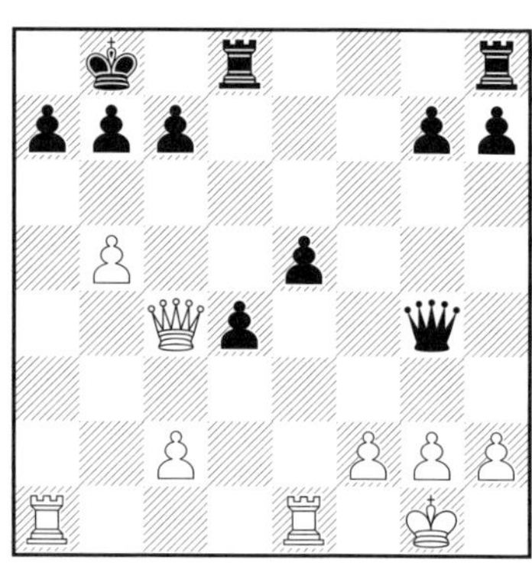

Weiß gewann auf typische Art und Weise. Wie ging er vor?

245. S. Grigorjanz (2506) – B. Socko (2577)
Istanbul 2003

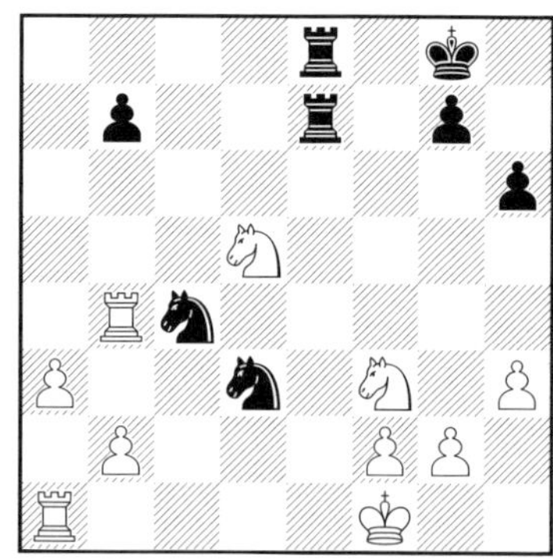

Wie kann man das schwarze Problem lösen?

246. M. Illescas Córdoba (2599) – M. Gurewitsch (2635)
Tch-ESP, Lanzarote 2003

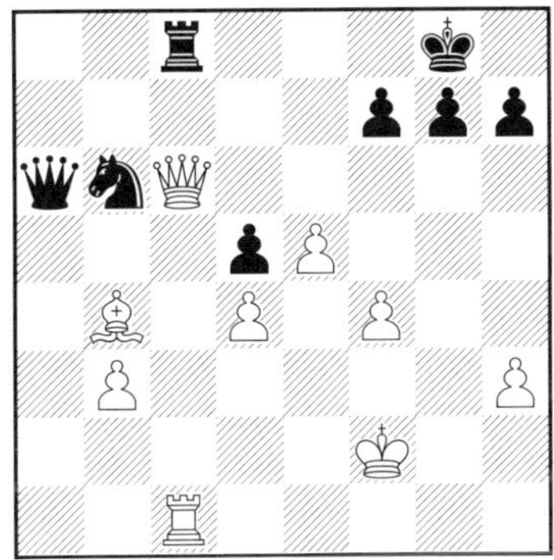

Ist Weiß verloren?

247. M. Illescas Córdoba (2585) – F. Vallejo Pons (2635)
Tch-ESP,
Mondariz 2002

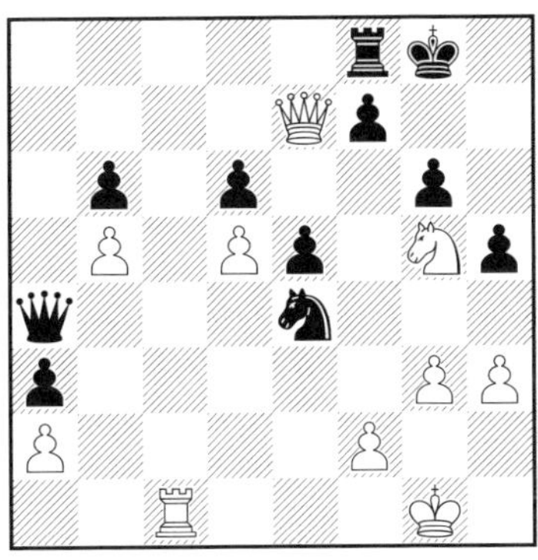

Sollte Weiß die Springer tauschen?

248. S. Iuldachev (2508) – S. Archipow (2500)
Abu Dhabi AdCF Masters 2001

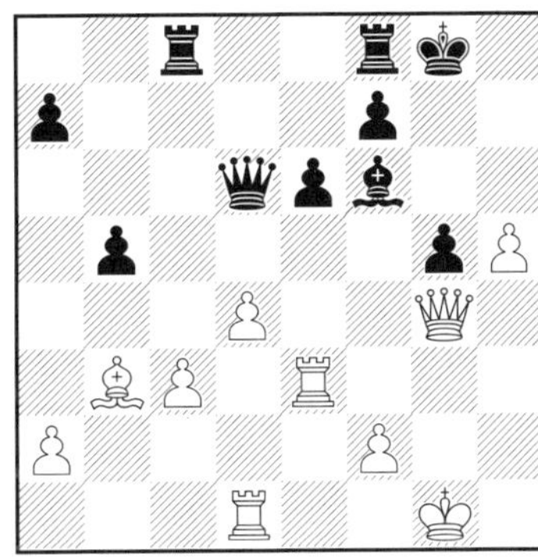

Finden Sie den nächsten Zug von Weiß!

249. W. Iwantschuk (2717) – W. Kramnik (2809)
11. Amber Blindschach-Turnier,
Monaco 2002

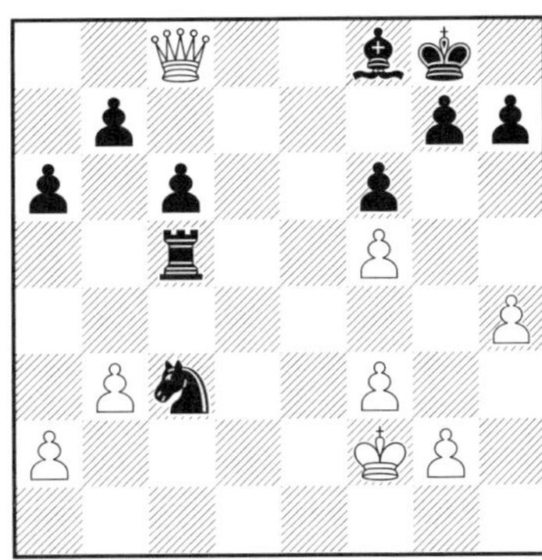

Schwarz hat genug Material, aber seine Figuren sind unharmonisch über das Brett verteilt. Wie nutzte Iwantschuk diesen Umstand aus?

250. D. Jakowenko (2570) –
E. Ghaem Maghami (2511)
41. Wjun, Goa 2002

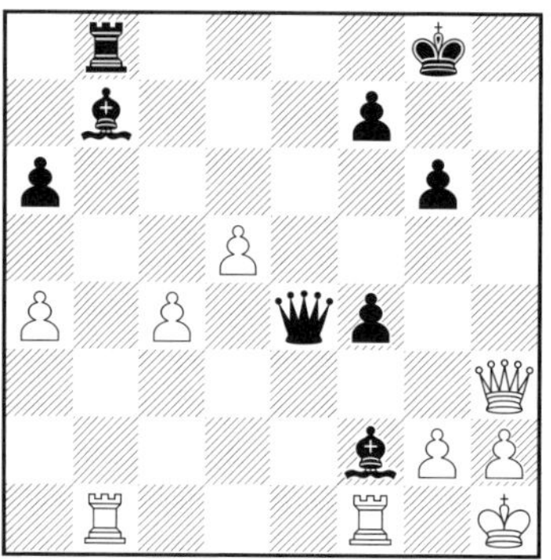

Wo ist die schwarze Achillesferse?

251. A. Khalifman (2698) –
A. Beliavsky (2661)
FIDE GP, Moskau 2002

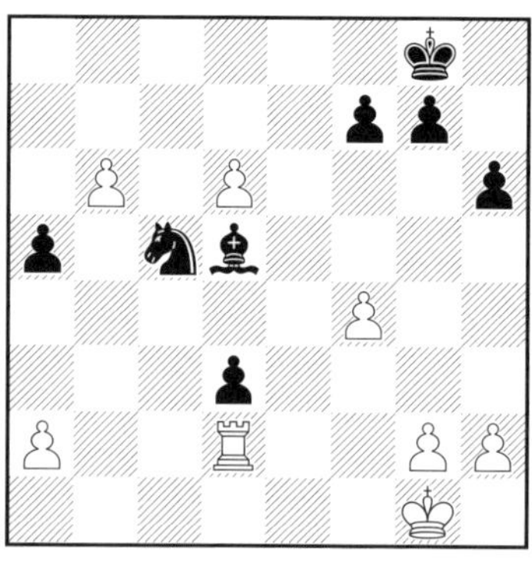

In der Partie war Khalifman am Zug. Wie ist die Stellung zu beurteilen? Was passiert, wenn Schwarz am Zug ist?

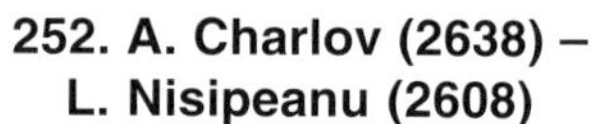

252. A. Charlov (2638) –
L. Nisipeanu (2608)
Metalska Trgovina Schachklub 90, Ljubljana 2002

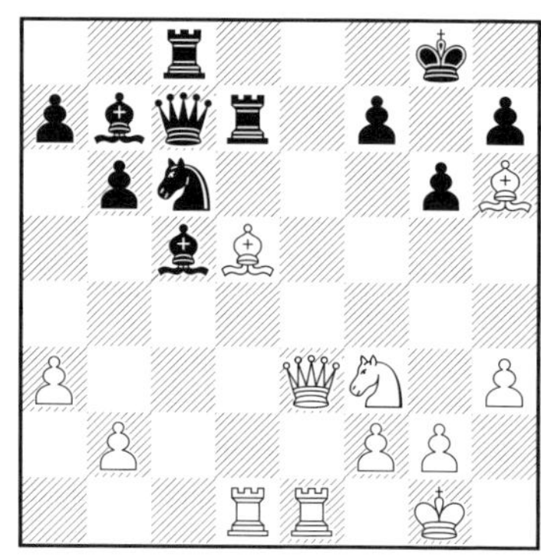

Weiß kontrolliert nahezu vollständig das Zentrum und den Königsflügel. Wie nutzt er das aus?

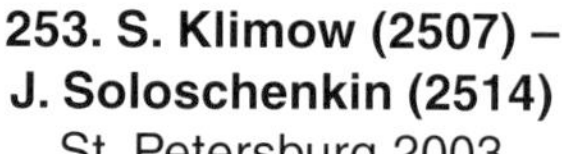

253. S. Klimow (2507) –
J. Soloschenkin (2514)
St. Petersburg 2003

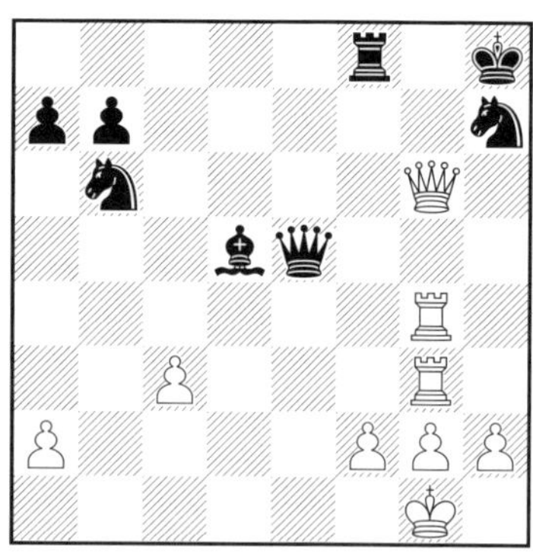

Ist der weiße Angriff zum Erliegen gekommen, oder fand der Anziehende einen Weg, ihn fortzusetzen?

254. A. Kogan (2540) – W. Arencibia (2540)
37. Capablanca Memorial Elite Turnier, Havanna 2002

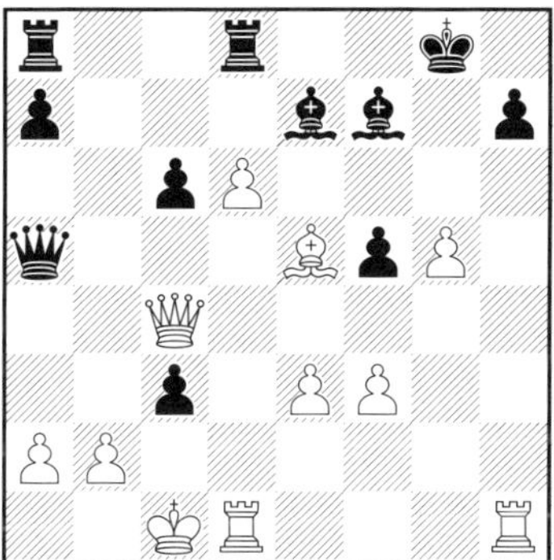

Wessen Angriff dringt zuerst durch? Weiß ist natürlich am Zug.

255. P. Kotsur (2572) – A. Skripchenko (2501)
5. Offenes Turnier, Dubai 2003

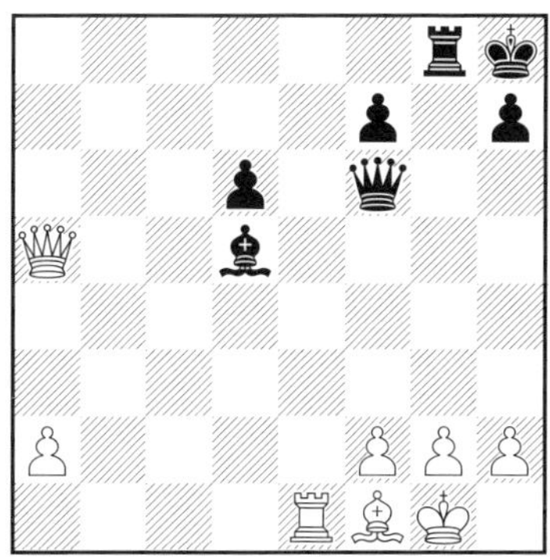

Die schwarze Stellung sieht verdächtig aus, aber Almira Skripchenkos erster Zug zeigt, dass das Gegenteil der Fall ist.

256. M. Krasenkow (2655) – P. Wells (2522)
Ohrid 2001

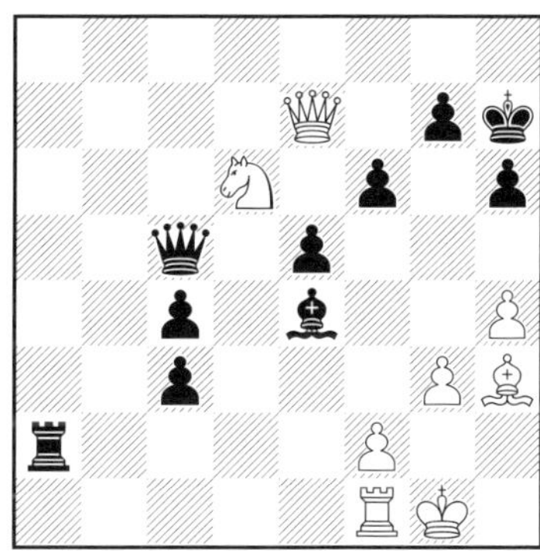

Wie krönte Peter Wells seine originelle Spielweise?

257. A. Kveinys (2522) – J. Zezulkin (2529)
POL-Mannschaftsmeisterschaft, Zakopane 2000

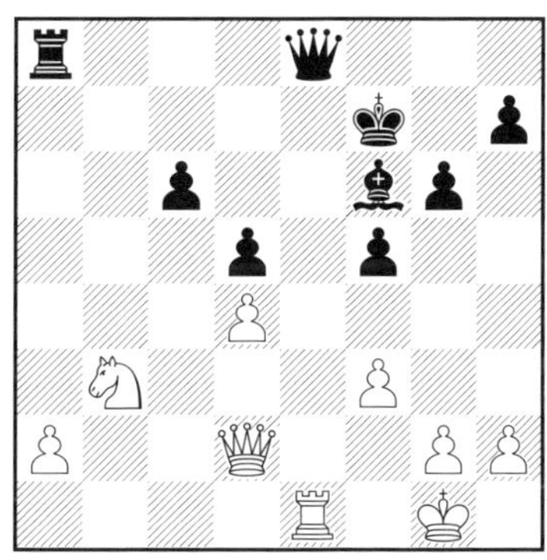

Zog Schwarz seine Dame?

258. N. Legky (2507) – F. Vallejo Pons (2629)
FRA-Mannschaftsmeisterschaft, Frankreich 2003

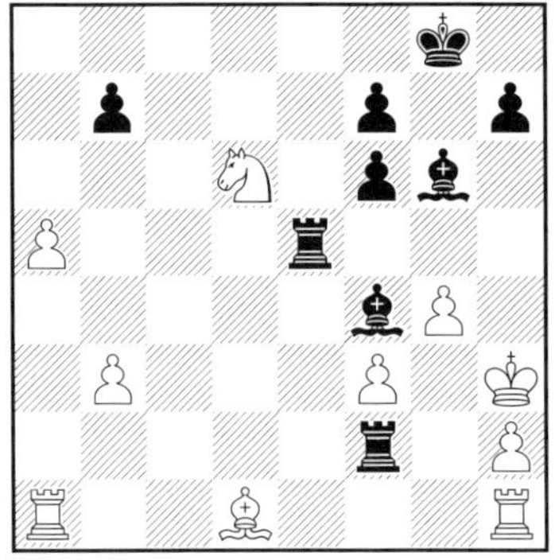

Wie kann Schwarz das Matt erzwingen?

259. L. Ljubojevic (2570) – P. Leko (2736)
Amber Schnellschachturnier, Monte Carlo 2003

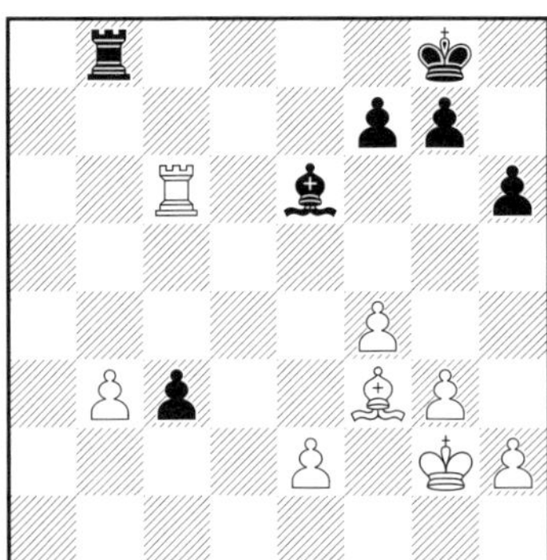

Finden Sie den nächsten schwarzen Zug!

260. W. Loginow (2524) – A. Lugowoi (2510)
Vereinsmeisterschaft, St. Petersburg 2002

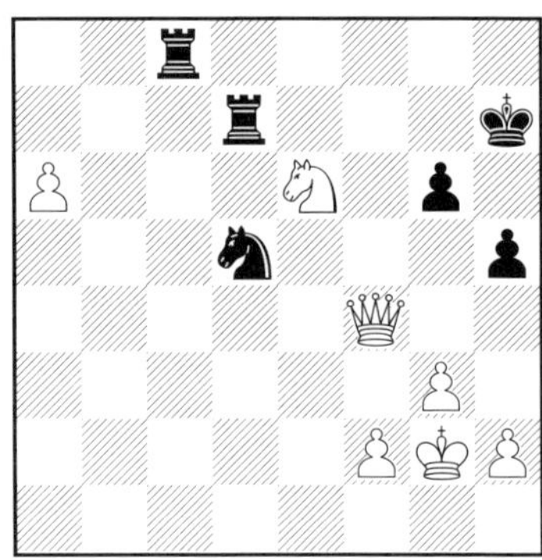

Weiß hat viele Gewinnwege, aber welcher wunderschöne Schlag überzeugt am meisten?

261. C. Lutz (2644) – V. Kortschnoi (2635)
4. Julian Borowski-Turnier, Essen 2002

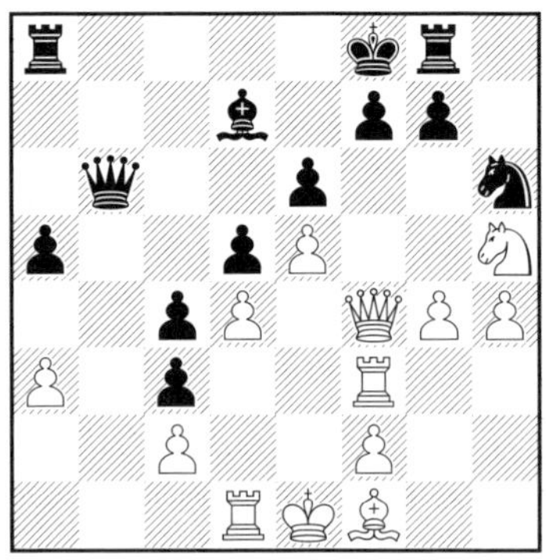

Wie kann man den weißen Angriff fortsetzen?

262. B. Macieja (2582) – B. Awruch (2606)
FIDE-WM Knock-out-Turnier, Moskau 2001

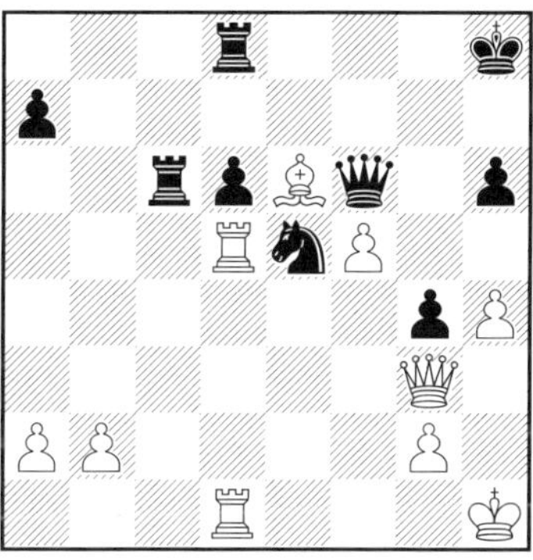

Wie setzte Macieja fort?

263. G. Milos (2614) – T. Radjabow (2558)
Najdorf Memorial, Buenos Aires 2001

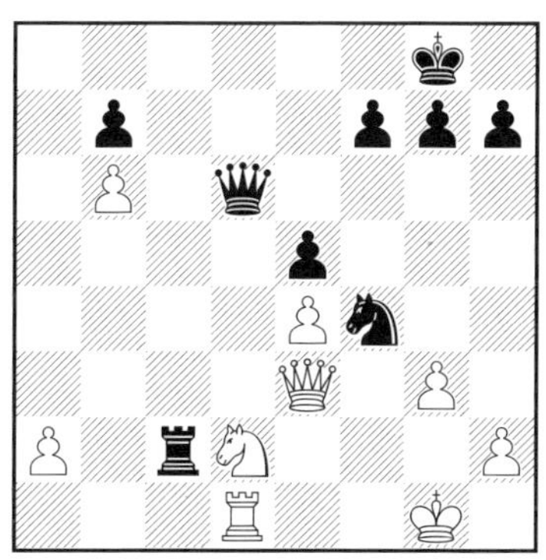

Wie setzte Schwarz die weiße Verteidigung außer Gefecht?

264. A. Moissejenko (2627) – W. Potkin (2522)
Istanbul 2003

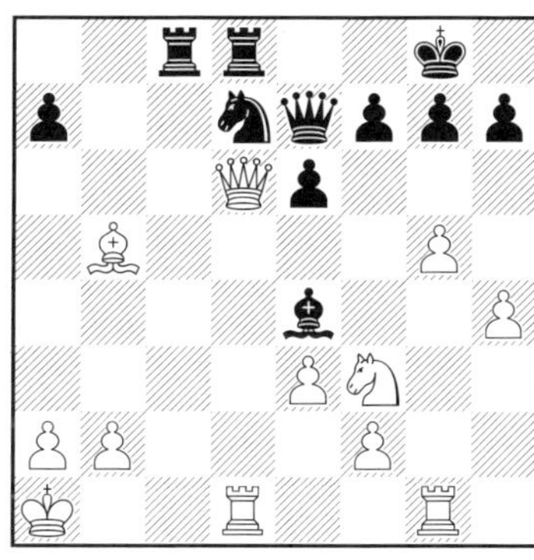

Sollte Schwarz versuchen, den weißen Springer auf f3 zu gewinnen?

265. A. Morosewitsch (2678) – S. Sawtschenko (2539)
Offenes Turnier Moskau, Aeroflot 2003

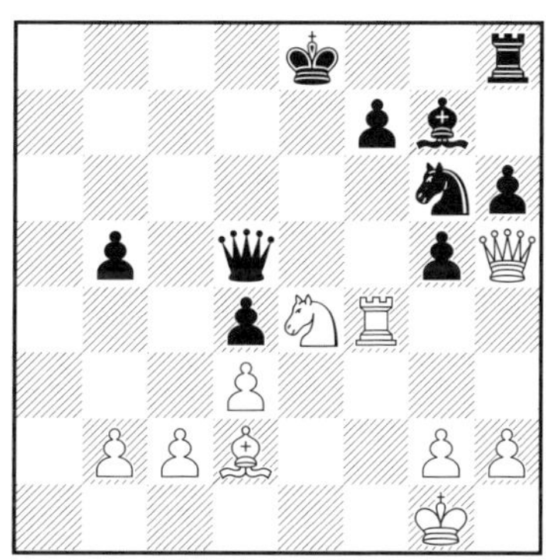

Wohin mit dem weißen Turm?

266. A. Motyljow (2622) – P. Acs (2529)

Offenes Turnier, Dubai 2002

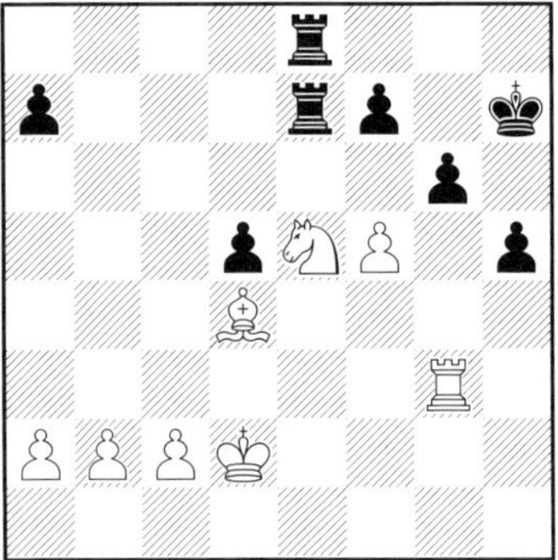

Finden Sie den nächsten weißen Zug!

267. D. Paunovic (2532) – R. Vera (2544)

Benidorm Hotel, Bali 2002

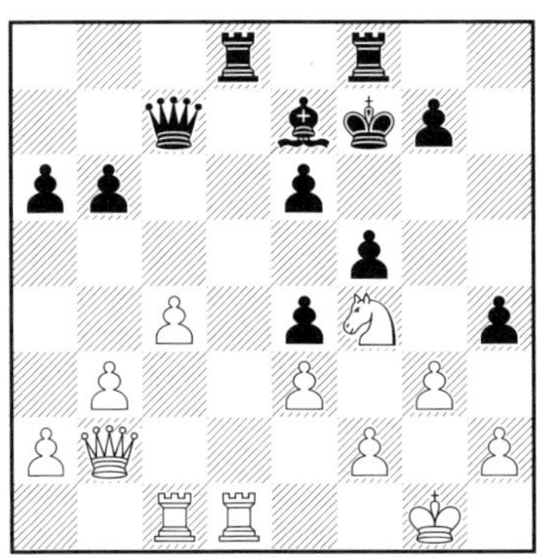

Wie sollte Weiß dem schwarzen Angriff begegnen?

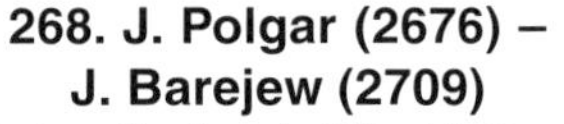

268. J. Polgar (2676) – J. Barejew (2709)

Schnellschach World-Cup, Knock-out-Turnier, Cannes 2001

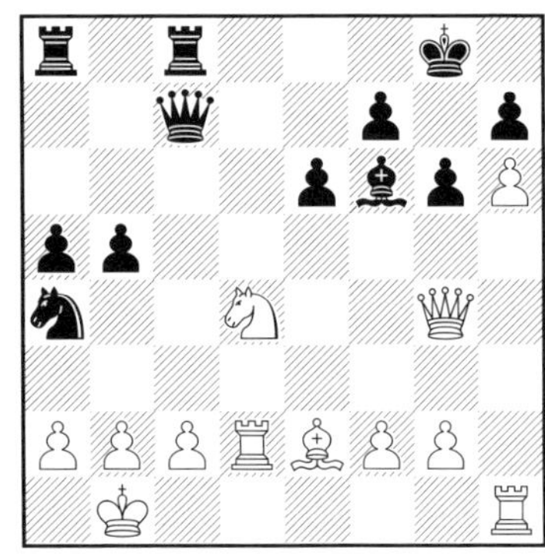

Der schwarze Läufer ist ein Monster. Lassen Sie ihn wüten!

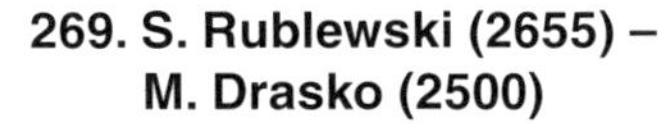

269. S. Rublewski (2655) – M. Drasko (2500)

JUG-Mannschaftsmeisterschaft, Budva 2002

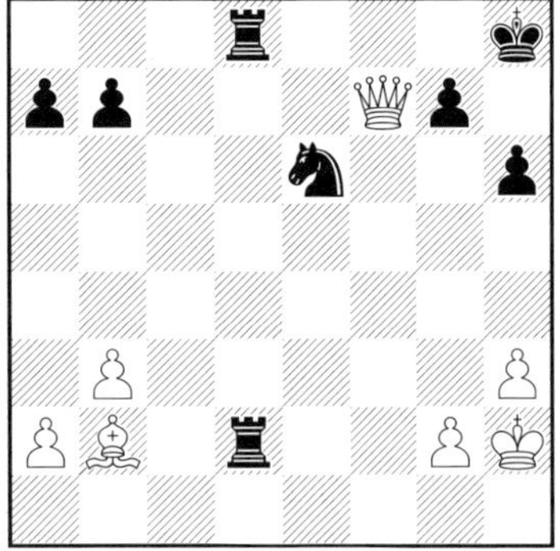

Kann Weiß am Zug beweisen, dass seine Dame stärker als zwei Türme ist?

270. S. Rublewski (2655) – A. Kalinin (2512)
Offenes Turnier Moskau, Aeroflot 2002

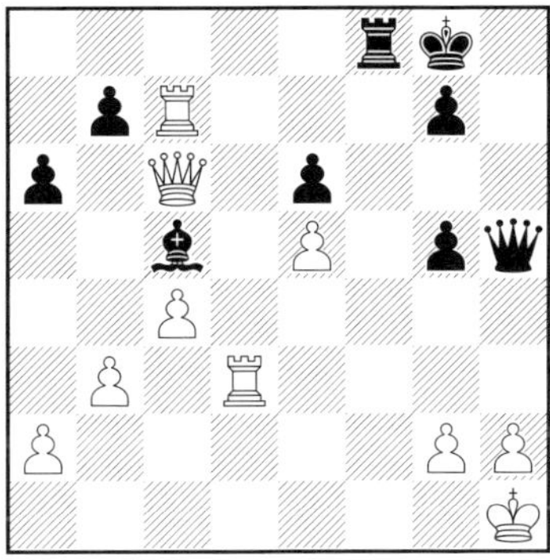

Bevor Sie 1.Txc6? ziehen, finden Sie heraus, was Schwarz droht!

271. D. Sadwakasow (2523) – A. Korotylew (2586)
Offenes Turnier Moskau, Aeroflot 2003

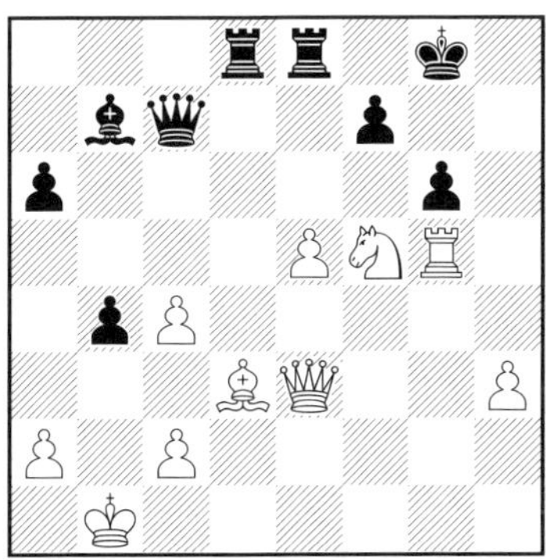

Wie kann man Schwarz den Garaus machen?

272. S. Sawtschenko (2537) – S. Safin (2525)
Offenes Turnier, Dieren 2002

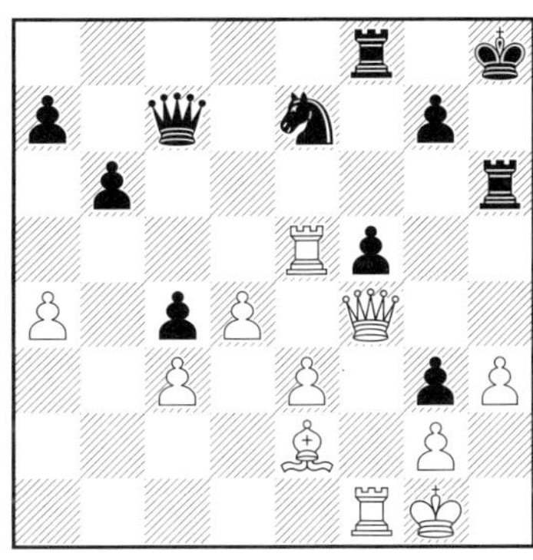

Weiß steht besser, aber sein nächster Zug klärte alle Zweifel.

273. A. Schirow (2715) – J. Piket (2659)
11. Amber Blindschachturnier, Monaco 2002

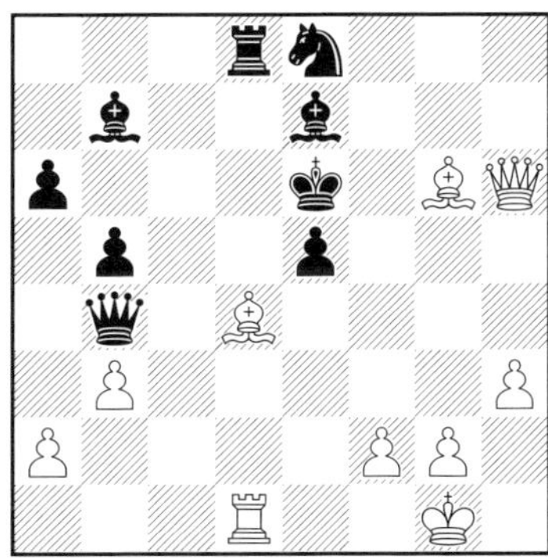

Schirow setzte das Brett in Flammen. Schaffen Sie das auch?

274. I. Smirin (2698) – J. Ehlvest (2626)
FIDE-WM Knock-out-Turnier, Moskau 2001

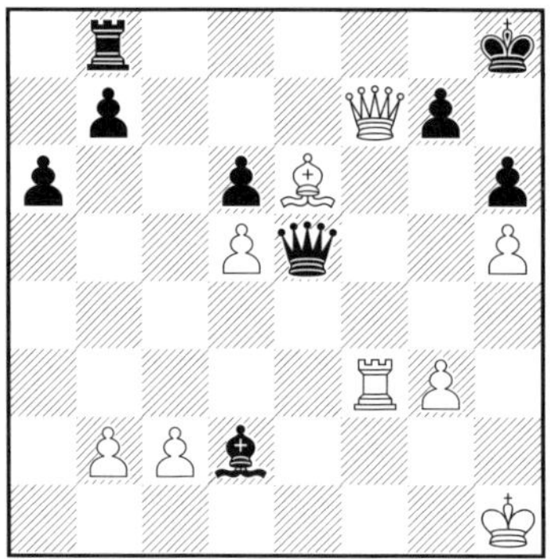

Ist die schwarze Festung sicher, oder gelang es Weiß, sie zu stürmen?

275. I. Smirin (2676) – Y. Pelletier (2571)
Biel GM 2002

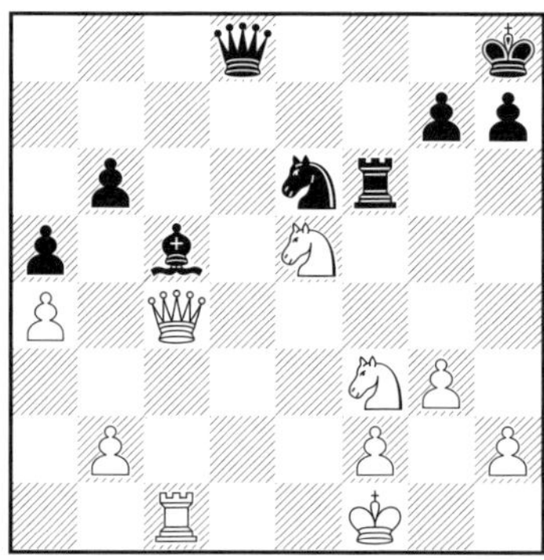

Finden Sie den nächsten weißen Zug!

276. K. Spraggett (2526) – M. Adams (2746)
Französische-Mannschafts-meisterschaft 2001

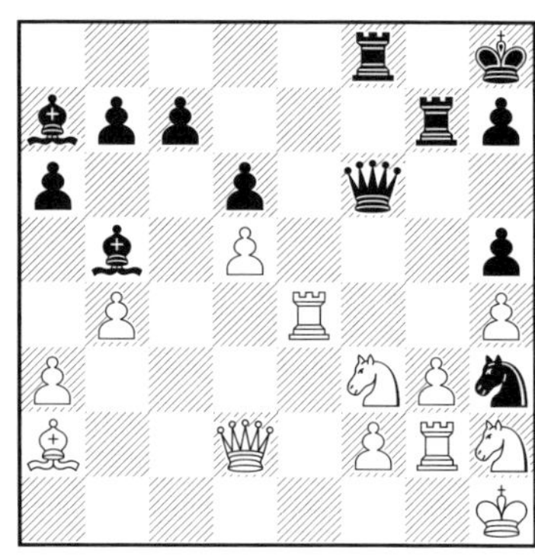

Wie setzte sich Adams durch?

277. S. Sulskis (2579) – M. Sorokin (2551)
13. Offenes Turnier Goodricke, Kalkutta 2002

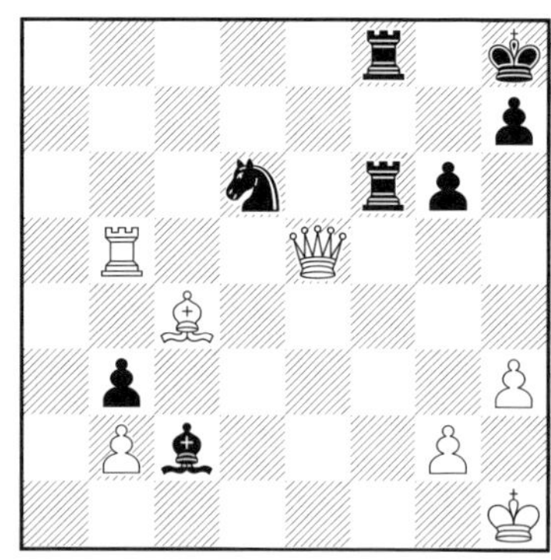

Weiß gewann einfach. Erkennen Sie wie?

278. E. Sutovsky (2604) –
A. Wolschin (2528)
Ohrid 2001

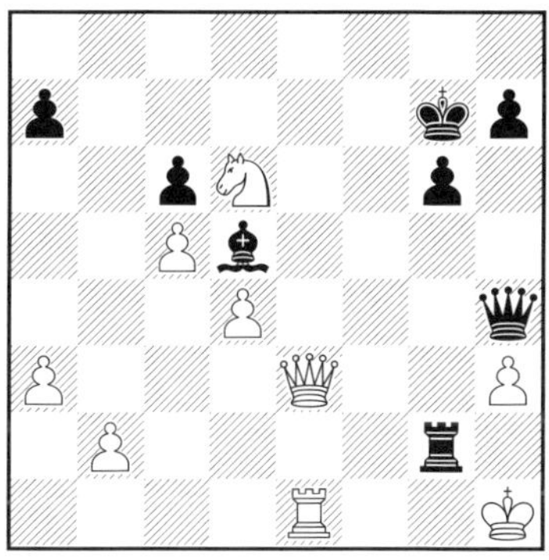

Wie kann man gegen die mächtige schwarze Batterie vorgehen?

279. P. Swidler (2713) –
A. Deltschew (2577)
National I, Clermont-Ferrand 2003

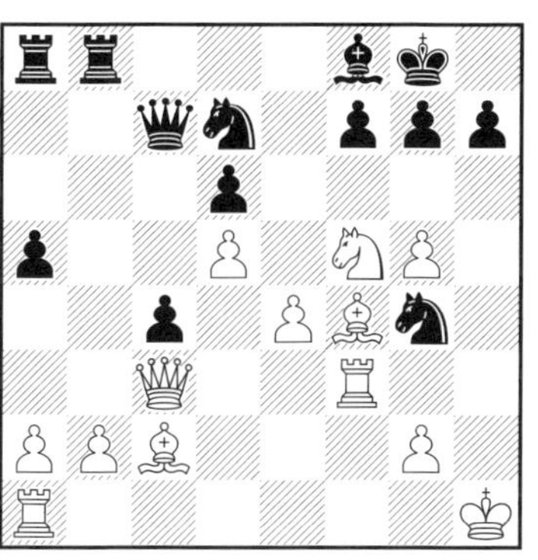

Finden Sie den nächsten weißen Zug!

280. J. Timman (2594) –
T. Wedberg (2530)
Mannschaftsmeisterschaft, Schweden 2002

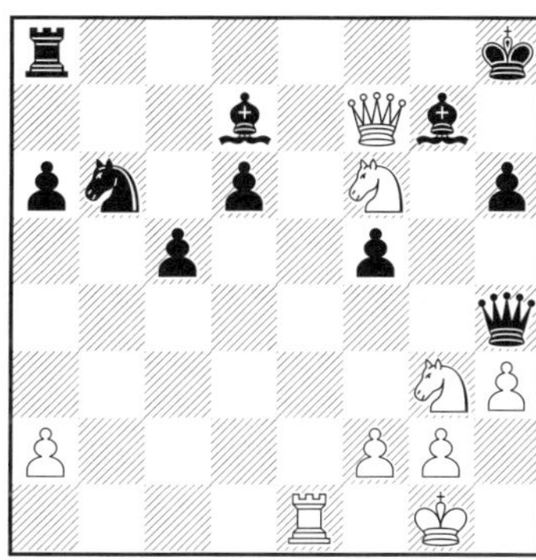

Schlug Timman auf d7?

281. A. Timofejew (2521) –
A. Naiditsch (2524)
WM U18, Oropesa del Mar 2001

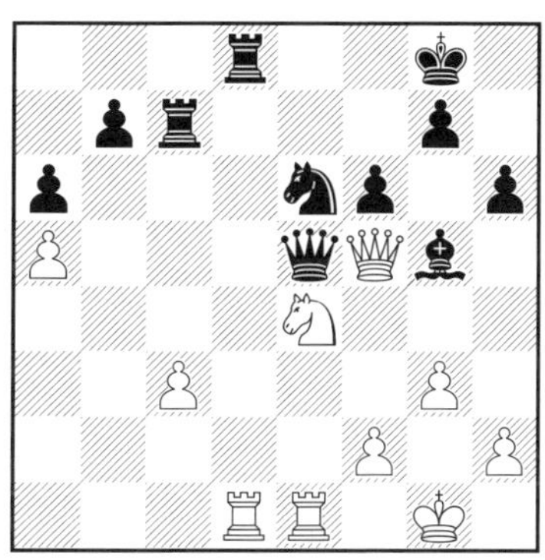

Kann Weiß sein Figurenopfer rechtfertigen?

282. A. Timofejew (2558) – Ni Hua (2545)
41. WJun Turnier, Goa 2002

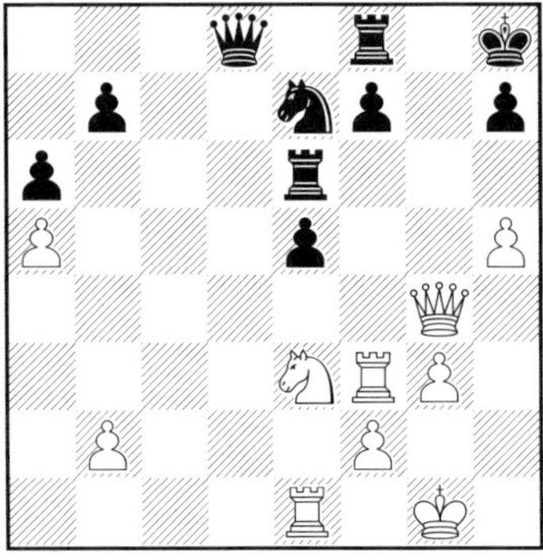

Finden Sie den nächsten weißen Zug!

283. M. Turow (2518) – J. Worobjow (2542)
Russische Vereinsmeisterschaft, Krasnodar 2002

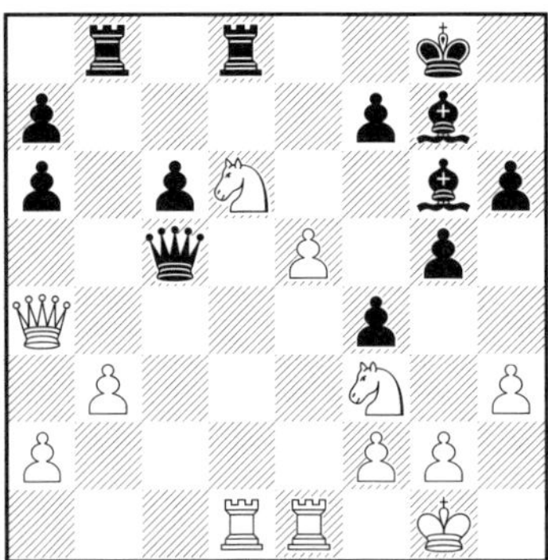

Nahm Weiß auf a6 weg?

284. L. van Wely (2714) – A. Fjodorow (2599)
EU-Mannschaftsmeisterschaft (Männer), León 2001

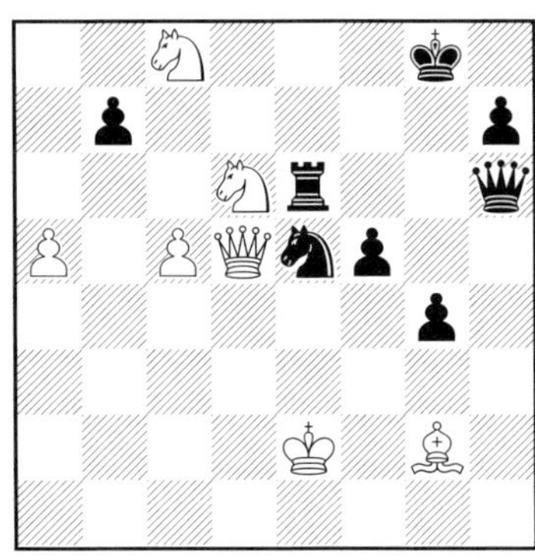

Finden Sie den einfachsten Weg zum Sieg für Weiß!

285. L. van Wely (2695) – J. Wladimirow (2612)
EUR-ASIA Match 30', Batumi 2001

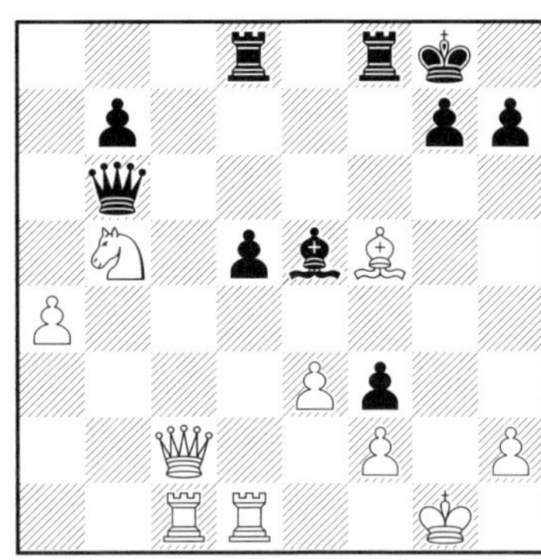

Wie ist die Stellung zu beurteilen? Schwarz am Zug.

286. E. van den Doel (2574) –
P. van der Sterren (2576)
Holländische-Vereinsmeisterschaft, Leeuwarden 2001

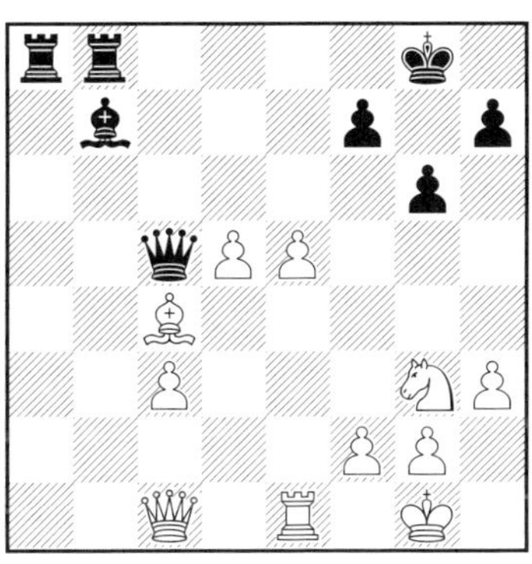

Schaffte es Van den Doel, die schwarze Stellung zu durchbrechen?

287. R. Waganjan (2623) –
M. Wahls (2568)
Deutsche Bundesliga 2001

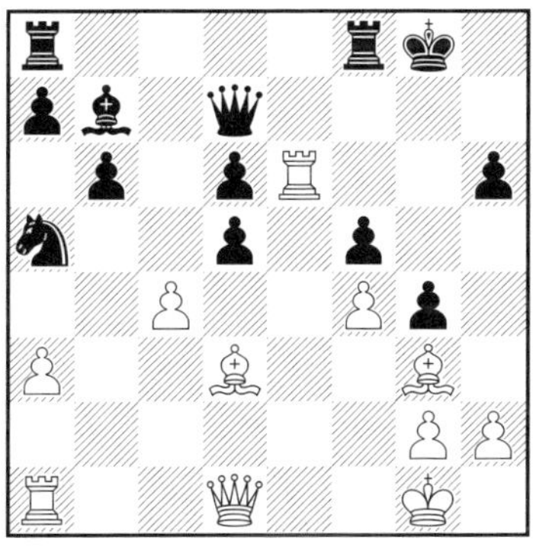

Der armenische Großmeister Rafael Waganjan wird in Deutschland häufig Mr. Bundesliga genannt, weil er so viele Partien in der höchsten deutschen Spielklasse gewann. Wie fällte er Matthias Wahls?

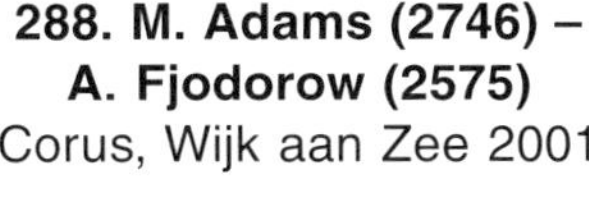

288. M. Adams (2746) –
A. Fjodorow (2575)
Corus, Wijk aan Zee 2001

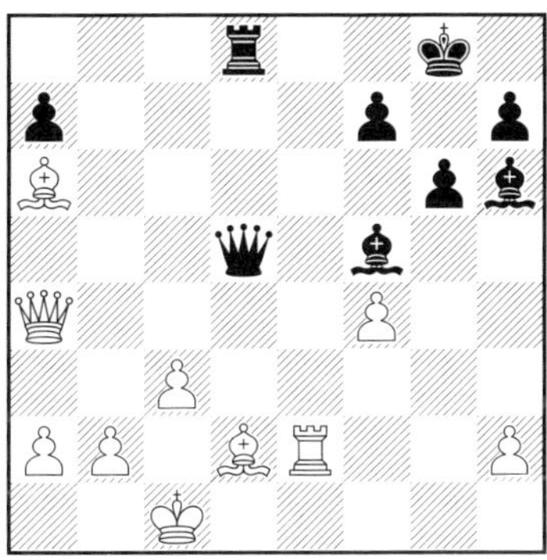

Micky Adams schnappte sich in der Eröffnung einen Bauern. Ging das gut für ihn aus? Schwarz am Zug?

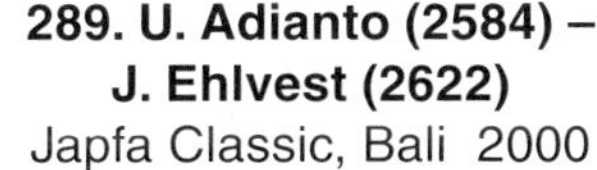

289. U. Adianto (2584) –
J. Ehlvest (2622)
Japfa Classic, Bali 2000

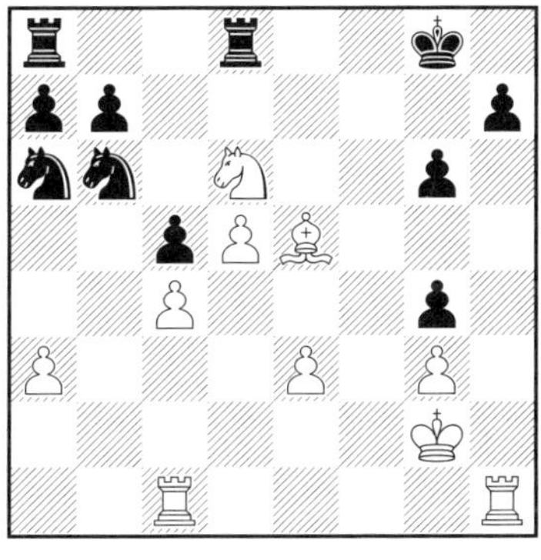

Finden Sie den nächsten weißen Zug!

290. Z. Almasi (2640) – J. Piket (2632)
10. Amber Blindschachturnier, Monte Carlo 2001

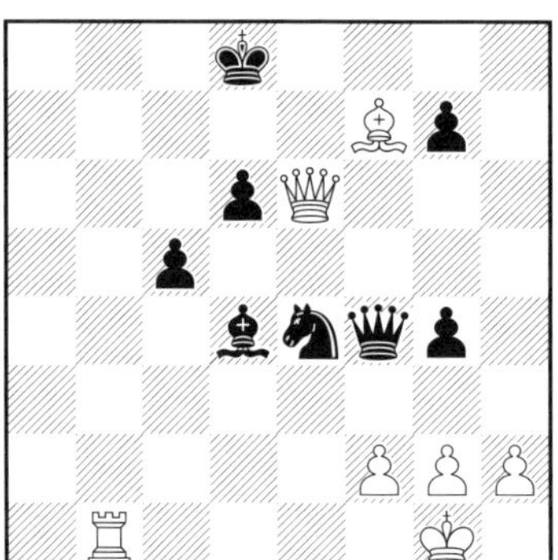

Weiß am Zug würde einfach in zwei Zügen mattsetzen. Wie sieht es aber mit Schwarz am Zug aus?

291. L. Bruzón Batista (2534) – D. Pavasovic (2523)
Olympiade Istanbul (Männer) 2000

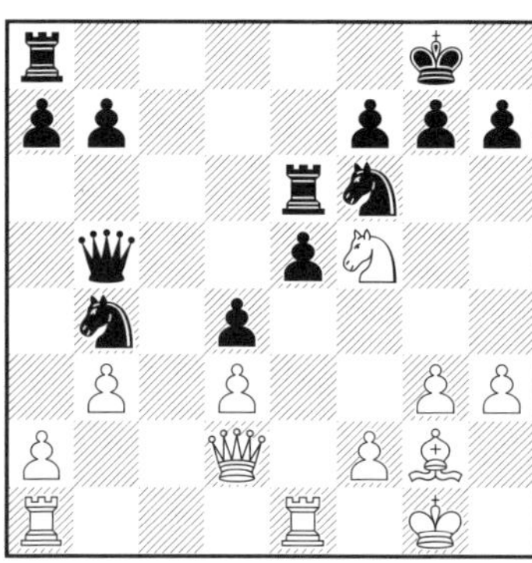

Spielte Weiß 1.♖ad1?

292. B. Chatalbashev (2518) – J. Degraeve (2589)
Ohrid 2001

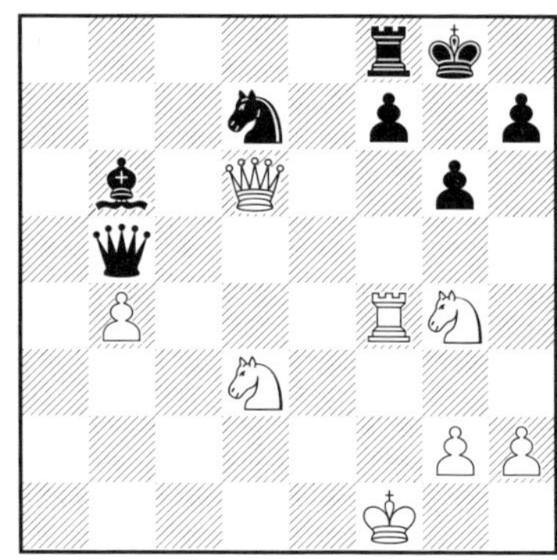

Wie ist die Stellung zu beurteilen? Weiß am Zug.

293. M. Makarow (2513) – I. Ibragimov (2611)
53. RUS-Vereinsmeisterschaft, Samara 2000

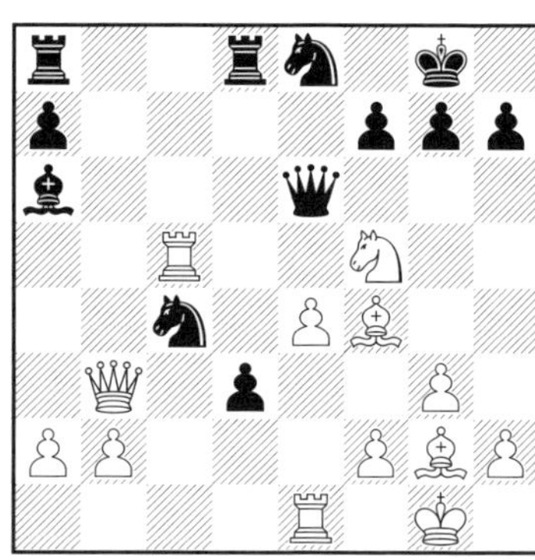

Welche Maßnahmen ergriff Weiß gegen den gefährlichen schwarzen d-Bauern?

294. W. Filippow (2593) –
I. Sokolow (2611)
EU-Vereinsmeisterschaft 1st 30',
Neum 2000

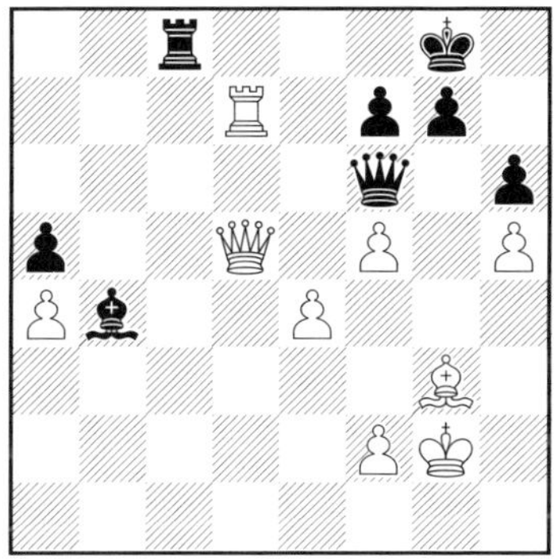

Es ist nicht einfach, den weißen Mehrbauern zu verwerten, oder?

295. S. Galdunts (2510) –
J. Maiwald (2509)
2. Österreichische Staatsliga 2002

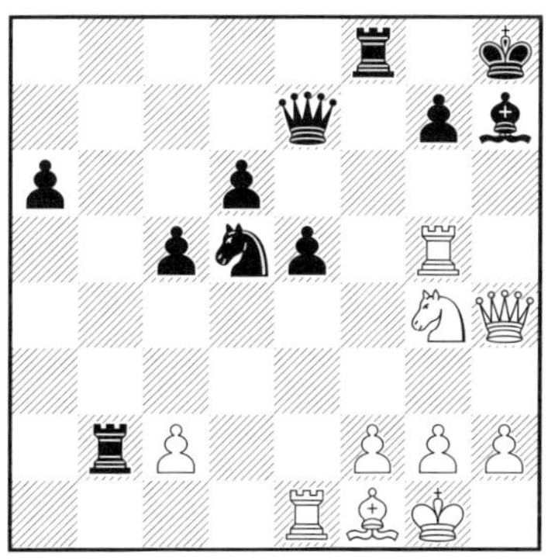

Finden Sie den besten schwarzen Zug!

296. L. Gofshtein (2548) –
G. Kallai (2543)
FRA-Mannschaftsmeisterschaft
2001

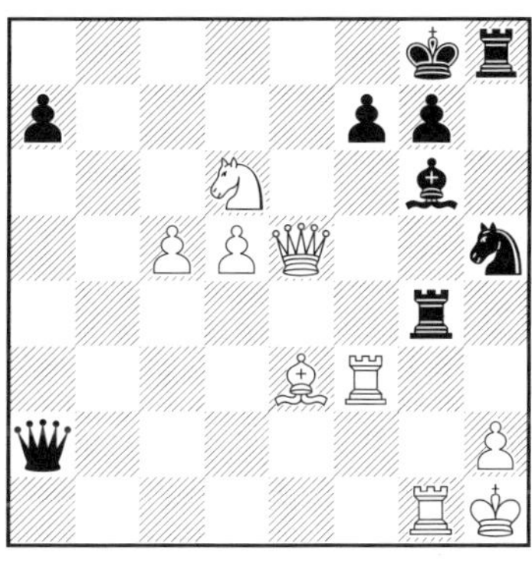

Der weiße König ist im Fadenkreuz. Feuern Sie den finalen Schuss!

297. M. Grabarczyk (2508) –
K. Jakubowski (2483)
Warschau 2003

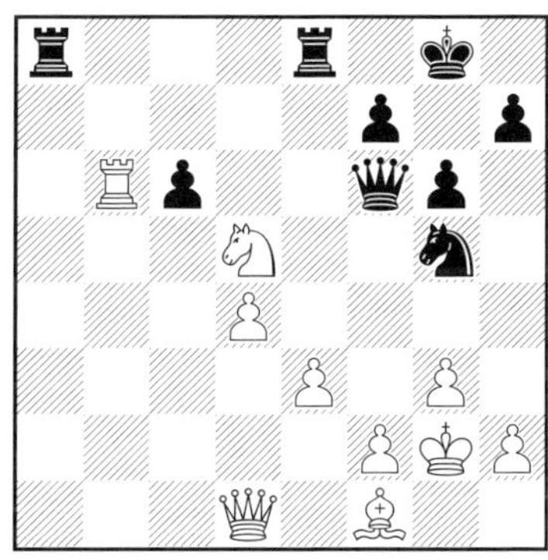

Schwarz hat eine Qualität mehr, aber der Sieg wird in weite Ferne rücken, wenn Sie hier nicht den besten Zug finden.

298. A. Graf (2635) –
R. Schmaltz (2529)
Deutsche Bundesliga 2003

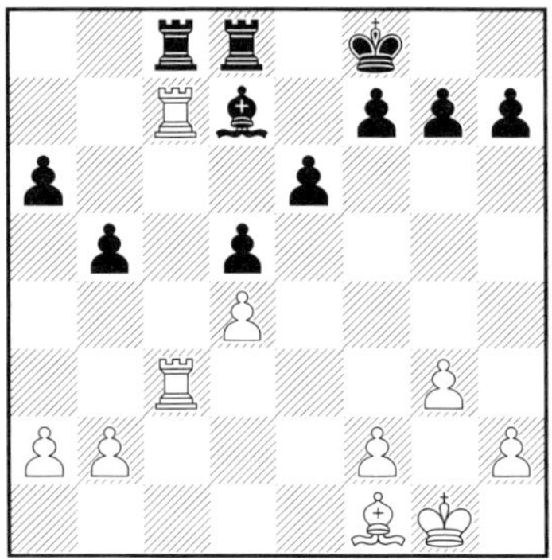

Weiß muss schnell agieren, bevor der schwarze König das Zentrum erreicht. Wie würden Sie fortsetzen?

299. P. Haba (2517) –
W. Beim (2563)
Offenes Turnier, Linz 2000

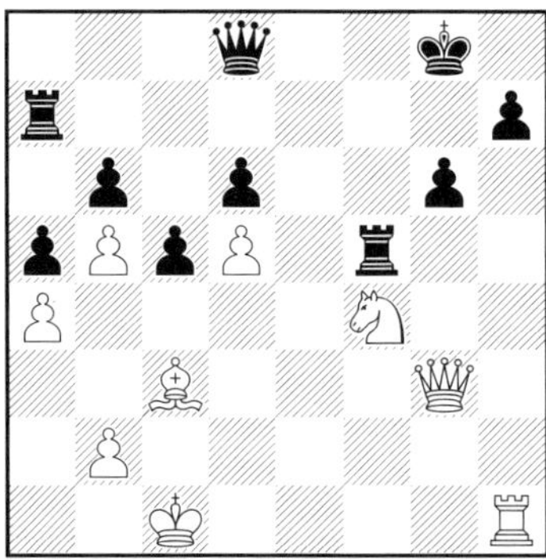

Finden Sie den besten weißen Zug!

300. J. Hodgson (2640) –
C. Ward (2508)
Millfield 2000

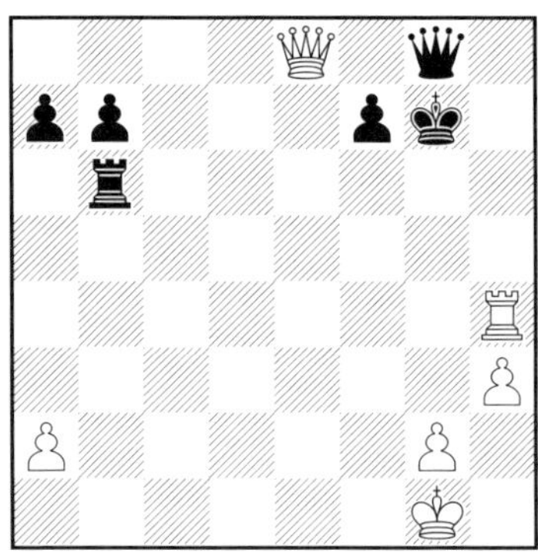

Weiß am Zug gewinnt.

301. W. Iwantschuk (2731) –
W. Georgiew (2584)
17. EUCup, Panormo 2001

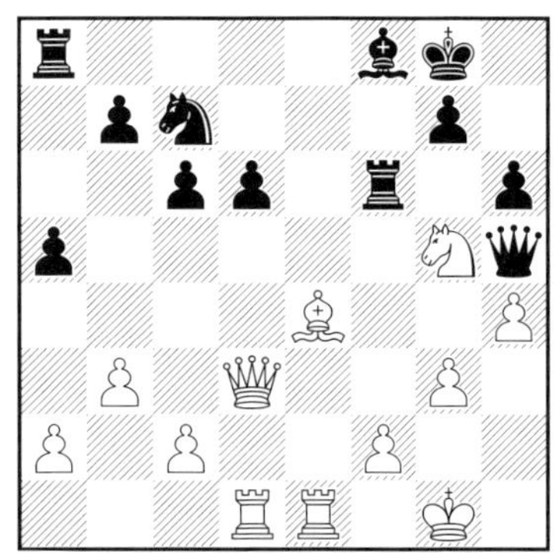

Die ungleichfarbigen Läufer verstärken den weißen Angriff. Wie soll man ihn fortsetzen?

302. G. Kasparow (2849) – J. Barejew (2709)
World-Cup Schnellschach-A, Cannes 2001

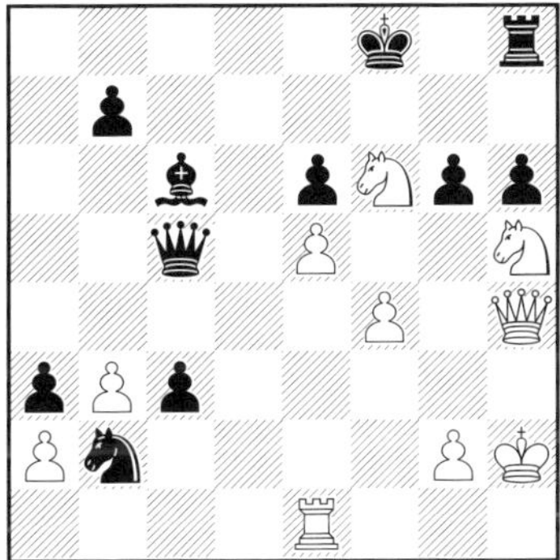

Wie machte Kasparow Schwarz den Garaus?

303. A. Kovchan (2507) – Z. Efimenko (2546)
UKR-Vereinsmeisterschaft U20, Kramatorsk 2002

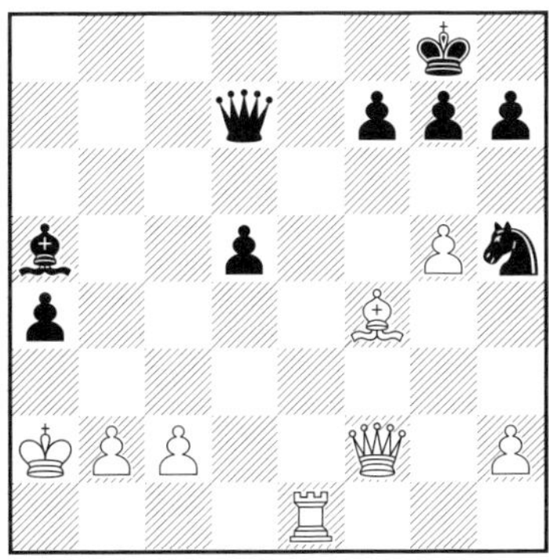

Finden Sie den besten weißen Zug!

304. M. Narciso Dublán (2544) – S. Fedortschuk (2503)
Ohrid 2001

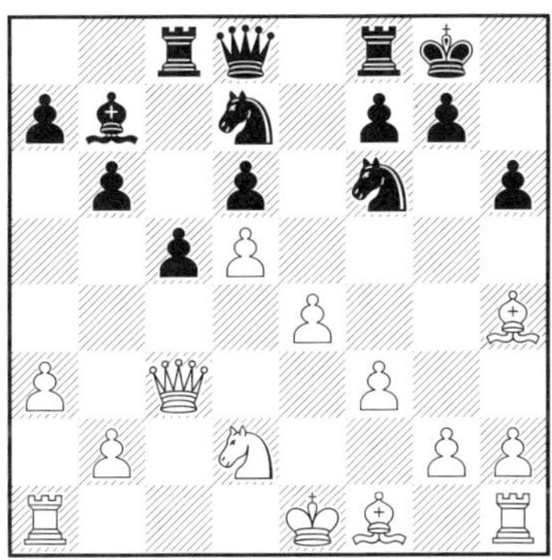

Schwarz gab sein Läuferpaar für Entwicklungsvorsprung. Wie profitierte er nun davon?

305. Y. Pelletier (2549) – A. Jussupow (2611)
SUI-Mannschaftsmeisterschaft 2002

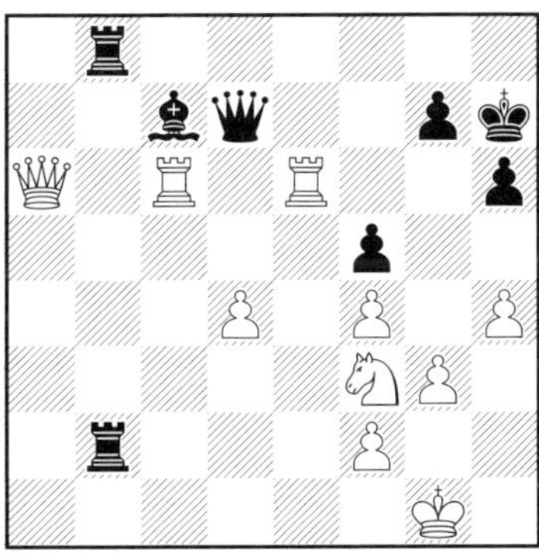

Weiß steht natürlich besser. Wie kann man Fortschritte erzielen?

306. K. Müller – Z. Azmaiparashvili
Rethymnon
2003

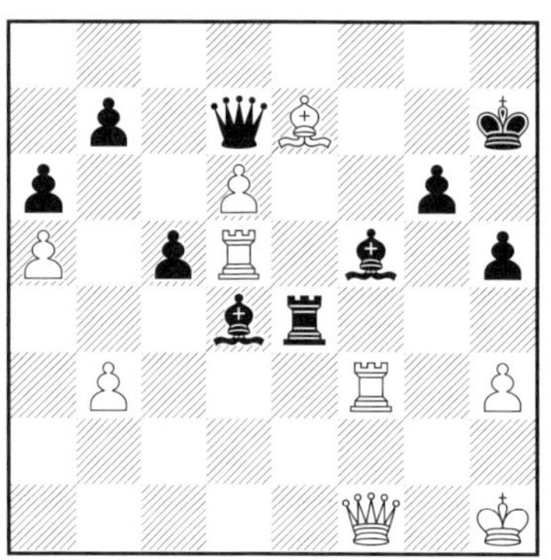

Wie ist die Stellung zu beurteilen? Schwarz am Zug.

307. J. Pinter (2547) –
R. Slobodjan (2527)
Französische-Mannschafts-
meisterschaft 2 2002

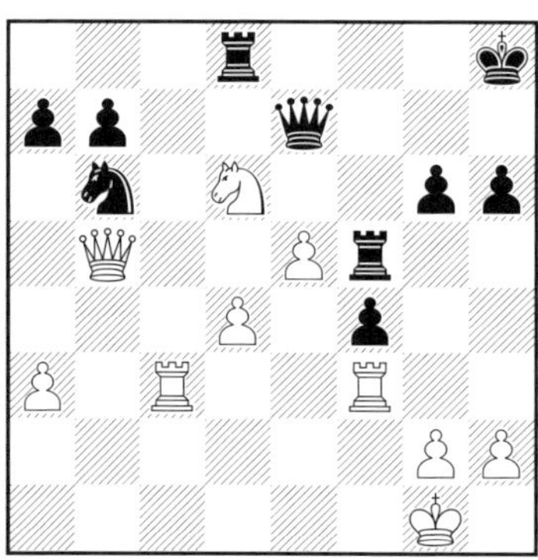

Wie lautet der beste Zug für Schwarz?

308. J. Prokoptschuk (2508) –
I. Smirin (2702)
Offenes Turnier Aeroflot,
Moskau 2002

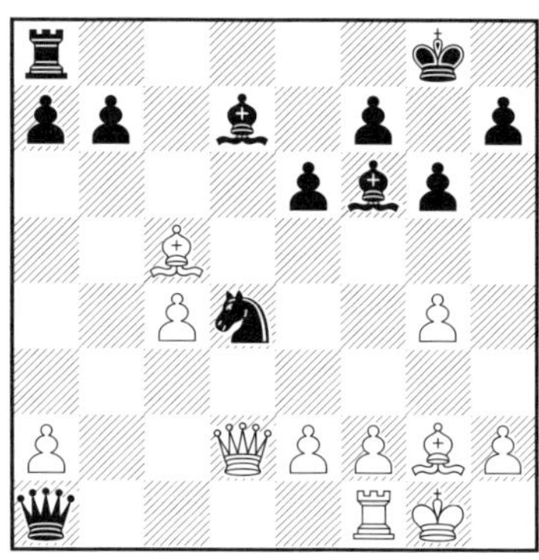

Wieso gab Weiß hier auf?

309. I. Rogers (2558) –
I. Efimow (2520)
Olympiade Istanbul (Männer)
2000

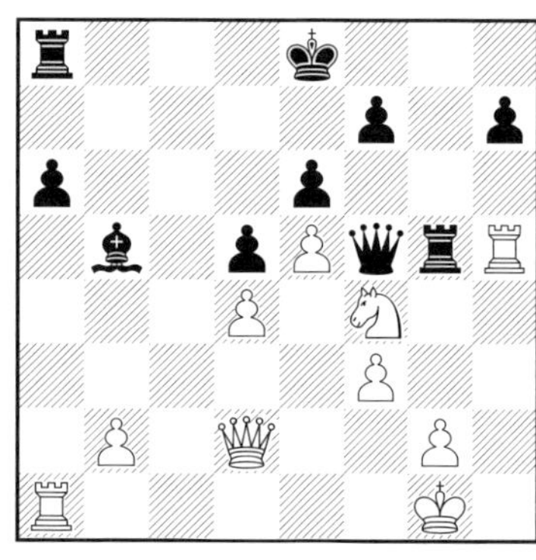

Guter Springer, schlechter Läufer. Weiß zieht und gewinnt.

310. K. Sakajew (2627) – A. Zontakh (2578)
JUG-Mannschaftsmeisterschaft, Novi Sad 2000

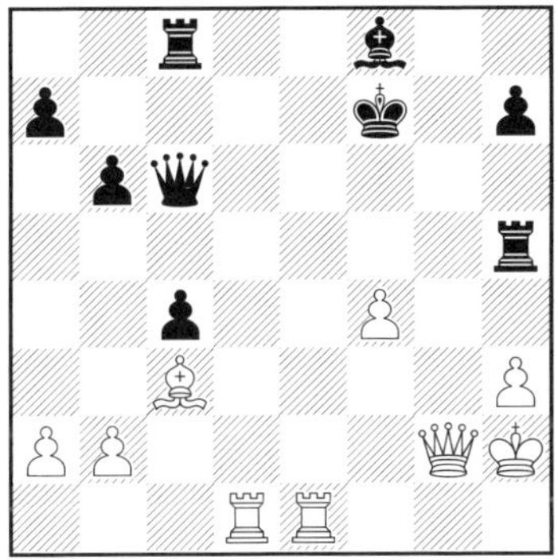

Damen tauschen oder nicht? Das ist hier die Frage für Weiß.

311. A. Shabalov (2601) – Y. Seirawan (2647)
USA-Meisterschaft playoff, Seattle 2000

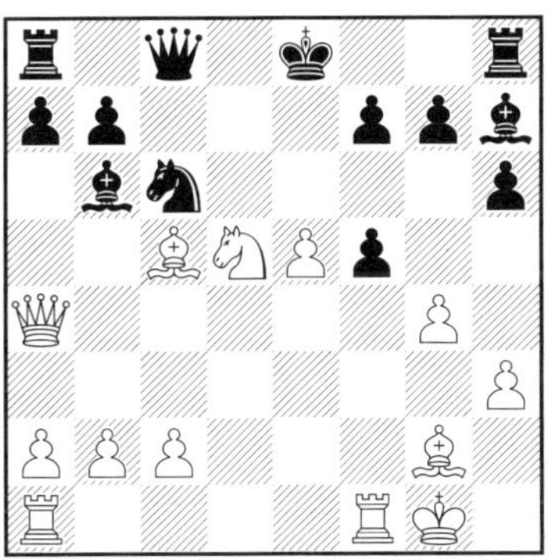

Weiß muss auf Gewinn stehen, aber wie soll man es beweisen?

312. A. Schirow (2718) – A. Karpow (2679)
10. Amber Blindschachturnier, Monte Carlo 2001

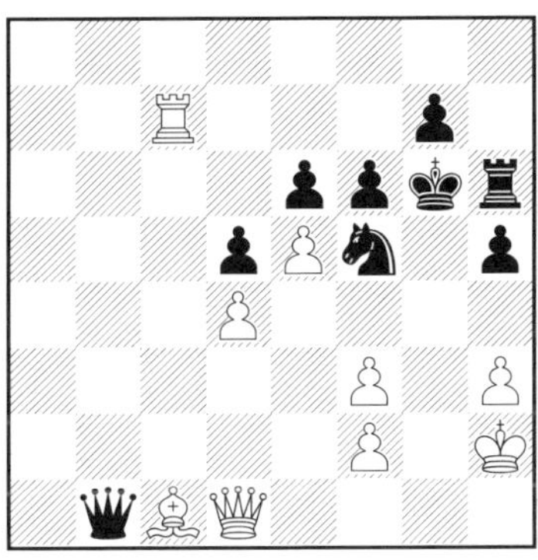

Beide Könige stehen unsicher, aber Weiß ist am Zug ...

313. K. Spraggett (2526) – J. Gallagher (2519)
Französische Mannschafts-meisterschaft 2001

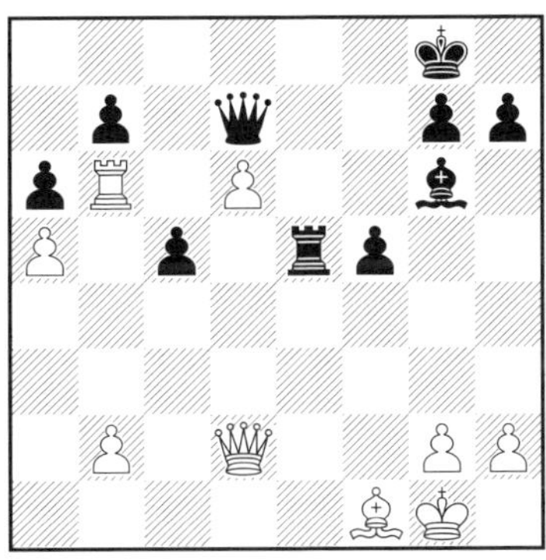

Der weiße Freibauer ist sicher blockiert, oder? Weiß am Zug.

314. J. Sunye Neto (2555) – G. Milos (2620)
São Paulo Zonenturnier 2.4 2000

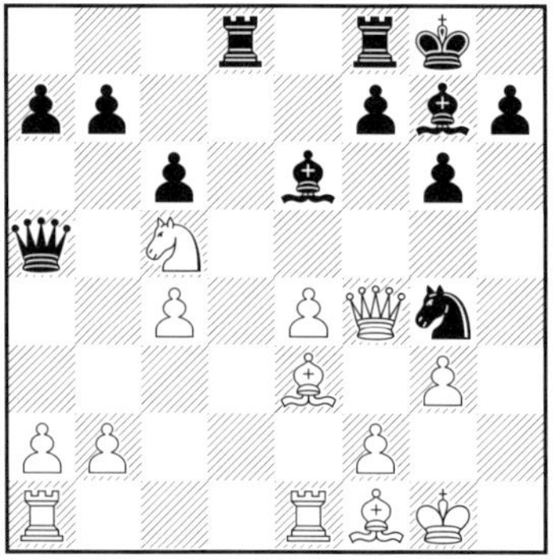

Weiß erwartete 1...Lc8, doch eine plötzliche Wendung riss ihn aus allen Träumen.

315. P. van der Sterren (2526) – D. Reinderman (2561)
Holländische Mannschaftsmeisterschaft 2000

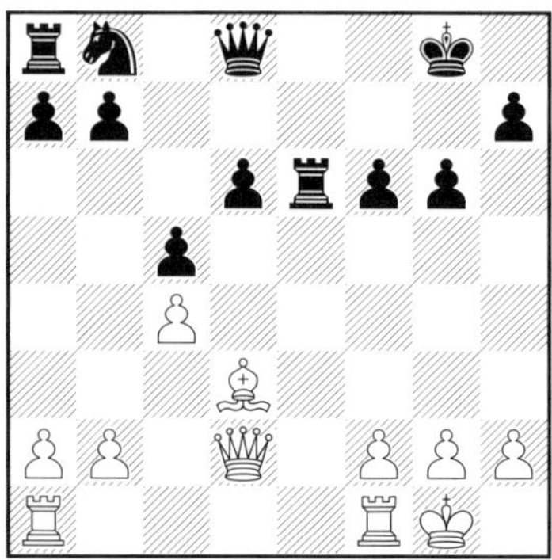

Wie nutzte Weiß seinen Entwicklungsvorsprung aus?

316. J. Wladimirow (2612) – E. Bacrot (2653)
EUR-ASIA Match 30, Batumi 2001

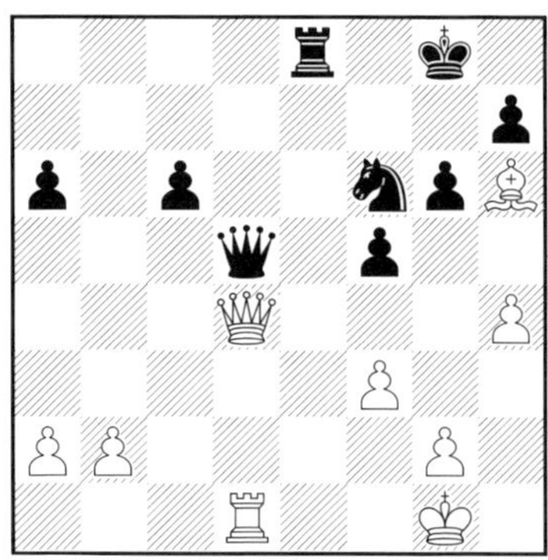

Schwarz gewann dank eines typischen Motivs, welchem?

317. S. Wolkow (2578) – T. Luther (2604)
FIDE-WM Knock-out-Turnier, Moskau 2001

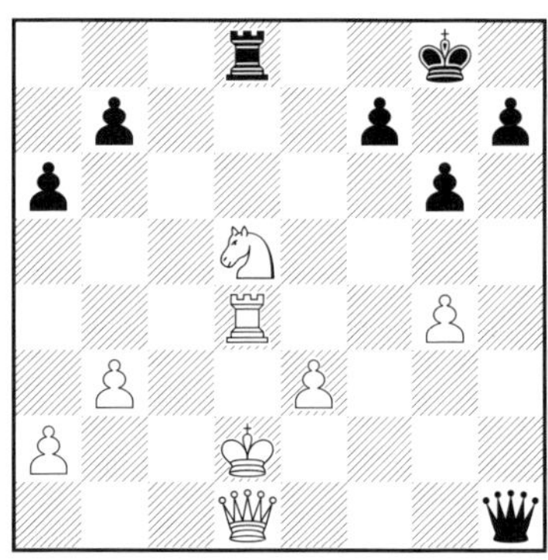

Luther hatte den Gewinn vorausberechnet. Finden Sie ihn auch?

**318. M. Wahls (2568) –
I. Rogers (2558)**
Deutsche Bundesliga
2001

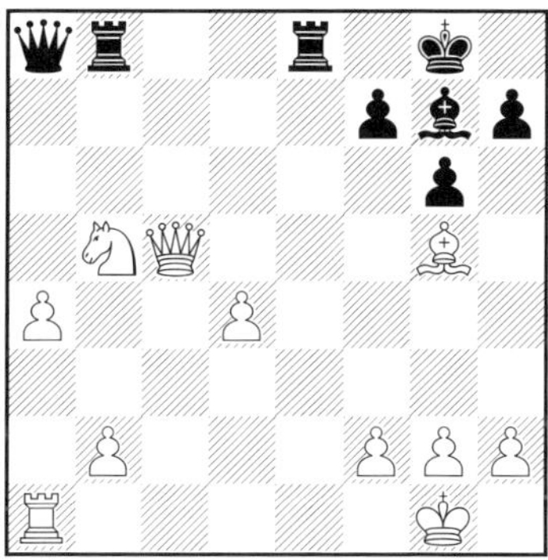

Wie erstürmte Rogers die weiße Festung?

**319. Wang Pin (2504) –
E. Kowalewskaja (2507)**
CHN-RUS Summit (Frauen),
Shanghai 2001

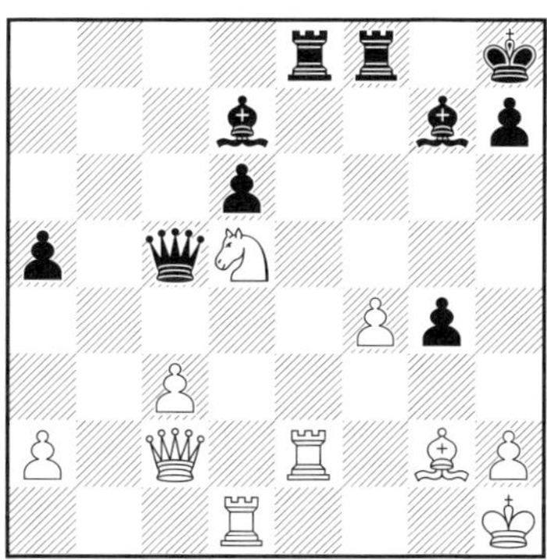

Wer kontrolliert die weißen Felder? Schwarz am Zug.

**320. Ye Jiangchuan (2677) –
P. Swidler (2695)**
CHN-RUS Summit Men,
Shanghai 2001

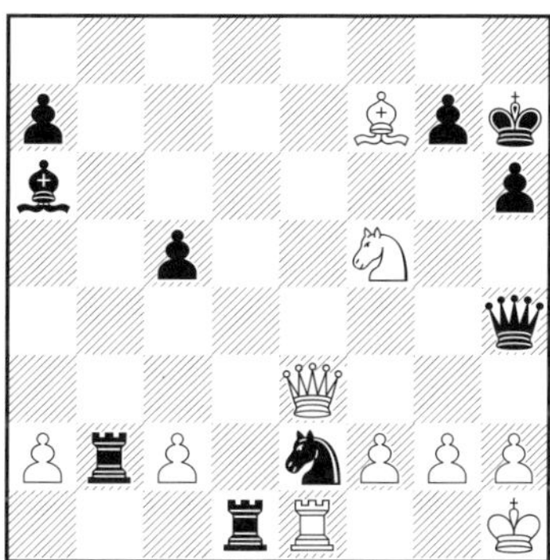

Der starke russische Großmeister Peter Swidler übersah etwas, oder? Weiß am Zug.

**321. J. Wladimirow (2612) –
V. Mikhalevski (2500)**
12. Offenes Turnier Goodricke,
Kalkutta 2001

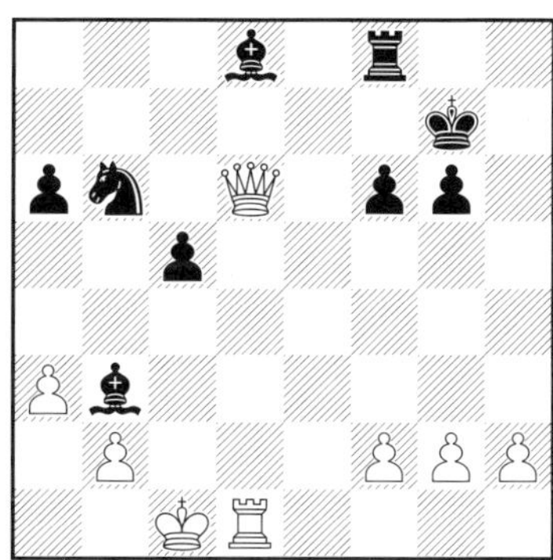

Wie lange verblieb diese interessante Materialverteilung auf dem Brett? Weiß am Zug.

322. Xie Jun (2562) –
Y. Seirawan (2618)
Queens – Kings, Jinan 2002

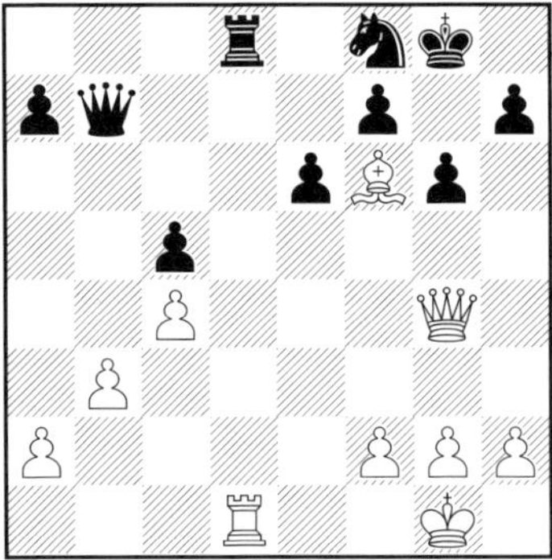

Tauschte Seirawan die Türme?

323. H. Banikas (2535) –
Z. Gyimesi (2518)
Offenes Turnier,
Bozen 2000

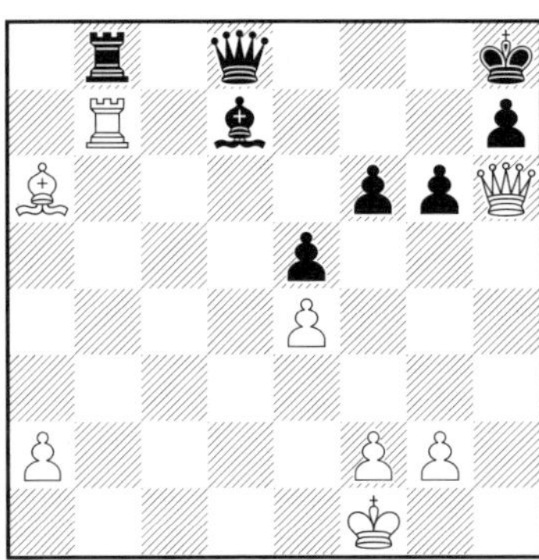

Wie ist diese Stellung mit Schwarz am Zug einzuschätzen?

324. A. Drejew (2676) –
Peng Xiaomin (2657)
6. Tan Chin Nam-Cup, Beijing 2000

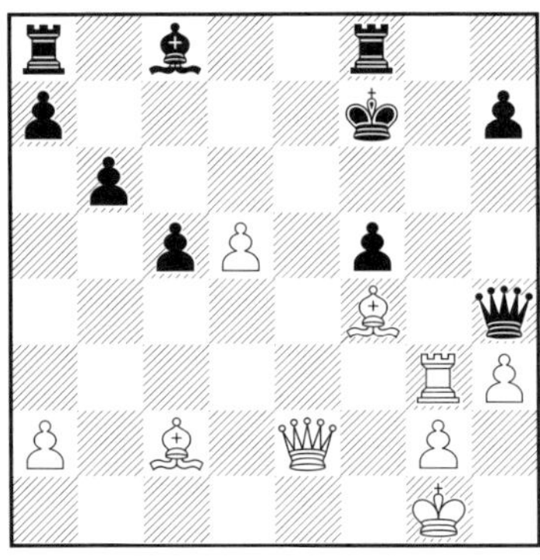

Wie setzt Weiß seinen Angriff gewinnbringend fort?

325. V. Filippow (2593) –
A. Korotylew (2528)
Tschigorin Memorial, Offenes Turnier,
St. Petersburg 2000

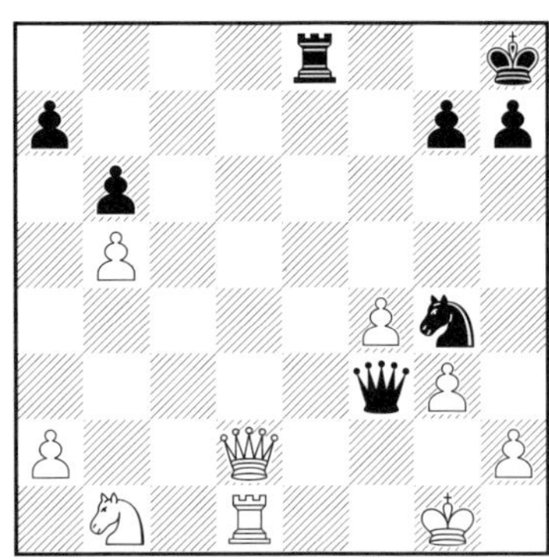

Durch das Zusammenspiel von Dame und Springer kann Schwarz den Sieg sichern, wie?

325. J. Gallagher (2514) –
B. Kurajica (2534)
Olympiade Istanbul (Männer) 2000

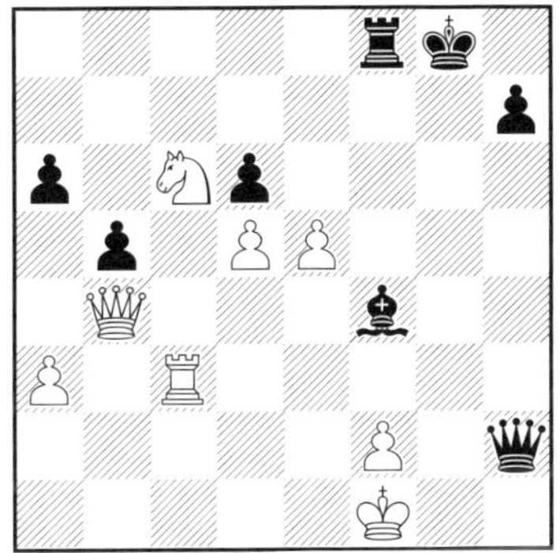

Finden Sie den besten schwarzen Zug?

327. A. Goldin (2566) –
Y. Shulman (2552)
World, Offenes Turnier,
Philadelphia 2000

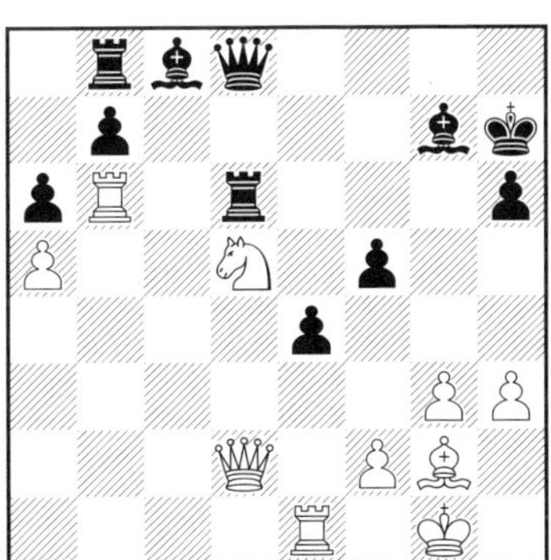

Wie setzte sich Weiß gegen die Fesselung auf der d-Linie zur Wehr?

328. M. Krasenkow (2702) –
V. Mikhalevski (2532)
Saint Vincent 2000

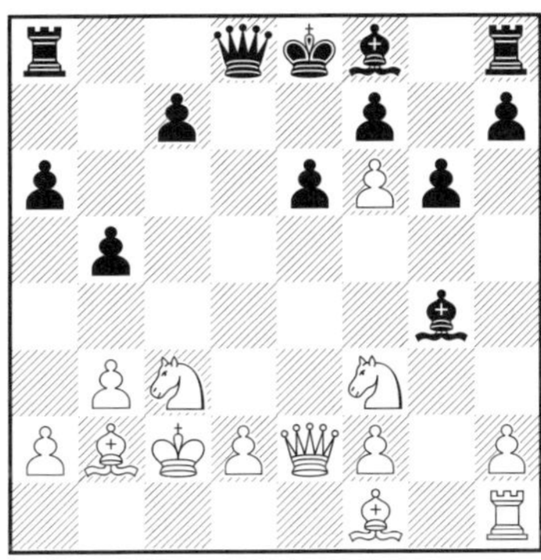

Krasenkow fand einen überzeugenden Weg, seinen leichten Materialvorteil zu verwerten. Finden Sie ihn auch?

329. N. Legky (2520) –
I. Nikolaidis (2512)
Offenes Turnier Martínez, A,
Cannes 2000

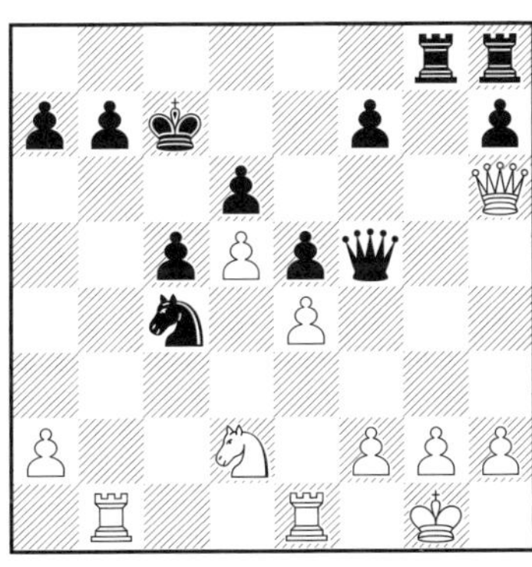

Welcher König steht schlechter? Schwarz am Zug.

330. A. Grischuk (2581) – N. Short (2683)
19. Offenes Turnier, Reykjavik 2000

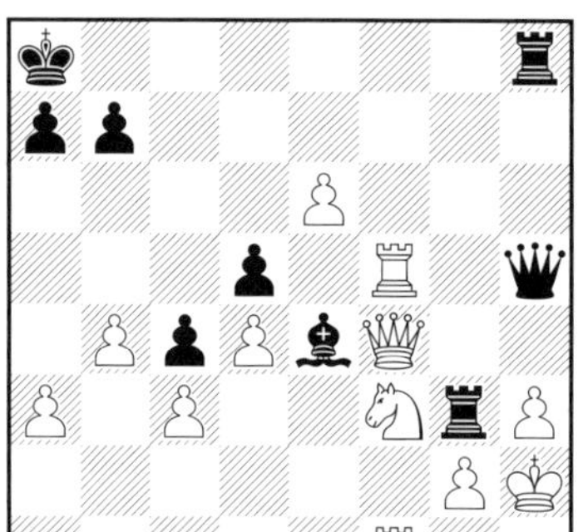

Sollte Schwarz seinen Turm auf g3 ziehen?

331. F. Vallejo Pons (2554) – W. Topalow (2707)
ESP-Mannschaftsmeisterschaft, Barcelona 2000

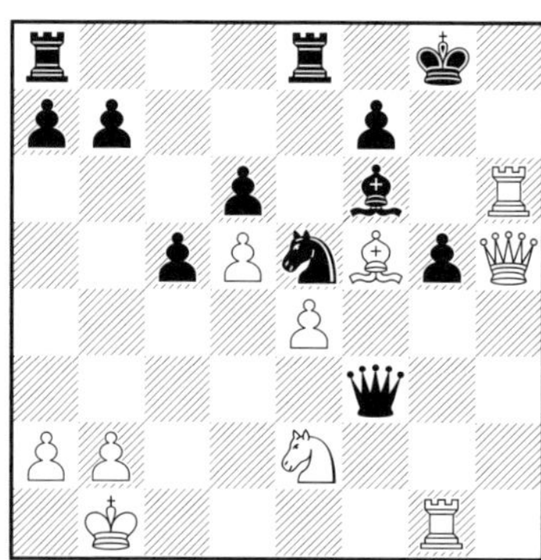

Wie erstürmt Weiß die schwarzen Barrikaden?

332. L. Oll (2465) – A. Yermolinsky (2445)
URS-FL, Swerdlowsk 1987

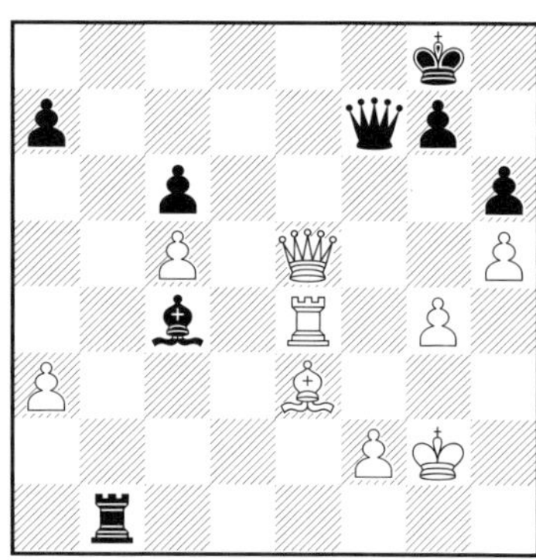

Wie schloss Weiß seinen Angriff ab?

333. N. Cattus – V. Tatenhorst (2230)
Deutsche Oberliga Nord 1992

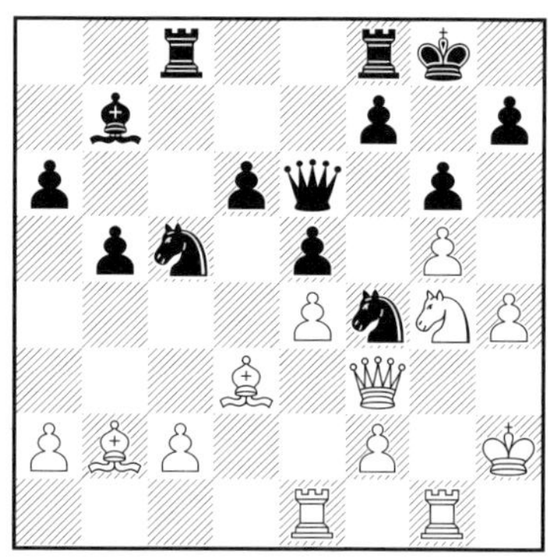

Welcher Springer ist stärker, der auf f4 oder g4? Weiß am Zug.

Endspiele

Dieses kleine Kapitel enthält einige Aufgaben, die aufzeigen, dass Taktik Hand in Hand mit Endspieltechnik geht. Für ein vertiefendes Studium dieser faszinierenden Spielphase sind etliche hervorragende Lehr- und Handbücher leicht zugänglich.

Aufgaben

Lösungen auf Seite 235

334. Analyse von M. Tal – V. Kortschnoi
Kandidatenturnier sf1, Moskau 1968

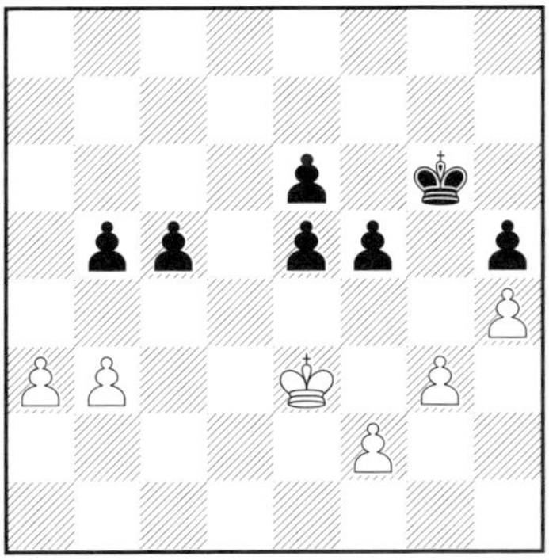

Kann Schwarz am Zug überleben?

335. P. Acs (2591) – S. Conquest (2537)
Olympiade Bled (Männer) 2002

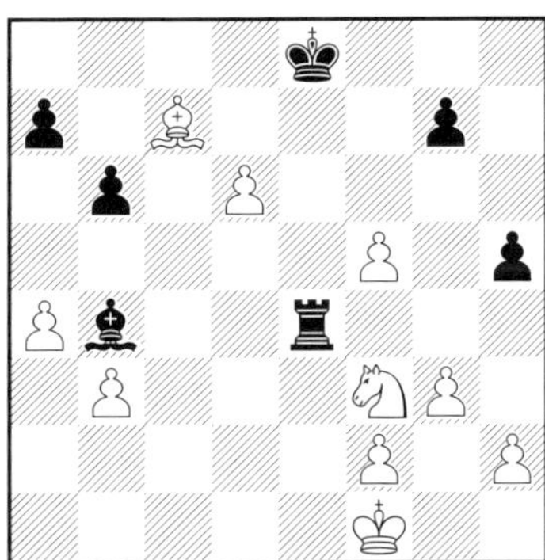

Wie machte Acs seinem Gegner den Garaus?

336. R. Antonio (2547) –
A. Giaccio (2505)
Olympiade Istanbul (Männer) 2000

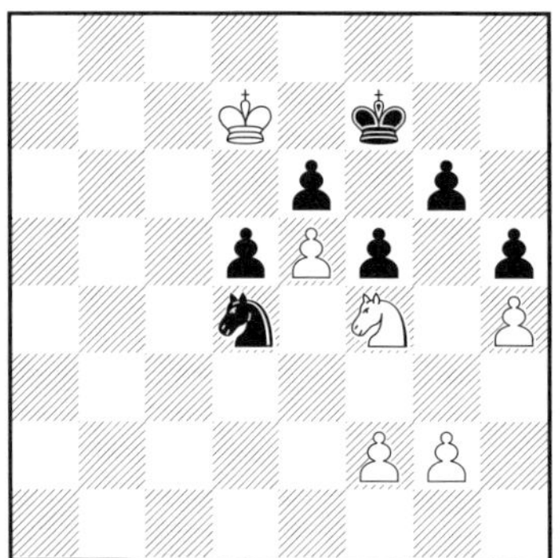

Schwarz steht am Abgrund, doch es gibt eine knappe Rettung. Finden Sie sie!

337. L. Aronjan (2551) –
J. Plaskett (2525)
76. Hastings Premier 2001

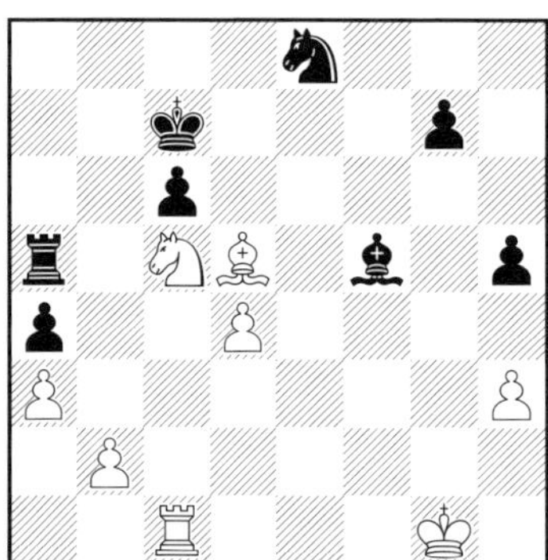

Beide Seiten haben viele schwache Bauern, doch Weiß ist am Zug ...

338. K. Assejew (2577) –
L. van Wely (2670)
Ohrid 2001

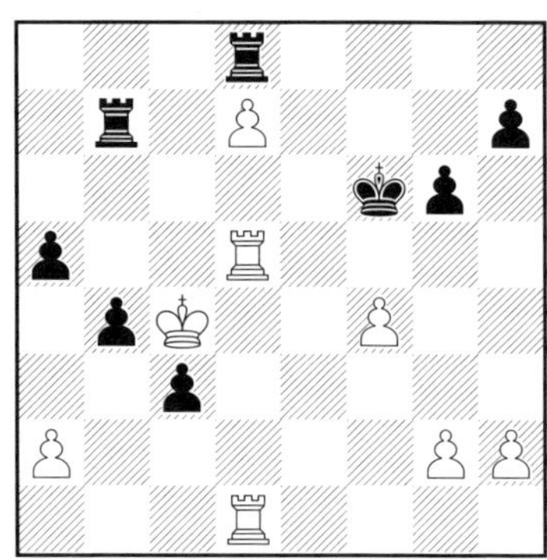

Schwarz am Zug bewies, dass seine Bauern am Damenflügel gefährlicher sind.

339. W. Baklan (2590) –
A. Kowalew (2539)
EU-Mannschaftsmeisterschaft (Männer), León 2001

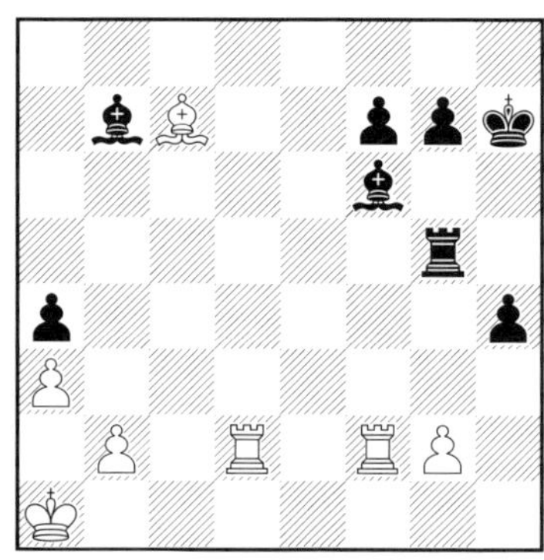

Die schwarzen Läufer sind eine Macht. Wie sorgten sie für den Sieg des Nachziehenden?

340. J. Barejew (2707) –
L. van Wely (2697)
Corus, Wijk aan Zee 2002

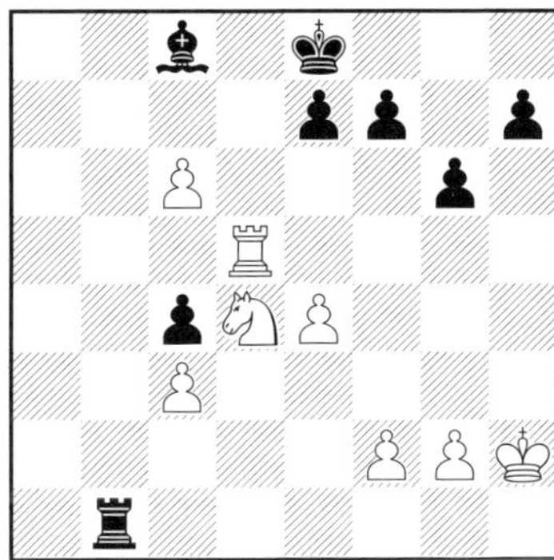

Weiß am Zug gewinnt.

341. V. Bologan (2655) –
Z. Azmaiparashvili (2674)
17. EU-Cup, Panormo 2001

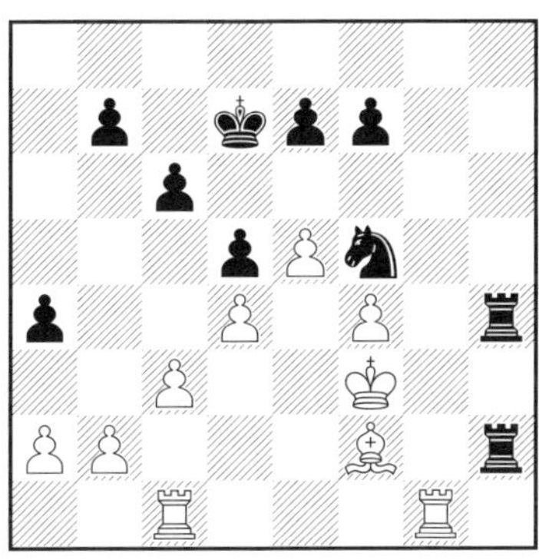

Wie nutzte Schwarz aus, dass Weiß einen schlechten Läufer hat?

342. M. Damjanovic (2455) –
M. Dworezki (2525)
Vilnius 1978

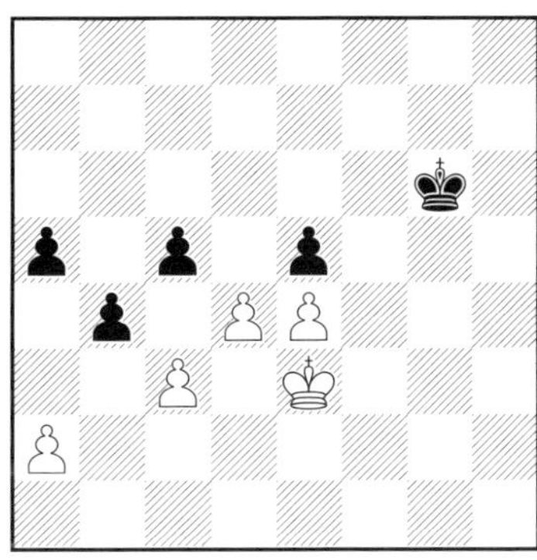

Bauernendspiele sind meistens trickreicher, als sie aussehen, oder? Schwarz am Zug.

343. A. Deltschew (2587) –
J. Moreno Carnero (2506)
FRA-Mannschaftsmeisterschaft 2001

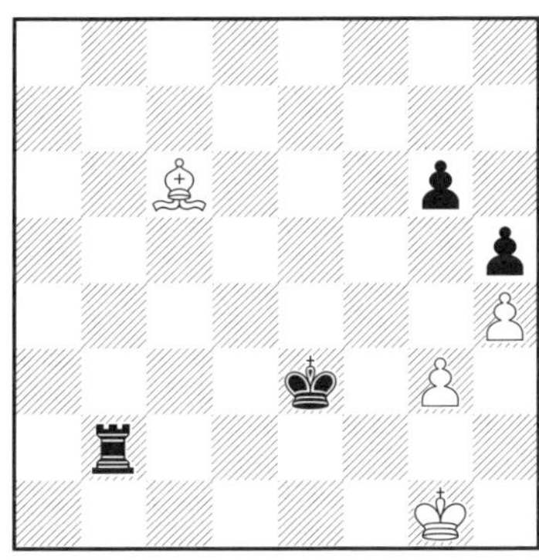

Die weiße Stellung ist eine bekannte Festung. Mit welchem Zug konnte man sie aufrechterhalten?

344. J. Dorfman (2600) – A. Onischuk (2627)
Cap d'Agde-B 2000

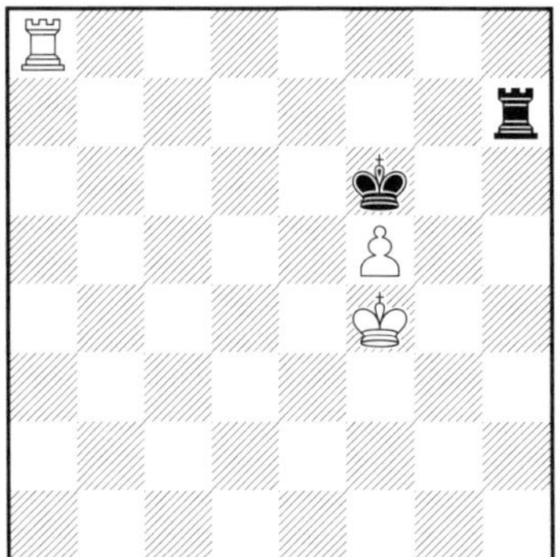

Wie ist **74.♖a6+** einzuschätzen?

345. A. Fjodorow (2598) – J. Radulski (2501)
3. EU-Vereinsmeisterschaft, Batumi 2002

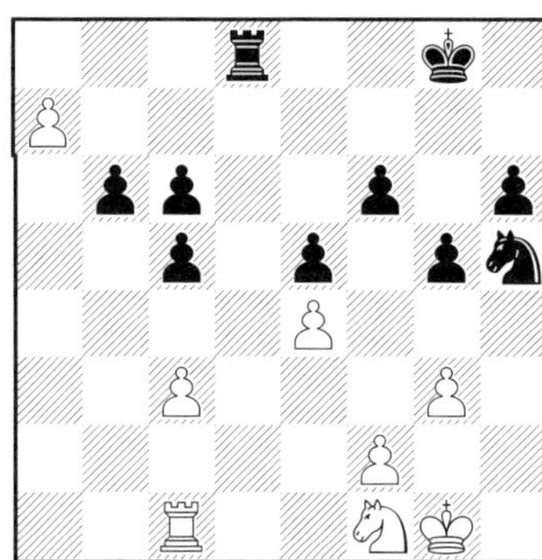

„Der König des Endspiels ist der Freibauer" (Cecil Purdy). Wie unterstützte ihn Weiß in dieser Stellung?

346. J. Gleizerow (2508) – O. Kornejew (2619)
3. Offenes Turnier, Málaga 2000

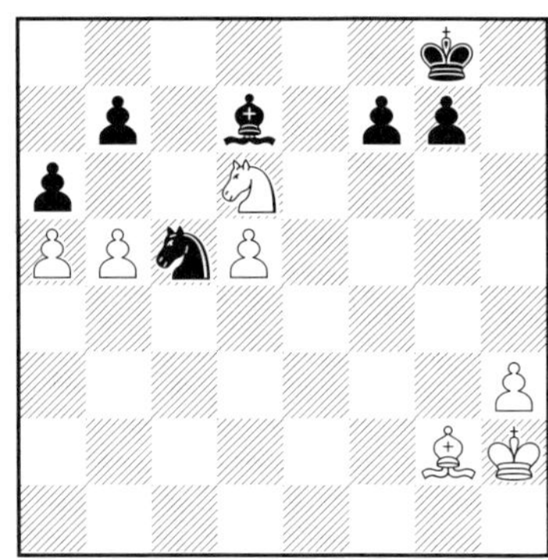

Weiß gewann dank eines alten Tricks. Mit welchem?

347. A. Grischuk (2581) – L. Fressinet (2501)
Lausanne Young Masters 2000

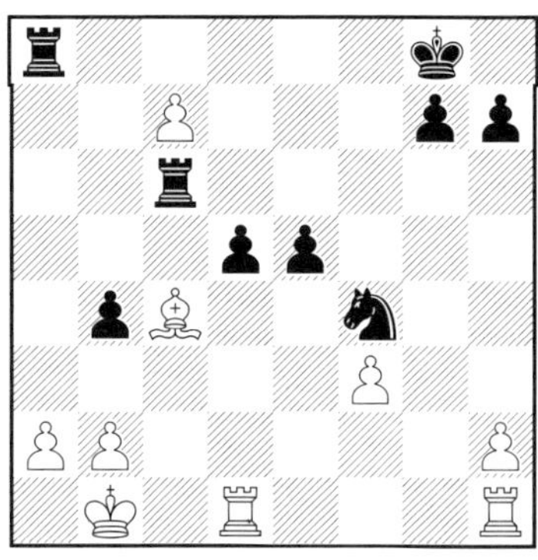

Wie ist diese Stellung mit Weiß am Zug einzuschätzen?

348. A. Grischuk (2702) – S. Lputjan (2627)
Olympiade Bled (Männer) 2002

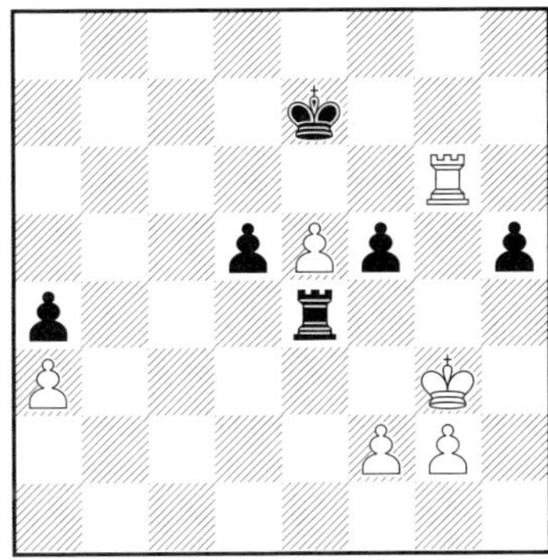

Schwarz steht natürlich besser, da er zum Beispiel auf e5 schlagen kann. Sind aber nicht alle Turmendspiele remis?

349. A. Grischuk (2671) – J. Timman (2605)
Corus, Wijk aan Zee 2002

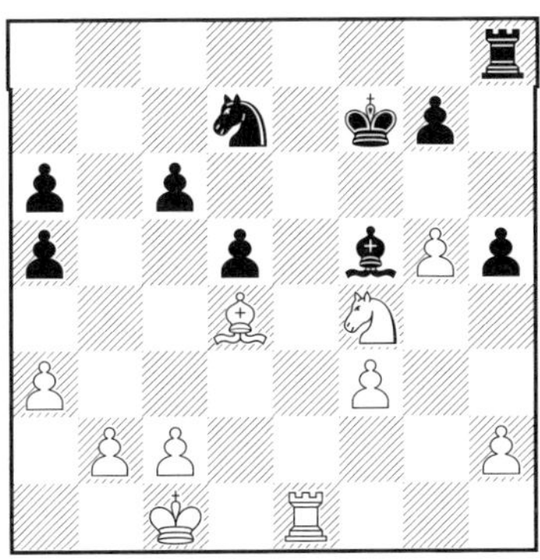

Kann Weiß am Zug seinen Vorteil verwerten?

350. D. Gurevich (2542) – Y. Seirawan (2647)
USA-Meisterschaft, Seattle 2000

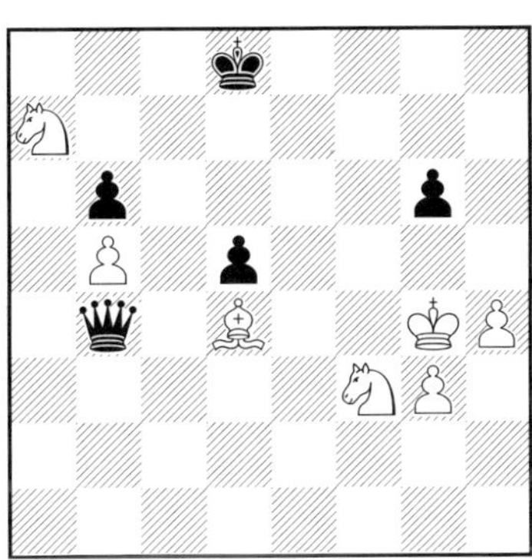

Wie nutzte Schwarz die schlechte Koordination der weißen Figuren aus?

351. J. Nielsen (2220) – P. Rewitz (2260)
Offenes Turnier Aarhus, 1989

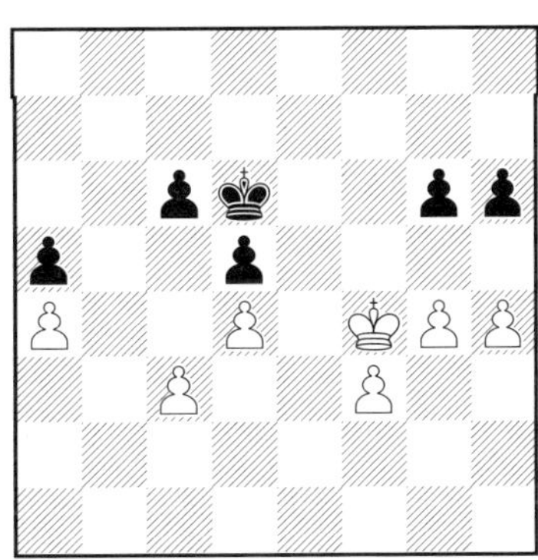

Wie durchbrach Weiß die schwarzen Reihen?

352. A. Khasin (2518) –
A. Schomojew (2533)
RUS-Cup03, Tomsk 2002

Weiß gewann sehr einfach. Wie?

353. W. Kramnik (2770) –
G. Kasparow (2849)
BGN Weltmeisterschaft,
London 2000

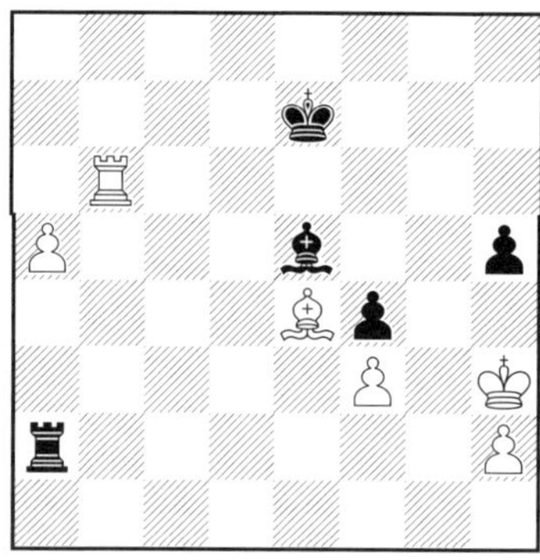

Wie legte Kramnik das Fundament für seinen späteren Sieg gegen Kasparow?

354. K. Kuenitz (2120) –
M. Dworezki (2475)
Bad Wiessee 1997

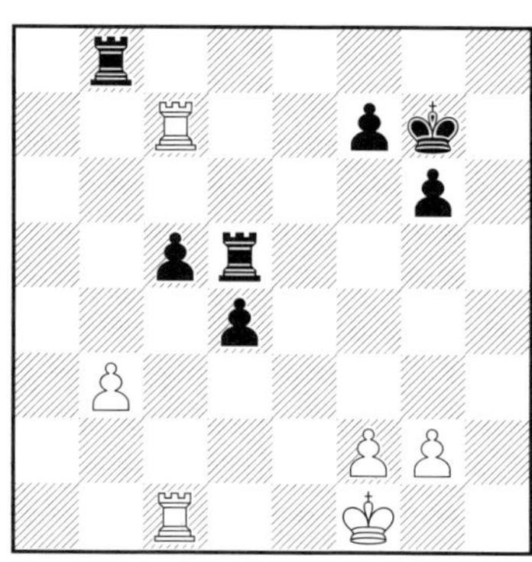

Der berühmte russische Trainer fand einen instruktiven Gewinnweg. Können Sie es ihm nachmachen?

355. B. Lalic (2523) –
J. Rowson (2512)
Redbus Knock-out-Turnier,
Southend 2002

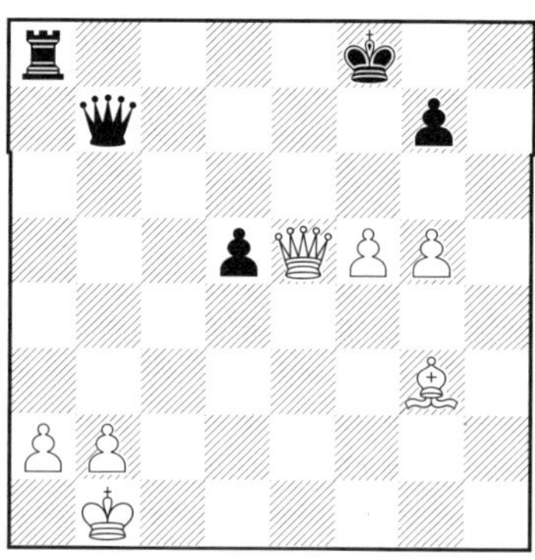

Mit einer Minusqualität zu gewinnen ist schwierig, auch wenn man einige Bauern als Kompensation hat. Ich empfehle, präzise vorzugehen, um Schwarz kein Gegenspiel zu erlauben.

356. J. Lautier (2632) – V. Anand (2769)
9. Amber Blindschachturnier, Monte Carlo 2000

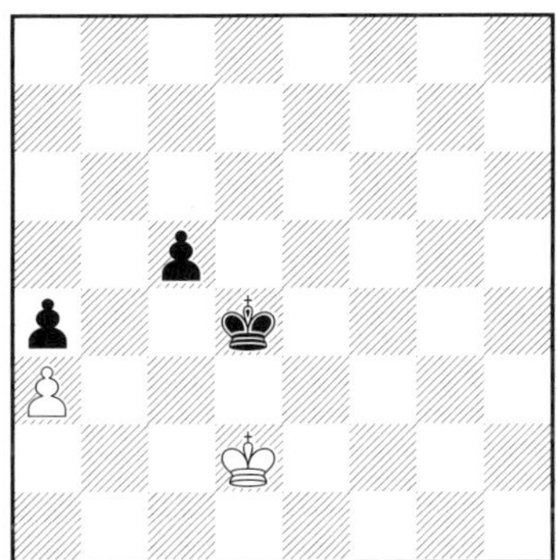

Wissen Sie, wie man diese Stellung mit Schwarz gewinnt?

357. W. Swjaginzew (2641) – K. Bischoff (2544)
Julian Borowski-A, Essen 2000

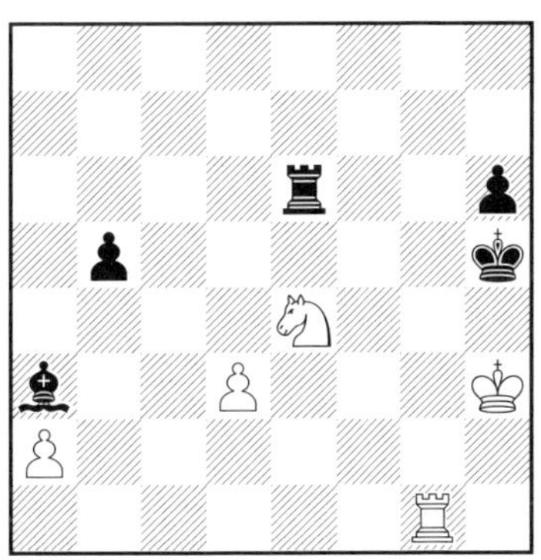

Kann Weiß die prekäre Lage des schwarzen Königs ausnutzen?

358. A. Moissejenko (2559) – B. Macieja (2612)
Offenes Turnier Aeroflot, Moskau 2002

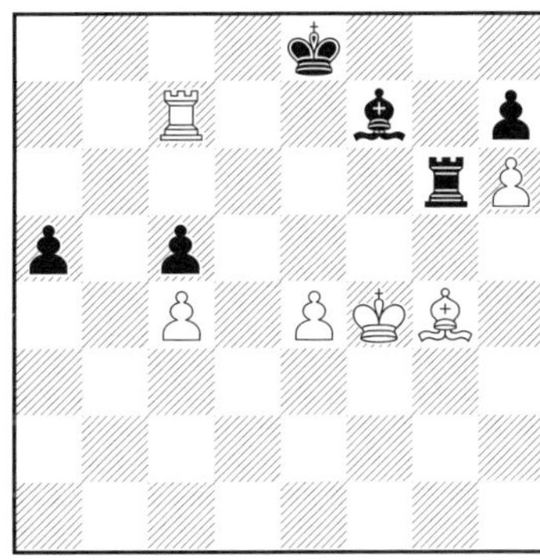

Weiß gewann einfach. Machen Sie es ihm nach!

359. J. Piket (2628) – B. Kantsler (2507)
Ohrid 2001

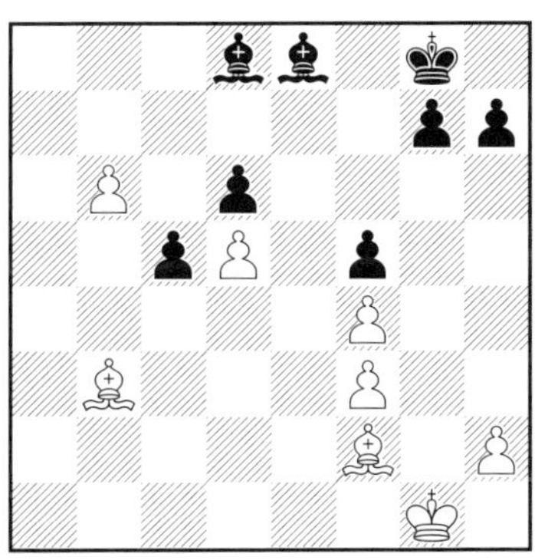

Weiß am Zug gewinnt.

**360. R. Ponomarjow (2684) –
A. Alexandrow (2646)**
Governors-Cup, Kramatorsk 2001

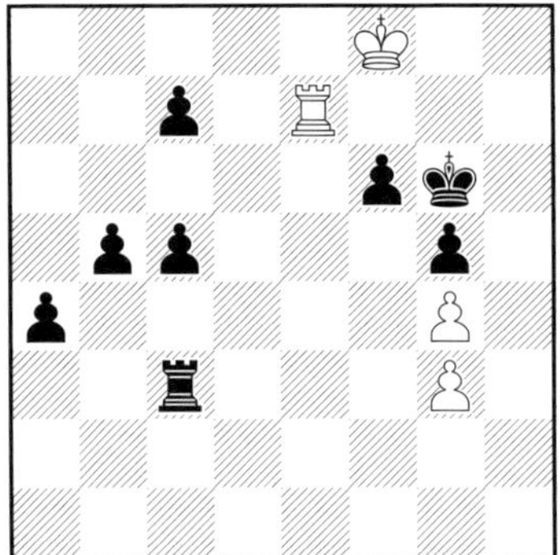

Ist 1...♖xg3, 1...♖d3 oder 1...f5 der richtige Weg zum Sieg?

**361. O. Romanischin (2559) –
S. Smagin (2613)**
3. Julian Borowski-A, Essen 2001

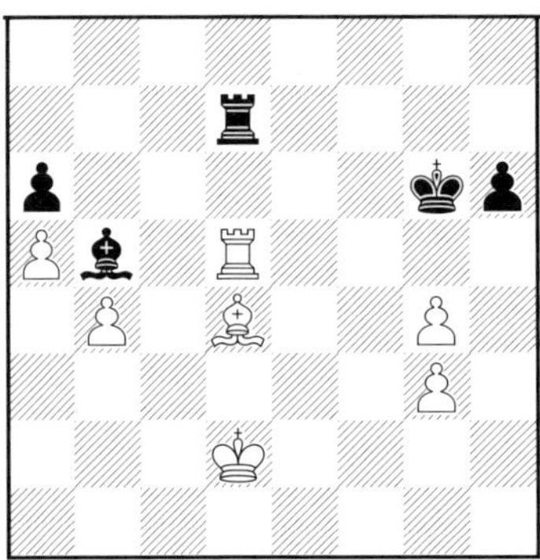

Muss sich Weiß mit einem Remis zufrieden geben?

362. G. Rotlewi – H. Fahrni
Karlsbad
1911

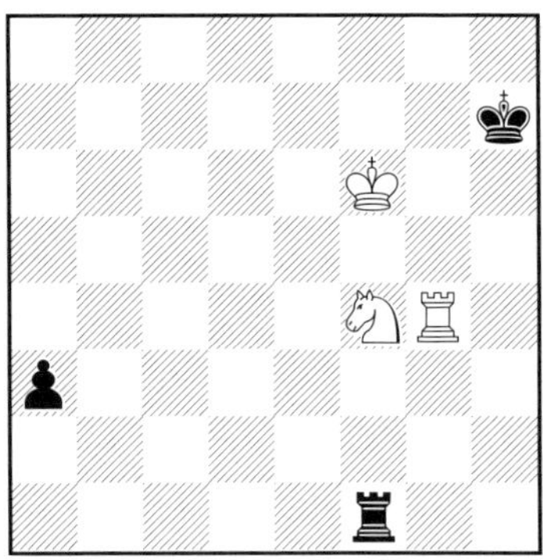

Weiß am Zug gewinnt. Ist das auch ohne einen schwarzen Bauern auf a3 möglich?

**363. N. Short (2663) –
H. Stefansson (2604)**
Arason Match, Reykjavik 2002

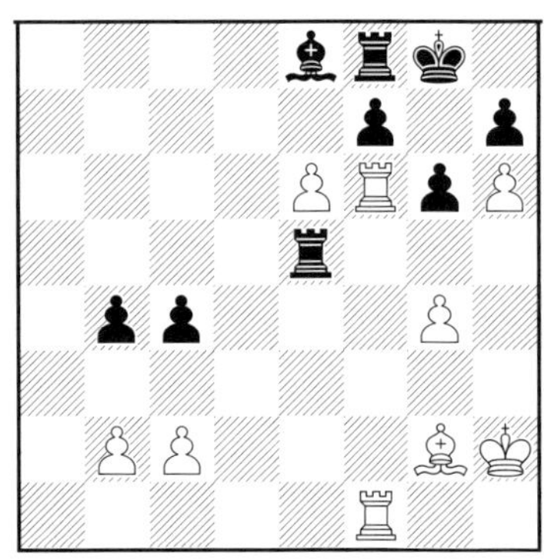

Welcher weiße Tropfen brachte das schwarze Fass zum Überlaufen?

364. I. Smirin (2677) –
A. Grischuk (2606)
FIDE-WM Knock-out-Turnier,
Neu-Delhi/Teheran 2000

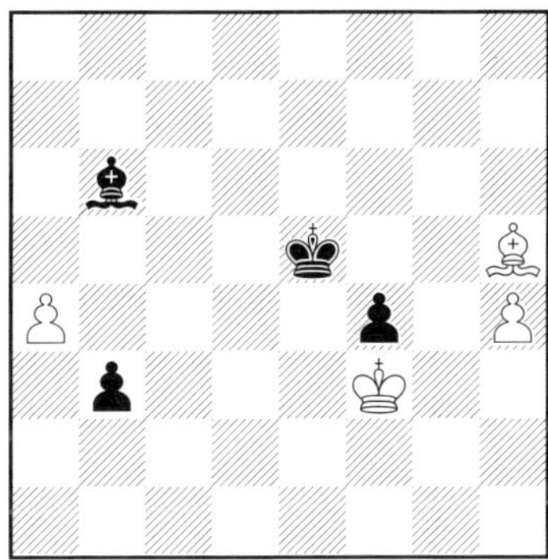

Das sieht nach einem toten Remis aus, oder? Schwarz am Zug.

365. J. Timman (2620) –
N. de Firmian (2545)
Sigeman & Co, Malmö 2001

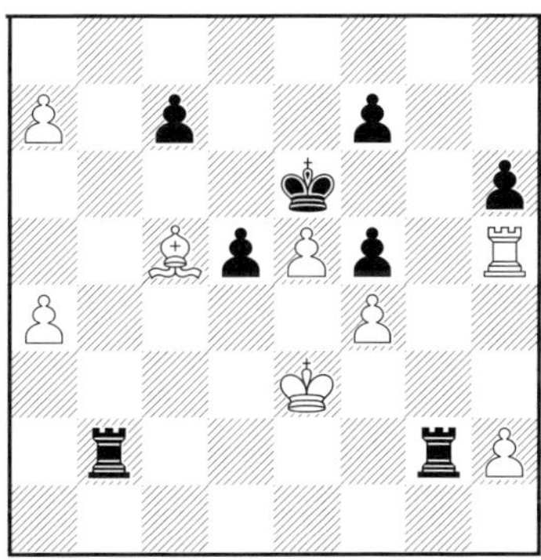

Warum gab Schwarz auf, ohne den nächsten weißen Zug abzuwarten?

366. P. Tregubow (2594) –
T. Markowski (2549)
AIG Life rapid pl 5-8,
Warschau 2002

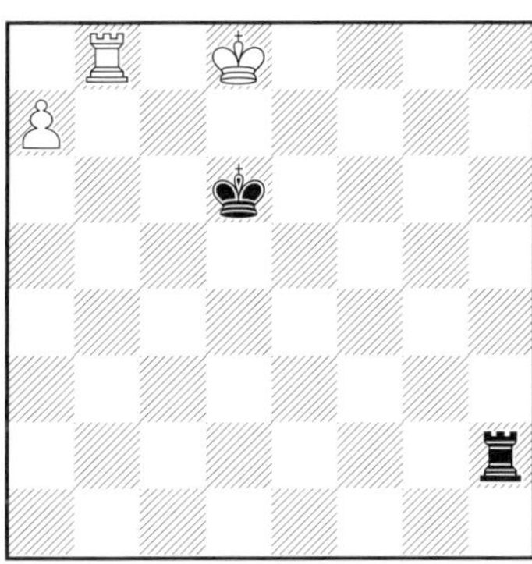

Die Gewinnmethode ist für die Theorie der Turmendspiele bedeutend. Wie setzte sich Weiß durch?

367. L. van Wely (2695) –
R. Kasimdshanow (2704)
EUR-ASIA Match 30', Batumi 2001

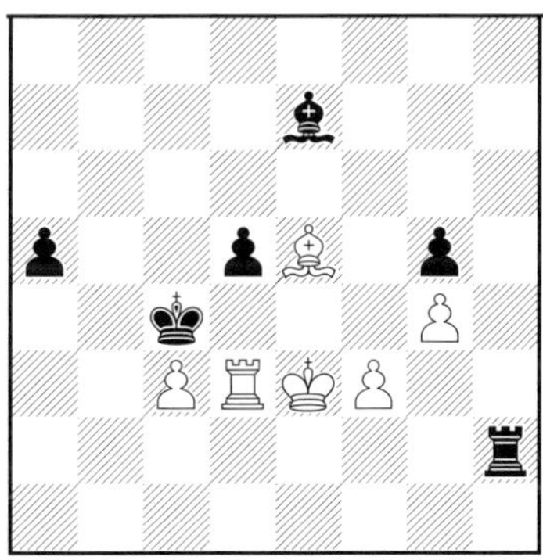

Auf den ersten Blick sieht die Stellung remislich aus, doch Schwarz wies das Gegenteil nach.

368. S. Wolkow (2636) –
P. Genow (2526)
6. Offenes Turnier, Korinthos 2002

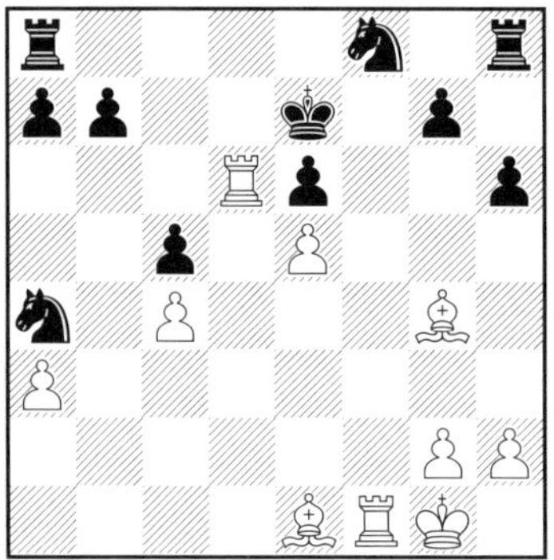

Weiß hat mehr als genügend Kompensation für den Bauern. Wie setzte er fort?

369. J. Votava (2518) –
B. Macieja (2629)
TCh-CZE 2003

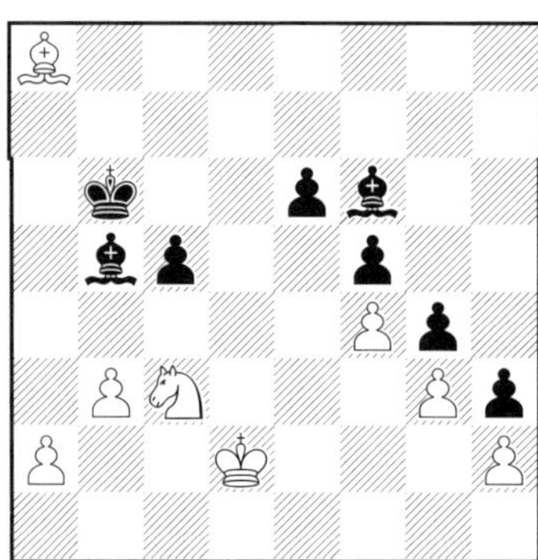

Wie setzte Schwarz sein Läuferpaar gewinnbringend ein?

370. L. van Wely (2675) –
A. Alexandrow (2650)
Istanbul 2003

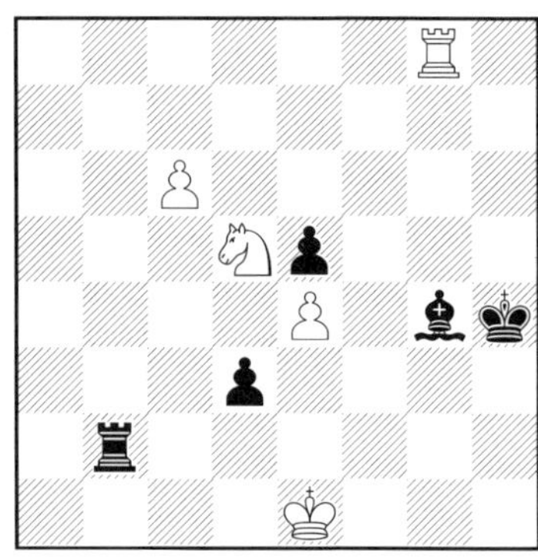

Wessen Freibauer ist gefährlicher? Weiß am Zug.

371. P. Conners (Computer) –
M. Tschiburdanidse (2545)
10. Lippstadt-Turnier 2000

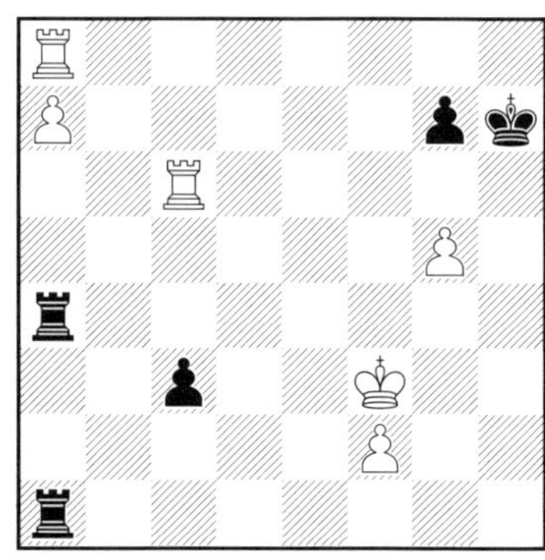

Lippstadt 2000 war das erste GM-Turnier, das von einem Computer gewonnen wurde. Wie überraschte die Maschine ihren Gegner in dieser Stellung?

Eröffnungsfallen

Schach ist von Beginn an – im Gegensatz zu Shogi (japanisches Schach), das mit einer langen Manövrierphase beginnt – ein sehr taktisches Spiel. Habt Spaß mit den folgenden Beispielen, und vielleicht könnt ihr sogar die eine oder andere Falle in einer eigenen Partie anwenden.

Aufgaben

Lösungen auf Seite 238

372. Grecos Falle

1.e4 e5 2.♘f3 f6? 3.♘xe5 fxe5?

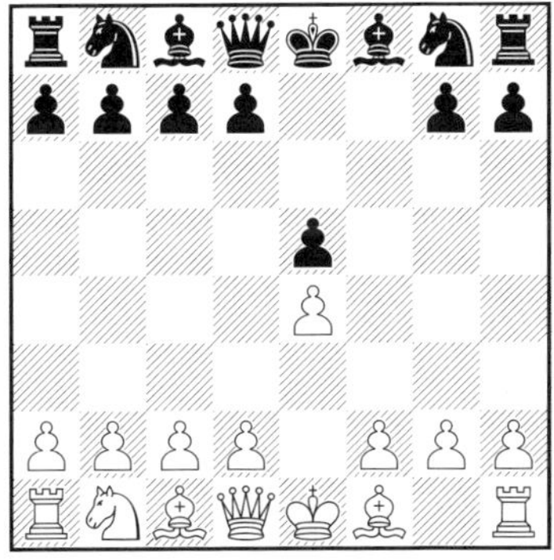

Weiß am Zug gewinnt. Berechnen Sie die Variante bis zum Ende!

373. S. Safin (2529) – S. Iuldachev (2508) [D20]

Asian-Vereinsmeisterschaft, Kalkutta 2001

1.d4 d5 2.c4 dxc4 3.e4 ♘f6 4.e5 ♘d5 5.♗xc4 ♘b6 6.♗d3 ♘c6 7.♘e2 ♗g4 8.f3 ♗e6 9.♘bc3 ♕d7 10.♘e4 ♗d5 11.♘c5 ♕c8 12.a3 e6 13.♕c2 ♗xc5 14.♕xc5 ♕d7 15.b4 a6 16.0–0?

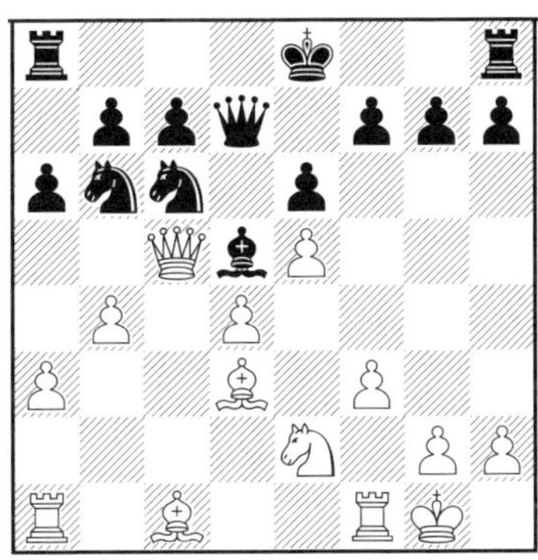

Wie nutzte Schwarz den letzten unvorsichtigen Zug von Weiß aus?

374. Legalls Matt

1.e4 e5 2.♘f3 d6 3.♗c4 ♗g4 4.♘c3 h6?

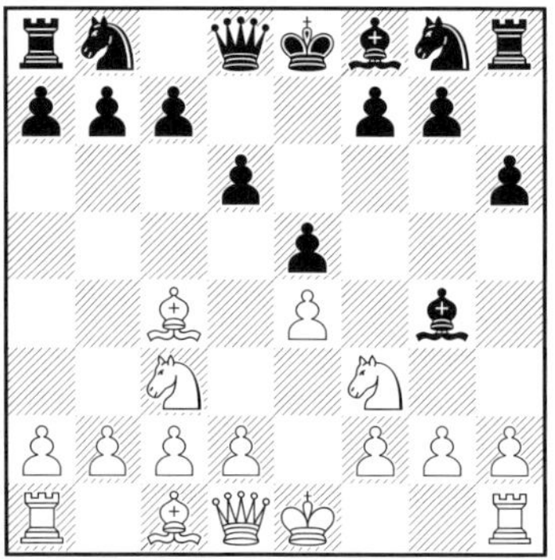

Falls Sie diese berühmte klassische Falle nicht kennen, wird es Zeit, sie zu genießen.

375. Eine alte Falle

1.e4 e5 2.♘f3 ♘c6 3.♗c4 ♘d4?!

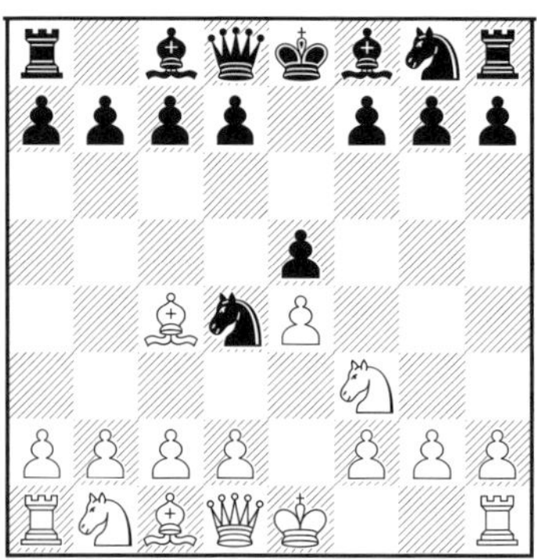

Viele weiße Spieler fielen auf diesen alten Trick herein und spielten **4.♘xe5?**. Wie wurden sie bestraft?

376. Albins Gegengambit [D08]

1.d4 d5 2.c4 e5?! 3.dxe5 d4

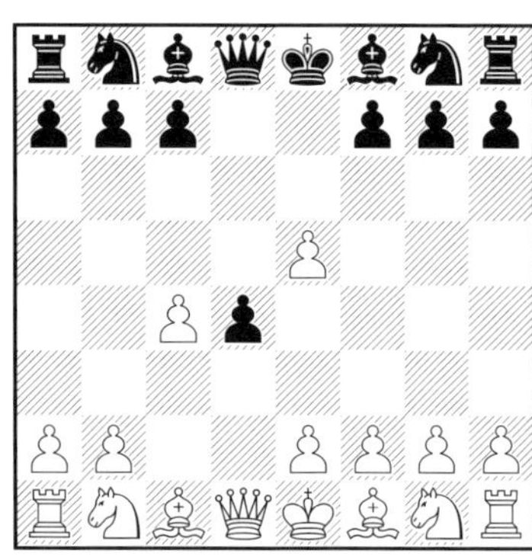

Warum ist der unschuldig anmutende Zug 4.e3 ein ernsthafter Fehler?

377. Eine weitere alte Falle [D51]

1.d4 d5 2.c4 e6 3.♘c3 ♘u6 4.♗g5 ♘bd7 5.cxd5 exd5

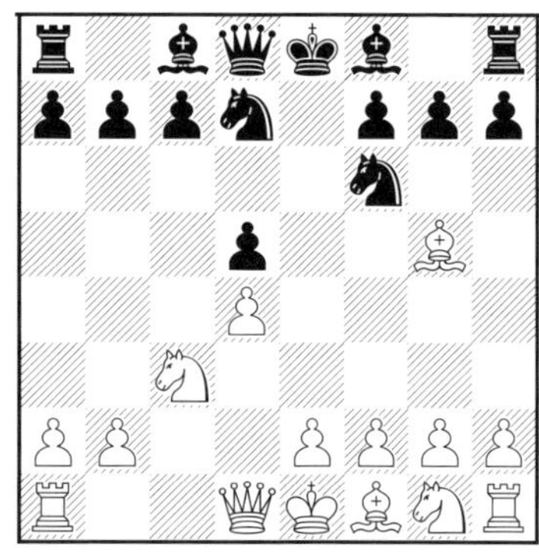

Warum ist **6.♘xd5** ein entscheidender Fehler?

378. Die Fantasie-Falle [B12]

1.e4 c6 2.d4 d5 3.f3 dxc4 4.fxe4 e5 5.♘f3 exd4?! 6.♗c4 ♗b4+? 7.c3 dxc3?

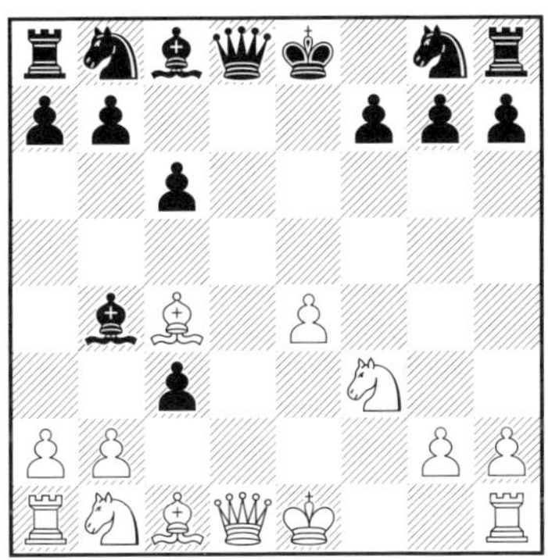

Wie kann man das sorglose Spiel von Schwarz ausnutzen?

379. Neschmetdinows Falle [B86]

1.e4 c5 2.♘f3 d6 3.d4 cxd4 4.♘xd4 ♘f6 5.♘c3 a6 6.♗c4 e6 7.♗b3 ♘bd7 8.♗g5 b5 9.♗xe6 fxe6 10.♘xe6 ♕b6? 11.♘d5 ♘xd5 12.♕xd5

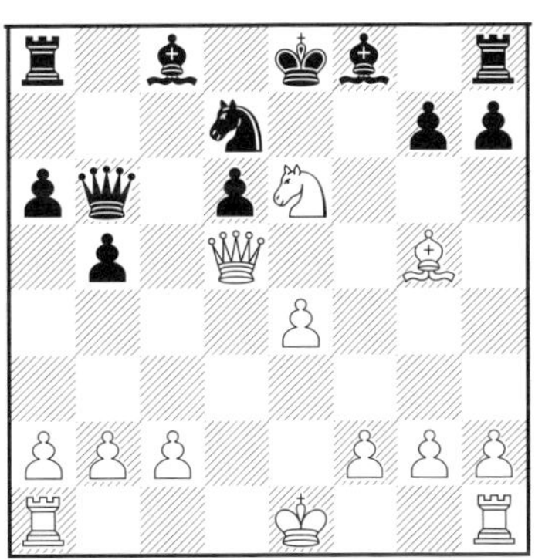

Warum verliert 12...♗b7? Welcher schwarze Zug ist dagegen der beste?

380. L. Aronjan (2528) – P. Harikrishna (2504) [B33]
Lausanne Young Masters 2001

1.e4 c5 2.♘f3 ♘c6 3.d4 cxd4 4.♘xd4 ♘f6 5.♘c3 e5 6.♘db5 d6 7.♗g5 a6 8.♘a3 b5 9.♗xf6 gxf6 10.♘d5 f5 11.c3 ♗g7 12.exf5 ♗xf5 13.♘c2 0–0 14.♘ce3 ♗e6 15.♗d3 f5 16.0–0 ♘e7

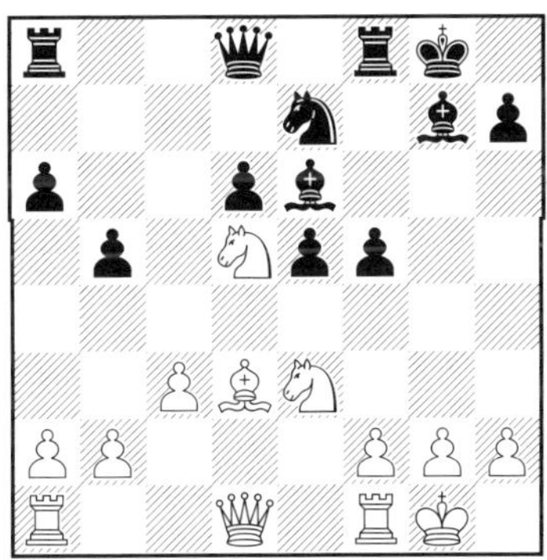

Der letzte schwarze Zug ist ein typischer Fehler. Warum?

381. P. Cirtek – K. Müller [B15]
Hamburg 1985

1.e4 c6 2.d4 d5 3.♘c3 dxe4 4.♘xe4 ♘f6 5.♘g3 h5 6.♗g5?! h4

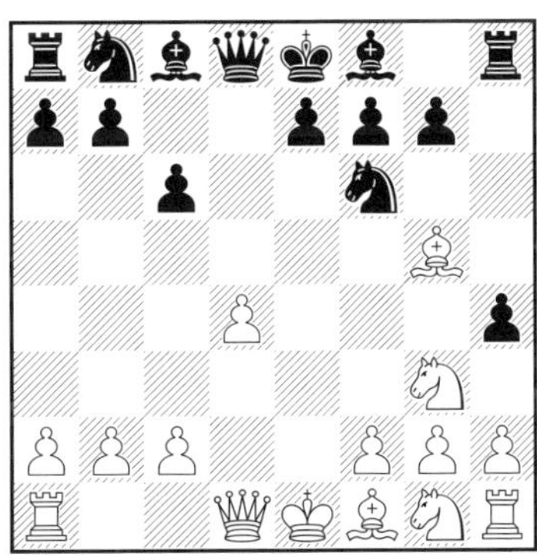

7.♗xf6? ist ein bekannter Fehler. Glücklicherweise wusste ich, wie man ihn ausnutzt.

382. I. Glek (2566) – S. Archipow (2531) [B30]
RUS-Mannschaftsmeisterschaft, Tomsk 2001

1.e4 c5 2.♘f3 ♘c6 3.♗b5 e6 4.0–0 ♘ge7 5.♖e1 a6 6.♗xc6 ♘xc6 7.d4 cxd4 8.♘xd4 ♕c7 9.♘xc6 bxc6 10.e5 ♗b7 11.♘d2 c5 12.♘c4 ♗d5?

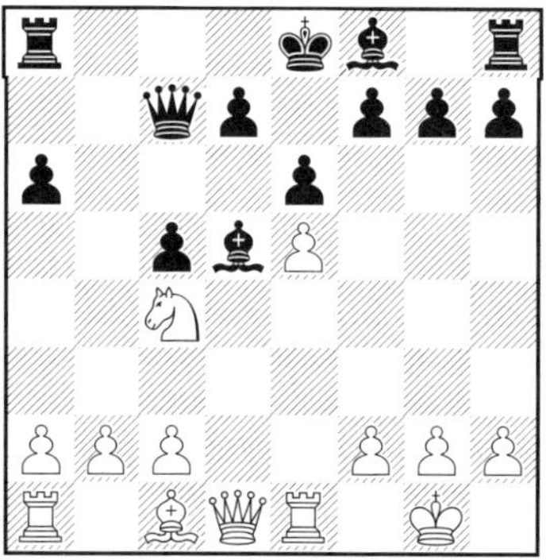

Wie kann Weiß den schwarzen Entwicklungsrückstand ausnutzen?

383. R. Cholmow (2430) – W. Fjodorow (2405) [B33]
Moskau 1987

1.e4 c5 2.♘f3 ♘c6 3.d4 cxd4 4.♘xd4 ♘f6 5.♘c3 e5 6.♘f5 d5 7.exd5 ♗xf5 8.dxc6 bxc6 9.♕f3 ♕c8?! 10.♗a6 ♕xa6 11.♕xf5 ♗d6?

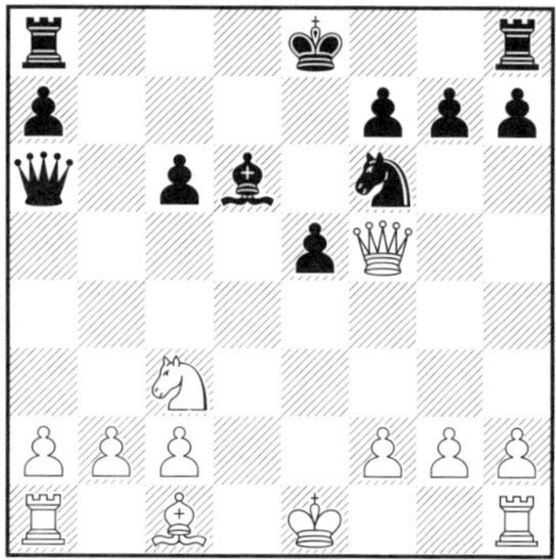

Finden Sie den besten weißen Zug!

384. Sibirische Falle [B21]

1.e4 c5 2.d4 cxd4 3.c3 dxc3 4.♘xc3 ♘c6 5.♘f3 e6 6.♗c4 ♕c7 7.♕e2 ♘f6 8.0–0 ♘g4

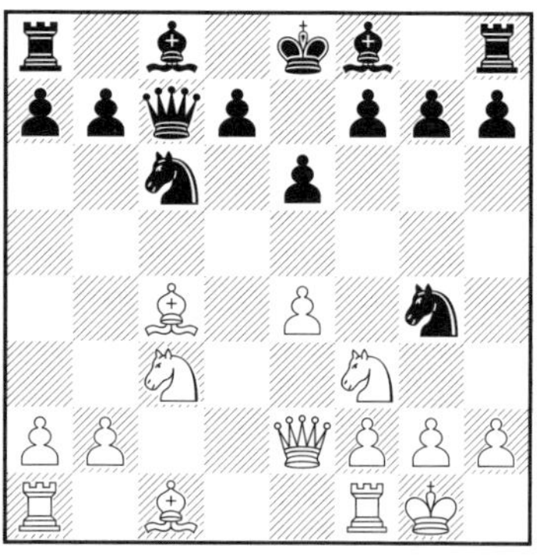

Warum ist **9.h3** ein fataler Fehler?

Finde die Verteidigung

Für die meisten Schachspieler ist es einfacher, anzugreifen als zu verteidigen. Dementsprechend ist es sehr wertvoll, die Kunst der Verteidigung zu trainieren. Sie sollten nicht nur auf Ihre eigenen Pläne achten, sondern die Stellung auch aus der Perspektive des Gegners betrachten: Wie würden Sie als Angreifer fortsetzen? Einen Angriff abzuwehren erfordert einen kühlen Kopf und Kaltblütigkeit. Schauen Sie nicht nur nach passiven Zügen, denn auch ein Gegenangriff kann die richtige Verteidigung sein. Sollten die folgenden Aufgaben zu schwierig sein, dann studieren Sie nochmal das Kapitel über das Remis.

Aufgaben

Lösungen ab Seite 240

385. A. Motyljow (2570) – E. Najer (2616)
8. Offenes Turnier Linares
Anibal 2001

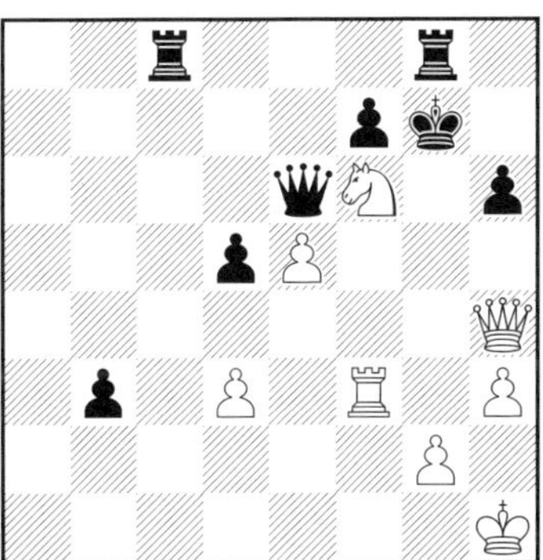

Der weiße Angriff sieht gefährlich aus, aber Schwarz ist am Zug. Kann er sich verteidigen?

386. S. Agdestein (2578) – M. Palac (2591)
Gibraltar Masters
Catalan Bay 2003

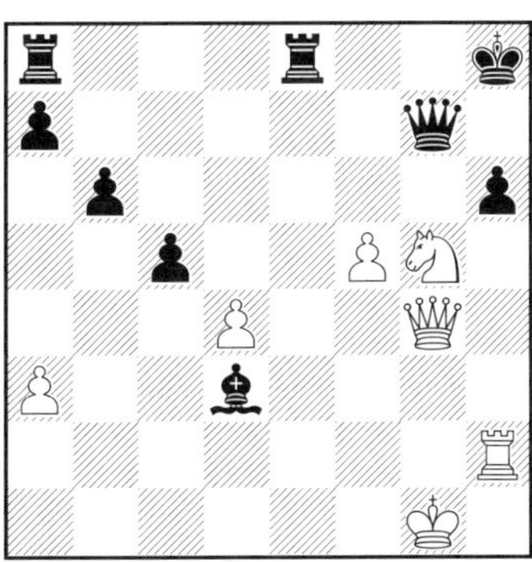

Gewinnt 1.♖xh6+?

387. J. R. Capablanca – M. Fonaroff
Freie Partie,
New York 1918

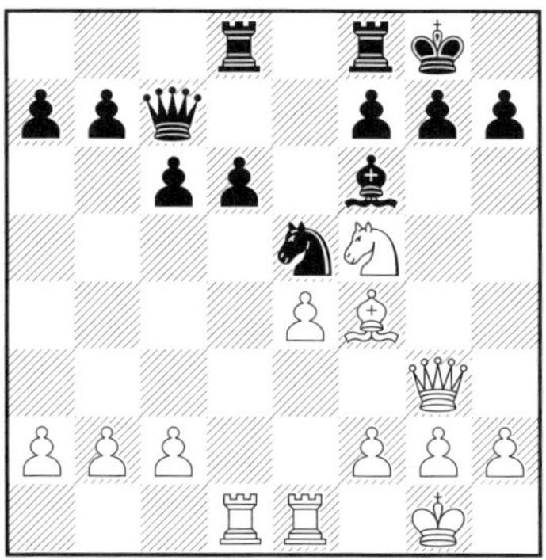

Capablanca spielte 17.♖xd6 ♖xd6 18.♗xe5. Gewinnt das, oder kann sich Schwarz verteidigen?

388. R. Dautov (2606) – B. Kurajica (2534)
Istanbul Olympiade (Männer) 2000

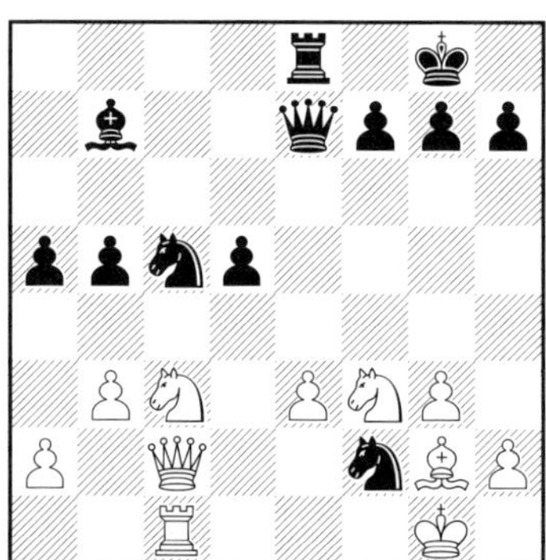

Schwarz schlug gerade auf f2. Wie sollte man reagieren?

389. L. Dominguez (2608) – D. Johansen (2512)
Bled Olympiade (Männer) 2002

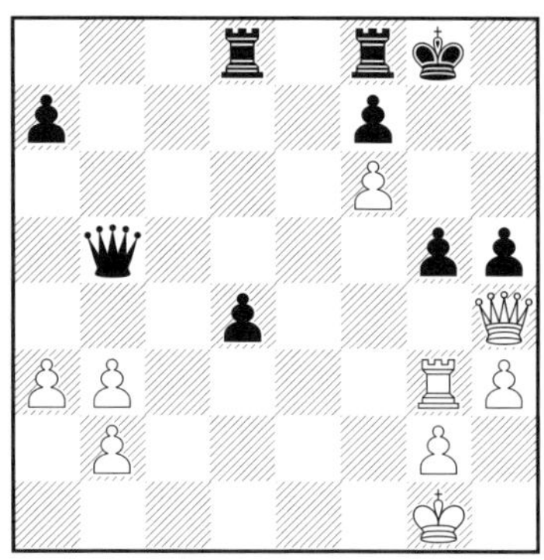

Schwarz sieht total verloren aus – oder gibt es noch eine Verteidigung?

390. B. Gelfand (2695) – J. Polgar (2718)
George Marx Rapid Match, Pacs 2003

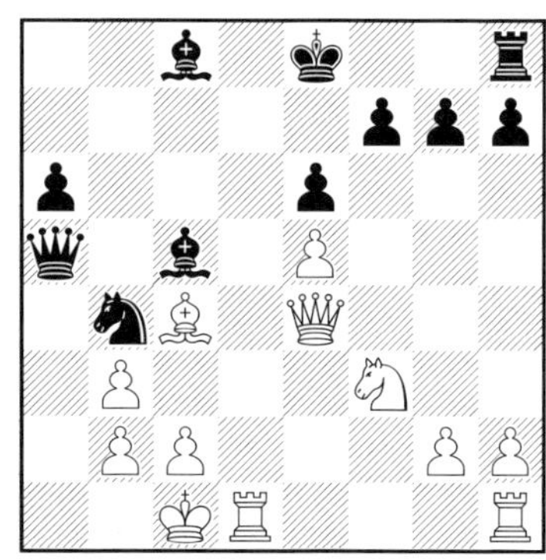

Was spielte Schwarz und wie antwortete Weiß?

391. F. Janz – D. Fötsch
Deutsche Jugendmeisterschaft U20, Schierke 1998

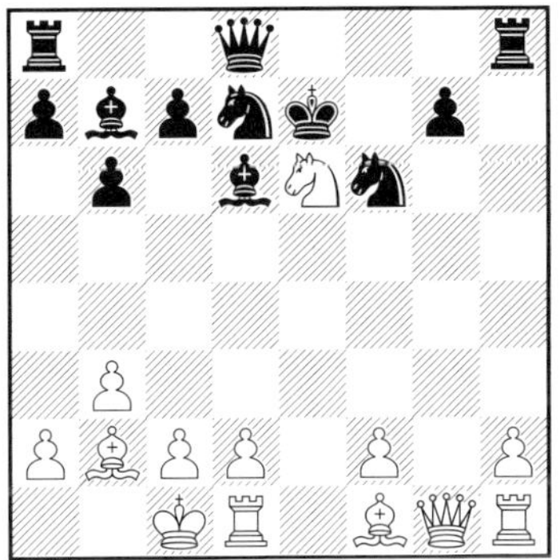

Weiß gewann die Deutsche U20-Meisterschaft, doch Schwarz hatte hier noch eine Verteidigung. Wie sieht sie aus?

392. S. Klimow (2507) – J. Soloschenkin (2514)
St. Petersburg 2003

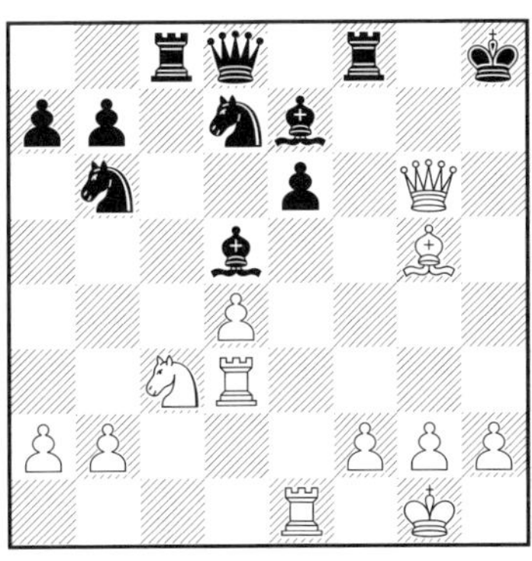

Der weiße Angriff ist gefährlich und deswegen braucht man einen kühlen Kopf, um ihn abzuwehren.

393. Kunneman – NN
Berlin 1934

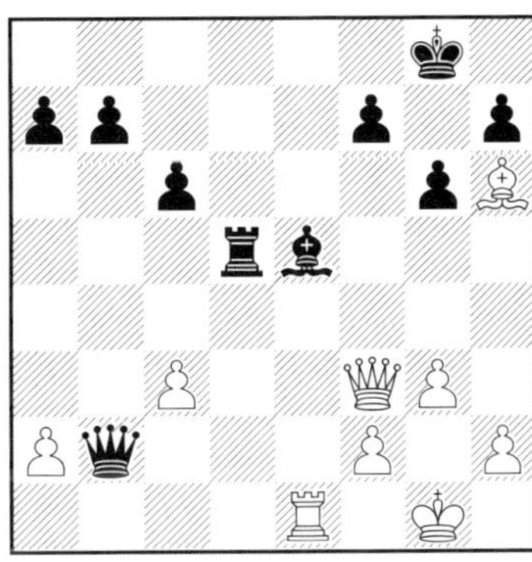

Kunneman spielte 1.♕f6 und gewann auf brillante Weise. Schwarz hätte sich aber verteidigen können. Erkennen Sie wie?

394. A. Lastin (2627) – A. Sokolov (2568)
Ohrid 2001

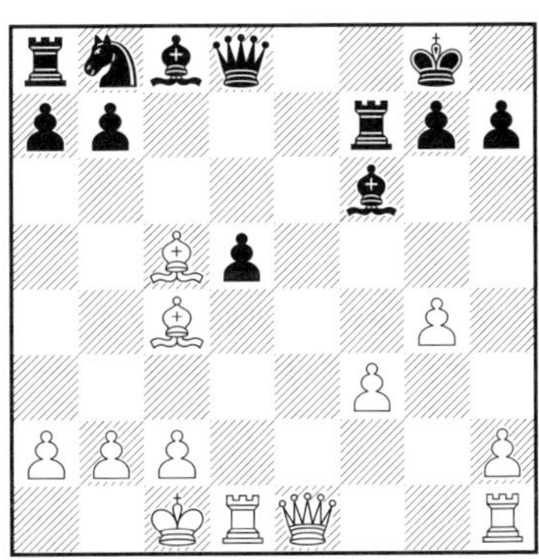

Weiß hat natürlich Angriff, aber es ist kaum zu glauben, dass Schwarz schon verloren sein soll. Welche Ressource übersah er?

395. V. Neverov (2587) – P. Eljanow (2561)
13. Offenes Turnier, Ljubljana 2002

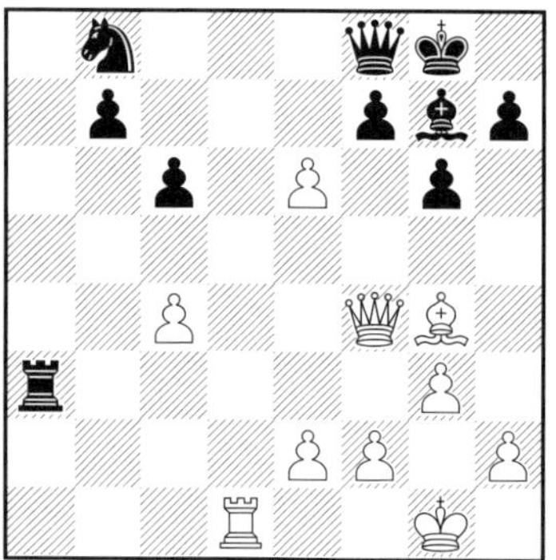

Der weiße Angriff ist aufgrund der ungleichfarbigen Läufer gefährlich. Deswegen muss Schwarz vorsichtig agieren, um ihn abzuwehren.

396. W. Potkin (2516) – P. Zarnicki (2536)
Dos Hermanas 2003

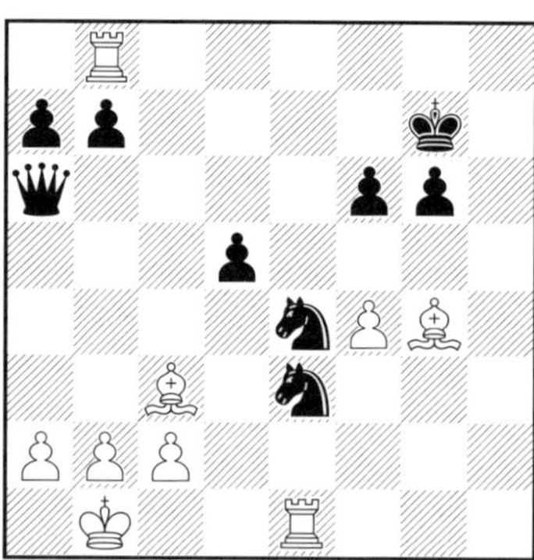

Der erste weiße Zug ist forciert. Finden Sie ihn! Wie verteidigt sich Schwarz danach?

397. E. Rozentalis (2588) – M. Turow (2550)
COQ Offenes Turnier, Quebec 2001

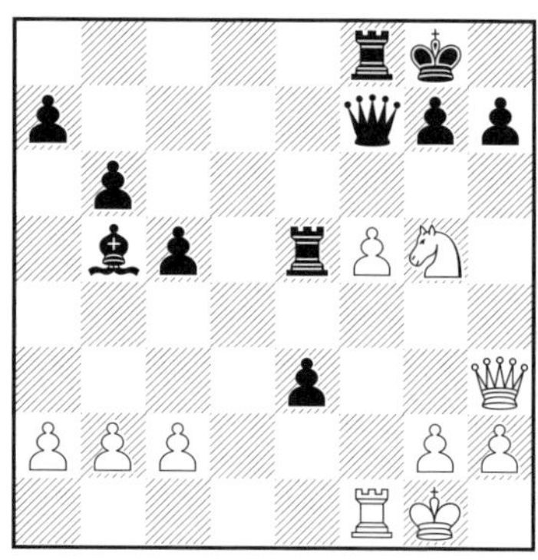

Wie soll man die weiße Mattdrohung abwehren?

398. C. Sandipan (2510) – A. Graf (2635)
Deutsche Bundesliga 2003

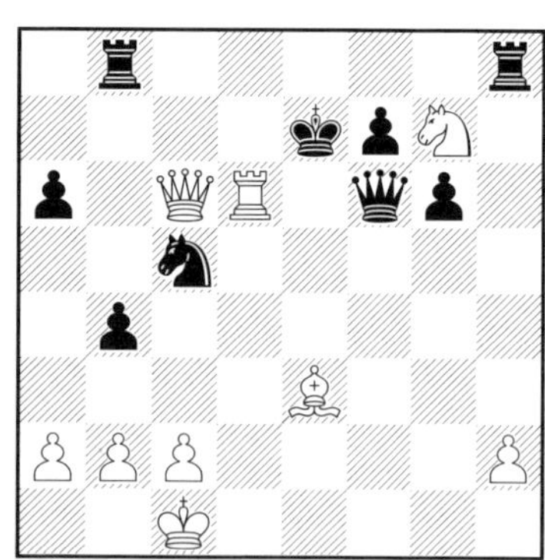

Wie soll man dem weißen Ansturm begegnen?

399. A. Schirow (2723) – L. van Wely (2668)
Amber Schnellschachturnier, Monte Carlo 2003

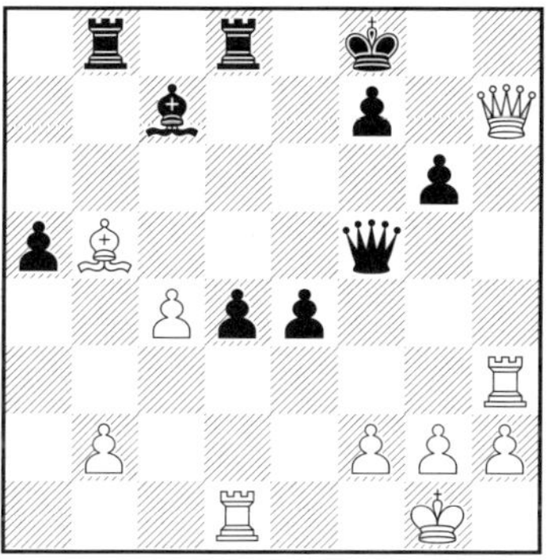

Schirow spielte ♖f3, um neue Linien für seinen Angriff zu öffnen. Wie würden Sie reagieren?

400. N. Short (2684) – H. Gretarsson (2508)
Bled Olympiade (Männer) 2002

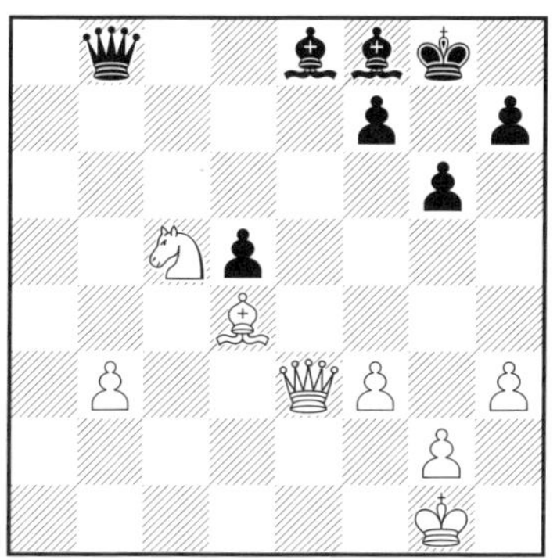

Wie soll man sich nach 35.♘a6 verteidigen?

401. P. Smirnow (2615) – F. Jenni (2516)
Istanbul 2003

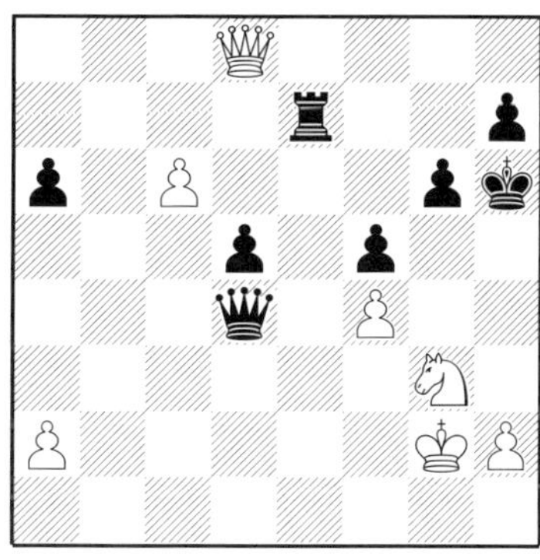

Ist Schwarz verloren, oder fand er einen Weg zu überleben?

402. E. Sutovsky (2664) – E. Bacrot (2653)
Albert Match 2001

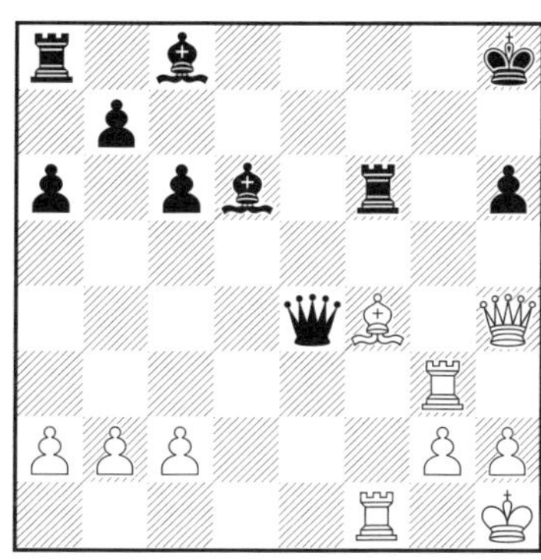

Weiß hat einige Kompensation für die geopferte Figur, aber Bacrot wehrte den Angriff einfach ab. Können Sie es ihm nachmachen?

403. V. Tkachiev (2672) –
E. Bacrot (2627)
Enghien les Bains 2001

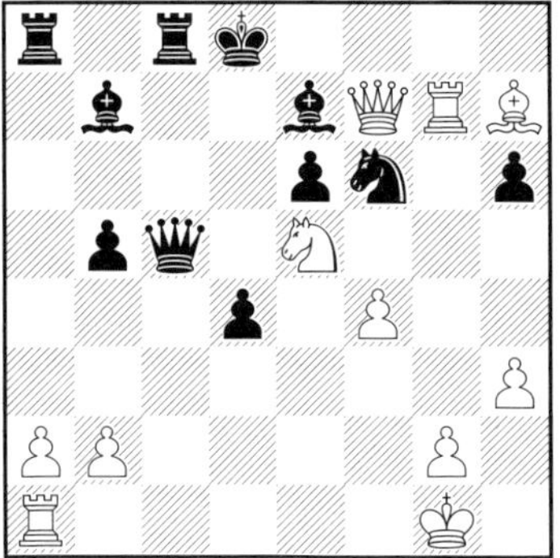

Schwarz ist am Zug und muss sich verteidigen.

404. W. Topalow (2743) –
V. Anand (2753)
Corus, Wijk aan Zee 2003

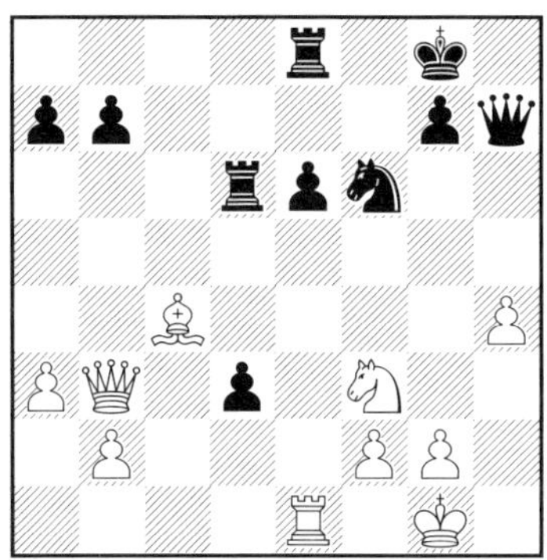

Weiß zieht und hält remis.

405. H. Nowarra –
L. Schmitt
Bad Oeynhausen 1938

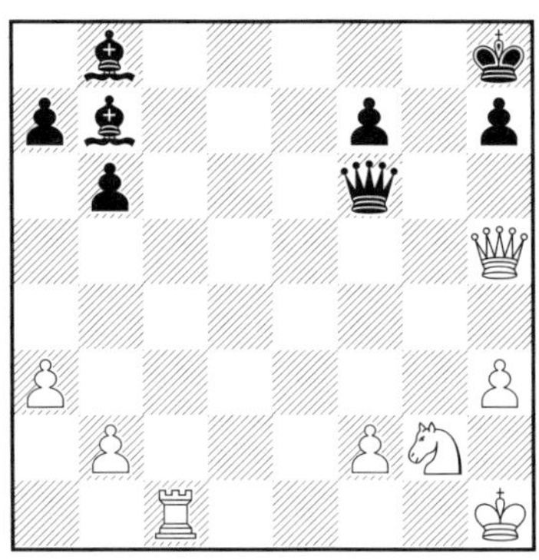

Wie soll man das mächtige schwarze Läuferpaar bändigen?

Die fünf schönsten Kombinationen aller Zeiten

In *Secrets of Spectacular Chess* entwickelten Levitt and Friedgood eine Theorie über Schönheit im Schach. Sie behaupteten, dass die Hauptzutaten Paradoxie, Geometrie, Tiefe und Fluss seien. Paradoxie und Geometrie sind mehr oder weniger selbsterklärend und deswegen möchte ich nur auf die Begriffe Tiefe und Fluss eingehen. Tiefe bedeutet nicht zwangsläufig, dass man zehn forcierte Züge berechnen muss, um zu gewinnen. Die Bedeutung wird durch das folgende Beispiel besser deutlich: In der Mathematik gilt ein Resultat als tief, wenn nach viel Arbeit viele Theoreme bewiesen wurden. Dementsprechend ist ein Zug tief, wenn zahlreiche Stellungsfaktoren analysiert und verstanden wurden, bevor man zum Kern des Problems gelangt und den richtigen Zug findet. Fluss beschreibt eine Folge von verschiedenen Zügen, in der der einzelne Zug nichts besonderes ist, aber zusammen genommen hinterlässt die Zugfolge einen großen Eindruck, z.B. ein Königsmarsch über das gesamte Brett oder das Treppenmanöver einer Dame. Ich werde diese vier Elemente in der Beschreibung der folgenden fünf Kombinationen benutzen. Die Auswahl ist natürlich sehr subjektiv und ich habe mir die Aufgabe erleichtert, indem ich Studien, Mattprobleme oder Fernschachpartien außen vor ließ. Darüber hinaus möchte ich betonen, dass zwei Spieler nötig sind, um eine schöne Partie zu kreieren. Nicht nur der Gewinner, sondern auch der Verlierer verdient Lob, da ohne ihn keine Schönheit zu Stande käme. Den ersten Platz meiner „größten Hits“ nimmt die folgende fantastische Partie ein.

G. Kasparow (2812) –
W. Topalow (2700) [B07]
Hoogovens-Turnier,
Wijk aan Zee 1999

1.e4 d6 2.d4 ♘f6 3.♘c3 g6 4.♗e3 ♗g7 5.♕d2 c6 6.f3 b5 7.♘ge2 ♘bd7 8.♗h6 ♗xh6 9.♕xh6 ♗b7 10.a3 e5 11.0–0–0 ♕e7 12.♔b1 a6 13.♘c1 0–0–0 14.♘b3 exd4 15.♖xd4 c5 16.♖d1 ♘b6 17.g3 ♔b8 18.♘a5 ♗a8 19.♗h3 d5 20.♕f4+ ♔a7 21.♖he1 d4 22.♘d5 ♘bxd5 23.exd5 ♕d6

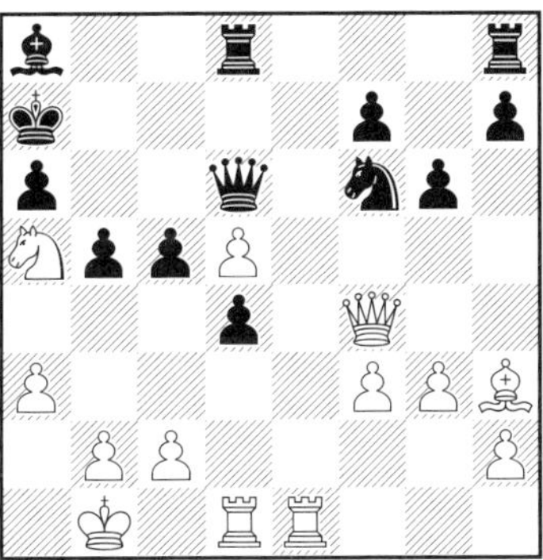

Kasparow startet nun eine fantastische Kombination, die Paradoxie, Fluss und ein wenig Geometrie beinhaltet: **24.♖xd4! cxd4?** Topalow unterschätzt die tödliche Gefahr für seinen König und nimmt die Herausforderung an. Wir sollten dankbar sein! 24...♔b6! war besser und sollte zu einem mehr oder weniger ausgeglichenen Endspiel führen. **25.♖e7+!!** Die erste Pointe der Kombination. **25...♔b6**

I) Der Turm kann nicht genommen werden: 25...♕xe7? 26.♕xd4+ ♔b8 27.♕b6+ ♗b7 28.♘c6+ ♔a8 29.♕a7#.

II) 25...♔b8 26.♕xd4+−.

26.♕xd4+ ♔xa5

Nach 26...♕c5 27.♕xf6+ ♕d6 gewinnt das paradoxe 28.♗e6!!+−.

27.b4+ ♔a4

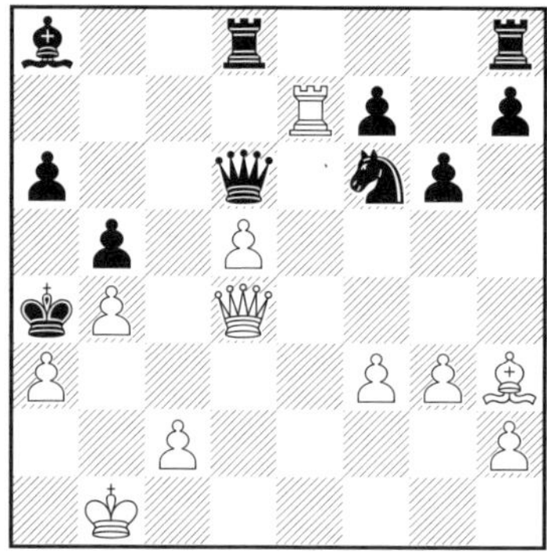

28.♕c3

Kasparow hatte einen einfacheren und ähnlich schönen Weg zum Gewinn, der von Kavalek entdeckt wurde: 28.♖a7! ♗b7 *(28...♘xd5 29.♖xa6+!! ♕xa6 30.♕b2 ♘c3+ 31.♕xc3 ♗d5 32.♔b2* Es ist höchst paradox, dass die gesamte schwarze Armee nach diesem Königszug hilflos ist: *32...♕e6 33.♗xe6 fxe6 34.♕b3+! ♗xb3 35.cxb3#)* 29.♖xb7 und:

A) 29...♘xd5 30.♗d7!! ♖a8 *(30...♖xd7 31.♕b2 ♘c3+ 32.♕xc3 ♕d1+ 33.♔a2 ♖d3* und nun kommt die tiefe Pointe: *34.♖a7!+−)* 31.♗xb5+ axb5 32.♖a7+ ♕a6 33.♕xd5 ♕xa7 34.♕b3#.

B) 29...♕xd5 30.♖b6 a5 *(30...♖a8 31.♕xf6 a5 32.♗f1+−)* 31.♖a6 ♖a8 32.♕e3!! ♖xa6 *(32...♖he8 33.♖xa8 ♖xa8 34.♔b2+−)* 33.♔b2 axb4 34.axb4 ♕a2+ *(34...♔xb4 35.♕c3+ ♔a4 36.♕a3#)* 35.♔xa2 ♔xb4+ 36.♔b2 ♖c6 37.♗f1+−.

28...♕xd5 29.♖a7

Natürlich nicht 29.♔b2? ♕d4−+.

29...♗b7 30.♖xb7

30.♕c7? wird durch 30...♕d1+ mit Dauerschach widerlegt.

30...♕c4

Nach 30...♖he8!? hätte Kasparow einige harte Nüsse knacken müssen, z.B. 31.♖b6 ♖a8 32.♗f1!! (G. Ligterink) 32...♖e1+ *(32...♘d7 33.♖d6 ♖e1+ 34.♔b2+−)* 33.♕xe1 ♕d4 *(33...♘d7 34.♖b7 ♕xb7 35.♕d1!+−* (Greengard)*)* 34.♖d6 ♘d5 35.♖xd5 ♕xd5 36.♕c3 ♖d8 37.♗d3 ♖d7 38.♗e4 ♕c4 39.♕xc4 bxc4 40.♗c6++−.

31.♕xf6

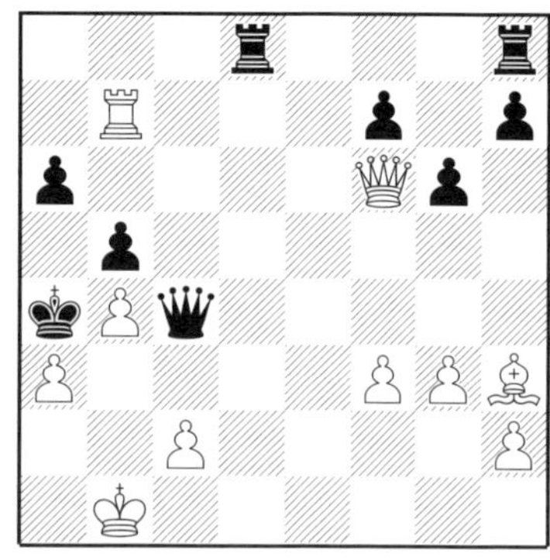

31...♔xa3?!

31...♖d1+ war zäher: 32.♔b2 ♖a8 *(32...♕d4+? 33.♕xd4 ♖xd4 34.♖xf7 ♖d6 35.♖e7 ♖a8 36.♗e6+−)* 33.♕b6 ♕d4+ *(33...a5 34.♗d7! ♖d5 35.♕e3+−)* 34.♕xd4 ♖xd4 35.♖xf7 a5 36.♗e6 axb4 37.♗b3+ ♔a5 38.axb4+ ♔b6 *(Auf 38...♖xb4* folgt *39.c3* mit Qualitätsgewinn.*)* 39.♖xh7 und Weiß sollte auf lange Sicht gewinnen.

Die folgenden so gut wie forcierten Züge beinhalten (1) Fluss (die weiße Dame jagt den schwarzen König von einer Ecke in die andere), (2) Tiefe (die Pointe 36.♗f1 gefolgt von 37.♖d7) und (3) Geometrie (die weiße Dame landet in zwei Ecken; die fantastische Fesselung mit ♖d7):

32.♕xa6+ ♔xb4 33.c3+! ♔xc3 34.♕a1+ ♔d2
34...♔b4 35.♕b2+ ♔a5 *(35...♕b3 36.♖xb5++−)* 36.♕a3+ ♕a4 37.♖a7++−.
35.♕b2+ ♔d1

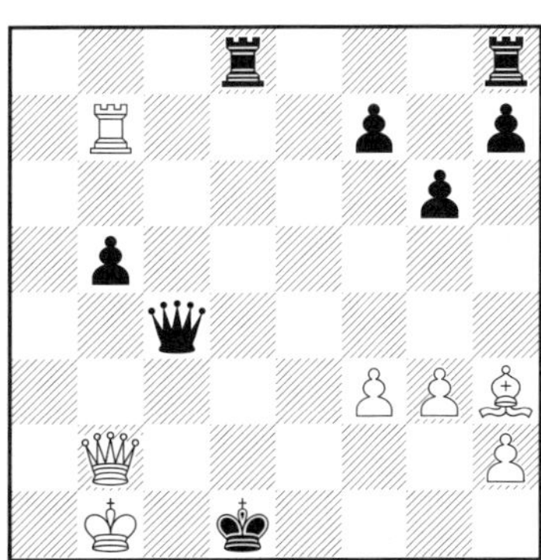

Diese Stellung stellt eine tolle taktische Aufgabe dar: **36.♗f1!!** Ein Hammerzug!
36...♖d2
36...♕xf1? 37.♕c2+ ♔e1 38.♖e7+ ♕e2 39.♕xe2#.
37.♖d7! Die fantastische Pointe. Die Tatsache, dass die Dame den Turm auf h8 im Visier hat, ist entscheidend – wirklich unglaublich!
37...♖xd7 38.♗xc4 bxc4 39.♕xh8 ♖d3 40.♕a8 c3 41.♕a4+ ♔e1 42.f4 f5 43.♔c1 ♖d2 44.♕a7 1–0

Die Sammlung muss natürlich die folgende Partie beinhalten:

W. Topalow (2740) –
A. Schirow (2710)
Linares 1998

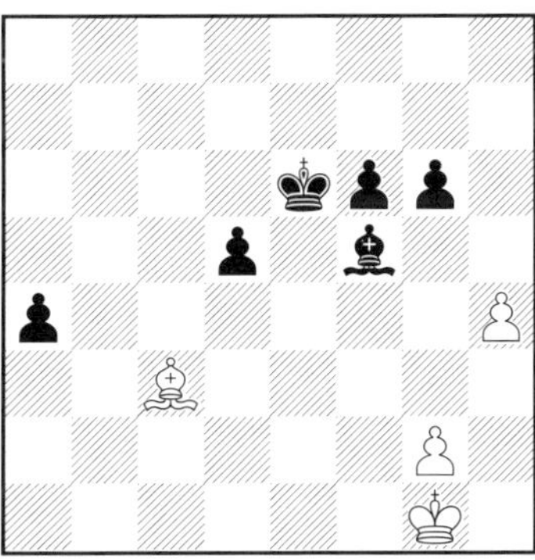

Überraschenderweise hat Schwarz nur einen Gewinnzug:
47...♗h3!!
Ein unglaublich paradoxer Zug, der von einer Jury des *British Chess Magazine* zum „verblüffendsten Zug aller Zeiten" gewählt wurde. Das Feld f5 freimachen ist wichtiger als der Läufer selbst, was gemäß Timman seinen relativen Wert in Endspielen mit ungleichfarbigen Läufern demonstriert. 47...♗e4? 48.♔f2 ♔f5 49.g3 ist remis, da Läufer und König die Freibauern auf der Diagonale a1-h8 durch bekannte Manöver stoppen können.
48.gxh3
48.♔f2 hilft nicht: 48...♔f5 49.♔f3

♗xg2+ und Weiß verliert wie in der Partie.

48...♔f5 49.♔f2 ♔e4 50.♗xf6

50.♔e2 a3 51.♔d2 d4 52.♗a1 f5 und die drei Bauern entscheiden.

50...d4 51.♗e7 51.♔e2 a3−+. **51...♔d3! 52.♗c5 ♔c4 53.♗e7** 53.♗xd4 ♔xd4 54.♔e2 ♔c3 55.♔d1 ♔b2−+. Alle schwarzen Züge waren bislang forciert, was den Wert der Kombination deutlich erhöht. Nun hat er zwei Möglichkeiten:

53...♔b3 0-1 oder 53...♔c3 54.♔e1 ♔c2 55.♗c5 d3 56.♗b4 a3−+. Die Kombination könnte auch als Studie dienen.

H. Bird – P. Morphy [C41]
London Match 1858

1.e4 e5 2.♘f3 d6 3.d4 f5 4.♘c3 fxe4 5.♘xe4 d5 6.♘g3 e4 7.♘e5 ♘f6 8.♗g5 ♗d6 9.♘h5 0–0 10.♕d2 ♕e8 11.g4 ♘xg4 12.♘xg4 ♕xh5 13.♘e5 ♘c6 14.♗e2 ♕h3 15.♘xc6 bxc6 16.♗e3 ♖b8 17.0–0–0

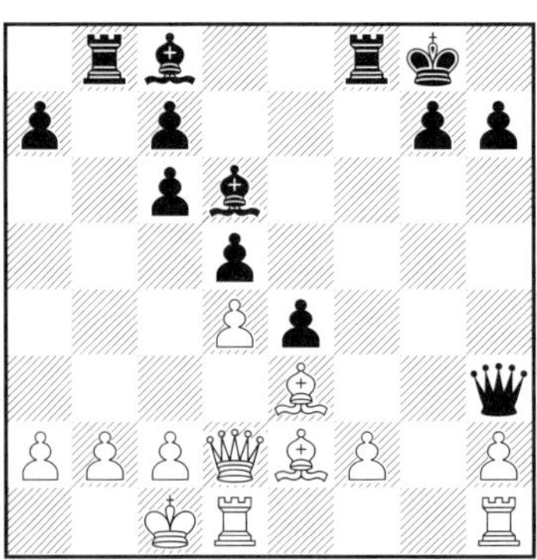

Schwarz hat einen Mehrbauern, aber die Stellung ist wegen der heterogenen Rochaden sehr scharf. Morphy startet eine unglaublich tiefe Kombination:

17...♖xf2! 18.♗xf2 ♕a3!! Auf 18...♗a3? folgt 19.♕e3!. Ein schöner, geometrischer und paradoxer Zug von einem Ende des Bretts zum anderen. **19.c3!** Die einzige Verteidigung.

19.♕g5? ♖xb2 20.♕d8+ ♔f7 21.♗h5+ g6−+.

19.bxa3?? ♗xa3#.

19...♕xa2!

19...e3? wird widerlegt durch 20.♗xe3 ♗f5 21.♕c2!!.

20.b4 ♕a1+ 21.♔c2 ♕a4+

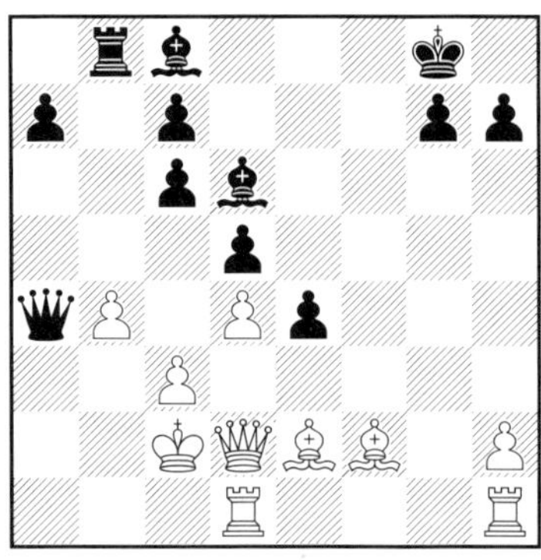

Der schwarze Angriff verlief bis zu diesem kritischen Moment wie von alleine.

22.♔b2?

Bird bricht unter dem Druck zusammen und verliert schnell. Diese Stellung stellt nun eine gute taktische Aufgabe dar. Morphy meistert sie ohne Probleme. 22.♔c1! ist besser und sollte den Laden noch zusammenhalten (siehe auch die Analysen in Endgame Corner 128 und 138 auf der Internetseite ChessCafe.com), z.B. 22...a5! und:

A) 23.♖dg1? ♗f5 (23...axb4? erlaubt den Blitzeinschlag 24.♖xg7+!+−) 24.♕g5 ♗g6 25.♔d2 e3+ 26.♗xe3 ♕c2+ 27.♔e1 ♕xc3+ 28.♗d2 ♕a1+ 29.♗c1 ♖f8−+.

B) 23.♕c2! ♕a3+ 24.♕b2 axb4 25.♕xa3? bxa3 26.♗e3 (26.♗g3!=) 26...♖b3 27.♔d2 ♖b2+ 28.♔e1 a2 29.♖a1 ♗d7 30.♔d1 (30.♔f2 ♗g4 31.♖he1 ♗xh2−+) 30...c5 31.dxc5 ♗e7 32.h4. Das war meine Hauptvariante in Endgame Corner 23. Der Schweizer Fernschachgroßmeister Rolf Knobel fand allerdings das viel bessere 32...h6!−+ (siehe Endgame Corner 25), was einfacher gewinnt als mein Vorschlag. Die weißen Schwerfiguren hinterlassen einen armseligen Eindruck.

Sondern stattdessen 25.♔b1!!, wie in Endgame Corner 128 analysiert. Danach kann Weiß sich halten, z.B. 25.♗f5 26.♕xa3 bxa3+ 27.♔a1 ♖b2 28.♖he1! =.

Auch 22...♗f5!? sollte nicht durchschlagen. Valeri Beim gibt dazu faszinierende Varianten, welche ich in Endgame Corner 138 aufgreife, z.B. 23.♗e3 ♗xb4 24.cxb4 ♖xb4 25.♕c2 ♕a3+ 26.♔d2 ♖b2 27.♕xb2 ♕xb2+ 28.♔e1=, und ich glaube nicht, dass die feste weiße Blockade gebrochen werden kann.

22...♗xb4! Nun läuft die Jagd auf den schwarzen König wie von alleine. **23.cxb4 ♖xb4+ 24.♕xb4** 24.♔c1? ♕a1+ 25.♔c2 ♕b2#. **24...♕xb4+ 25.♔c2** 25.♔a2 c5 26.dxc5 e3 27.♗e1 *(27.♗xe3 d4 28.♗xd4 ♗e6+ 29.♔a1 ♕a3+ 30.♔b1 ♗f5+−+)* 27...♕e4 28.♗g3 ♕c2+−+.

25...e3 26.♗xe3 ♗f5+ 27.♖d3 ♕c4+ 28.♔d2 ♕a2+ 29.♔d1 ♕b1+ 0–1

R. Cholmow – D. Bronstein [B99]

URS-ch32, Kiew 1964

Das nächste Beispiel zeigt eine ähnlich tiefe Kombination: **1.e4 c5 2.♘f3 ♘f6 3.♘c3 d6 4.d4 cxd4 5.♘xd4 a6 6.♗g5 e6 7.f4 ♗e7 8.♕f3 ♕c7 9.0–0–0 ♘bd7 10.g4 b5 11.♗xf6 gxf6 12.f5 ♘e5 13.♕h3 0–0 14.g5 b4 15.gxf6 ♗xf6 16.♖g1+ ♔h8 17.♕h6 ♕e7**

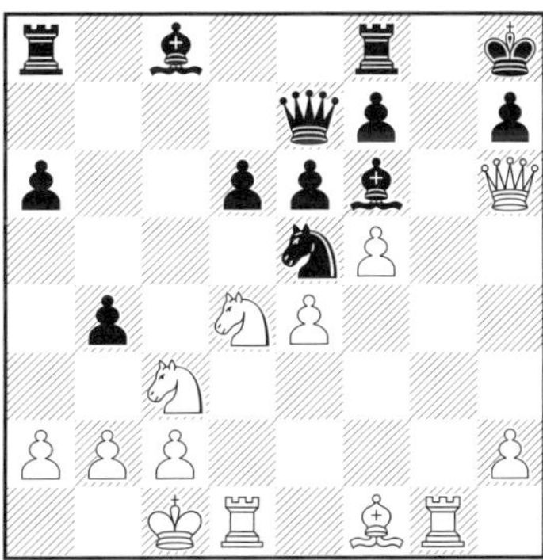

Schwarz scheint in dieser typischen Sizilianisch-Stellung alles unter Kontrolle zu haben. Aber Cholmow erschüttert die Grundfeste mit einem gewaltigen Schlag: **18.♘c6!!** Ein paradoxes Figurenopfer auf einem freien Feld. **18...♘xc6 19.e5!!** Es folgt das Freimachen des Feldes e4. Sehr beeindruckend! **19...♗g5+?!**

I 19...♗xe5 war deutlich zäher, ist aber ungenügend: 20.f6! ♗xf6 21.♗d3 ♗g5+ 22.♖xg5 f5 23.♖dg1! ♖a7 24.♘e2! ♘e5 25.♘f4 und der weiße Angriff wird letztendlich durchschlagen.

II Nach 19...♘xe5!? nutzt Weiß das freigewordene Feld e4. 20.♘e4 ♘g6 *(20...♘d7 21.♖xd6+−)* 21.♘xf6 ♕xf6 22.fxg6 ♕g7 23.♕xg7+ ♔xg7 24.gxh7+ ♔h8 25.♖xd6 und Weiß besitzt laut Nunn gute Gewinnchancen.

20.♖xg5 Von jetzt an läuft der weiße Angriff wie am Schnürchen. **20...f6 21.exd6 ♕f7 22.♖g3 bxc3**

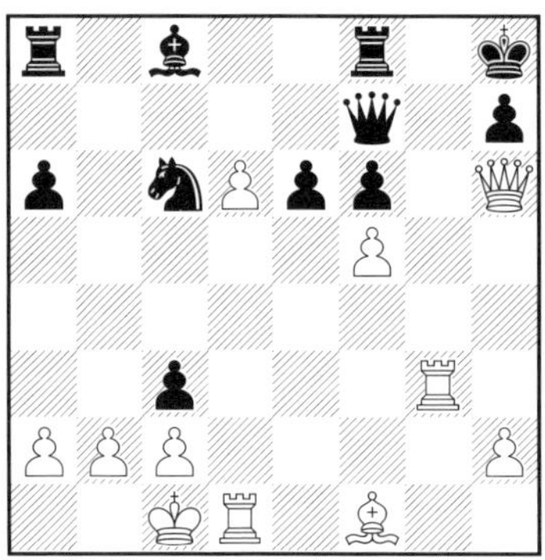

Weiß muss energisch fortsetzen: **23.♗c4! cxb2+ 24.♔b1 ♘d8 25.♖dg1!?** Mit der Drohung ♖g7. **25...♖a7 26.d7** Dieser Zwischenzug stellt ein problemartiges Motiv dar, aber 26.♗e2!? mit der Idee ♗h5 war präziser. **26...♖xd7 27.fxe6 ♘xe6 28.♗xe6 ♖d1+!? 29.♖xd1 ♗xe6 30.♔xb2 ♖b8+ 31.♔a1 ♗xa2 32.♖gd3 ♕e7 33.♔xa2 ♕e6+ 34.♖b3 1–0**

Das letzte Beispiel ist ein Klassiker, den man kaum übergehen kann, auch wenn in einigen Quellen behauptet wird, dass es keine echte Partie war, sondern eine Komposition von Carlos Torre, der seinen Trainer Adams gewinnen ließ:

E. Adams – C. Torre
New Orleans 1920

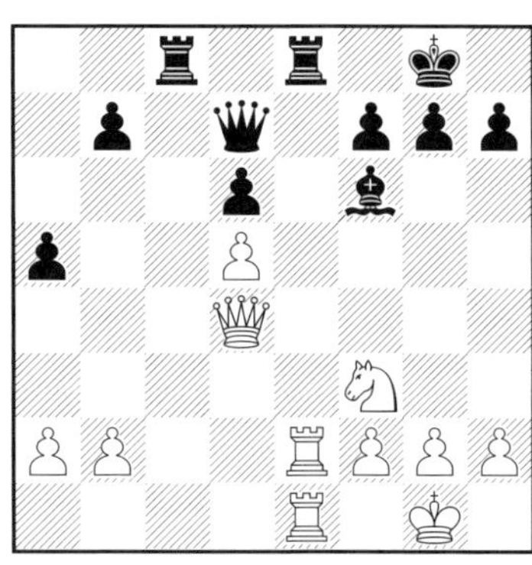

Die schwache Grundreihe wird den Untergang für Schwarz bedeuten. Alle vier Elemente Paradoxie, Fluss, Geometrie und Tiefe spielen eine Rolle. **18.♕g4!! ♕b5 19.♕c4!! ♕d7 20.♕c7!!** Ein sehr paradoxer kollinearer Zug. **20...♕b5 21.a4!** 21.♕xb7? geht wegen der schwachen weißen Grundreihe nach hinten los: 21...♕xe2 22.♕xc8 ♕xe1+ 23.♘xe1 ♖xc8–+. **21...♕xa4 22.♖e4!!** Wieder ein kollinearer Zug. Die weiße Dame scheint schon ewig zu hängen. **22...♕b5** 22...♕xe4 23.♖xe4+–; 22...♖xe4 23.♕xc8+ ♕e8 24.♕xe8+ ♖xe8 25.♖xe8#.
23.♕xb7 1-0

Kollineare Züge (ein geometrisches Element) sind selten und mit einem Damenopfer kombiniert hinterlassen sie einen bleibenden Eindruck. Die Kombination ist tief und enthält offensichtlich Fluss und Paradoxie.

Dieser Artikel erschien zuerst im deutschen Schachmagazin *KARL 1/2003.*

Taktische Perlen aus aktuellen Turnieren

Das Durchspielen fantastischer Kombinationsfeuerwerke ist nicht nur ein ästhetischer Genuss, sondern schärft auch das taktische Auge, wenn Sie versuchen, stets auf der Höhe des Geschehens zu bleiben und mitzudenken. Daher habe ich mich entschlossen, das Taktikbuch noch um dieses Kapitel zu ergänzen, damit Sie Ihre in den anderen Kapiteln erworbenen Fähigkeiten gleich umfassend auf den Prüfstand stellen können.

Wei Yi – L.Bruzon
Danzhou 2015

1. Die moderne unsterbliche Partie
Die folgende Königsjagd wurde bereits direkt nach der Partie zu Recht hoch gehandelt. Das weiße Turmopfer scheint auf den ersten Blick nur zum Remis zu führen. Aber der junge, extrem talentierte chinesische Großmeister weist nach, dass der schwarze König seinem Mattnetz nicht entkommen kann:

1.e4 c5 2.♘f3 e6 3.Nc3 a6 4.♗e2 ♘c6 5.d4 cxd4 6.♘xd4 ♕c7 7.0-0 ♘f6 8.♗e3 ♗e7 9.f4 d6 10.♔h1 0-0 11.♕e1 ♘xd4 12.♗xd4 b5 13.♕g3 ♗b7 14.a3

Der Randbauernzug erweist sich in vielen Abspielen der sizilianischen Verteidigung als Tempoverlust. In dieser Stellung ist die Lage jedoch anders. Hier sollte der Springer c3 unbedingt stabilisiert werden, weil er die ganze Stellung stützt.

14...♖ad8 15.♖ae1 ♖d7 16.♗d3 ♕d8 17.♕h3 g6?

17...h6 war wohl besser, aber die schwarze Stellung macht auch dann keinen Vertrauen erweckenden Eindruck.

18.f5!

Weiß bläst zum Angriff, nachdem er alle seine Figuren in Stellung gebracht hat.

18...e5 19.♗e3 ♖e8 20.fxg6 hxg6 21.♘d5!!N

Eine sehr nachhaltige Neuerung. Der Springer wird in typischer Weise eingesetzt, um Breschen für die Langschrittler zu schlagen.

21...♘xd5?

21...♗xd5! 22.exd5± ist erzwungen, aber 22...♘xd5? ginge erneut zu weit: 23.♖xf7 ♔xf7 24.♕h7+ ♔e6 25.♗xg6 ♖f8 26.♕h3+ ♔f6 27.♗e4 ♖h8 28.♕f5+ ♔g7 29.♕g6+ ♔f8 30.♗h6+ ♖xh6 31.♕xh6+ ♔f7 32.♗xd5+ ♔e8 33.♕h5+ ♔f8 34.♕f7#

22.♖xf7!!

Die Pointe, welche erstaunlicherweise sogar gewinnt.

22...♔xf7 [22...♘f6 23.♕e6! ♔h8 24.♗g5+- (Sagar Shah in CBM 167)]

23.♕h7+ ♔e6

23...♔f8? 24.♗h6#; 23...♔f6 wird mit 24.exd5! (Nicht jedoch 24.♖f1+? ♘f4 25.♖xf4+ exf4 26.♗d4+ ♔e6=.) 24...e4 25.♖f1+ ♔e5 26.♕xg6 exd3 27.♕f5# (Sagar Shah) beantwortet.

24.exd5+ ♔xd5

24...♗xd5 25.♗xg6! ♗xg2+ (25...♖f8 26.♕h3+ ♔f6 27.♖f1+! ♔xg6 28.♕h6# (Sagar Shah)) 26.♔xg2 d5 27.♗f7+ ♔d6 28.♕h6+ ♗f6 29.♗xe8+-

25.♗e4+!!

Dieses Hineinziehungsopfer im Stile des großen 8. Schachweltmeisters Mihail Tal verbürgt den Gewinn.

(25.♗c4+? wird durch 25...♔c6! 26.♗e6 ♔c7-+ abgewehrt.)

25...♔xe4

25...♔e6 26.♕xg6+ ♗f6 27.♕f5+ ♔e7 28.♕h7+ ♔e6 (28...♔f8 29.♗h6+ ♖g7 (29...♗g7 30.♗xg7+ ♖xg7 31.♖f1++-) 30.♖f1+-; 29.♗f5+ ♔d5 30.♗xd7+- (Sagar Shah)

26.♕f7!

Wei Yi schneidet die Fluchtroute des schwarzen Königs ab. Der Computerzug 26.c4!! ist sogar noch besser: 26...bxc4 (26...♔d3 27.♕xg6+ e4 28.♕g4 ♔xc4 29.♖c1++-) 27.♕xg6+ ♔d5 28.♕f7+ ♔c6 (28...♔e4 29.♕xc4+ ♔f5 30.♖f1+ ♔g6 31.♕f7#) 29.♕xc4# (Sagar Shah)

26...♗f6

26...♖f8? 27.♗g1#

27.♗d2+ ♔d4 28.♗e3+ ♔e4 29.♕b3!!

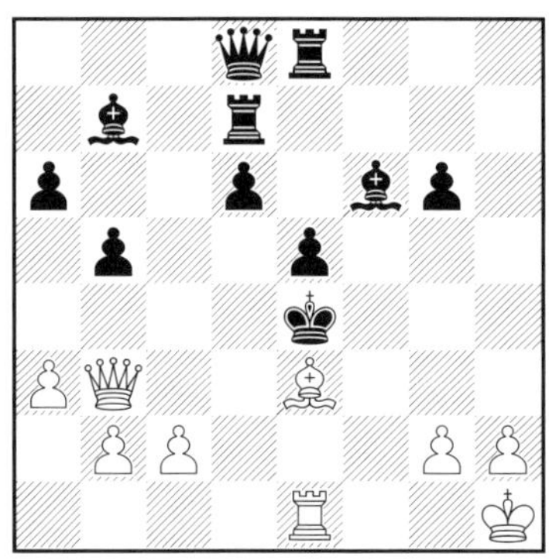

Die Drohung Dd3 matt lässt den schwarzen König nicht zur Ruhe kommen.

29...♔f5 30.♖f1+ ♔g4 31.♕d3!!

Erneut beschäftigt die weiße Dame die Verteidigung und diesmal gibt es keine Antwort mehr.

31...♗xg2+

31...♖g7 32.h3+ ♔h4 33.♕e2 ♕d7 34.♔h2 ♗xg2 35.♕xg2 ♖c8 36.♕g3+ ♔h5 37.♕f3+ ♔h4 38.♕xf6+ g5 39.♕h6#; 31...e4 32.♕d1+ ♔h4 33.h3+-

32.♔xg2 ♕a8+ 33.♔g1 ♗g5 34.♕e2+ ♔h4

34...♔h3 35.♖f3+ ♔h4 36.♗f2+ ♔g4 37.♖f7+ ♔h3 38.♕d3+ ♔g4 39.♕g3+ ♔h5 40.♕h3+ ♗h4 41.♕xh4#

35.♗f2+ ♔h3 36.♗e1!

1-0

Die entscheidende Schlusspointe. Schwarz gab auf, weil er mattgesetzt wird, z.B. 36...♕a7+ 37.♔h1 ♕a8+ 38.♖f3+ ♔g4 39.♕g2+ ♔h5 40.♕h3+ ♗h4 41.♕xh4# 1-0

D. Navara,D (2724) –
R. Wojtaszek (2733) [B90]
Biel GM 48. Biel (4), 2015

2) Der Königsmarsch der Moderne

In der Regel sollte sich der König im Mittelspiel hinter einem schützenden Bauernwall verstecken. Im Endspiel ist er dagegen oft zu aktivieren. In damenlosen Mittelspielen sollte er dagegen zu Hause bleiben, so dass der folgende Marsch von David Navaras König schon sehr beeindruckt:

1.e4 c5 2.♘f3 d6 3.d4 cxd4 4.♘xd4 ♘f6 5.♘c3 a6 6.♗e3 e5 7.♘b3 ♗e6 8.h3 ♗e7 9.g4 d5 10.exd5 ♘xd5 11.♗g2 ♘xe3 12.♕xd8+ ♗xd8 13.fxe3 ♗h4+ 14.♔f1 ♘c6 15.♘c5 15...♗c4+!N

Eine Neuerung, welche David Navara aber in seiner Vorbereitung noch berücksichtigt hatte. (15...0-0 war zuvor probiert worden.)

16.♔g1 0-0-0 17.b3 ♗g5 18.♖e1 ♗h4 19.♖b1!

Der Sinn dieses Turmzuges wird sich noch später erschließen. Denn Weiß kann in vielen Abspielen auf c4 schlagen und hat danach sofort Spiel auf der halboffenen b-Linie.

19...♗g5 20.♔f2 ♗h4+ 21.♔f3!?

Der weiße Wanderkönig macht sich auf die Socken. (21.♔g1 ♗g5 22.♔f2 ♗h4+= war natürlich nicht die Pointe der weißen Vorbereitung.)

21...e4+!

Wojtaszek ist auf der Höhe des Geschehens und geht den weißen König direkt an.

22.♔f4? !!!

Objektiv sollte dieser Weg den weißen König ins Verderben führen, daher das Fragezeichen. Die drei Rufzeichen stehen für den Mut und die Schönheit der sich ergebenden Konsequenzen. [22.♘5xe4 ♘e5+ 23.♔f4 ♘g6+= (Stohl in CBM 168) ergibt ein dynamisches Gleichgewicht.]

22...g5+! 23.♔f5

23.♔xe4? führt wegen 23...♖d6 24.♔f5 ♘e7+ 25.♔e4 ♖e8-+ (Stohl) ins Verderben.

23...♖he8 24.♖hd1 24...♖e5+?

Bis hierher hat Wojtaszek sehr gut reagiert. Doch nun kommt er mit diesem direkten Schach vom Kurs ab. [Rainer Knaak fand mit Hilfe von Let's Chess auf schach.de die versteckte Widerlegung der weißen Wanderung: 24...♗d3!!, wonach Stohl den Gewinn wie folgt nachweist (die Darstellung ist etwas gekürzt): 25.cxd3 ♘e7+! 26.♔xe4 (26.♔f6 ♘g8+! 27.♔g7 (27.♔f5 ♖d6-+) 27...♗g3!! 28.♔xh7 (28.d4 f5-+) 28...♘e7 29.♔g7 (29.d4 ♖h8+ 30.♔g7 ♖dg8+ 31.♔f6 (31.♔xf7 ♖h7+ 32.♔e6 ♖g6#) 31...♔d8! 32.♘xb7+ ♔e8-+; 29...♗e5+ 30.♔xf7 ♘c6 31.♔g6 (31.♘d7 ♖e7+ 32.♔g6 ♖exd7 33.d4 ♘e7+ 34.♔f7 ♖f8+! 35.♔e6 (35.♔xf8 ♘g6+ 36.♔e8 ♖e7#) 35...♘c6 36.♘xe4 (36.dxe5 ♘d8#) 36...♗c7 37.♘f6 ♖d6+ 38.♔f5 ♖dxf6+ 39.♔e4 (39.♔xg5 ♗d8-+) 39...♘b4 40.d5 ♗b6-+; 31...♖f8! 32.♘d5 (32.♔xg5 ♘e7! 33.♗xe4 ♖g8+ 34.♔h6 ♖h8+ 35.♗h7 ♖xh7+ 36.♔xh7 ♖h8#) 32...♖xd5 33.♘e6 ♘e7+ (33...♖d6-+) 34.♔h5 ♖h8+ 35.♔xg5 ♖g8+ 36.♔h4 ♗h2! 37.g5 (37.♖bc1+ ♔d7 38.♘c5+ ♔e8-+) 37...♘f5+ 38.♔g4 ♘xe3+ 39.♔h5 ♘xg2 40.dxe4 ♘f4+ 41.♔g4 ♖xd1 42.♖xd1 ♘xe6-+; 26...♘d5+ 27.♔f5 (27.♔d4 ♘xe3+ 28.♗d5 (28.♘d5 ♘xg2-+) 28...♗f2! 29.♘5e4 ♘xd1+ 30.♘xf2 ♘xc3-+; 27...♘xe3+ 28.♔f6 ♘xg2 29.♖bc1 (29.d4 b6 30.♘5e4 ♖e6+ 31.♔g7 (31.♔xf7 ♖c6! 32.♖bc1 ♖d7+ 33.♔f8 ♖cc7-+) 31...♖g6+ 32.♔xh7 (32.♔xf7 ♖d7+ 33.♔f8 ♘f4-+) 32...♘f4 33.♖f1 ♖d7! 34.♖xf4 (34.♔h8 ♘e6-+) 34...gxf4 35.d5 f3 36.♖f1 f2 37.♘xf2 ♖gd6-+; 29...♗f2 30.♘5e4 ♗d4+ 31.♔xf7 ♖f8+ 32.♔e7 ♖de8+ 33.♔d6 ♔d8! 34.♔d5 ♗xc3 35.♘xc3 ♘e3+-+]

25.♔f6 ♖g8!?

Damit weicht Wojtaszek von David Navaras Vorbereitung ab, die wie folgt weiterging: 25...♖xc5 26.♖xd8+ ♘xd8 27.bxc4 ♖xc4 28.♖b3 (oder 28.♘d5; oder 28.♘xe4, jeweils mit unklaren Konsequenzen gemäß Stohl).

26.bxc4 ♖g6+ 27.♔xf7 ♖e7+ 28.♔f8 28...♖f6+?

Erst dieses Schach bringt Weiß in Vorteil, weil sein König in der Nordostecke erstaunlich sicher steht. [28...♖eg7! 29.♘e6 ♖g8+ 30.♔f7 ♘e5+ 31.♔e7 ♘c6+ 32.♔d6 ♖e8 33.♔c5 ♖gxe6= (Stohl) war angesagt.]

29.♔g8 ♖g6+ 30.♔h8!

Der König ist am Ziel angekommen und nun wird der weiße Gegenangriff bald beginnen. Der erste Schachweltmeister Wilhelm Steinitz, der unter anderem für seine mutigen Königsmärsche in der

Eröffnung und im Mittelspiel bekannt war, wäre sicher sehr zufrieden.

30...♖f6!

30...♖eg7? 31.♖d7!+- (Stohl)

31.♖f1 ♗f2 32.♖xf2!

Das schwarze Angriffspotenzial muss reduziert werden.

32...♖xf2 33.♖f1 ♖xg2?

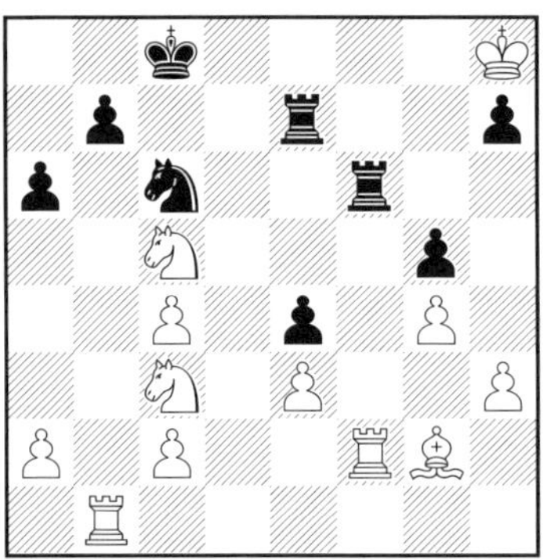

33...♖e8+! 34.♔xh7 ♖xg2 35.♘3xe4 (Stohl) begrenzt den Schaden, aber am weißen Vorteil besteht dennoch kein Zweifel.

34.♖f8+ ♔c7 35.♘d5+?

Dieses direkte Schach vergibt den weißen Vorteil fast vollständig. (35.♘5xe4! sollte gewinnen, wie folgende Beispielvariante von Stohl belegt: 35...♔d7 36.♘f6+ ♔e6 37.♘cd5 ♖f7 38.♖e8+ ♔d6 39.♔g8±)

35...♔d6 36.♘xe7 ♔xc5 37.♖f5+ ♔xc4 38.♘xc6 bxc6 39.♖xg5 39...♖g3?!

Der erste Schritt in die falsche Richtung. [39...♖xc2! ist angesagt, z.B. 40.♔xh7 ♔d3 41.♖h5 ♔xe3 42.g5 ♖c5!? 43.♔h6 ♔f2 44.g6 ♖xh5+ 45.♔xh5 e3 46.g7 e2 47.g8♕ e1♕= (Stohl)]

40.h4 h6?

40...♖xe3! 41.♔xh7 ♖g3 42.h5 e3 43.h6 ♔c3 44.♔g6 e2 45.h7 e1♕ 46.h8♕+ ♔xc2 47.♖c5+ ♔b1 48.♕b8+ ♔a1= (Stohl)

41.♖g6! ♖xe3 42.♔g7 ♖g3 43.♔xh6 e3 44.♔g5?

Nun ist Weiß zu langsam. [Das direkte 44.g5! gewinnt: 44...♖g4 45.h5 ♖e4 46.♖xc6+ ♔d5 47.♖b6 e2 48.♖b1 e1♕ 49.♖xe1 ♖xe1 50.g6 ♔e6 51.♔h7! ♖g1 52.g7 ♔f7 53.h6+- (Stohl)]

44...♔d5?

[44...♔c3! 45.♖xc6+ ♔d2 46.♖e6 e2 47.♔f4 ♖h3 48.h5 e1♕ 49.♖xe1 ♔xe1 50.c4 ♔f2 51.c5 ♖c3 52.g5 ♖xc5 53.h6 ♖c4+ 54.♔f5 ♖h4 55.♔g6 ♔f3 56.h7 ♔f4= (Stohl, Kriebel)]

45.♔f4?

[45.♖g8! ♖g2 (45...♔e4 46.h5 e2 47.h6! ♖e3 48.h7 e1♕ 49.h8♕+- (Kavalek)) 46.♔f4 ♖xc2 47.♖d8+ ♔e6 (47...♔c4 48.♔xe3+-) 48.♖e8+ ♔f7 49.♖xe3 ♖xa2 50.h5+- (Stohl)]

45...♖h3?

[45...e2! 46.c4+ ♔xc4 47.♖xc6+ ♔d5! 48.♖c1 ♖a3 49.h5 (49.♔f5? ♖f3+-+ hatte David Navara laut seinem Sekundanten Stohl in der Vorausberechnung übersehen.) 49...♔e6 50.♖e1 ♖xa2 51.♔f3 ♖a3+! 52.♔xe2 ♔f6= (Stohl)]

46.h5 c5 47.♖g5+ ♔d4 48.♖e5 1-0

M. Carlsen (2863) –
M. Vachier Lagrave (2765) [A05]
Gashimov Memorial (5),
Shamkir 2015

3) Weißfeldriges Powerplay

Beim amtierenden 16. Weltmeister Magnus Carlsen gehen Strategie und Taktik oft Hand in Hand:

1.♘f3 ♘f6 2.g3 b5 3.♗g2 ♗b7 4.♘a3 a6 5.c4 b4 6.♘c2 e6 7.d4 a5 8.0-0 ♗e7 9.d5!?

Der Beginn der weißfeldrigen Expansion.

9...♘a6

Die Annahme des Bauernopfers mittels 9...exd5 10.♘h4 c6 11.♘f5 0-0 12.cxd5 ♘xd5 13.e4 ♘c7 14.e5 verspricht Weiß sehr langanhaltende Initiative als Kompensation.

10.♘fd4 ♘c5 11.♖e1 0-0 12.e4 e5 13.♘f5 d6 14.♗g5!

Magnus Carlsen stellt eine strategische Falle.

14...♘xd5?!

14...♗c8 15.♘xe7+ ♕xe7 16.f3 h6 begrenzt den Schaden.

15.♗h6!!

Die Pointe.

15...gxh6 16.♕g4+ ♗g5 17.cxd5

Nun sind fast alle weißen Felder im schwarzen Lager schwach. Magnus Carlsens Plan ist also voll aufgegangen.

17...♔h8 18.h4 ♗f6 19.♘ce3

19.♘xh6 kam ebenfalls stark infrage.

19...♗c8 20.♕f3 ♗g7 21.♗h3 ♖g8 22.♗g4 ♕f6 23.♗h5 ♗xf5 24.♘xf5 c6 25.dxc6 ♖ac8 26.♕d1 ♖xc6 27.♕d5 ♖gc8 28.♖ad1 ♗f8 29.♕xf7!?

Diese Abwicklung ins Endspiel ist durchaus typisch für Magnus Carlsen. Langfristig wird er nun immer mit Turm und König eindringen können. (29.♗xf7 ist ebenfalls spielbar und vorteilhaft für Weiß.)

29...♕xf7 30.♗xf7 ♘a4 31.♖e2 ♖c1 32.♖xc1 ♖xc1+ 33.♔g2 ♘c5 34.b3 ♖c3 35.♔h3 ♘d7 36.♗e6 ♘c5 37.♗d5 ♘d7 38.♘e3 ♘f6 39.♗e6 ♖c5 40.♘c4 ♔g7 41.f3 ♘e8 42.♖d2 ♘c7 43.♗g4 a4 44.♘xd6 ♗xd6 45.♖xd6 a3 46.♗d7!?

Der Auftakt zu einer sehr tiefen Kombination. [Allerdings sollte das direkte 46.♖d7+ ebenfalls gewinnen, z.B. 46...♔g8 (46...♔f6 47.♖xh7 ♖c2 48.h5 ♘b5 49.♖xh6+ ♔f7 50.♖b6 ♘d4 51.♖xb4 ♖xa2 52.♖b7+ ♔g8 53.♖a7+-) 47.♗h5 ♘b5 48.♖b7 ♔f8 49.♔g4+-.]

46...♖c2 47.♗c6 ♖xa2

[47...♘a6 hilft wegen 48.♗d5! auch nicht, z.♗. 48...♘c7 (48...♘c5 49.♖c6+-) 49.♗c4 ♘e8 50.♖d7+ ♔f8 51.♖f7+ ♔g8 52.♖b7+ ♔f8 53.♖xb4 ♖xa2 54.♖b8 ♖a1 55.♔g4 ♔e7 56.♖a8 ♘d6 57.♖a5 ♔d7 58.♖xe5+-.]

48.♖d7+ ♔f6 49.♖xc7 ♖c2

Die Fesselung wirkt nur auf den ersten Blick hinderlich. Magnus Carlsen hat schon gesehen, dass er sich befreien kann.

50.♖xh7 ♔g6

(50...♖xc6 51.♖xh6++-; 50...a2 51.♖a7 ♖xc6 52.♖xa2 ♖c3 53.♖a6+ ♔e7 54.♖xh6 ♖xf3 55.♖b6 ♖xb3 56.♔g4+-)

51.♖c7 ♔f6 52.h5 ♖c1 53.♖h7 a2 54.♗d5

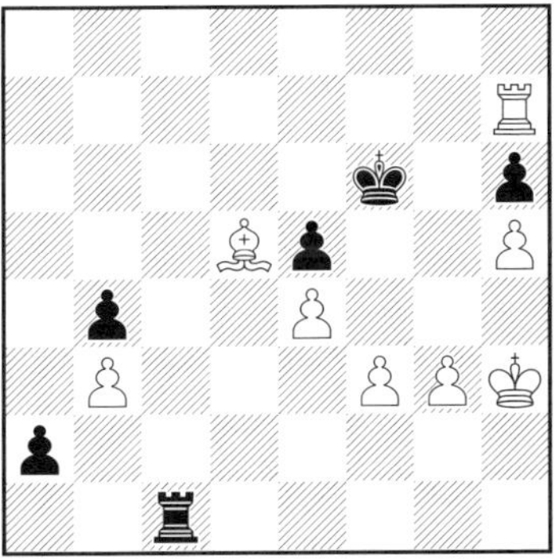

1-0

Nach dieser Mattpointe gab Vachier-Lagrave auf, z.B. **54...a1♕ 55.♖f7+ ♔g5 56.♖f5# 1-0**

J. Seoane Sepulveda – I. Prieto [C37]

Cadiz, 1986

4) Der romantische Reiz des Königsgambits

Nun sollen noch einige Partien zu typischen Szenarien bestimmter Eröffnungen folgen. Die erste ist eine brillante Miniatur im romantischen Stil des 19. Jahrhunderts :

1.e4 e5 2.f4 exf4 3.♘f3 g5 4.♘c3

Das Quaadegambit.

4...g4?! 5.♘e5 ♕h4+?! 6.g3 fxg3 7.♕xg4 g2+?

Damit fällt Schwarz in die Falle des Quaade Gambits. Quaade war übrigens ein holländischer Seekapitän im 19. Jahrhundert. [7...♕xg4! 8.♘xg4 d5 ist kritisch und wohl nur etwas besser für Weiß.]

8.♕xh4 gxh1♕ 9.♕h5!

Das sollte im höheren Sinne gewinnen.

9...♗d6?

[9...♘h6! 10.d4 d6 (10...♘c6? 11.♗xh6 ♘d8 12.♗g5 d6 13.♗xd8 dxe5 14.♕xe5+ 1-0 M. Jensen (2109) – T. Rydstrom (1905), Helsingor 2011) 11.♗xh6 dxe5 12.♕xe5+ ♗e6 13.♕xh8 ♘d7 14.♗xf8 0-0-0 (14...♘xf8 15.♕e5±) 15.♕xh7 ♘xf8 16.♕h6± (Shaw); 9...♗b4? 10.♕xf7+ ♔d8 11.♕g7 ♕xh2 12.d4 ♗e7 13.♗g5 ♕g3+ 14.♔d1+-; 9...♗e7? 10.♘xf7 ♗h4+ (10...♘f6 11.♘d6+ ♔d8 12.♕e8+ ♖xe8 13.♘f7#) 11.♕xh4 ♔xf7 12.b3 ♘c6 13.♗b2 d6 14.♔f2+-]

10.♕xf7+ ♔d8 11.d4 ♘e7 12.♗g5 ♘bc6

[12...♖e8 13.♘g4 (13.♘d5+- (Shaw)) 13...c6 14.♘f6 ♖h8 15.e5 ♗b4 16.♕g7+-]

13.♘d5!?

Auch der zweite Turm soll noch geopfert werden.

13...♕xe4+ 14.♗e2 ♕h1+ 15.♔d2 ♕xa1 16.♕e8+ ♔xe8

(16...♖xe8 17.♘f7#)

17.♘f6+ ♔f8

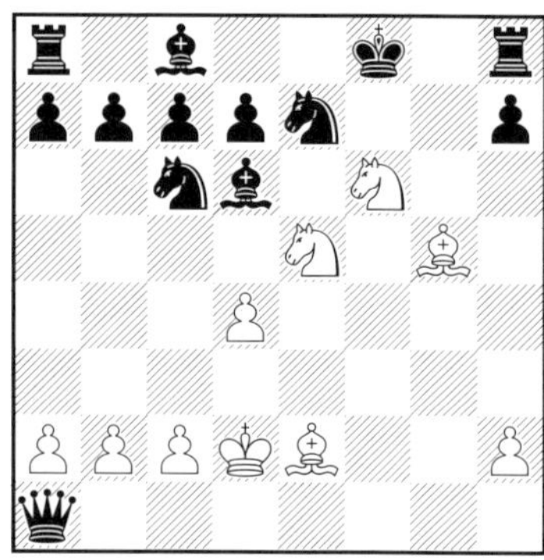

(17...♔d8 18.♘f7#)

18.♗h6#

Partien wie diese sind der Grund, warum das Königsgambit nicht ausgestorben ist!

1-0

A. Schirow (2749) – D. Baramidze (2542) [C95]

Schachbundesliga 2010-11

Hamburg GER (5), 2010

5) Die solide Breyer-Variante

In der spanischen Eröffnungen gibt es verschiedene Aufstellung für Schwarz. Die Breyer-Variante gilt als sehr fest und solide:

1.e4 e5 2.♘f3 ♘c6 3.♗b5 a6 4.♗a4 ♘f6 5.0-0 ♗e7 6.♖e1 b5 7.♗b3 d6 8.c3 0-0 9.h3 ♘b8

Der Beginn der Breyer-Variante. Schwarz will den Damenspringer auf d7 platzieren und steht danach solide und fest.

10.d4 ♘bd7 11.♘bd2 ♗b7 12.♗c2 ♖e8 13.♘f1 ♗f8 14.♘g3 g6 15.a4 c5 16.d5 c4 17.♗g5 h6 18.♗e3 ♕c7 19.♕d2 h5 20.♖a3 ♘c5 21.♖ea1 ♘fd7 22.♗h6 ♗e7 23.♕e2 ♘b6

Fast alle schwarzen Figuren stehen am Damenflügel. Das ist für Schirow das Signal zum Losschlagen:

24.♘xh5!! ♘bxa4

(24...gxh5? 25.♘d4 exd4 26.♕xh5 ♗c8 27.cxd4+-)

25.♗xa4 ♘xa4 26.♘g5 26...♕d8?

Das führt keine neue Kraft zur Verteidigung heran, denn die Dame wirkt schon längs der 7. Reihe mit. [26...gxh5? ist nach wie vor nicht gut: 27.♕xh5 ♗f8 (27...♗f6 28.♖e1+-) 28.♗xf8 ♔xf8 29.♖xa4 bxa4 30.♖xa4 ♕d7 31.♖xc4 ♖ec8 32.♖b4 ♖cb8 33.♖b6±; nach 26...♘c5! habe ich keinen Gewinn gefunden, z.B. 27.♕g4 f5 28.exf5 gxh5 29.♕xh5 ♗xg5 30.♕xg5+ ♔h7 31.♕g6+ ♔h8 32.♕f6+=.]

27.f4! ♘c5?

Nun kommt der Springer am Königsflügel zu spät. [27...exf4? 28.♘xf7 ♔xf7 29.♕g4 ♗c8 30.♕xf4+ ♔g8 (30...♗f5 31.♖f1+-) 31.♖f1 ♔h7 32.g4 ♖a7 33.g5 ♕b6+ 34.♔h2 ♗d8 35.♘f6+ ♗xf6 36.gxf6 ♕d8 37.♕h4 ♔g8 38.♖g1 ♔f7 39.♗g7+-; 27...♗f8! ist wohl relativ am besten, aber der weiße Angriff bleibt nach 28.♗xf8 ♖xf8 29.♕g4 ♕e7 30.♘g3 sehr gefährlich, z.B. 30...exf4? 31.♘f5 gxf5? 32.exf5+-; 27...♖f8? 28.♖f1+-.]

28.♖f1

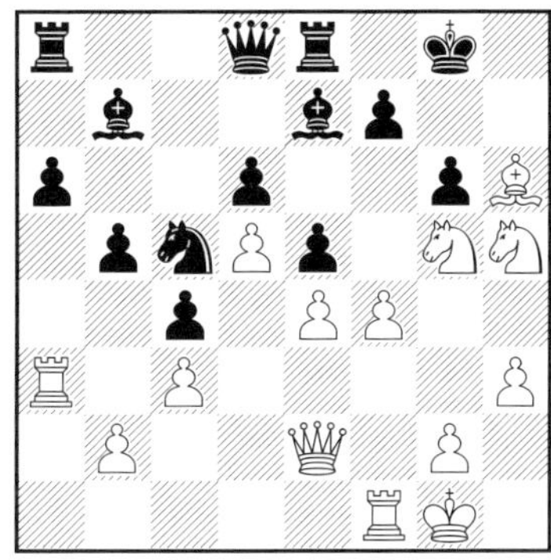

Schirow bringt mit jedem Zug einen neuen Angreifer heran. Nun gibt es kein Halten mehr.

28...f6

(28...♖f8 29.♗xf8 ♕xf8 30.♘xf7 ♕xf7 31.fxe5 ♕e8 32.e6 gxh5 33.♖f7 ♕xf7 34.exf7+ ♔g7 35.♖a1 ♘d7 36.♕xh5 ♘e5 37.♖f1 ♖f8 38.g4 ♖xf7 39.g5 ♖xf1+ 40.♔xf1 ♗c8 41.♕h6+ ♔g8 42.g6 ♗f6 43.♔g2+-; 28...♘d7 29.♕f3 ♗xg5 30.fxg5 ♕e7 31.♘f6+ ♘xf6 32.gxf6 ♕d7 33.♗g7+-; 28...gxh5 29.♘xf7 ♔xf7 30.♕xh5+ ♔g8 31.♕g6+ ♔h8 32.♕g7#)

29.f5 fxg5 30.fxg6 ♘d7

(30...♘d3 31.♖f7 ♘f4 32.♘xf4 gxf4 33.♕h5+-)

31.♖f7 ♘f8 32.♕f3 ♕b6+ 33.♔h2

Die Partie wurde zur Partie der Bundesliga-Saison 2010/11 gewählt.

1-0

Tests

Es ist an der Zeit, Ihre Fortschritte zu testen. Führen Sie jeden Test mit den 16 Aufgaben an einem anderen Tag durch und nehmen Sie sich für jeden Test zwei Stunden (Sie können einen Test auch teilen und die ersten acht Aufgaben an einem und die weiteren acht Aufgaben an einem anderen Tag lösen). Lösen Sie die Aufgaben ohne Brett und schreiben Sie die Lösungen auf. Es gibt 42 Punkte für jeden Test, so dass man insgesamt 420 Punkte erreichen kann. Die grob geschätzten Werte in der Punktetabelle sollte man nicht zu ernst nehmen, aber je mehr Tests Sie durchführen, desto genauer sollte das Ergebnis sein. Wenn Sie die Hinweise in Anspruch nehmen, kostet Sie das zwei Punkte, so dass Aufgaben mit dem Schwierigkeitsgrad 1 oder 2 keine Hinweise beinhalten. Das Ziel ist zu gewinnen oder remis zu spielen. So oder so sollten Sie immer versuchen, den besten Zug zu finden und so tief wie möglich zu rechnen, um unangenehme Überraschungen zu vermeiden. Schreiben Sie alle relevanten Varianten Ihrer Lösung auf! Genug für den Moment und viel Glück!

Aufgaben Test 1

Hinweise auf Seite 245
Lösungen ab Seite 250

406. N. Stanec (2530) – V. Burmakin (2593)
Offenes Turnier, Graz 2001

Schwarz am Zug

407. E. Sutovsky (2651) – J. Speelman (2603)
16. Nordsee-Cup, Esbjerg 2001

Weiß am Zug

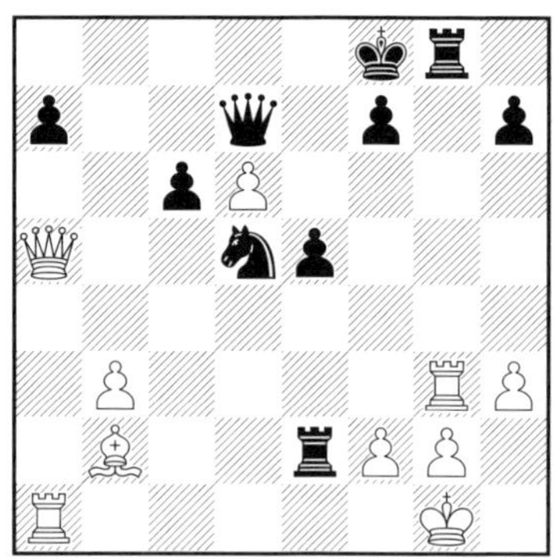

408. V. Chuchelov (2550) – R. Waganjan (2641)
Ohrid 2001

Schwarz am Zug

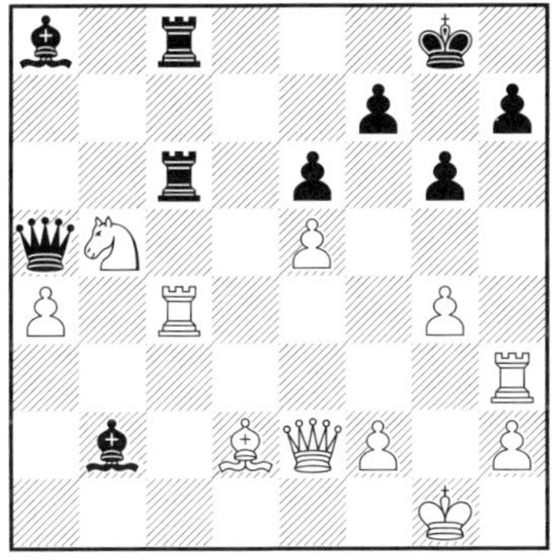

409. A. Fjodorow (2646) – U. Adianto (2583)
Olympiade Istanbul (Männer) 2000

Schwarz am Zug

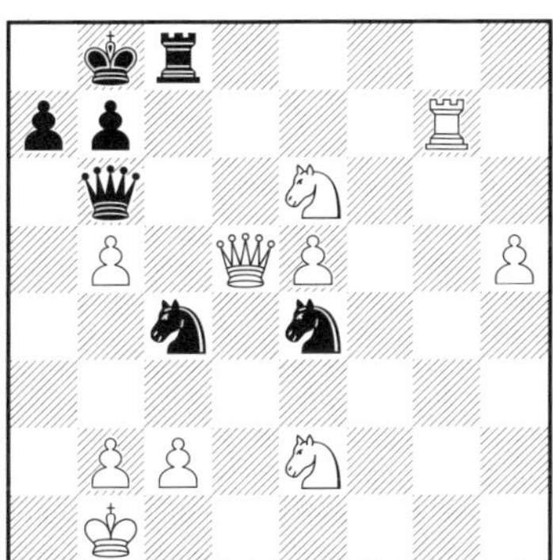

410. P. Kirjakow (2553) – K. Assejew (2575)
RUS-Vereinsmeisterschaft, Krasnodar 2002

Weiß am Zug

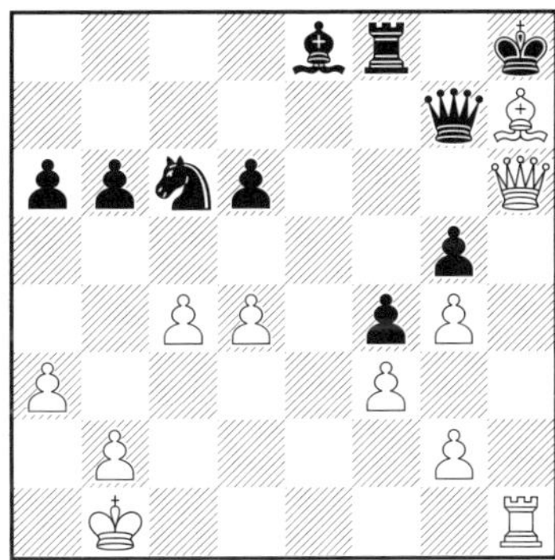

411. W. Kramnik (2797) – G. Kasparow (2827)
Zürich, Kortschnois Geburtstag, Knock-out-Turnier 2001

Weiß am Zug

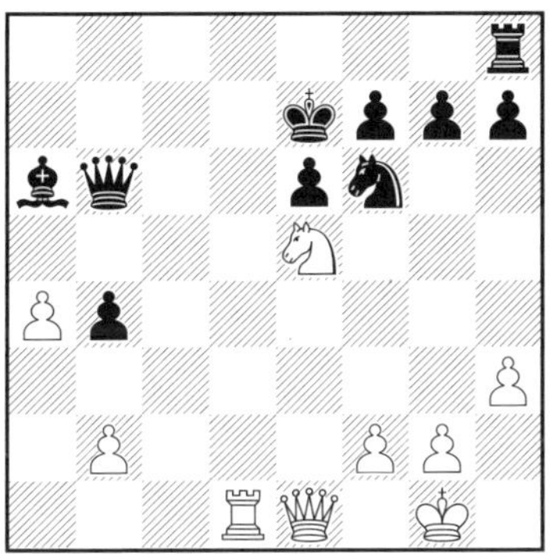

412. Liang Chong (2560) – Zhang Zhong (2632)
HeiBei Zonenturnier 3.3 2001

Schwarz am Zug

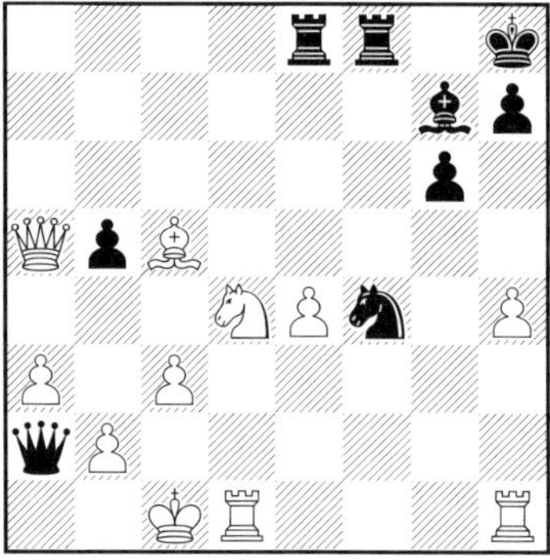

413. D. Navara (2559) – M. Vokac (2502)
Offenes Turnier, Pardubice 2002

Weiß am Zug

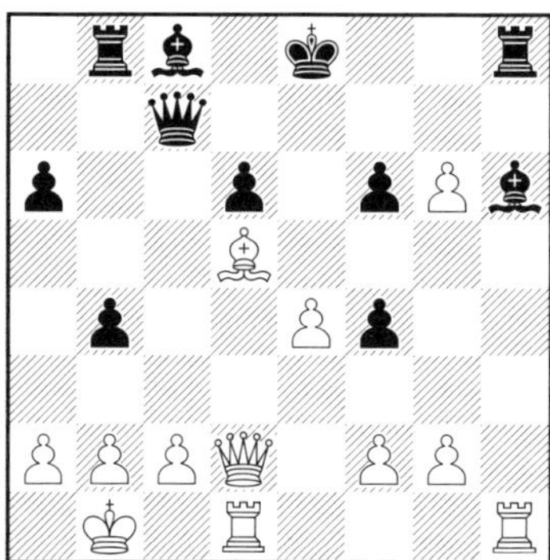

414. R. Kasimdshanow (2690) – A. Schirow (2746)
Deutsche Bundesliga 2001

Schwarz am Zug

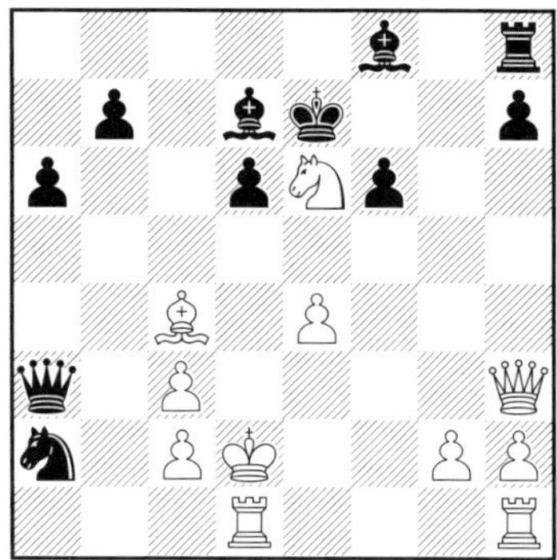

415. P. Leko (2739) – E. Ghaem Maghami (2513)
5. Mannschaftsweltmeisterschaft, Jerewan 2001

Weiß am Zug

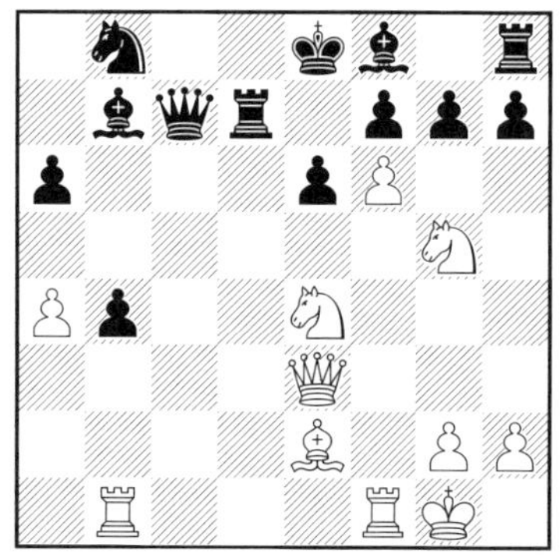

416. A. Zapata (2556) –
L. Ljubojevic (2557)
Olympiade Bled (Männer) 2002

Weiß am Zug

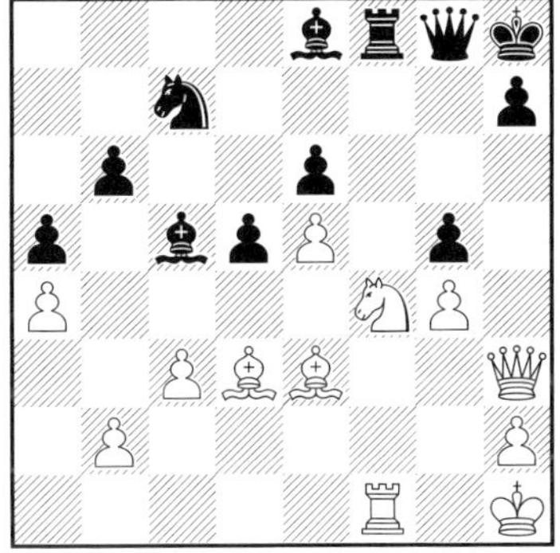

417. R. Zelcic (2503) –
H. Stefansson (2570)
Ohrid 2001

Weiß am Zug

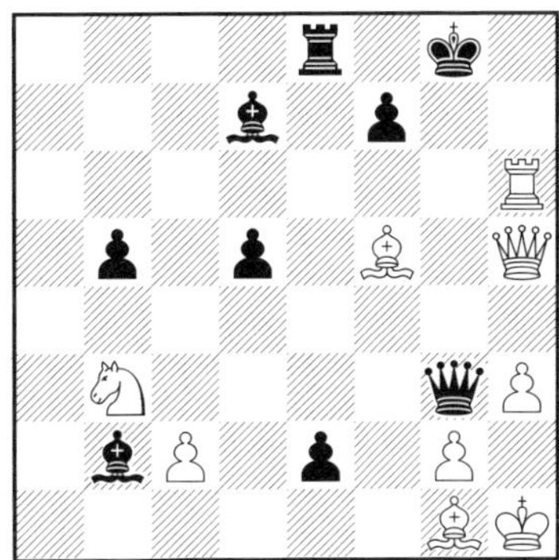

418. K. Müller (2518) –
M. Stangl (2494)
Deutsche Bundesliga 2002

Weiß am Zug

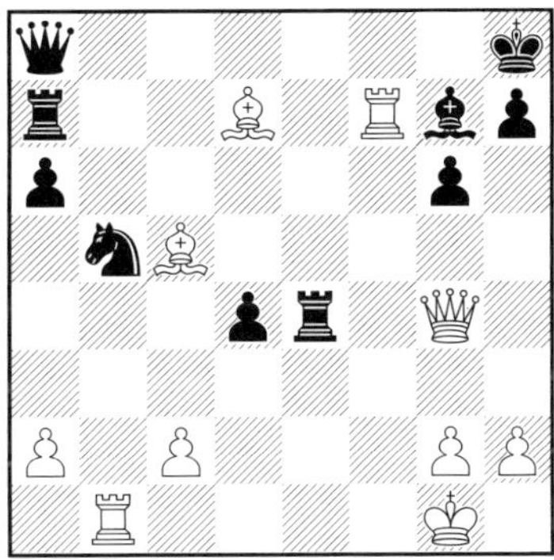

419. P. Swidler (2690) –
R. Ruck (2572)
Olympiade Bled (Männer) 2002

Schwarz am Zug

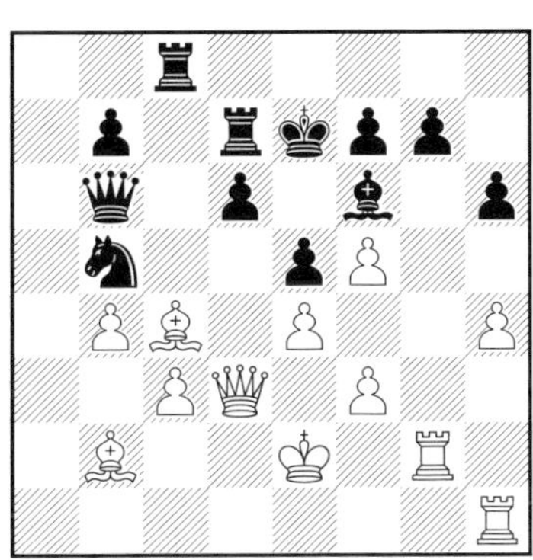

420. K. Sasikiran (2670) –
R. Kasimdshanow (2653)
FIDE World Cup-C, Hyderabad 2002

Schwarz am Zug

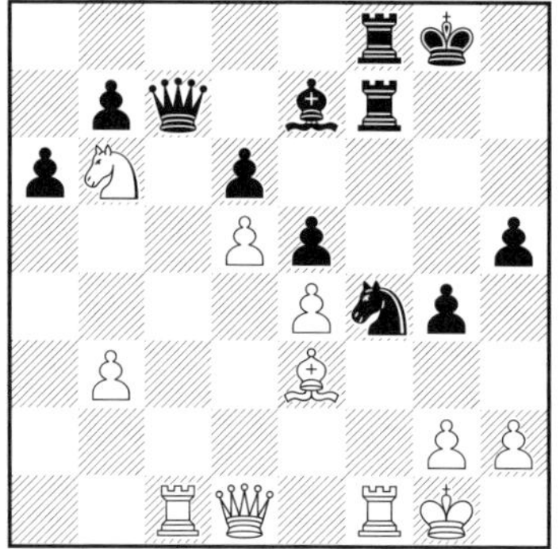

421. L. Bruzón (2610) –
P. Nielsen (2625)
18. Nordsee-Cup, Esbjerg 2003

Weiß am Zug

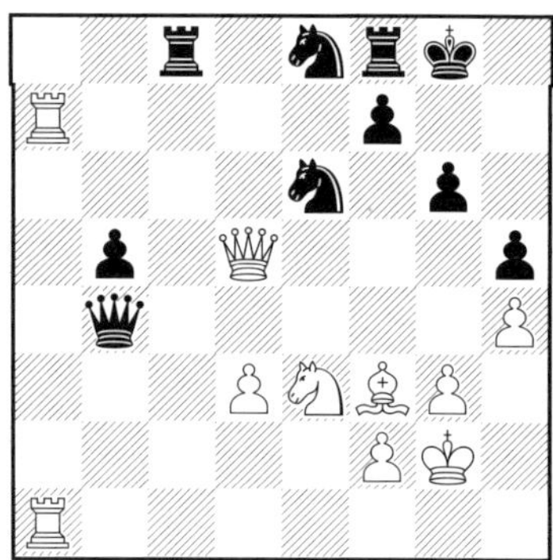

Aufgaben Test 2

Hinweise auf Seite 245
Lösungen ab Seite 251

422. Analyse von Tompa – K. Honfi
Ungarn 1973

Weiß am Zug

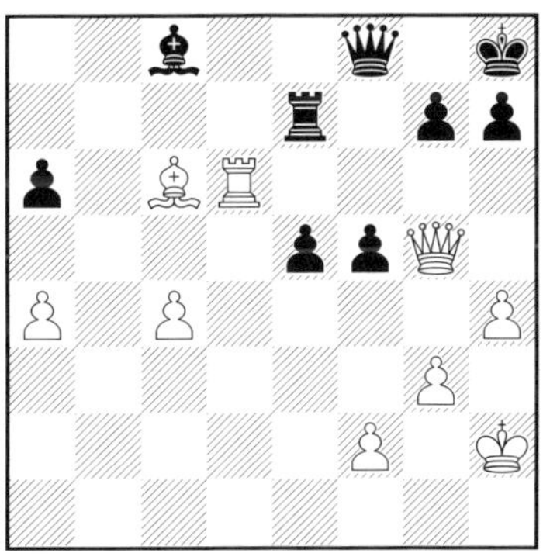

423. B. Lalic (2523) – E. van den Doel (2585)
Offenes Turnier, Zwolle 2002

Weiß am Zug

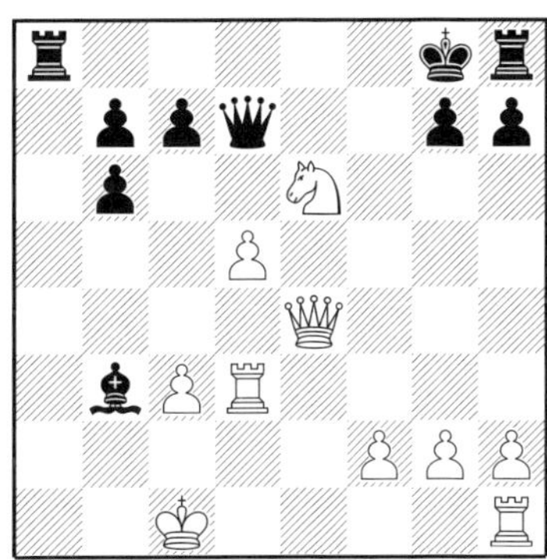

424. A. Lastin (2630) – S. Wokarew (2507)
Offenes Turnier Aeroflot, Moskau 2002

Weiß am Zug

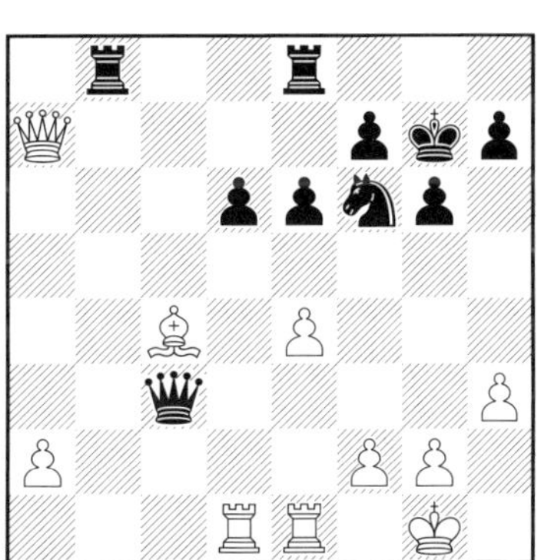

425. Z. Asmaiparaschwili (2670) – P. Eljanow (2558)
Ohrid 2001

Weiß am Zug

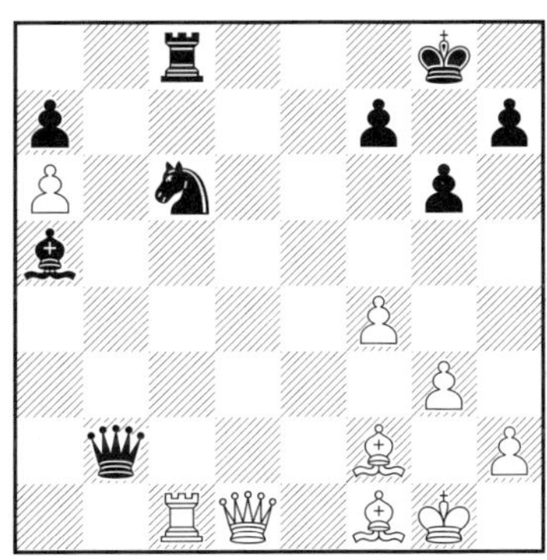

426. V. Anand – V. Bologan
Dortmund 2003

Weiß am Zug

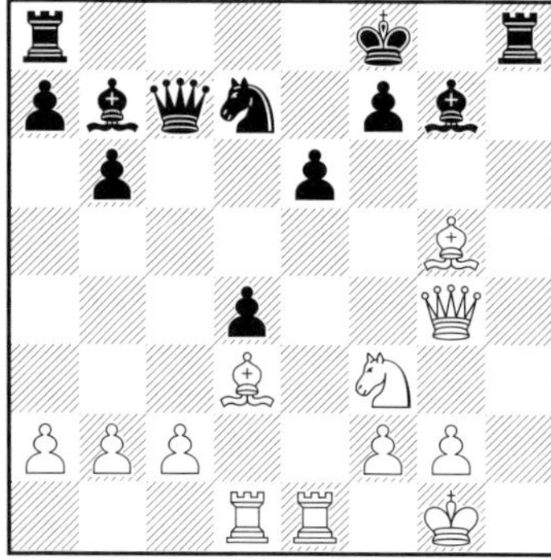

427. B. Gelfand (2703) – M. Adams (2742)
Corus, Wijk aan Zee
2002

Schwarz am Zug

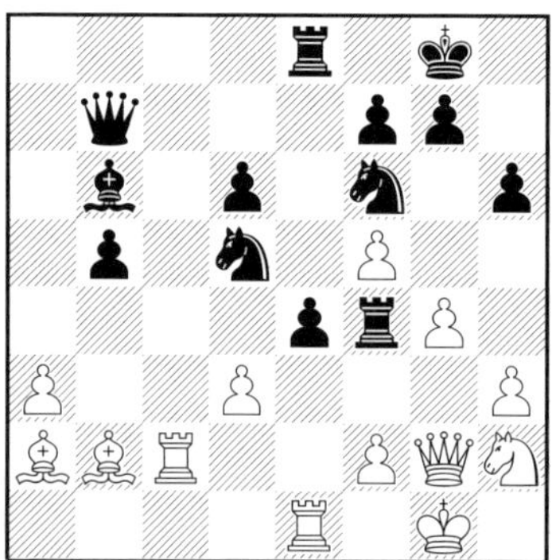

428. H. Gretarsson (2520) – J. Ehlvest (2589)
Offenes Turnier, Reykjavik 2002

Schwarz am Zug

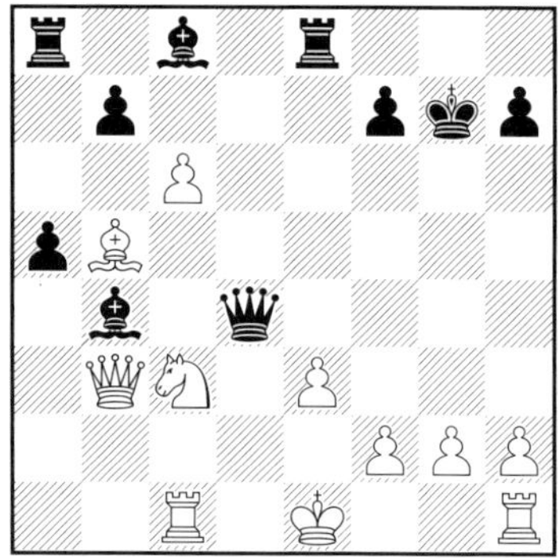

429. M. Gurewitsch (2641) – W. Malachow (2647)
10. Offenes Turnier Valle d'Aosta,
St. Vincent 2002

Weiß am Zug

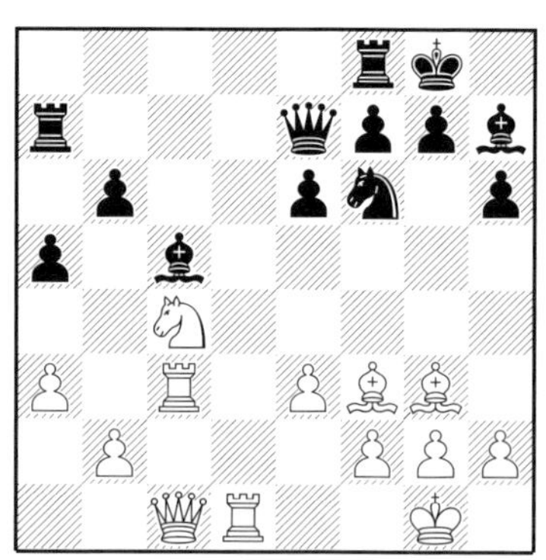

430. Z. Izoria (2556) –
J. Ehlvest (2588)
Batumi 2002

Weiß am Zug

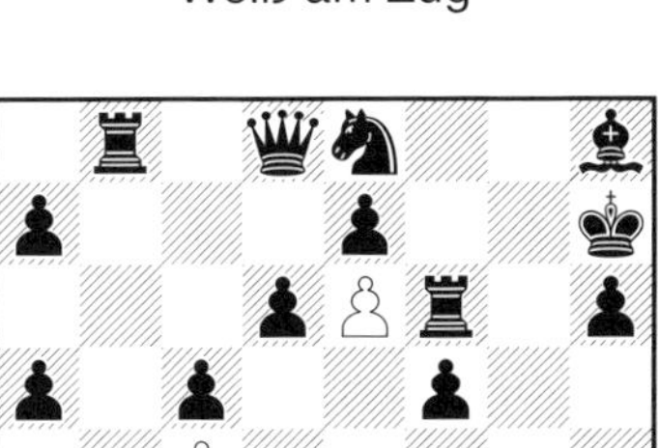

431. R. Kasimdshanow (2704) –
M. Golubew (2526)
Deutsche Bundesliga 2002

Weiß am Zug

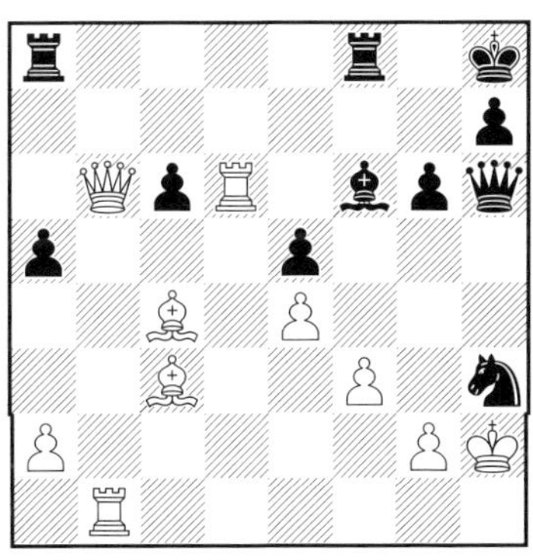

432. R. Leitao (2567) –
I. Stohl (2578)
Olympiade Istanbul (Männer) 2000

Weiß am Zug

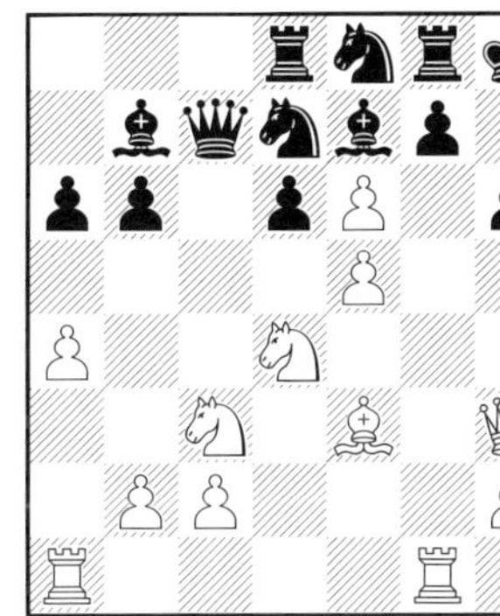

433. S. Mamedjarow (2542) –
S. Sulskis (2577)
Batumi 2002

Schwarz am Zug

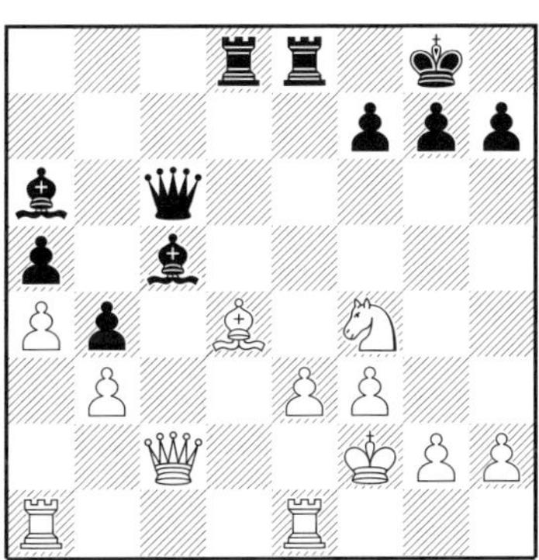

434. J. Benjamin – W. Browne
Philadelphia World Offenes Turnier
2000

Weiß am Zug

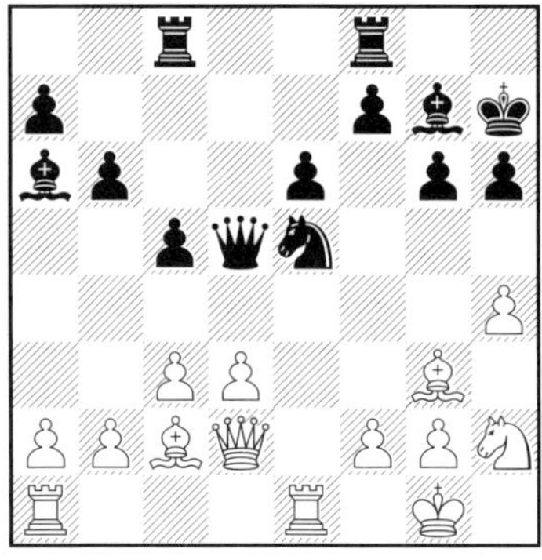

435. P. Swidler (2585) –
J. Yedidia (2390)
Offenes Turnier New York,
Newark 1995

Weiß am Zug

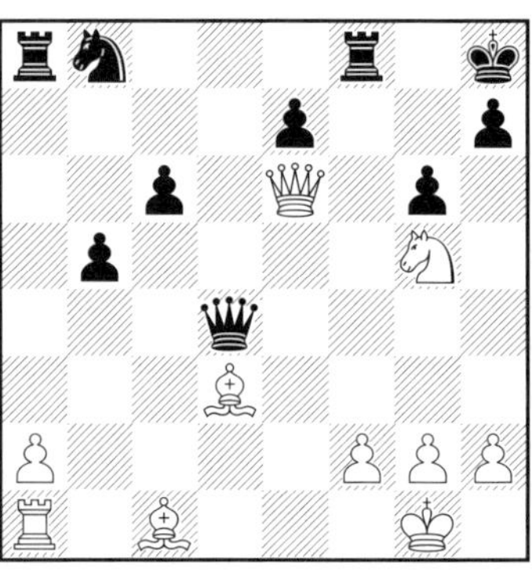

436. S. Grigorjanz (2506) –
I. Tscheparinow (2508)
Internationales Turnier, Pancevo
2003

Schwarz am Zug

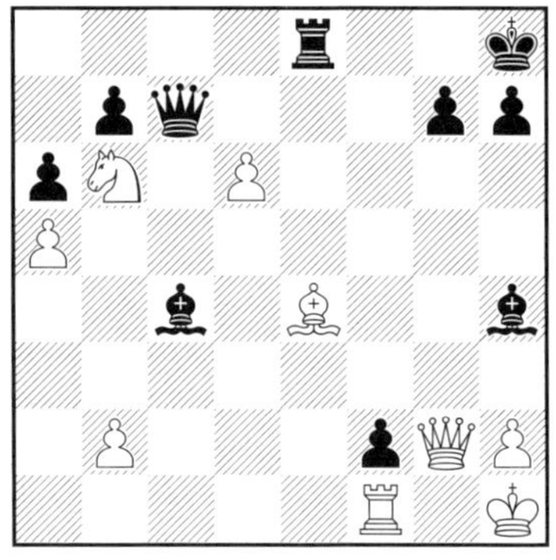

437. I. Sokolov (2684) –
R. Slobodjan (2521)
Deutsche Bundesliga
2003

Weiß am Zug

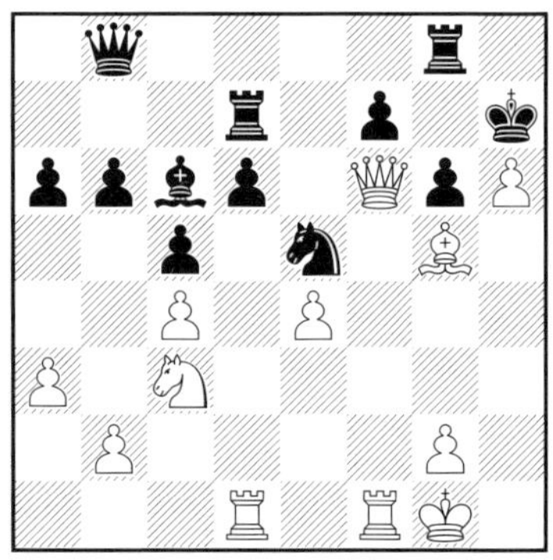

Aufgaben Test 3

Hinweise auf Seite 245
Lösungen ab Seite 253

438. A. Miles (2565) – C. Pritchett (2410)
Offenes Turnier Lloyds Bank, London 1982

Weiß am Zug

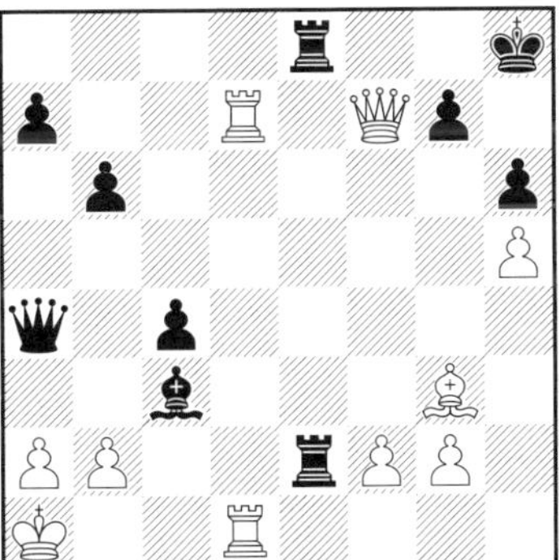

439. G. Kasparow (2810) – W. Kramnik (2750)
Siemens Giants, Frankfurt 1999

Weiß am Zug

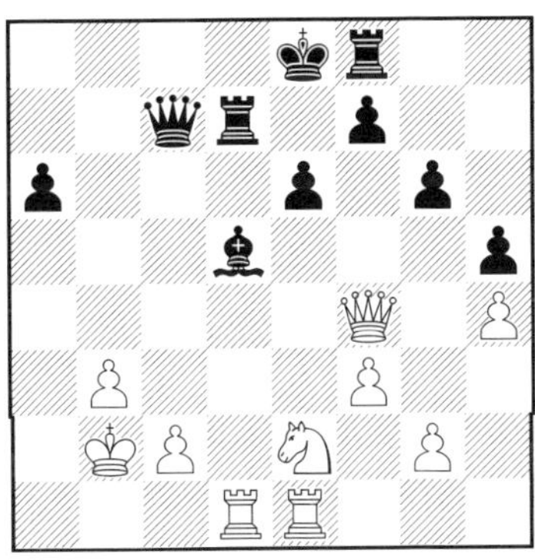

440. C. Vitoux – P. Torres
Offenes Turnier, Naujac 2000

Weiß am Zug

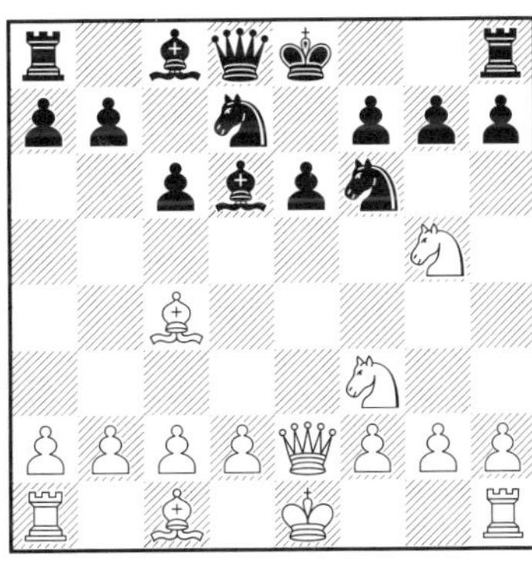

441. Bauer – Golner
Berlin 1956

Weiß am Zug

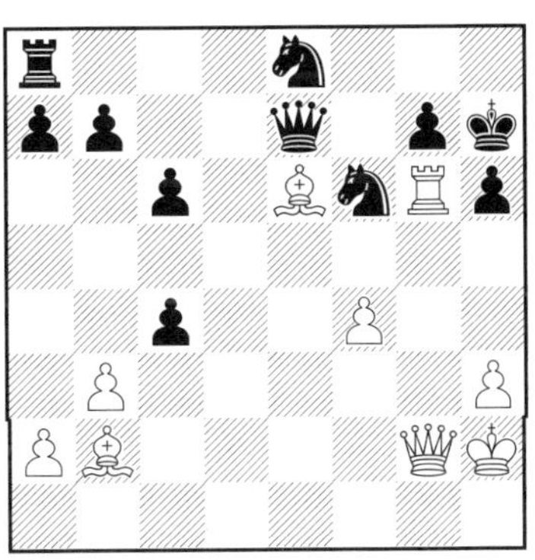

442. Schebler – Müller
Deutsche-Meisterschaft,
Höckendorf 2004

Weiß am Zug

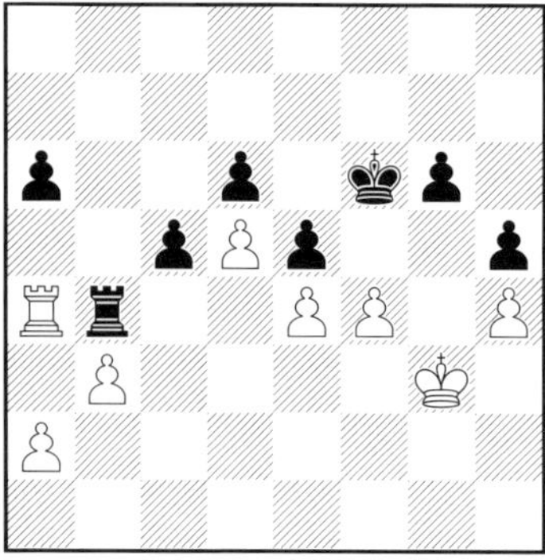

**443. G. Kasparow (2812) –
N. Short (2697)**
Sarajevo 1999

Weiß am Zug

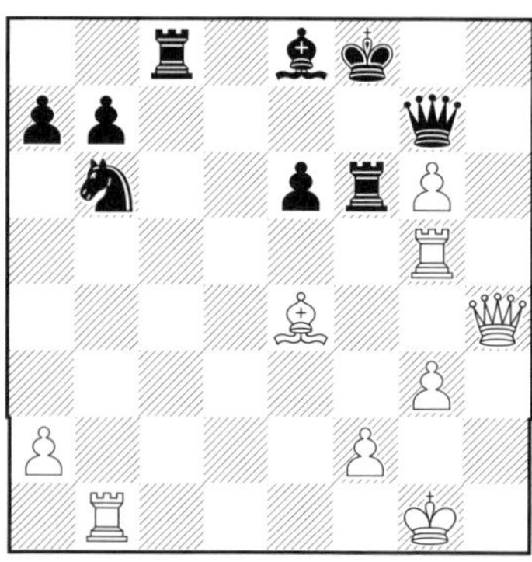

444. D. Rivera – R. Fischer
Olympiade Varna (Männer)
1962

Schwarz am Zug

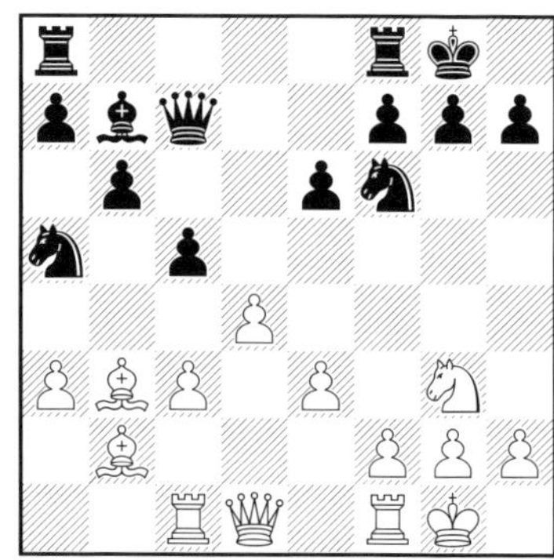

**445. A. Schirow (2751) –
V. Akopjan (2660)**
Mérida 2000

Weiß am Zug

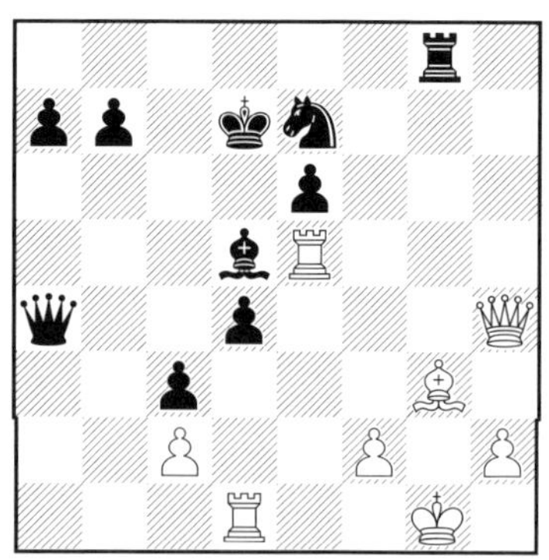

446. N. de Firmian (2570) – A. Minassjan (2598)
Offenes Turnier, New York 2000

Weiß am Zug

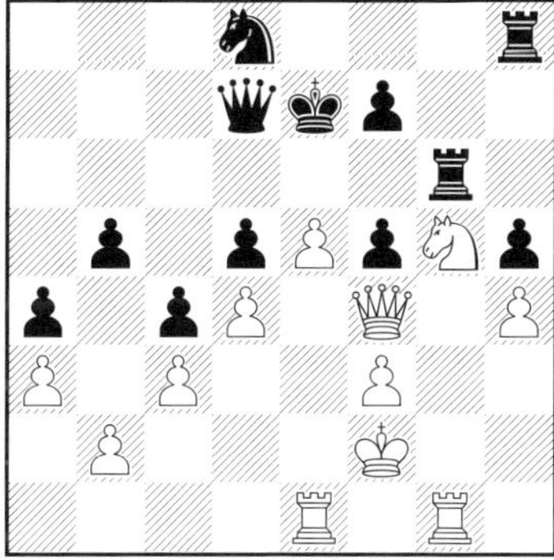

447. P. Swidler (2689) – D. de Vreugt (2511)
Nordsee-Cup, Esbjerg 2000

Weiß am Zug

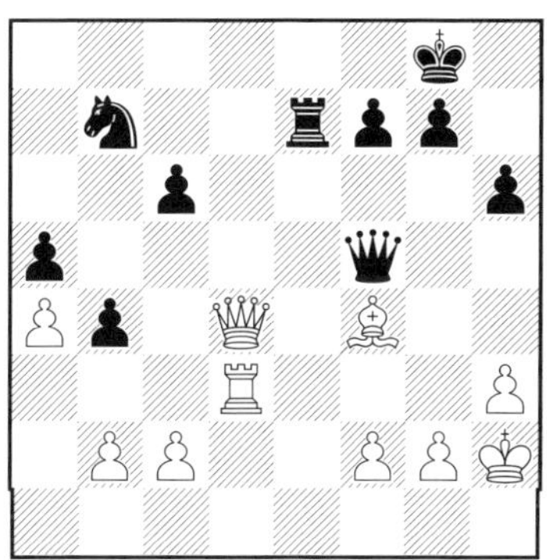

448. A. Vouldis (2515) – J. Gustafsson (2542)
GER-GRE, Fürth 2002

Schwarz am Zug

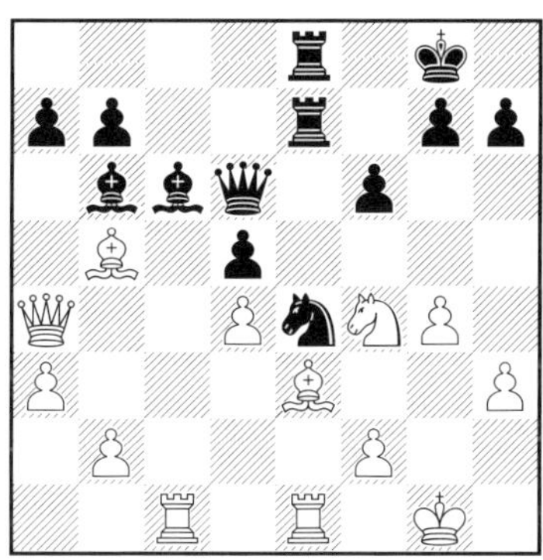

449. L. van Wely (2675) – E. Agrest (2591)
National I, Clermont-Ferrand 2003

Weiß am Zug

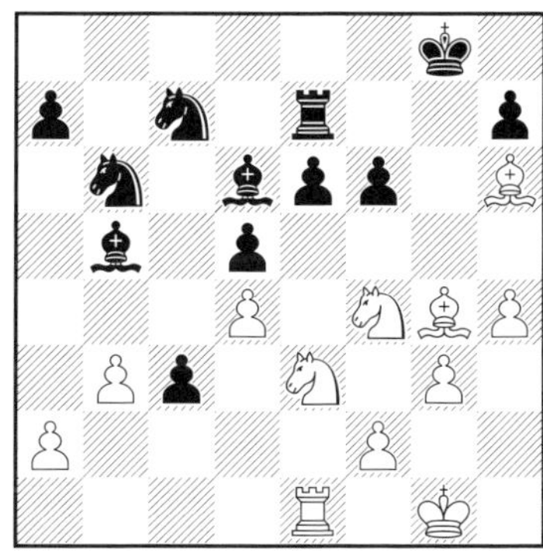

450. I. Nataf (2567) –
H. Stefansson (2598)
37. Capablanca Memorial Elite,
Havanna 2002

Weiß am Zug

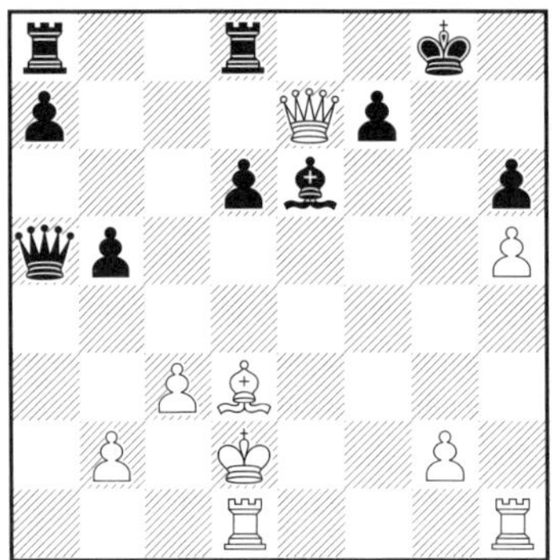

451. R. Leitao (2515) –
A. Baburin (2600)
Europe vs. Americas Mermaid,
Beach Bermuda 1998

Weiß am Zug

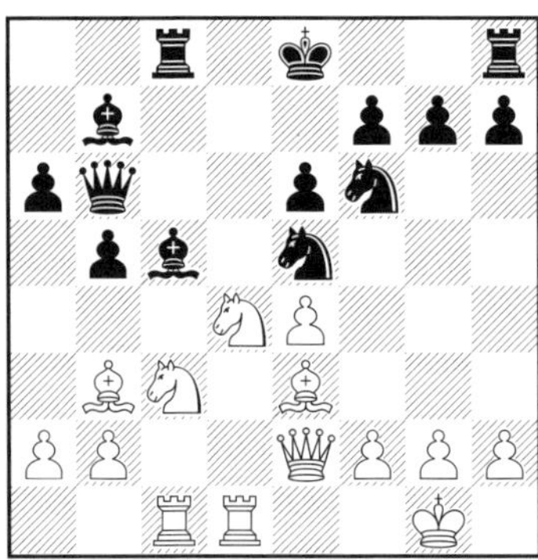

452. B. Gulko (2601) –
A. Shabalov (2606)
US-Meisterschaft,
Seattle 2002

Schwarz am Zug

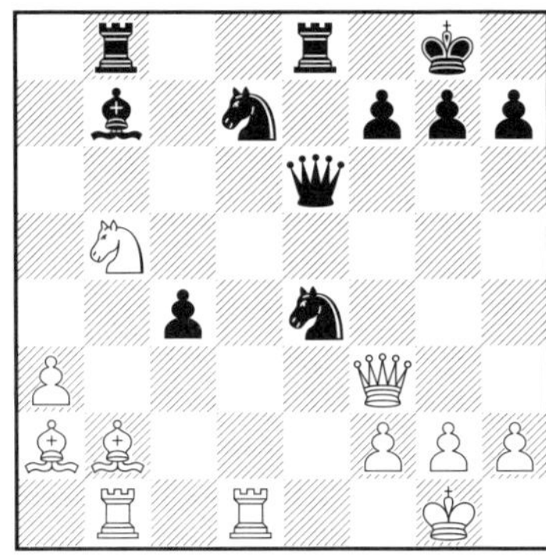

453. W. Iwantschuk (2717) –
A. Schirow (2718)
Corus, Wijk aan Zee
2001

Weiß am Zug

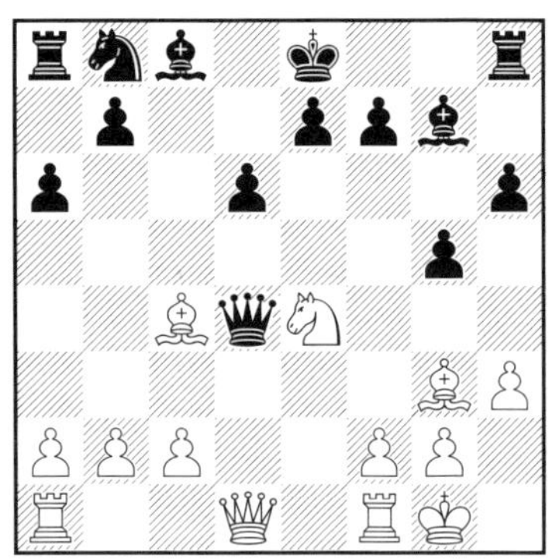

Aufgaben Test 4

Hinweise auf Seite 246
Lösungen ab Seite 255

454. M. Al Modiahki (2523) – B. Awruch (2582)
Biel MTO 2002

Weiß am Zug

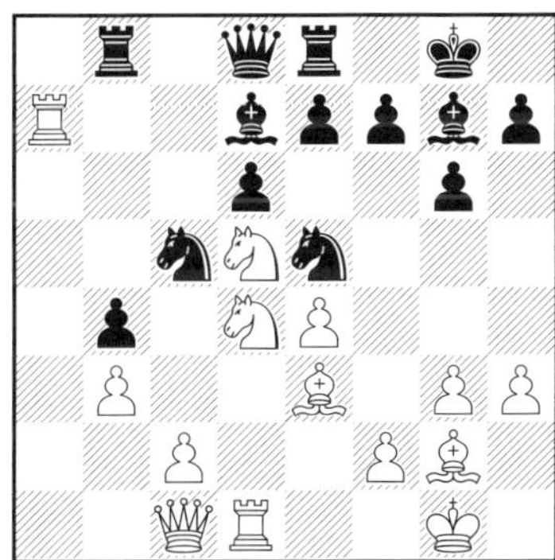

455. A. Drejew (2683) – Zhu Chen (2505)
FIDE GP, Dubai 2002

Weiß am Zug

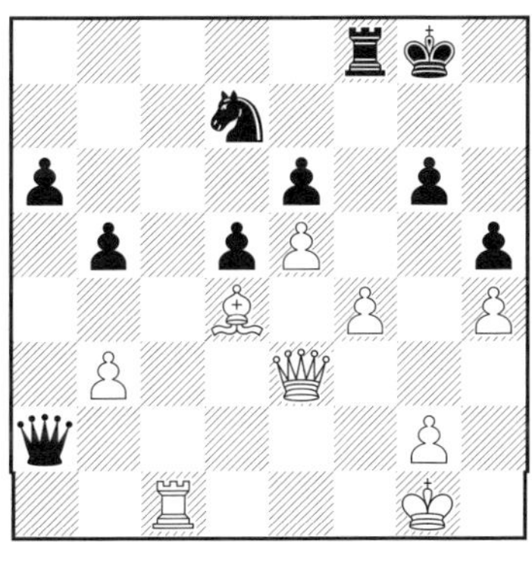

456. B. Macieja (2582) – W. Iwantschuk (2731)
FIDE-WM Knock-out-Turnier, Moskau 2001

Schwarz am Zug

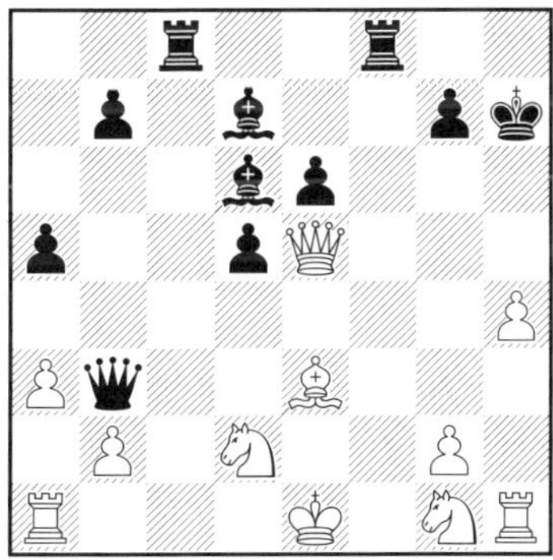

457. N. Miezis (2510) – E. Agrest (2599)
Offenes Turnier Mainz Ordix 2002

Weiß am Zug

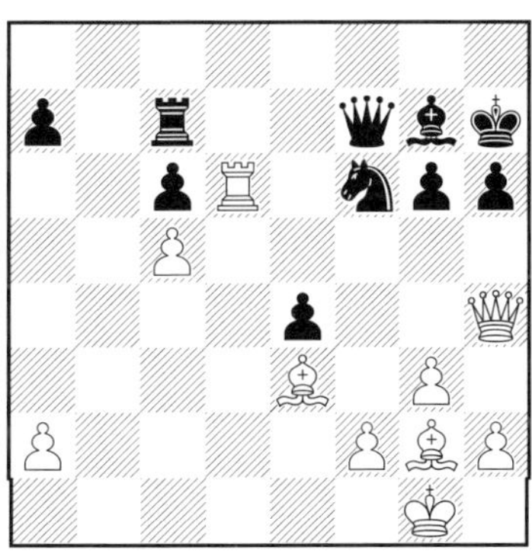

458. D. Sermek (2590) – V. Kovacevic (2500)
Salona 60 Solin/Split 2002

Schwarz am Zug

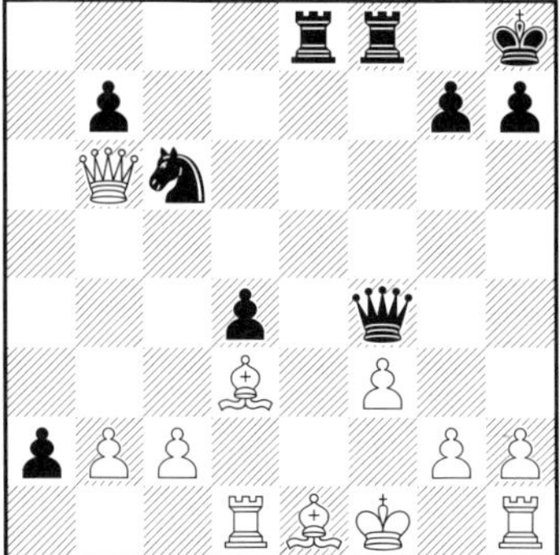

459. J. Wladimirow (2597) – A. Fominyh (2529)
Mumbai 2003

Weiß am Zug

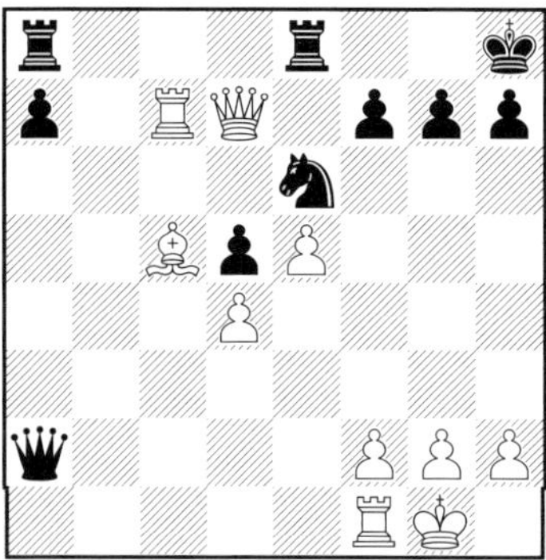

460. Hallier – Hermann
Hamburg 1965

Weiß am Zug

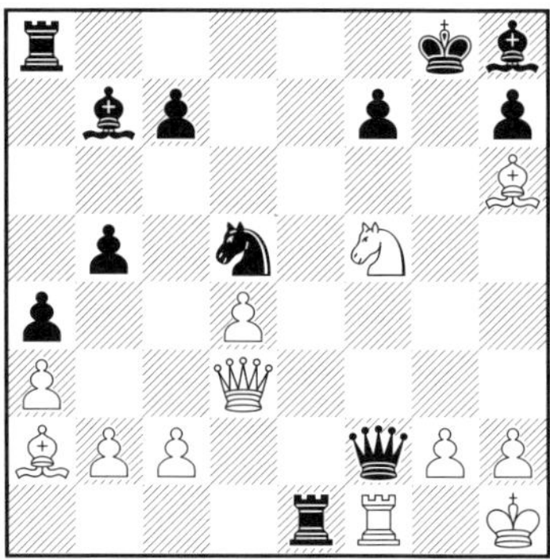

461. S. Hansen (2537) – J. Hector (2553)
11. Sigeman & Co Turnier, Malmö 2003

Weiß am Zug

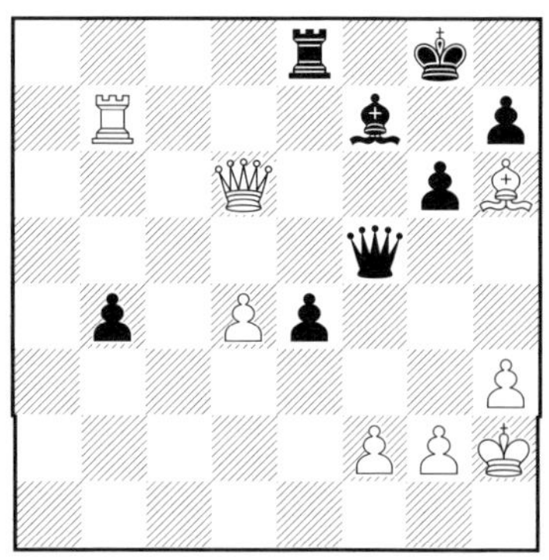

462. Vukovic – NN
Simultan 1937

Weiß am Zug

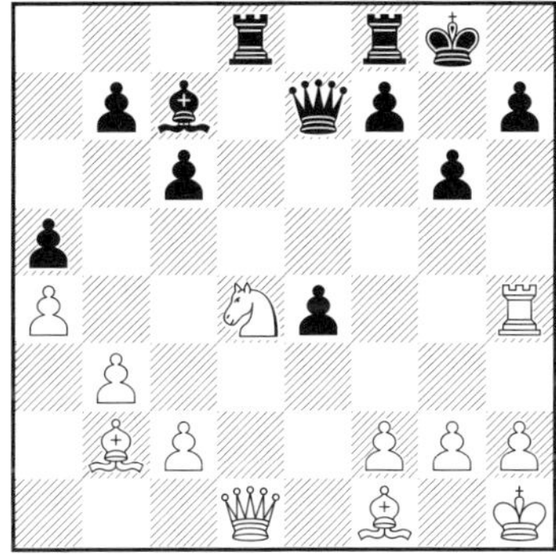

464. A. Westermeyer (1946) – P. Stadler (1584)
Fernschach 2003, Chessfriend.com

Weiß am Zug

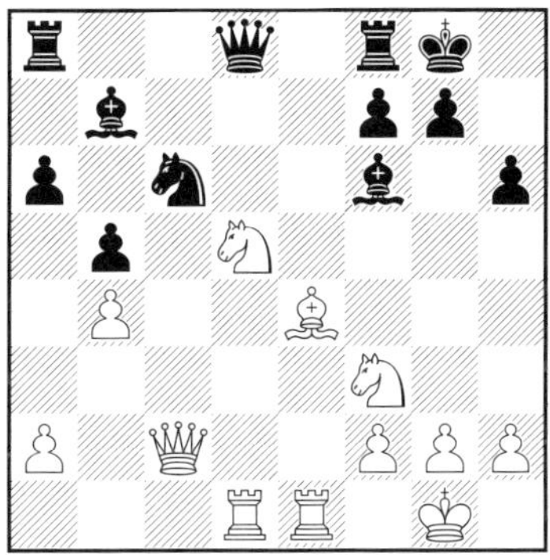

463. Nowosibirsk – Saratow
Städtekampf

Schwarz am Zug

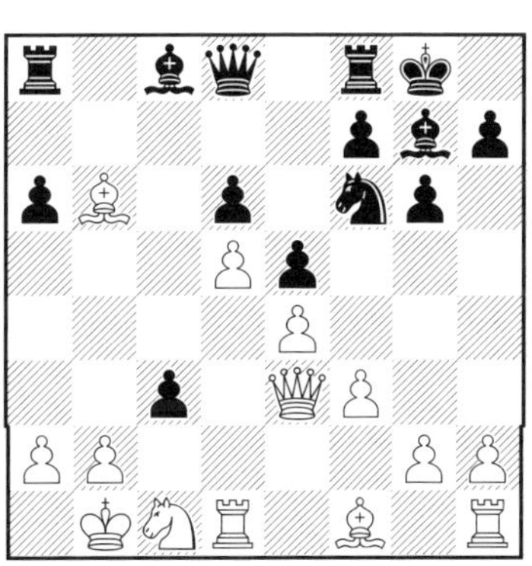

465. J. Benjamin (2577) – M. Gurewitsch (2667)
Cap d'Agde Knock-out-Turnier 2000

Schwarz am Zug

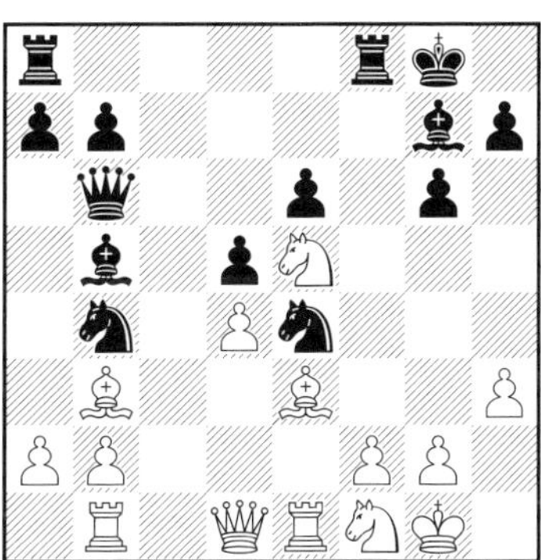

**466. A. Gershon (2540) –
A. Lesiege (2582)**
Elbow Beach Club GM-A Paget
Parish Bermuda 2001

Weiß am Zug

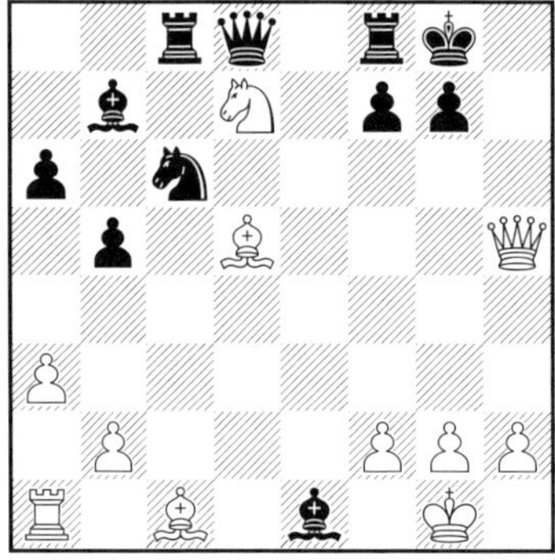

**467. A. Grischuk (2702) –
A. Graf (2635)**
Olympiade Bled (Männer) 2002

Weiß am Zug

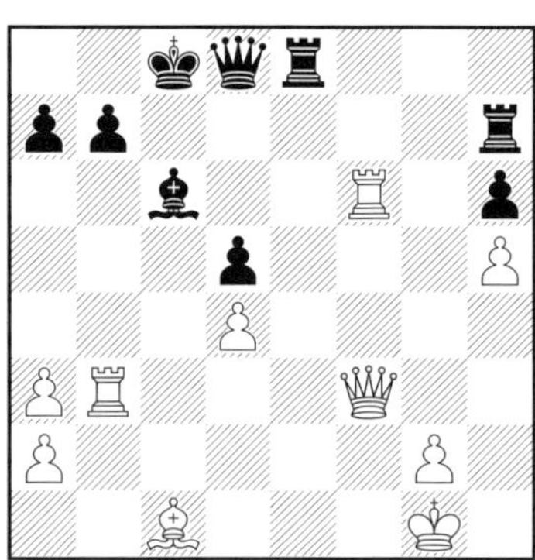

**468. A. Korotylew (2558) –
A. Timofejew (2558)**
RUS-Vereinsmeisterschaft,
Krasnodar 2002

Weiß am Zug

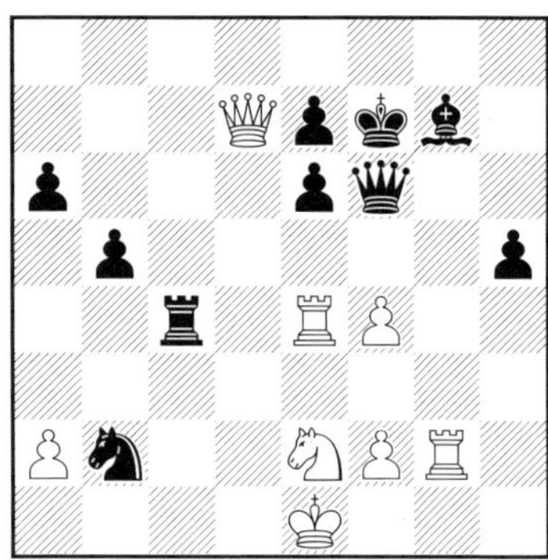

**469. J. Gallagher (2526) –
N. Eliet (2422)**
FRA-Mannschaftsmeisterschaft 2003

Weiß am Zug

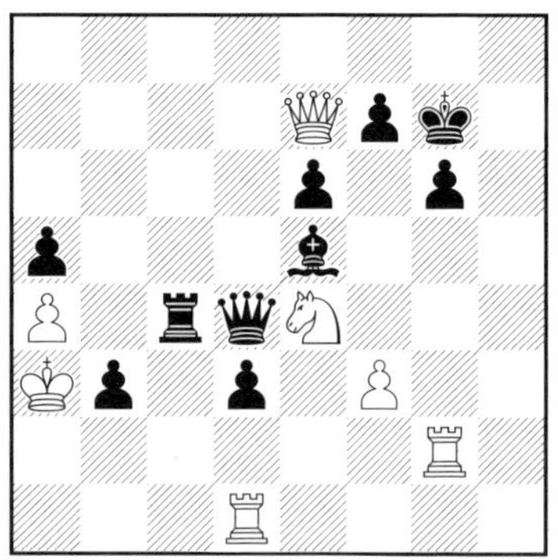

Aufgaben Test 5

Hinweise auf Seite 246
Lösungen ab Seite 256

470. P. Smirnow (2615) – V. Meijers (2512)
Istanbul 2003

Weiß am Zug

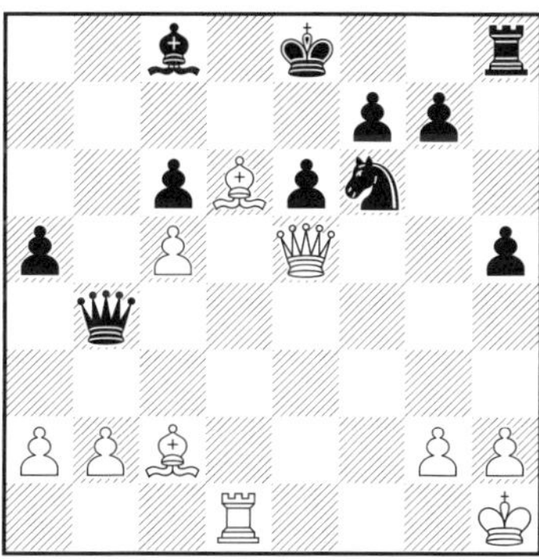

471. L.van Wely (2645) – F. Nijboer (2567)
Lost Boys Offenes Turnier, Amsterdam 2002

Weiß am Zug

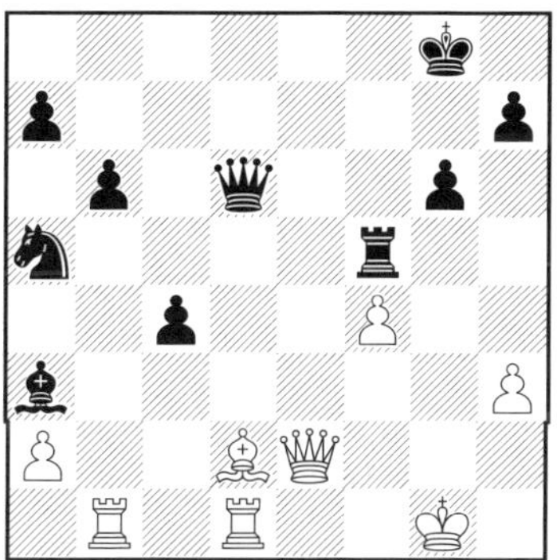

472. J. Worobiow (2534) – S. Iwanow (2557)
St. Petersburg vs. Moskau, St. Petersburg 2003

Schwarz am Zug

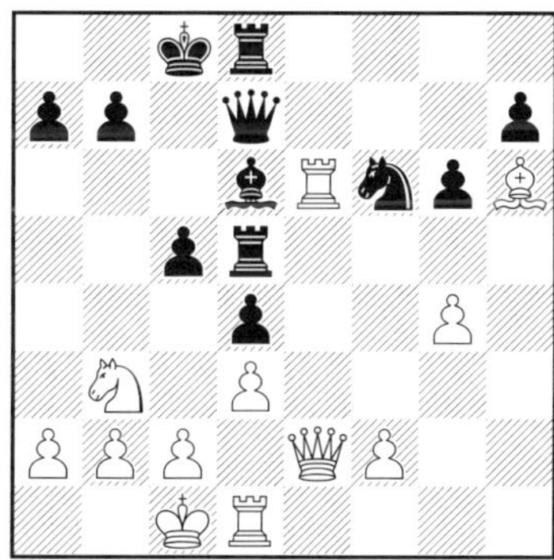

473. Capablanca – Kalantarow
Simultan, St. Petersburg 1913

Weiß am Zug

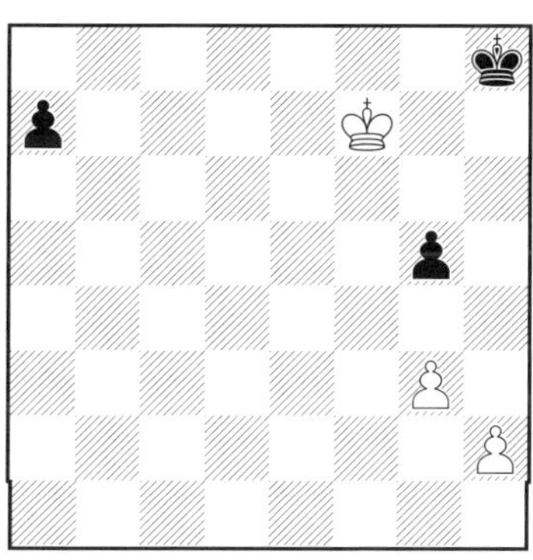

474. M. Marin (2556) – Z. Almasi (2672)
Olympiade Bled (Männer) 2002

Schwarz am Zug

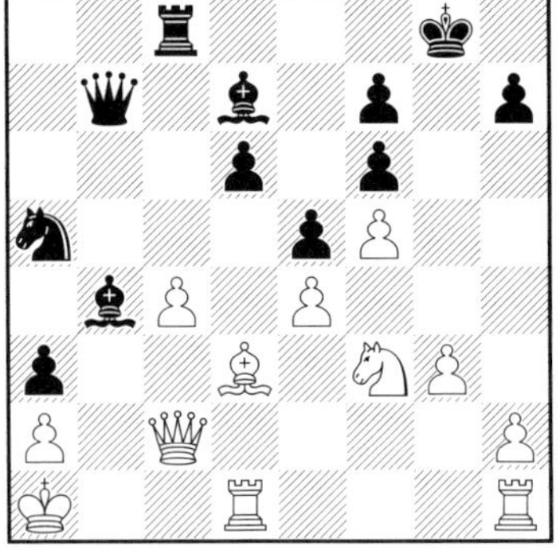

476. P. Nielsen (2593) – J. Speelman (2603)
16. Nordsee-Cup, Esbjerg 2001

Weiß am Zug

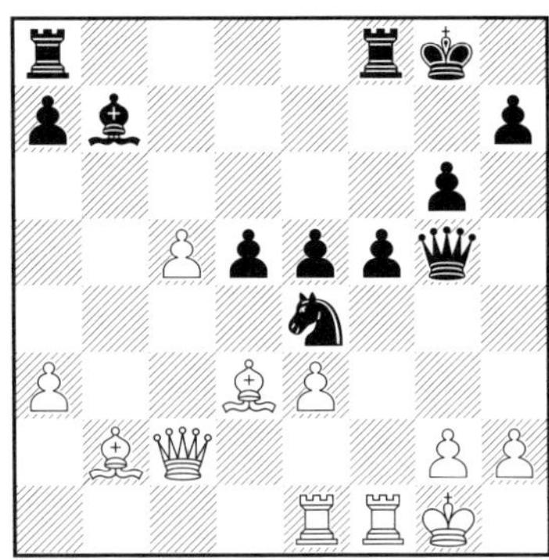

475. Zhu Chen (2538) – L. Christiansen (2566)
USA – China Summit, Seattle 2001

Schwarz am Zug

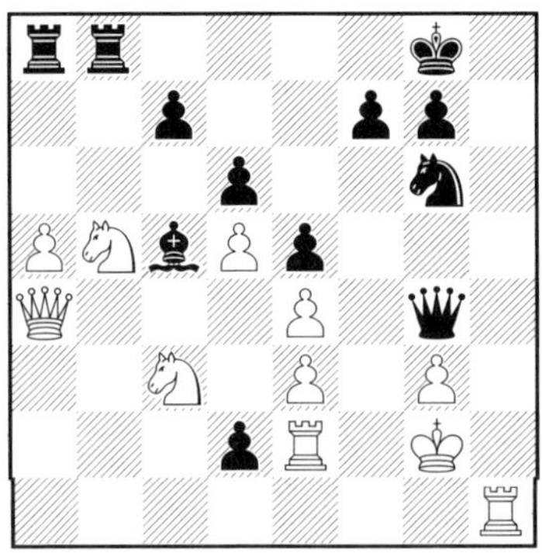

477. A. Graf (2642) – R. Slobodjan (2539)
Deutsche-Meisterschaft, Heringsdorf 2000

Weiß am Zug

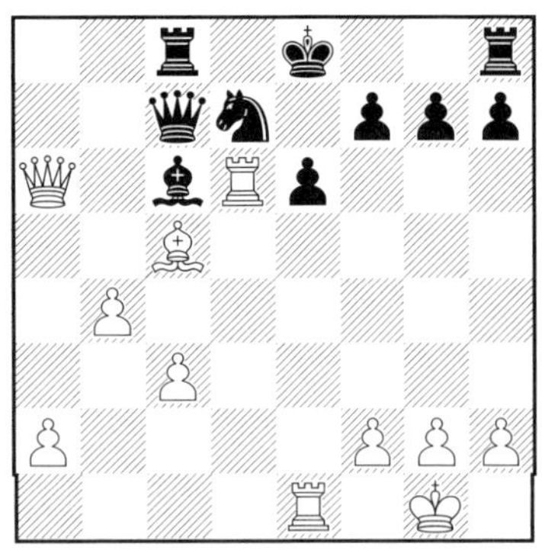

478. B. Gelfand (2680) –
A. Schirow (2745)
Olympiade Istanbul (Männer) 2000

Weiß am Zug

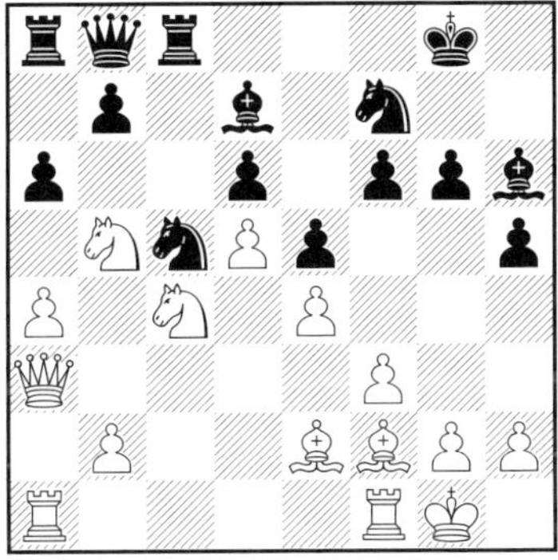

479. S. Fedortschuk (2503) –
B. Jobava (2543)
Ohrid 2001

Schwarz am Zug

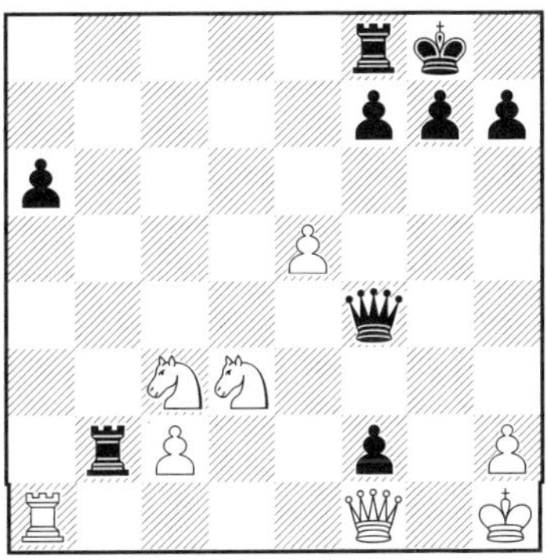

480. I. Tscheparinow (2508) –
K. Georgiew (2516)
Sofia 2003

Schwarz am Zug

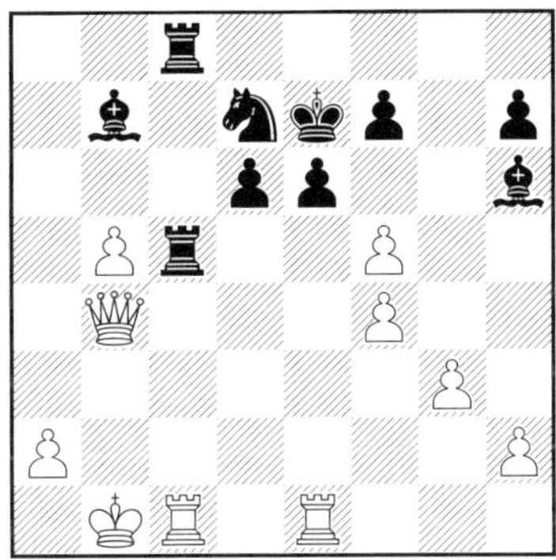

481. V. Anand (2790) –
L. Ljubojevic (2566)
10. Amber Blindschachturnier,
Monte Carlo 2001

Schwarz am Zug

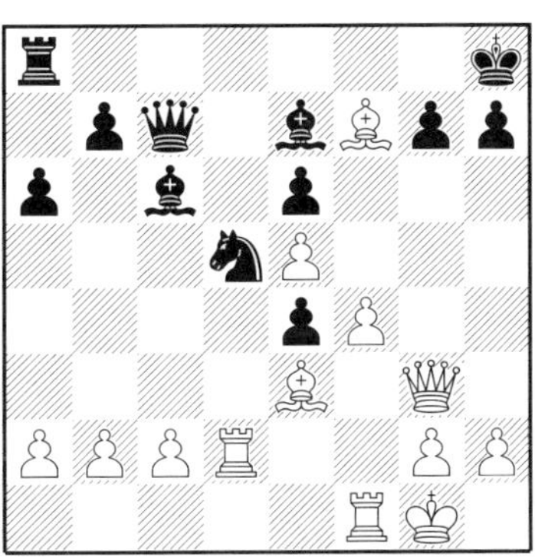

482. R. Byrne – R. Fischer
US-Meisterschaft,
New York 1963

Schwarz am Zug

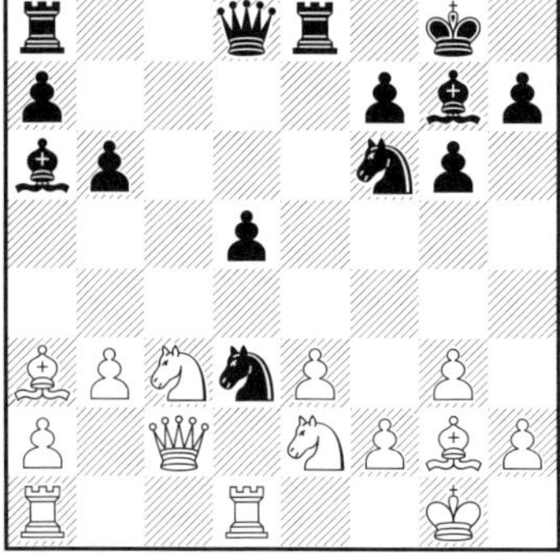

483. I. Smirin (2686) – G. Rechlis (2525)
ISR-Mannschaftsmeisterschaft
2001

Weiß am Zug

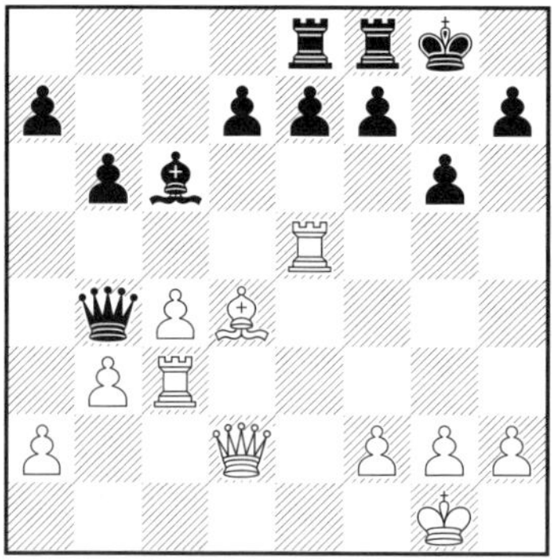

484. E. Sutovsky (2657) – O. Cvitan (2562)
Olympiade Bled (Männer) 2002

Weiß am Zug

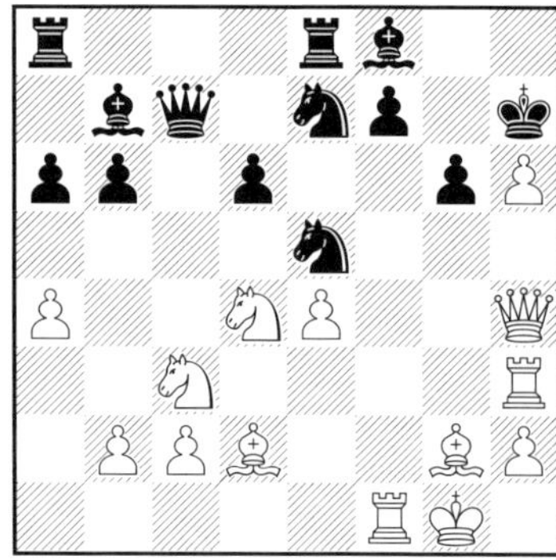

485. V. Tkachiev (2672) – H. Hamdouchi (2535)
World-Cup of Rapid Chess-B,
Cannes 2001

Weiß am Zug

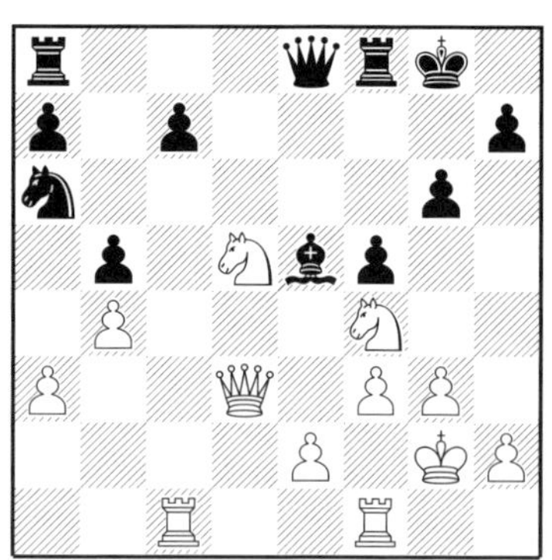

Aufgaben Test 6

Hinweise auf Seite 247
Lösungen ab Seite 258

486. A. Drejew (2683) – Zhu Chen (2505)
FIDE GP, Dubai 2002

Weiß am Zug

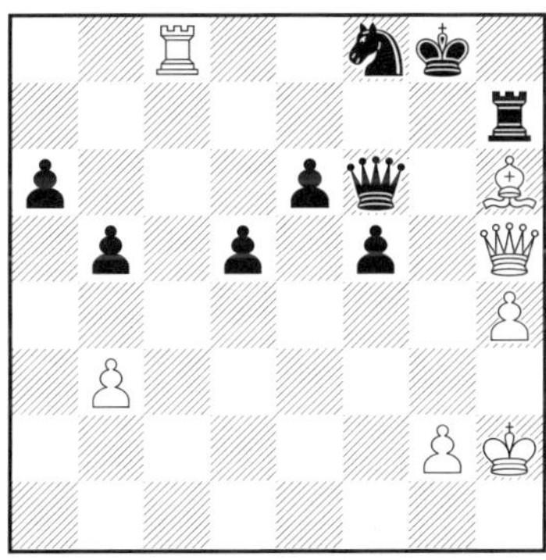
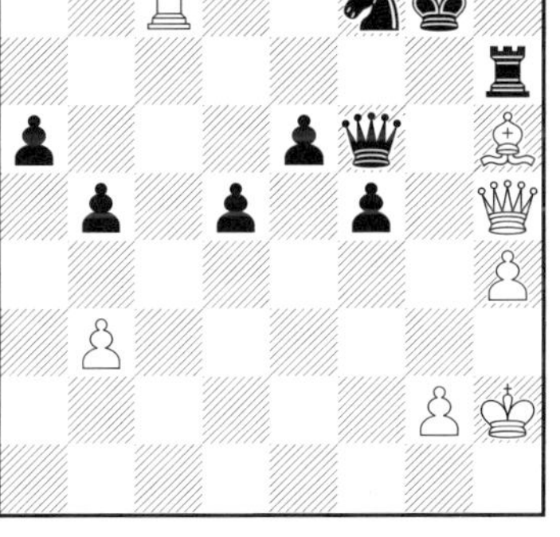

487. A. Schirow (2500) – A. Hauchard (2340)
Paris 1990

Weiß am Zug

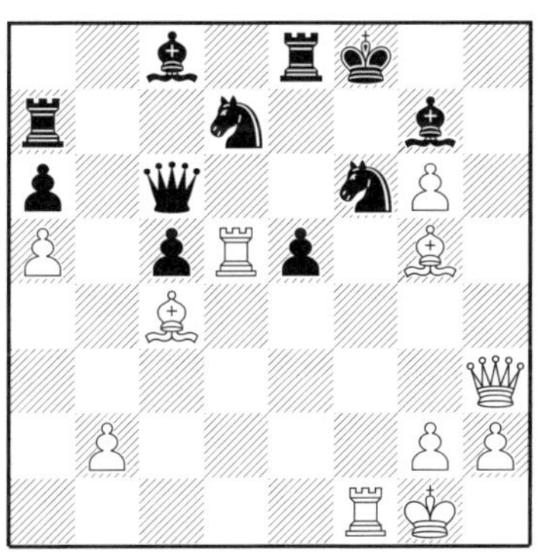

488. D. Sadwakasow (2577) – Dao Thien Hai (2564)
Asian Teams Jodhpur 2003

Weiß am Zug

489. E. Richter – B. Thelen
Kautsky Memorial,
Prag 1930

Weiß am Zug

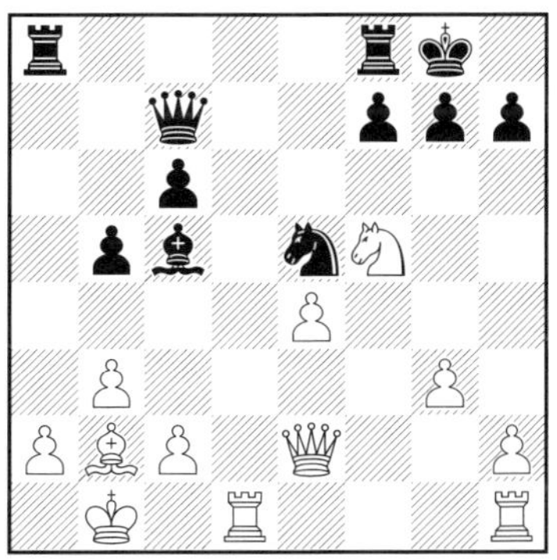

490. S. Movsesjan (2663) –
V. Babula (2581)
TCh-CZE 2002

Weiß am Zug

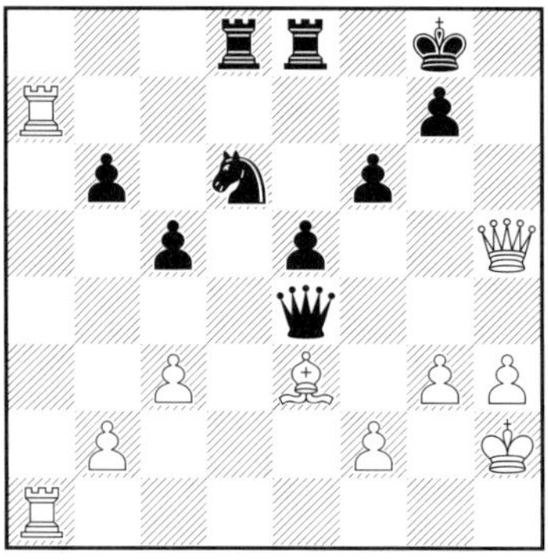

491. P. Nielsen (2593) –
A. Rustemov (2607)
16. Nordsee-Cup,
Esbjerg 2001

Schwarz am Zug

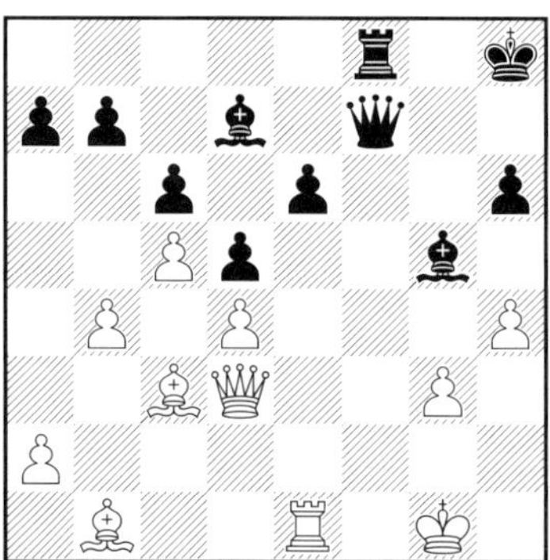

492. E. van den Doel (2607) –
L. van Wely (2695)
Offenes Turnier Lost Boys,
Amsterdam 2001

Schwarz am Zug

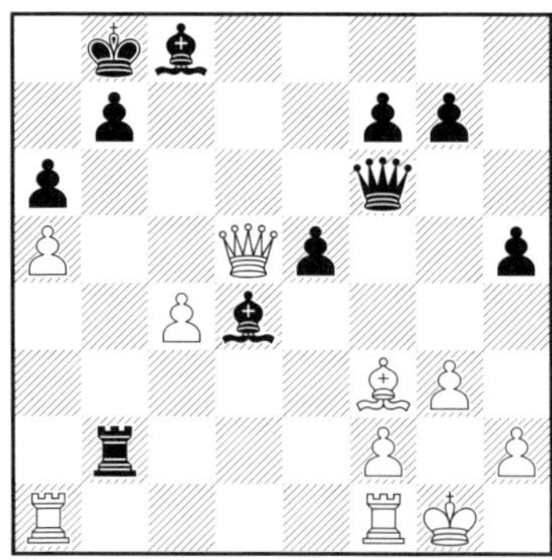

493. T. Oral (2540) –
W. Arencibia (2529)
Capablanca Memorial Elite,
Varadero 2000

Schwarz am Zug

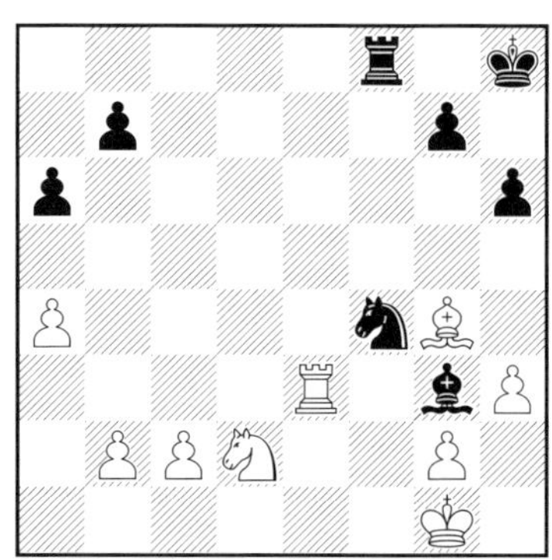

494. V. Milov (2614) – S. Guliew (2510)
Biel MTO 2001

Weiß am Zug

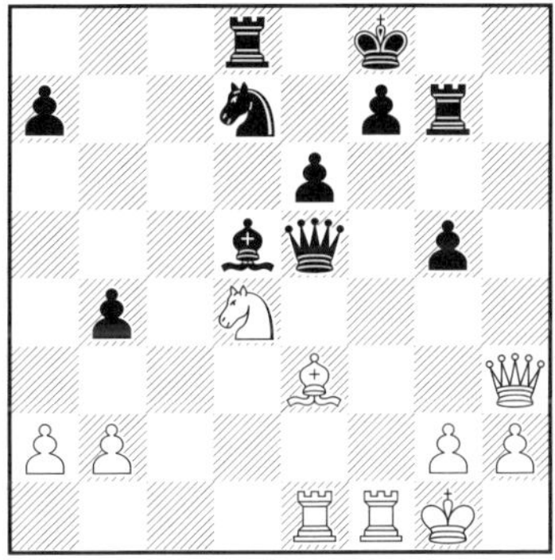

495. A. Gershon (2540) – A. Lesiege (2582)
Elbow Beach Club GM-A Paget Parish Bermuda 2001

Weiß am Zug

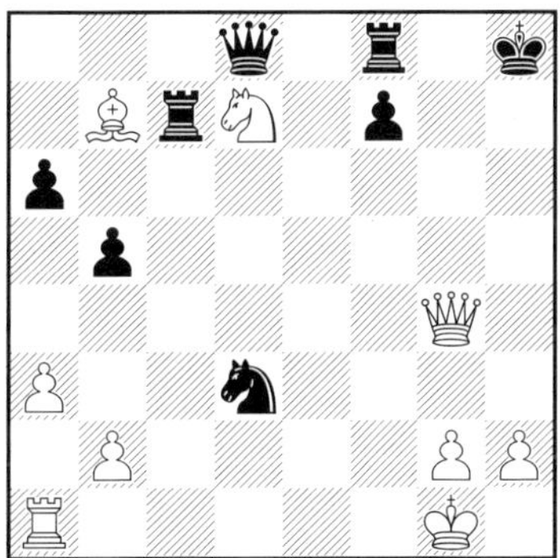

496. A. Fjodorow (2599) – Z. Gyimesi (2602)
CRO-Mannschaftsmeisterschaft, Pula 2001

Weiß am Zug

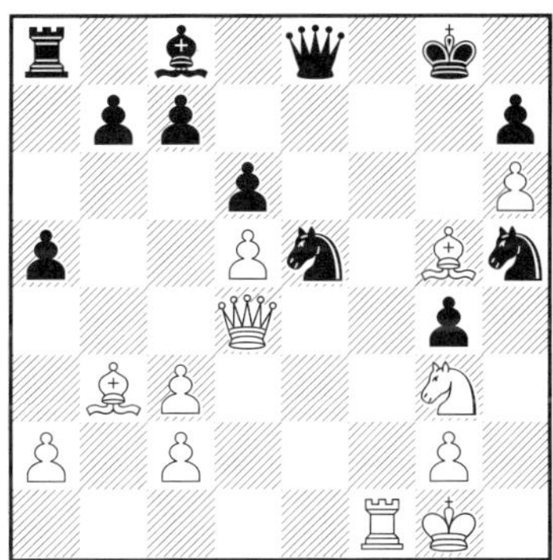

497. E. Bacrot (2653) – V. Anand (2770)
Schnellschach-Turnier, Corsica Masters, Bastia 2001

Schwarz am Zug

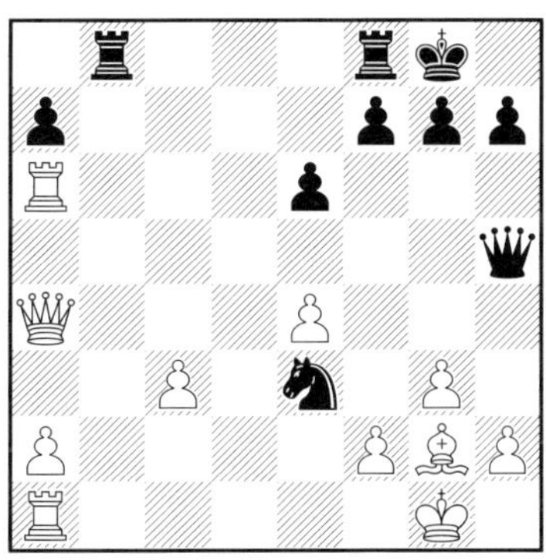

498. J. Piket (2633) – S. Tiviakov (2567)
NED-Mannschaftsmeisterschaft 2000

Weiß am Zug

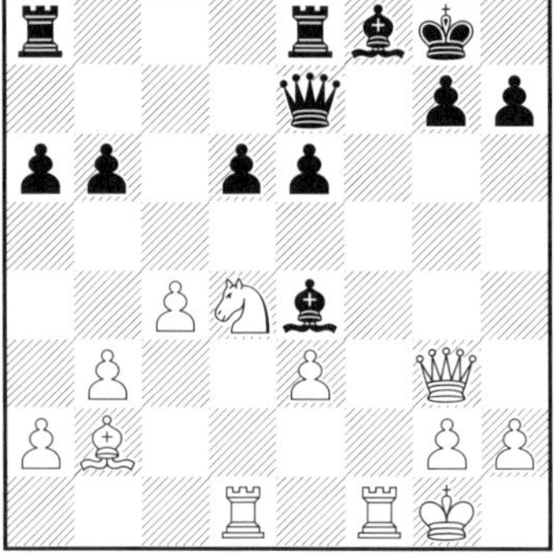

499. B. Gelfand (2665) – W. Kramnik (2765)
EUCup Gr4, Berlin 1996

Schwarz am Zug

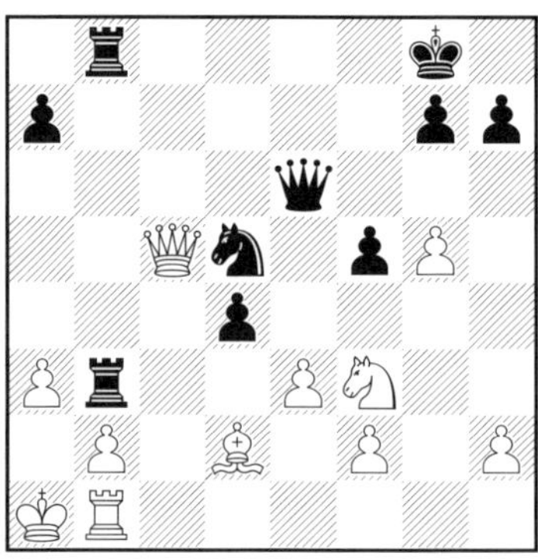

500. A. Anderssen – J. Dufresne
Berlin 1852

Weiß am Zug

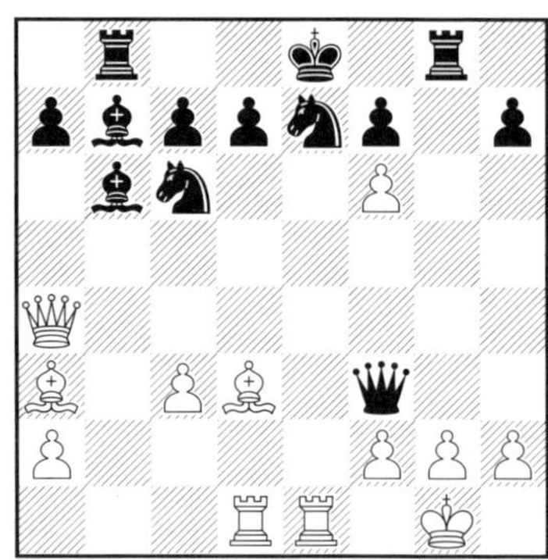

501. V. Anand (2762) – V. Bologan (2641)
FIDE-WM Knock-out-Turnier, Neu-Delhi/Teheran 2000

Weiß am Zug

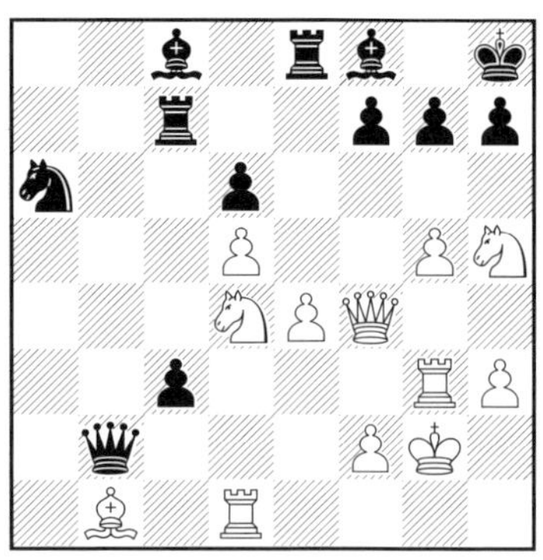

Aufgaben Test 7

Hinweise auf Seite 247
Lösungen ab Seite 260

502. G. Kasparow (2812) – M. Adams (2716)
Sarajevo 1999

Weiß am Zug

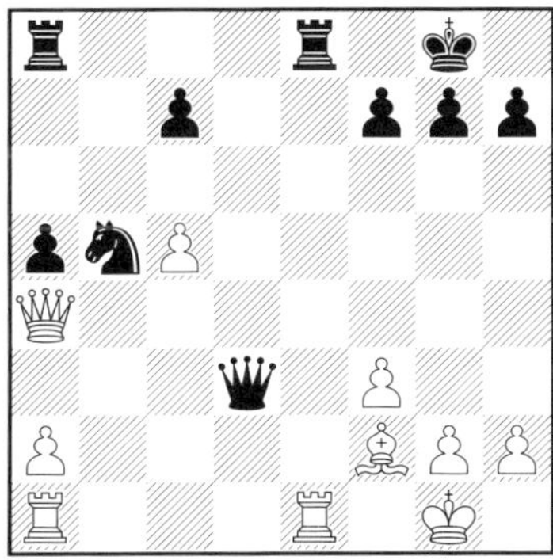

503. W. Lombardy – G. Kramer
US-Meisterschaft, New York 1957

Weiß am Zug

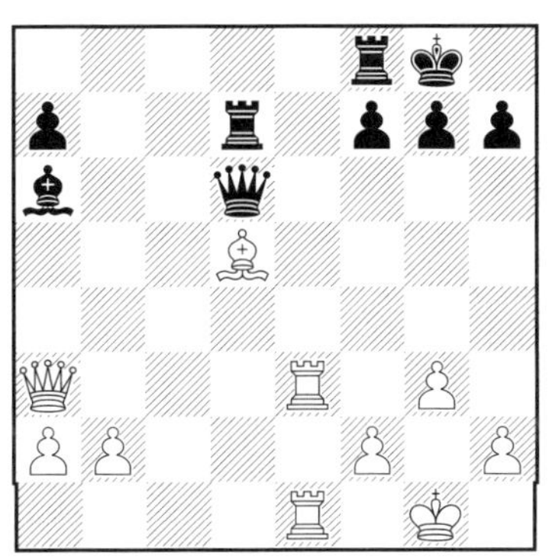

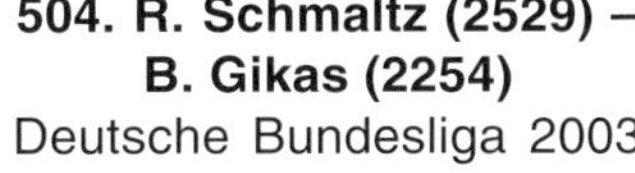

504. R. Schmaltz (2529) – B. Gikas (2254)
Deutsche Bundesliga 2003

Weiß am Zug

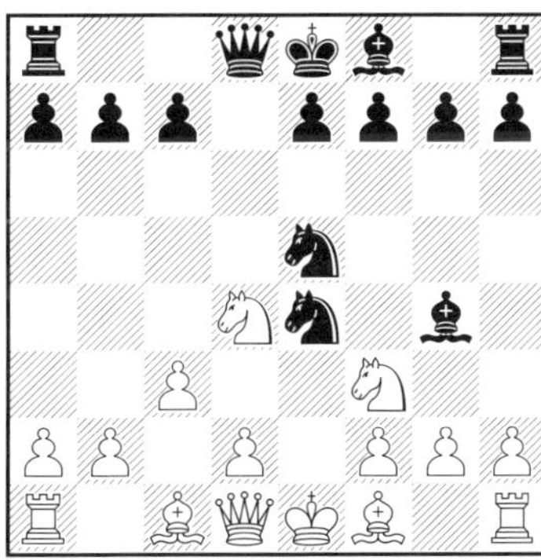

505. K. Müller (2505) – C. Lutz (2590)
Deutsche Meisterschaft, Gladenbach 1997

Weiß am Zug

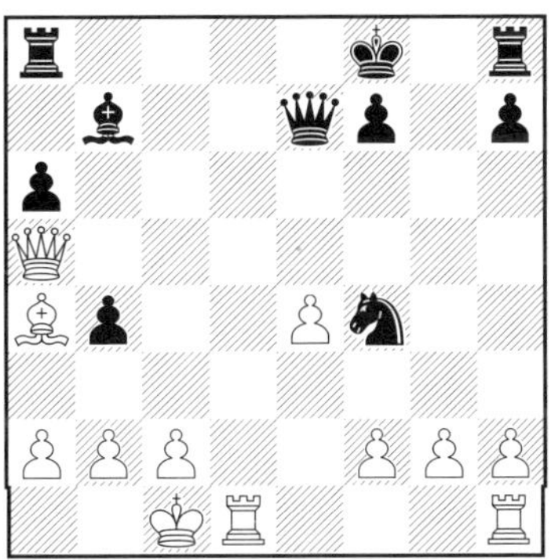

506. Z. Lanka (2503) –
M. Wahls (2561)
Hamburg 2002

Weiß am Zug

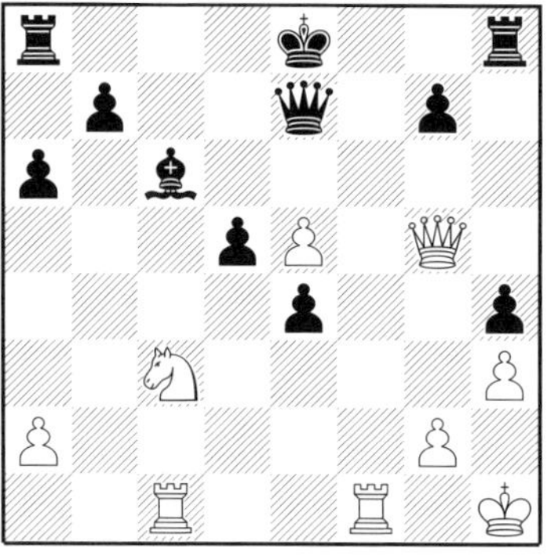

507. O. Romanischin (2559) –
S. Rublevsky (2657)
2. EU-Vereinsmeisterschaft, Ohrid 2001

Weiß am Zug

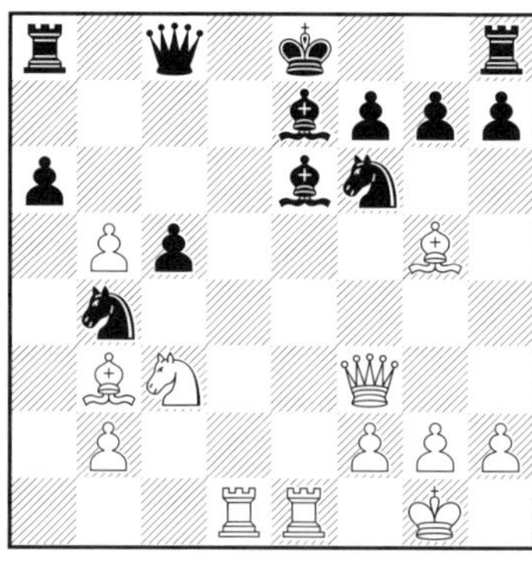

508. A. Motyljow (2634) –
J. Polgar (2681)
18. EUCup, Halkidiki 2002

Schwarz am Zug

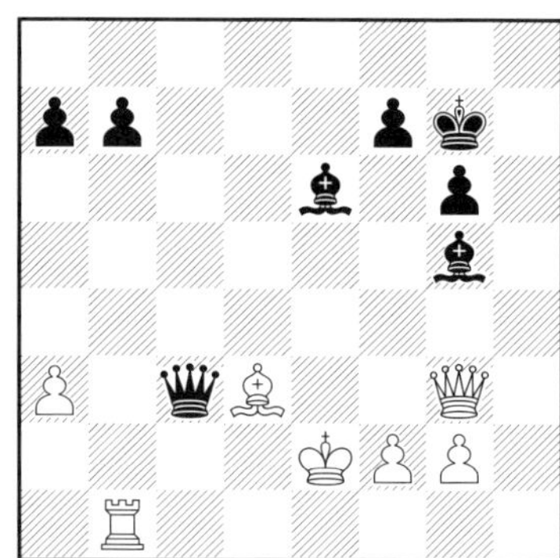

509. J. Polgar (2685) –
S. Mamedjarow (2580)
Olympiade Bled (Männer) 2002

Weiß am Zug

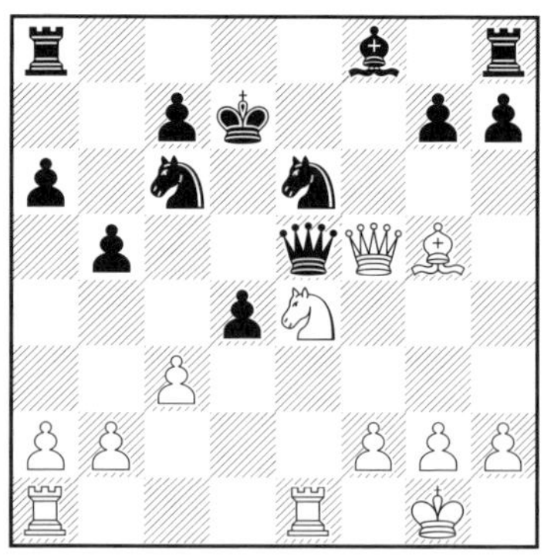

510. L. van Wely (2643) –
M. Krasenkow (2702)
Olympiade Istanbul (Männer)
2000

Weiß am Zug

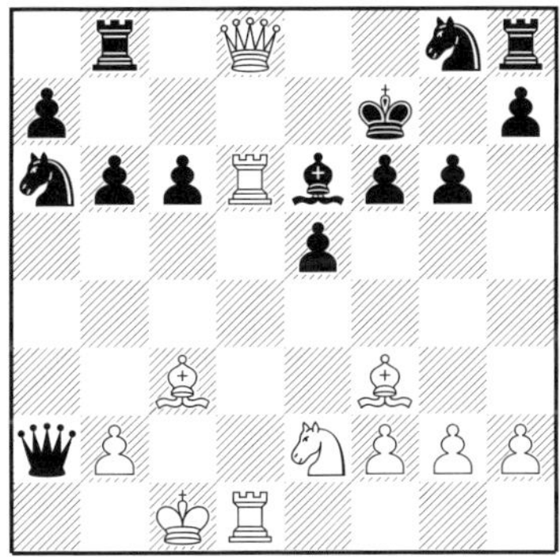

511. B. Gelfand (2701) –
L. van Wely (2714)
EU-Mannschaftsmeisterschaft
(Männer), León 2001

Weiß am Zug

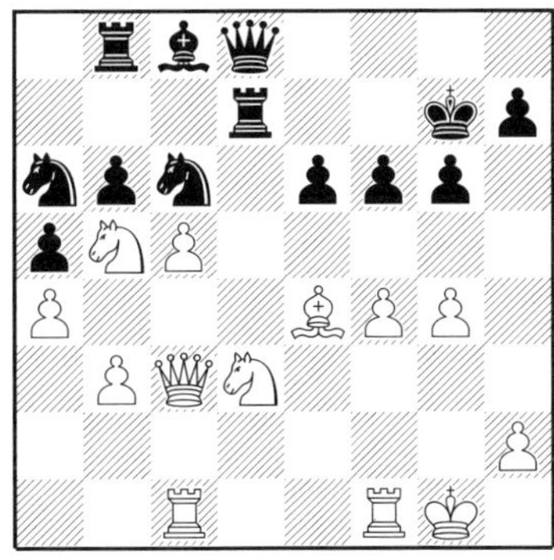

512. J. Degraeve (2586) –
C. Bauer (2550)
FRA-Vereinsmeisterschaft,
Val d'Isère 2002

Weiß am Zug

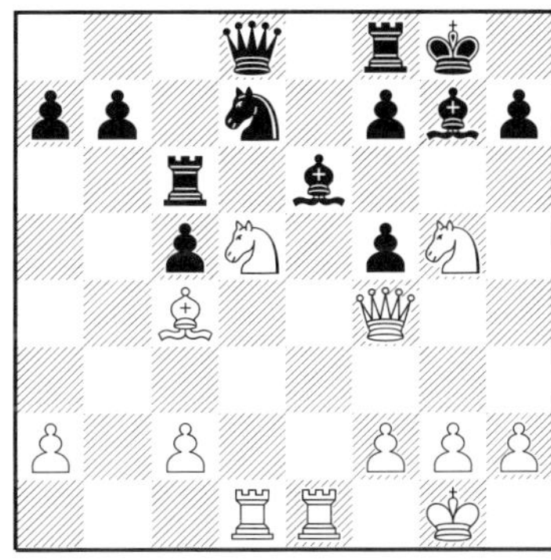

513. P. Leko (2701) –
D. Bunzmann (2596)
Match Hamburg 1999

Weiß am Zug

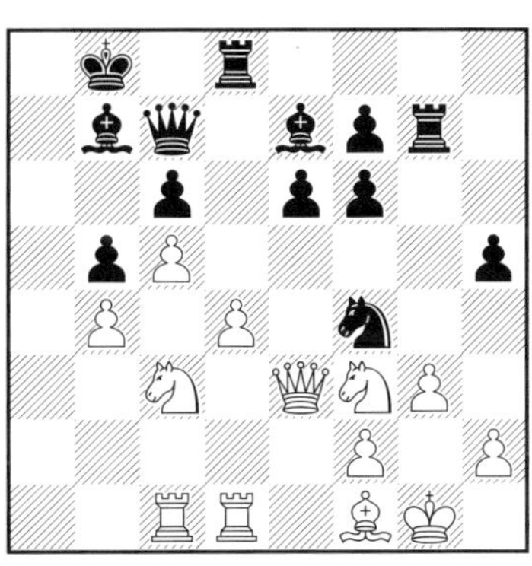

514. P. Mai –
D. Fötsch
Deutsche Jugendmeisterschaft U20,
Schierke 1998

Weiß am Zug

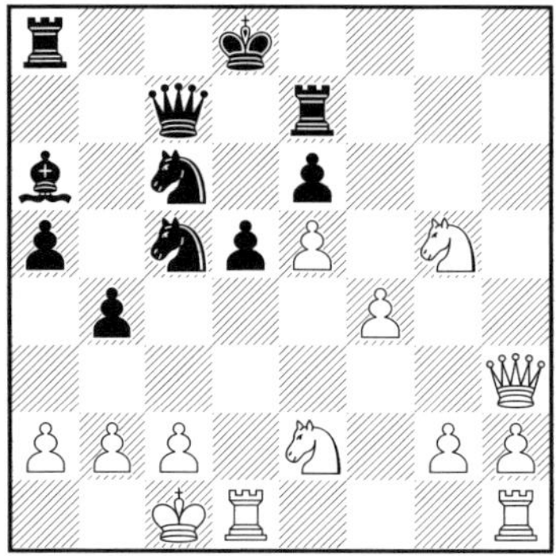

516. M. Prusikin (2504) –
L. Ftacnik (2603)
Deutsche Bundesliga 2002

Weiß am Zug

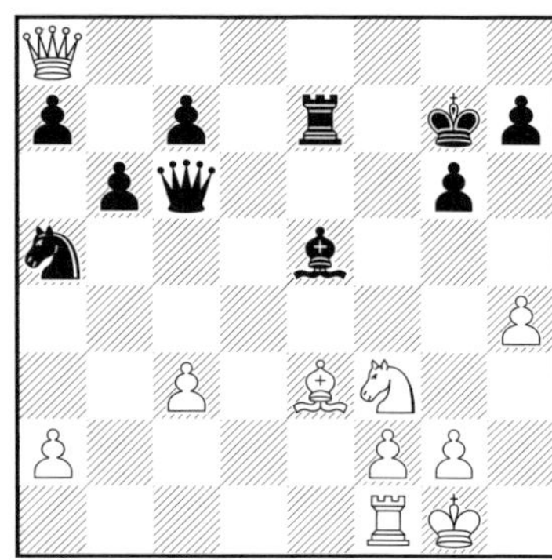

515. H. Nakamura (2571) –
I. Novikov (2719)
29. New York Masters
2002

Weiß am Zug

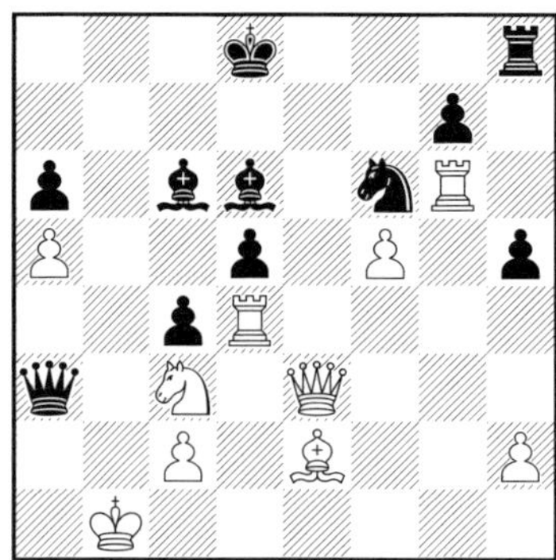

517. K. Müller (2505) –
M. Wahls (2595)
Deutsche-Meisterschaft,
Gladenbach 1997

Schwarz am Zug

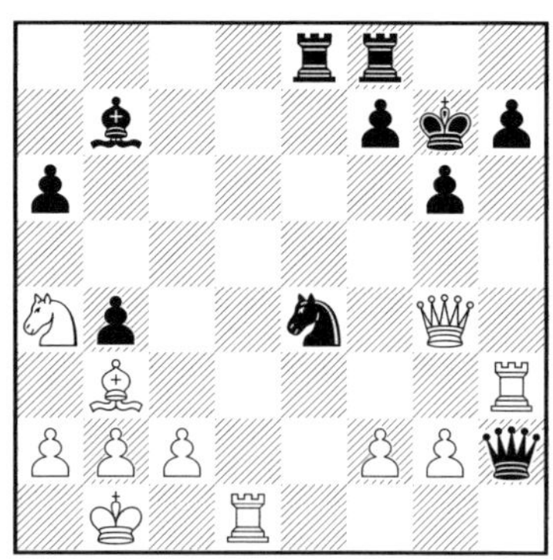

Aufgaben Test 8

Hinweise auf Seite 248
Lösungen ab Seite 262

518. G. Stahlberg – P. Keres
Bad Nauheim 1936

Schwarz am Zug

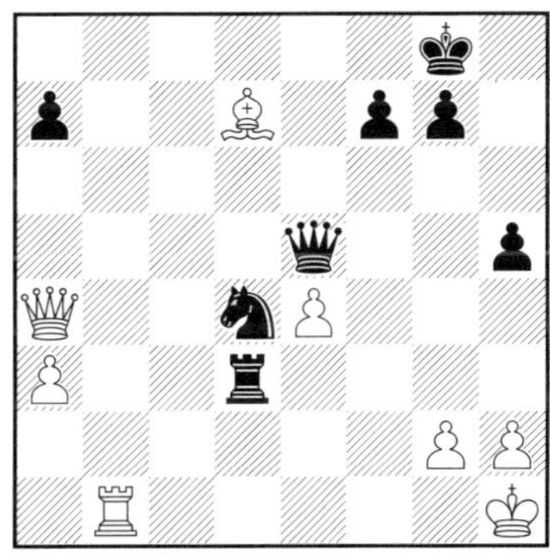

519. G. Kasparow (2812) – A. Morosewitsch (2723)
Sarajevo 1999

Weiß am Zug

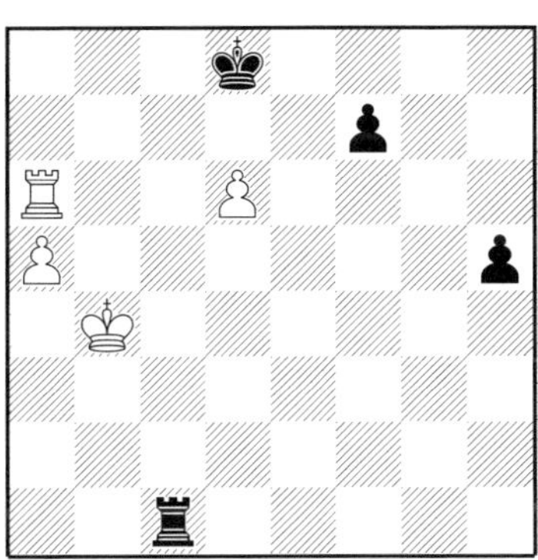

520. K. Müller – G. Schebler
Deutsche Mannschaftsmeisterschaft U20, Bochum 1984

Weiß am Zug

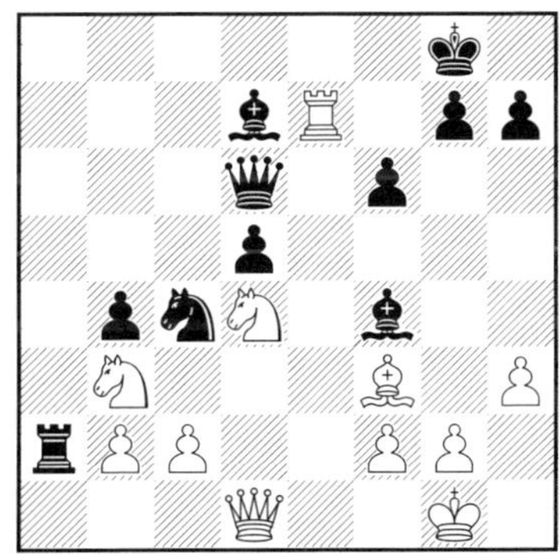

521. A. Anderssen – C. Mayet
Match Berlin
1865

Weiß am Zug

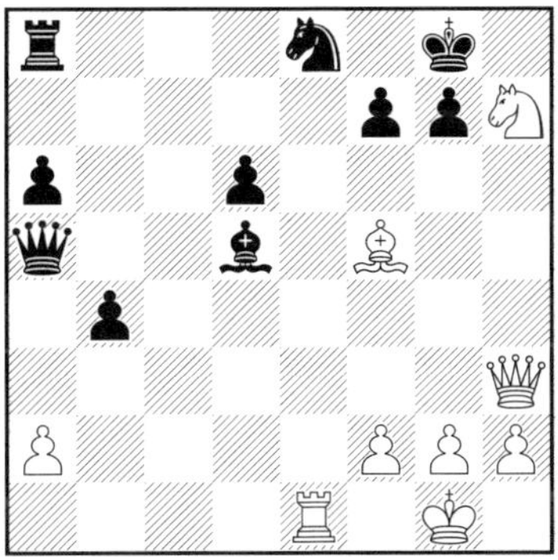

522. Zhang Pengxiang (2522) – V. Kotronias (2568)
9. Offenes Turnier Linares Anibal 2002

Weiß am Zug

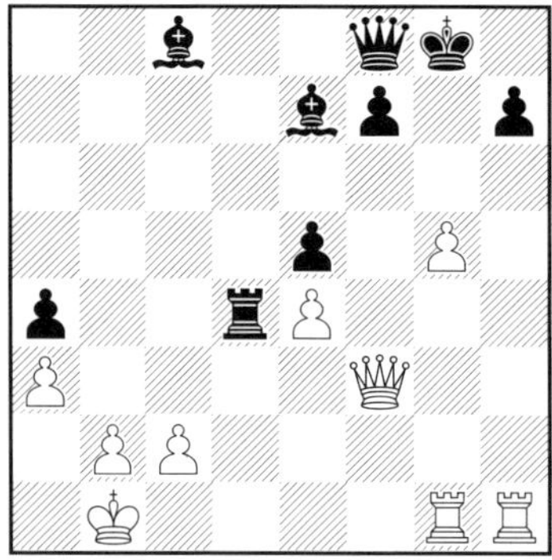

523. A. Poluljachow (2502) – S. Wolkow (2558)
RUS-Mannschaftsmeisterschaft, Tomsk 2001

Weiß am Zug

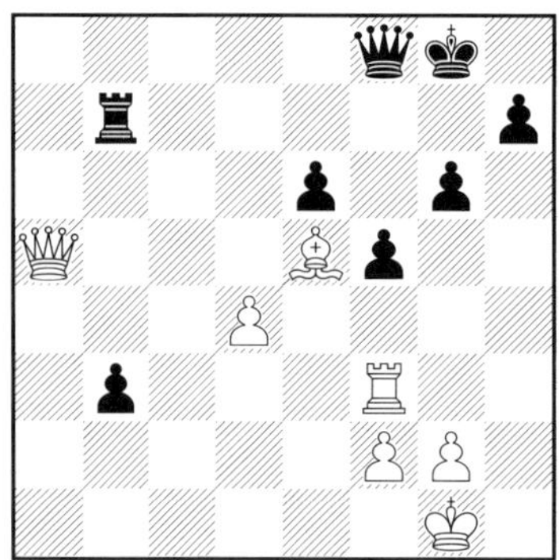

524. Z. Gyimesi (2605) – A. Schirow (2706)
FIDE-WM Knock-out-Turnier, Moskau 2001

Schwarz am Zug

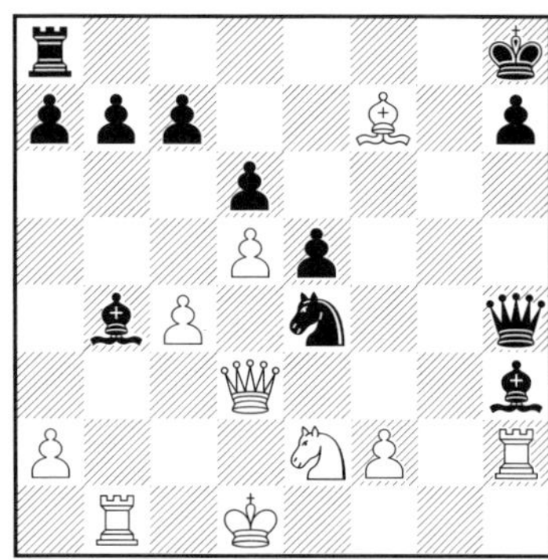

525. A. Wirig (2347) – M. Kazhgaleyev (2604)
FRA-Mannschaftsmeisterschaft 2003

Weiß am Zug

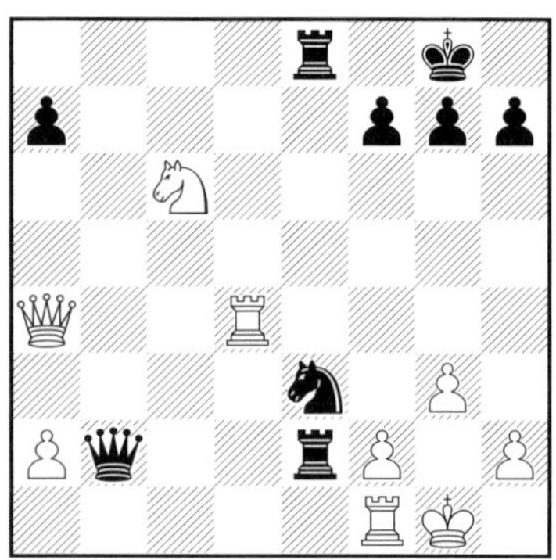

526. W. Kramnik (2797) –
D. Sadwakasow (2585)
Astana 2001

Weiß am Zug

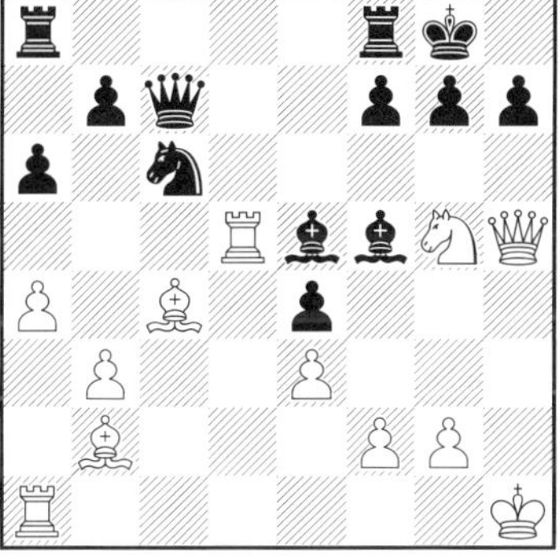

527. L. Johannessen (2525) –
S. Agdestein (2574)
Roros 2002

Weiß am Zug

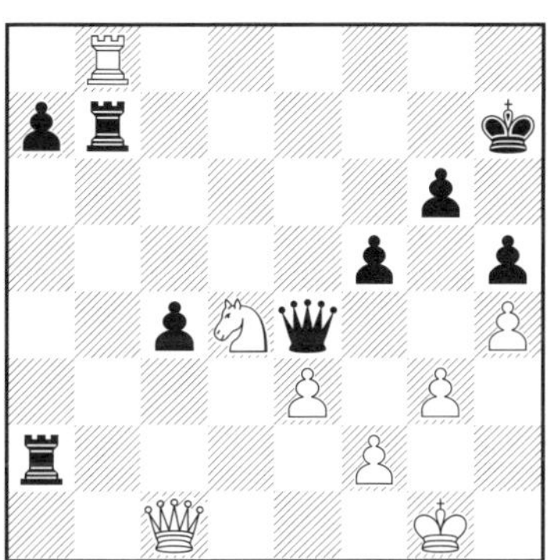

528. A. Fjodorow (2646) –
N. Miezis (2518)
Olympiade Istanbul (Männer)
2000

Schwarz am Zug

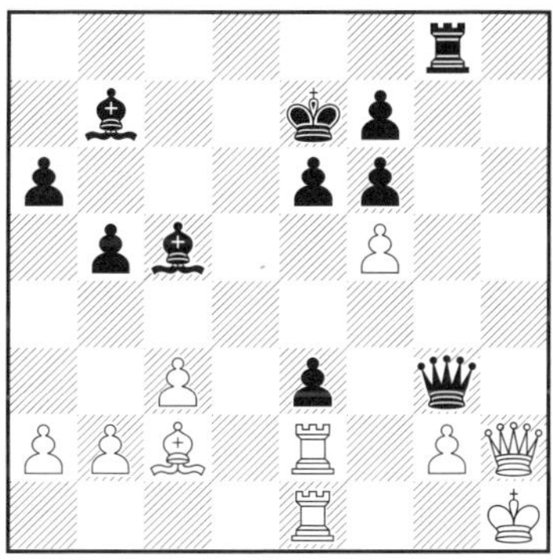

529. V. Akopjan (2678) –
P. Nikolic (2653)
18. EUCup, Halkidiki 2002

Weiß am Zug

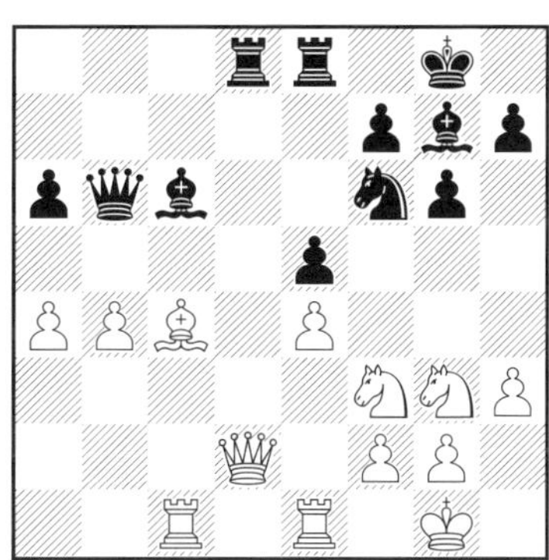

530. U. Bönsch (2540) – E. Berg (2535)
Deutsche Bundesliga 2002

Weiß am Zug

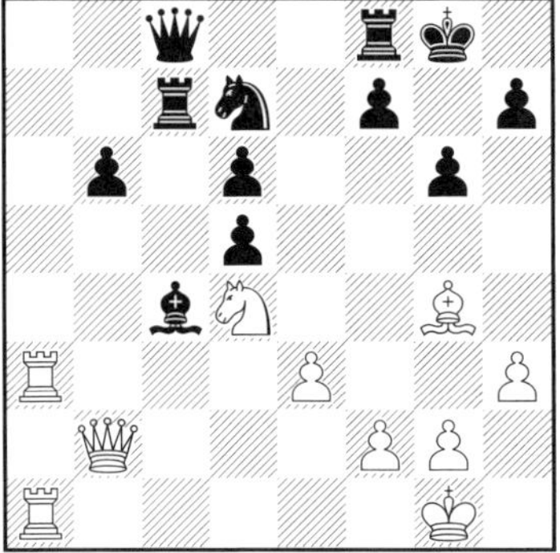

531. A. Aljechin – Vasic
Simultan, Banja Luka 1931

Weiß am Zug

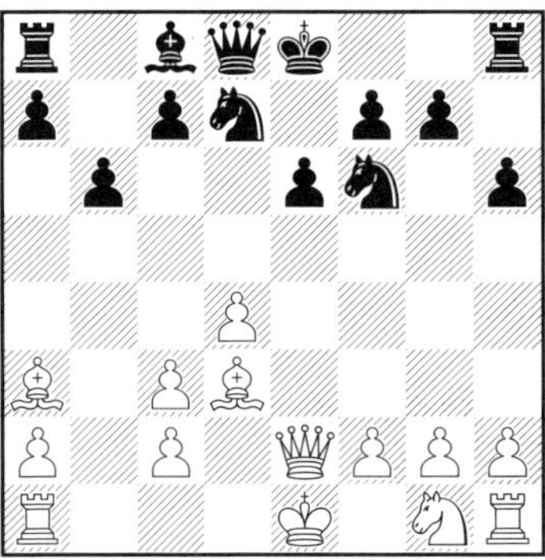

532. L. Mauro (2324) – S. Wolkow (2627)
Fernschach 2003, email Chessfriend.com 2003

Weiß am Zug

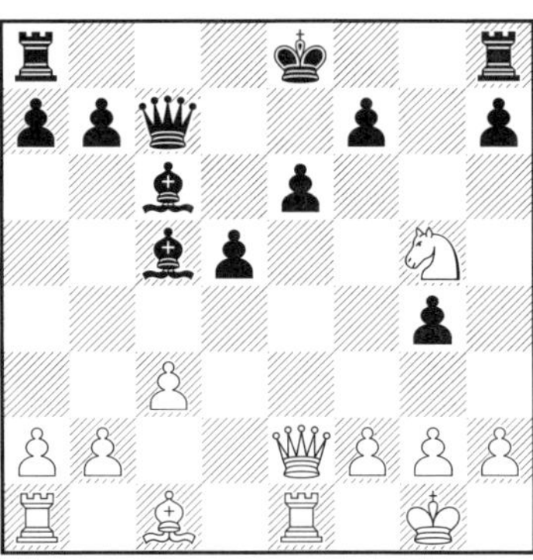

533. P. Acs (2509) – V. Kortschnoi (2643)
Ohrid 2001

Schwarz am Zug

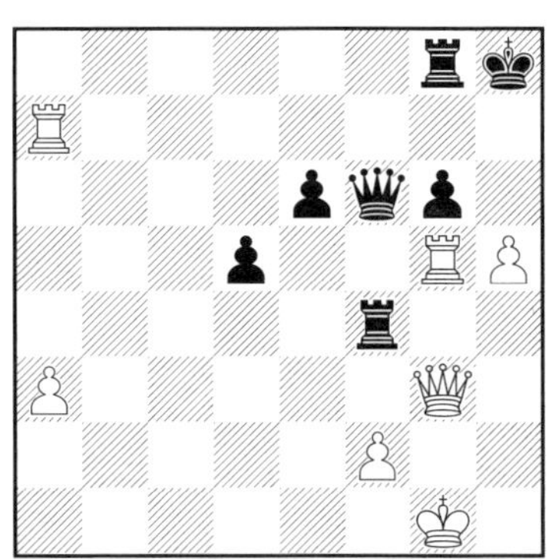

Aufgaben Test 9

Hinweise auf Seite 248
Lösungen ab Seite 264

534. C. Gómez (1822) – R. Csoma (1442)
SI-2003–0–00004 Chessfriend.com 2003

Weiß am Zug

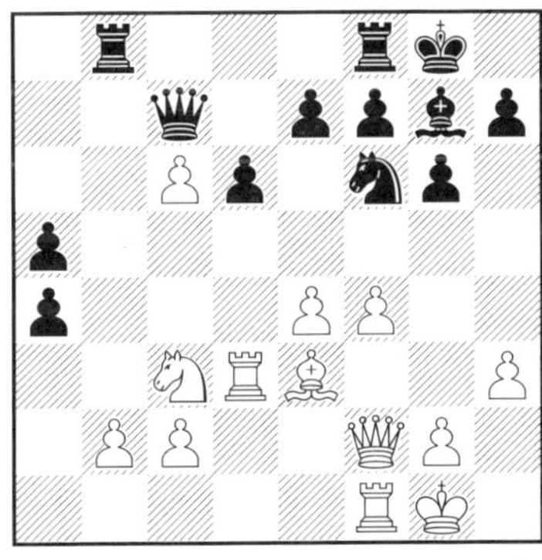

535. B. Ivkov – H. Westerinen
Zonenturnier, Halle 1963

Weiß am Zug

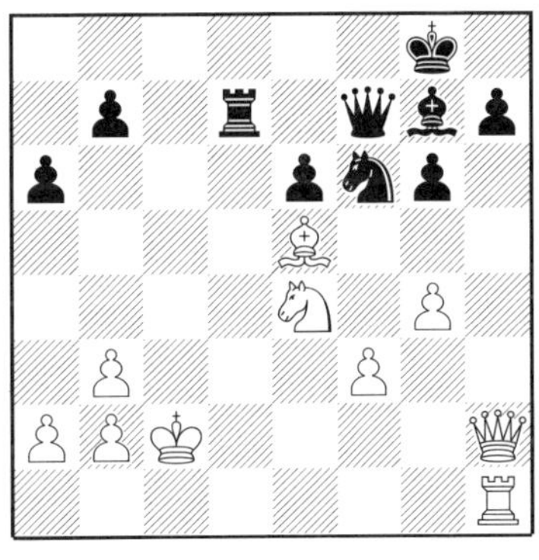

536. M. Ehrke – K. Müller (2505)
Hamburg 1997

Weiß am Zug

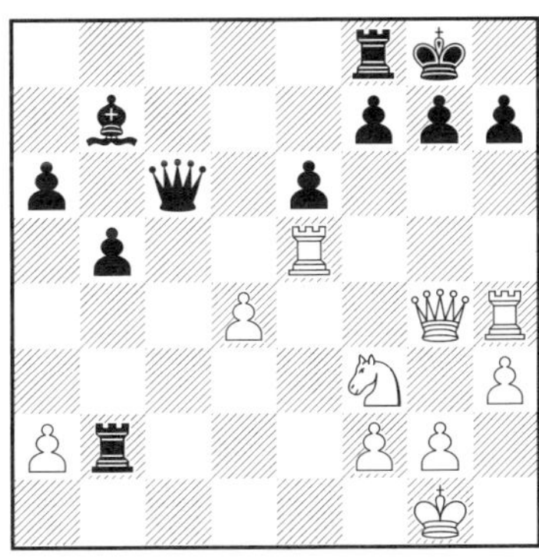

537. Gutman – Vitolinsh
Riga 1979

Schwarz am Zug

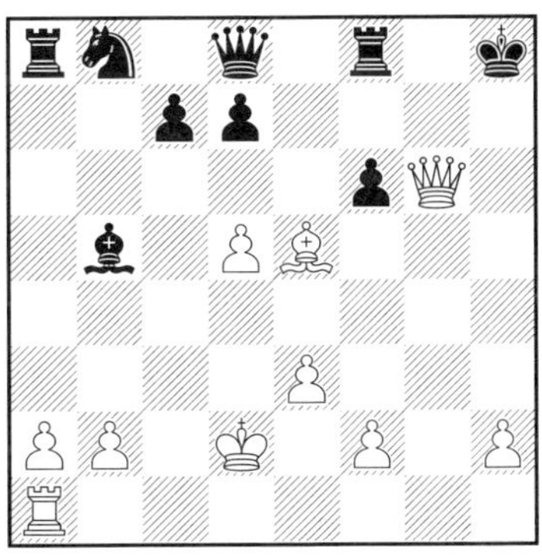

538. B. Jansson – C. Tchalkhasuren
Olympiade Tel Aviv (Männer) fin-B
1964

Weiß am Zug

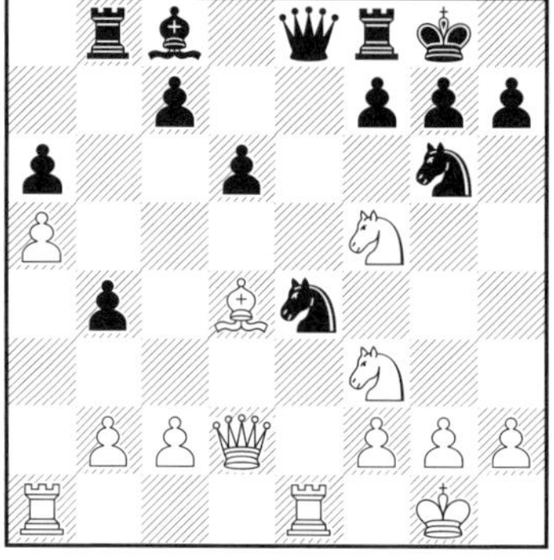

539. J. Degraeve (2540) – N. Borge (2360)
EUCup Gr2, Eupen 1997

Weiß am Zug

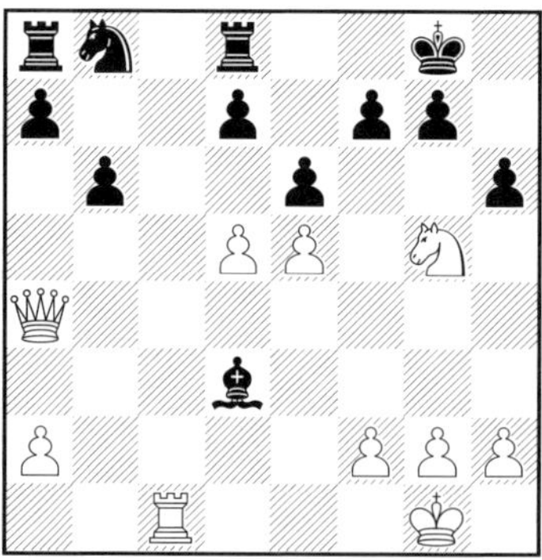

540. K. Yurenko (2275) – I. Kondrashow
RUS-chJM Offenes Turnier, Kolontaevo 1997

Weiß am Zug

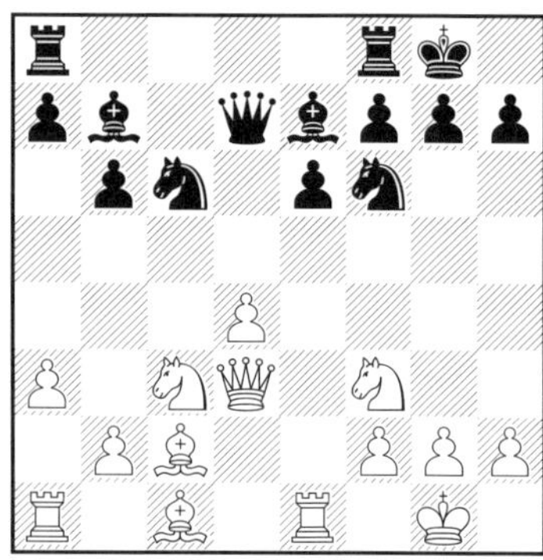

541. Schlosser – NN
Stettin 1940

Schwarz am Zug

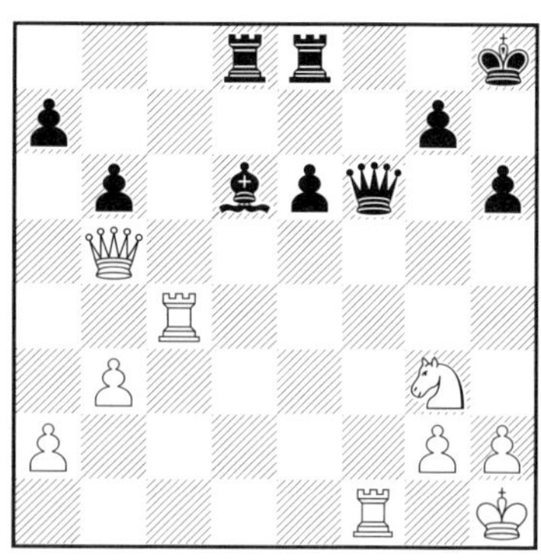

542. T. Radjabow (2599) – V. Anand (2757)
FIDE GP, Dubai 2002

Schwarz am Zug

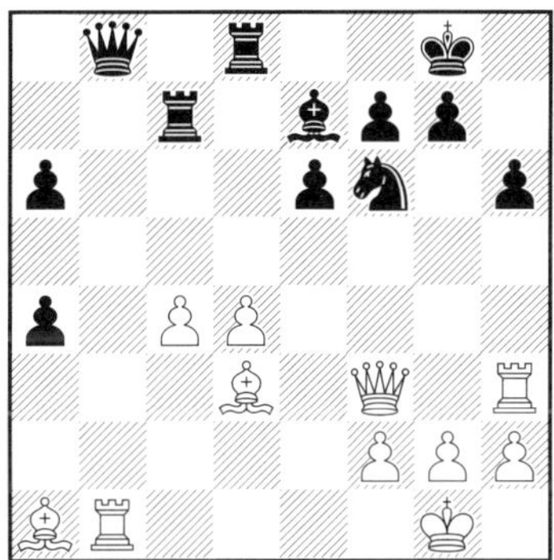

544. J. Arizmendi Martínez (2503) – A. Scharijasdanow (2562)
Offenes Turnier Biel MTO 2002

Weiß am Zug

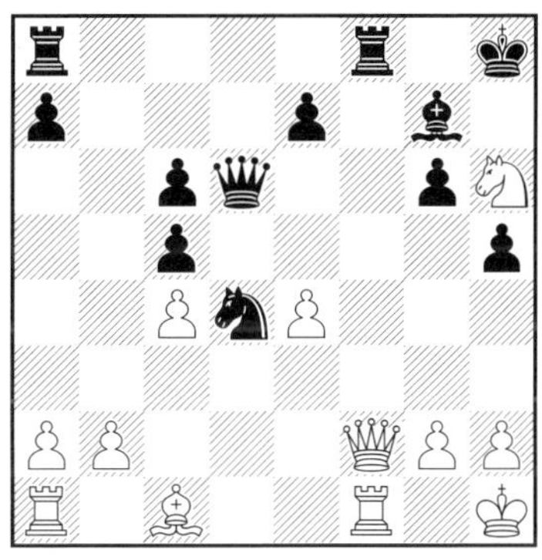

543. V. Anand (2770) – A. Drejew (2676)
FIDE-WM Knock-out-Turnier, Moskau 2001

Weiß am Zug

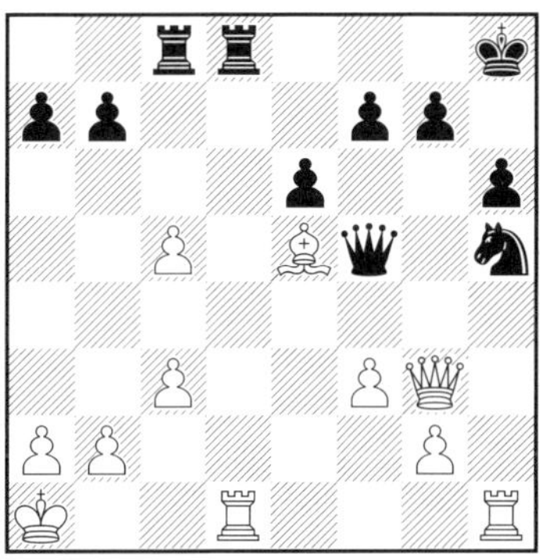

545. A. Grischuk (2669) – E. Barejew (2719)
17. EUCup, Panormo 2001

Weiß am Zug

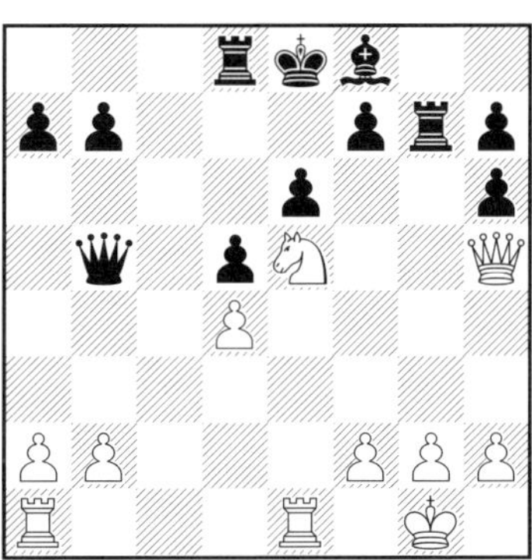

**546. L. van Wely (2681) –
E. Bacrot (2653)**
Olympiade Bled (Männer) 2002

Schwarz am Zug

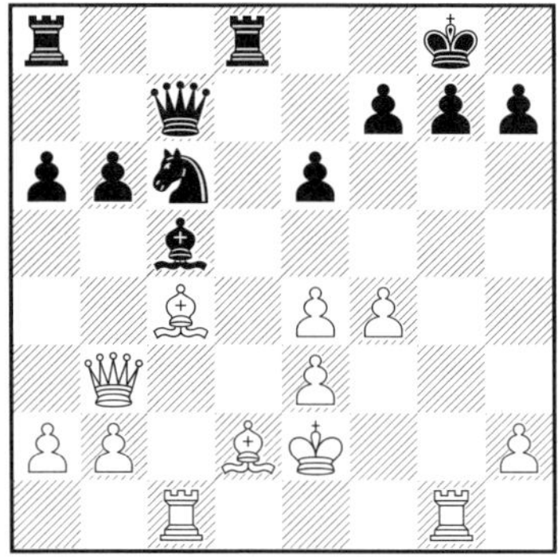

**547. M. Kazhgaleyev (2561) –
N. Pushkow (2516)**
18. Offenes Turnier,
Cappelle la Grande 2002

Weiß am Zug

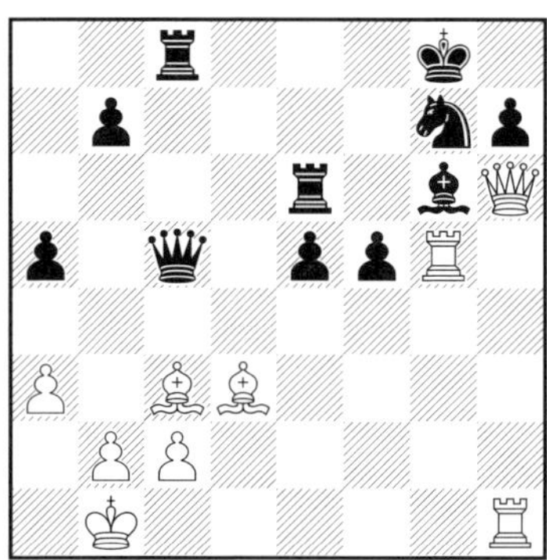

**548. R. Vera (2544) –
M. Gurewitsch (2634)**
Tch-ESP, Mondariz 2002

Weiß am Zug

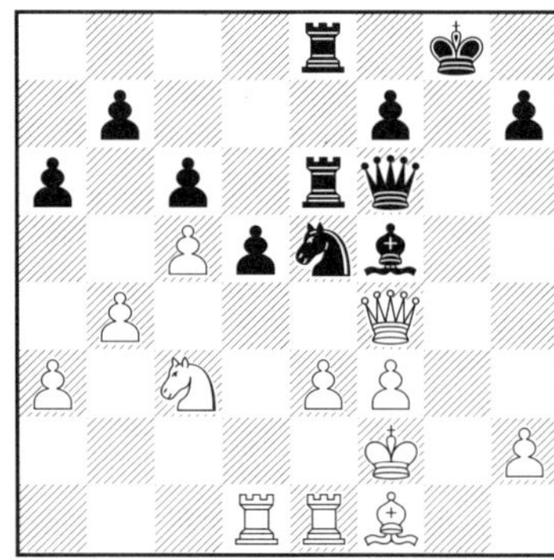

**549. S. Rublevsky (2634) –
Z. Varga (2506)**
5. Welt-Mannschaftsmeisterschaft,
Jerewan 2001

Weiß am Zug

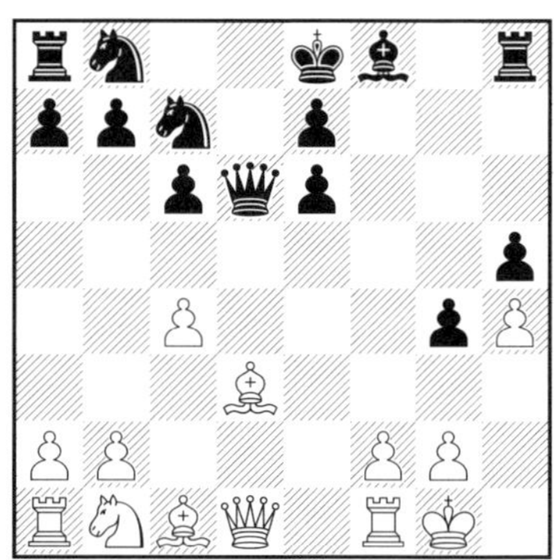

Aufgaben Test 10

Hinweise auf Seite 248
Lösungen ab Seite 265

**550. N. Cid (1810) –
R. Klipper (2063)**
FRA-Mannschaftsmeisterschaft 2003

Schwarz am Zug

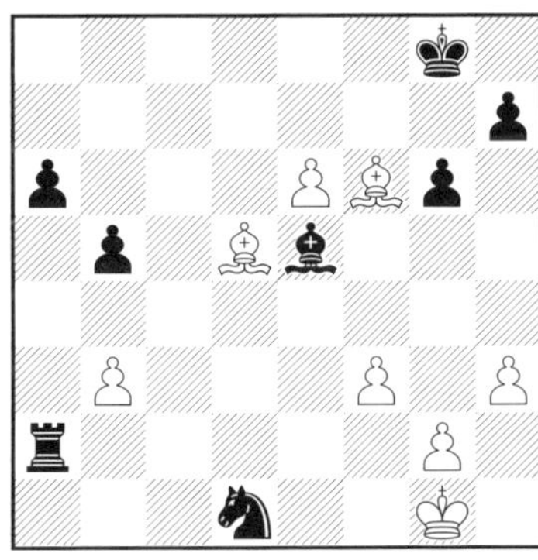

**551. H. Sonntag (2378) –
R. Dautov (2611)**
Echternach 45 2003

Schwarz am Zug

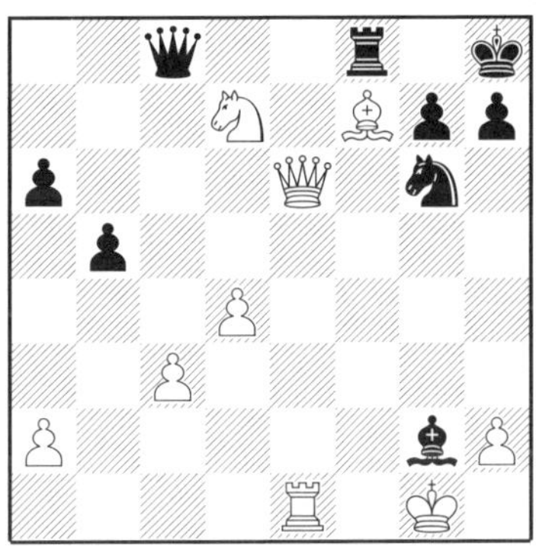

**552. A. Drejew (2683) –
T. Radjabow (2599)**
FIDE GP, Dubai 2002

Weiß am Zug

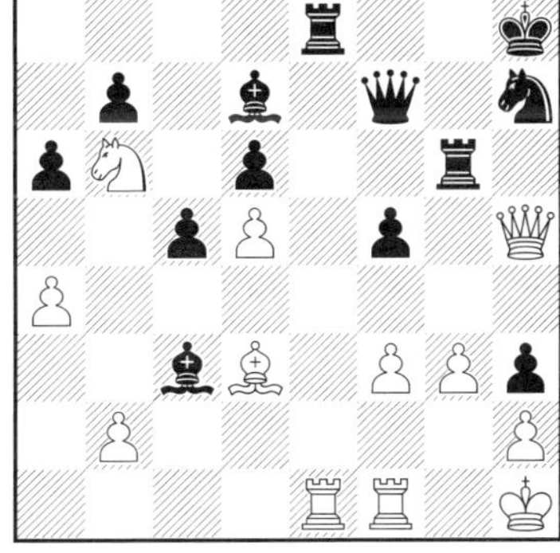

**553. A. Motyljow (2634) –
Z. Sturua (2545)**
5. Offenes Turnier, Dubai 2003

Weiß am Zug

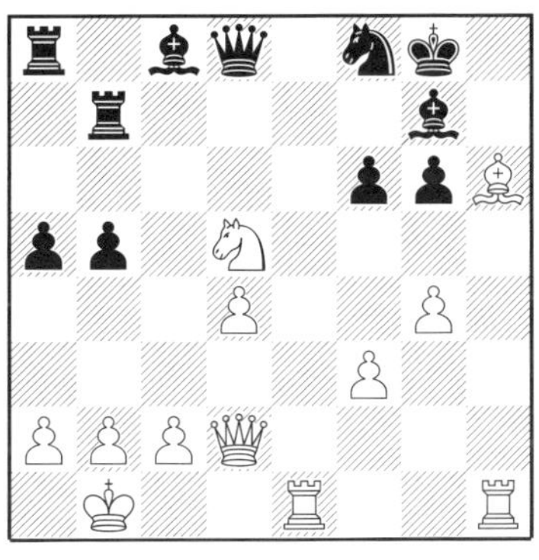

554. K. Sakajew (2637) – A. Deltschew (2584)
Ohrid 2001

Weiß am Zug

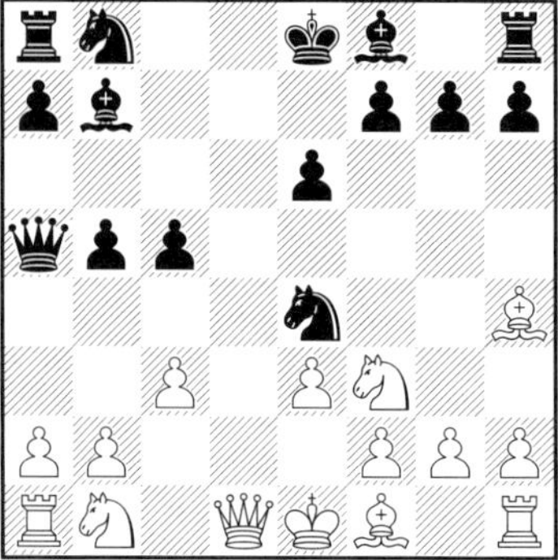

555. R. Slobodjan (2529) – K. Georgiew (2676)
Ohrid 2001

Schwarz am Zug

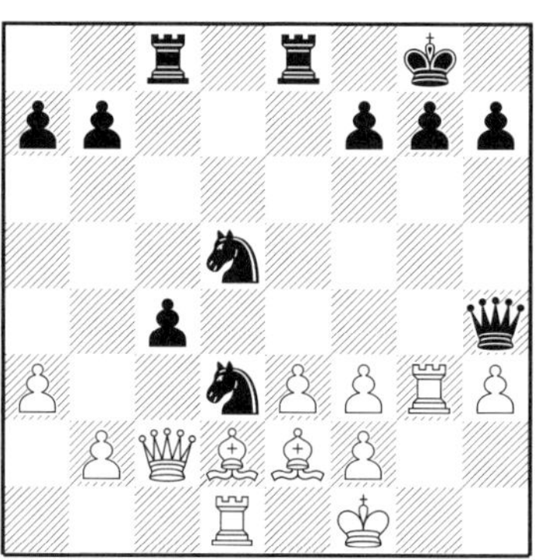

556. K. Pilgaard (2437) – A. Dimitrijevic (2369)
Subotica TS03 GM 2003

Weiß am Zug

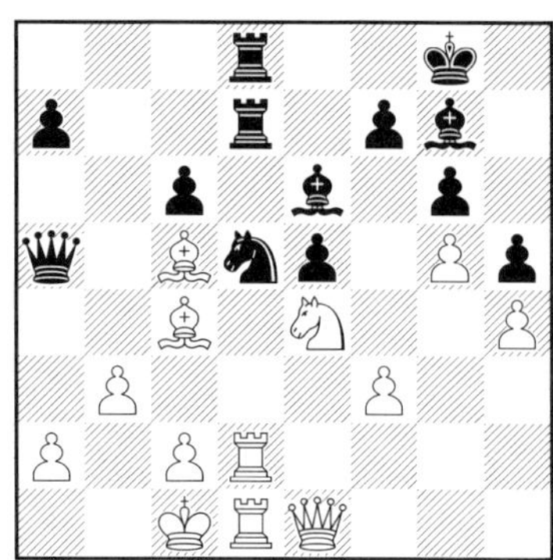

557. J. Timman (2655) – A. Khalifman (2656)
Japfa Classic Bali 2000

Schwarz am Zug

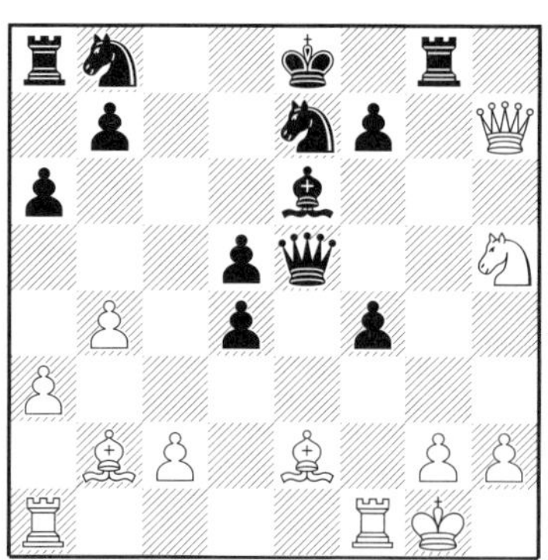

558. R. Schmaltz (2547) – A. Vouldis (2515)
GER-GRE, Fürth 2002

Schwarz am Zug

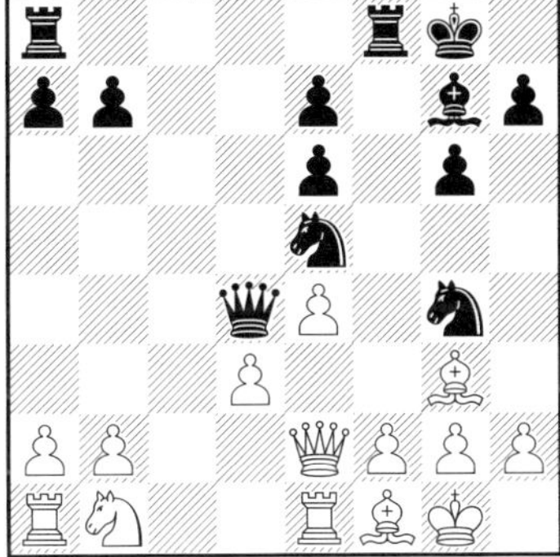

559. K. Müller (2265) – A. Schneider (2390)
Spring Festival, Budapest 1989

Weiß am Zug

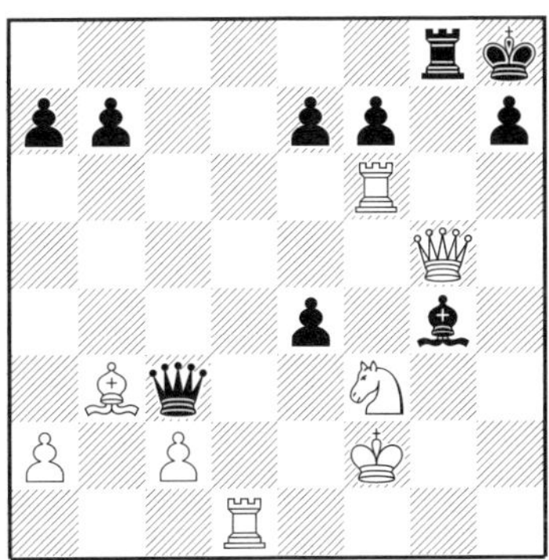

560. K. Georgiew (2676) – B. Kurajica (2567)
Bosna Sarajevo 2001

Weiß am Zug

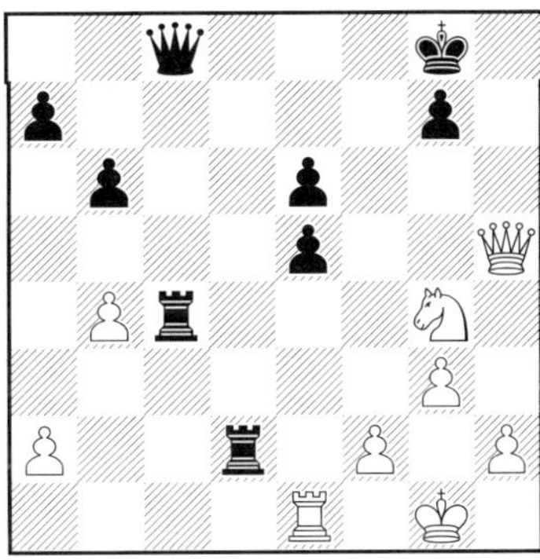

561. R. Kasimdshanow (2690) – G. Hertneck (2541)
Deutsche Bundesliga 2001

Weiß am Zug

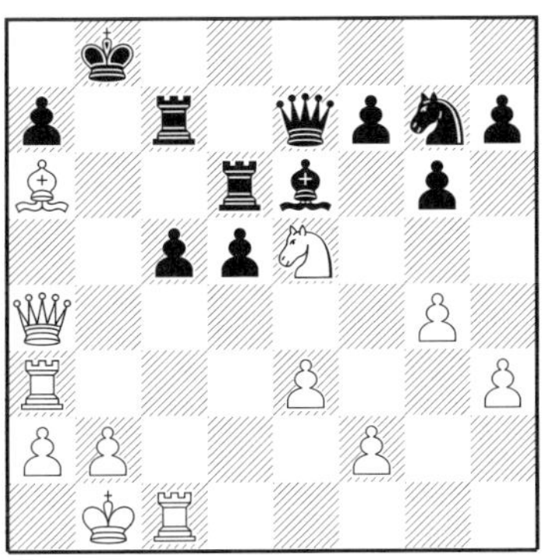

562. Dao Thien Hai (2572) – G. Kasparow (2838)

EUR-ASIA Match 30', Batumi 2001

Schwarz am Zug

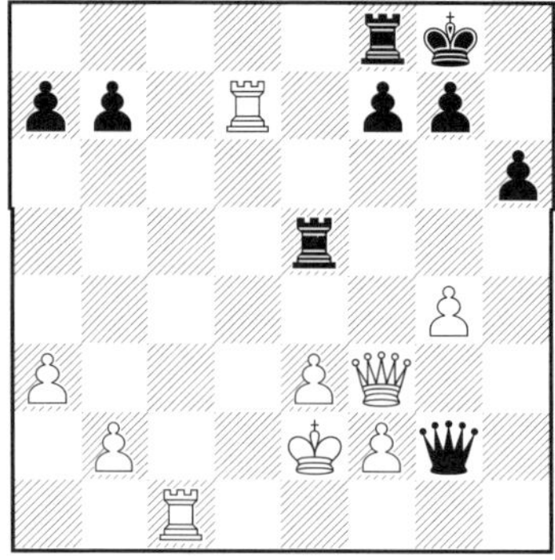

563. V. Mikhalevski (2524) – A. Schirow (2699)

6. Schnellschach-Turnier Corsica Masters, Bastia 2002

Weiß am Zug

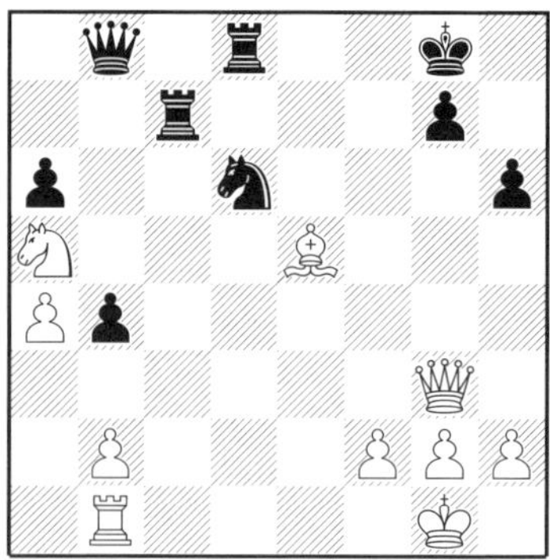

564. A. Morosewitsch (2748) – P. Nikolic (2659)

Corus, Wijk aan Zee 2000

Weiß am Zug

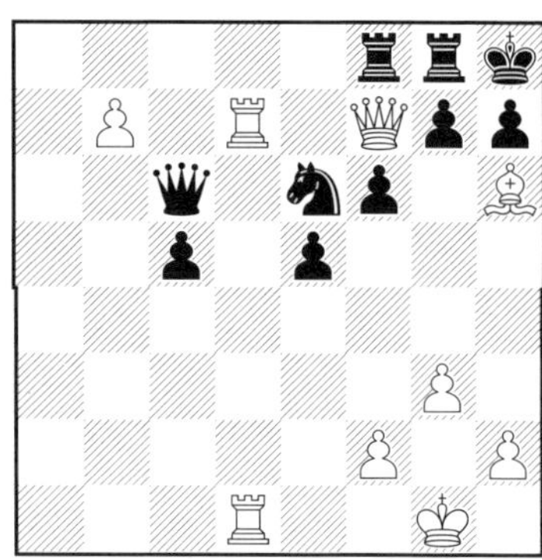

565. K. Müller (2533) – H. Matthias (2399)

Lippstadt 1999

Weiß am Zug

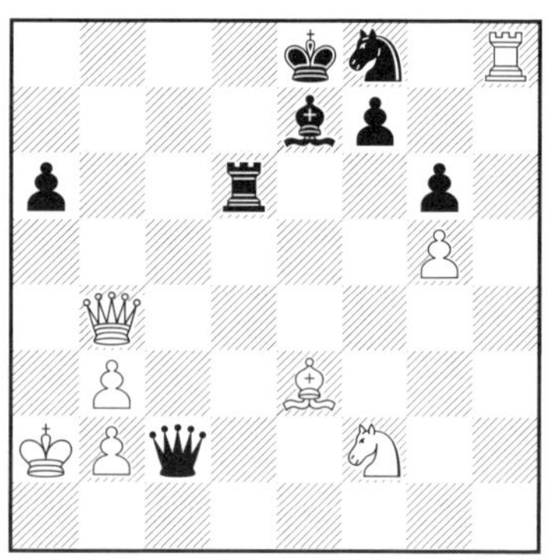

Lösungen zu den Aufgaben:

1. **32.♕d2!!** Der Doppelangriff ist entscheidend, da die weiße Dame unantastbar ist. Aber nicht 32.♖f7? ♕d1+ 33.♔f2? ♕e1#. **32...♖d3** 32...♕xd2? 33.♖f8#. **33.♗xd3 ♕d4+ 34.♕f2 ♘xd3 35.♕xd4 cxd4 36.♖f8+ ♔h7 37.♖d8 ♘f4 38.g3 ♘e6 39.♖d6 ♘g5 40.♔g2 1–0**

2. **40...♗c7** 40...♖d1+ 41.♖f1 ♕d6 42.♕e2 ♖xf1+ 43.♕xf1 ♗c7 44.g3 ♕d5+ 45.♕g2 ♔xf7–+. **41.♗e8** 41.♗xe6 ♖d1+ 42.♖f1 ♕d6–+. **41...♖d1+ 42.♖f1 ♕d6 0–1**

3. Schwarz nutzte die schwache weiße Grundreihe folgendermaßen aus. **26...♖xf2! 27.♘e7+** 27.♖xb2 ♖xf1#; 27.♖xf2 ♕c1+ 28.♖f1 ♕xf1#. **27...♖xe7 0–1**

4. **23.♕c8! ♘f6** 23...♖xc8? 24.♖xc8+ ♗f8 25.♖xf8+ ♔g7 26.♖c8+–. **24.♘g4! ♖be7 25.♗xe7 ♕xe7 26.♘xf6++–** und Weiß setzte sich in der Folge durch.

5. **24...♖xa4!** und Weiß gab auf wegen **25.♖xa4 ♗h3!! 26.♗xh3 ♕xf3+ 27.♔g1** 27.♗g2? ♕d1+ 28.♗f1 ♕xf1#. **27...♗xc3–+.**

6. **30.♘e6?** 30.♘f3 war besser, aber Schwarz steht weiterhin überlegen. **30...♖xe6! 31.♖xe6 g5 32.♕g3 h4! 33.♖xh4** 33.♕xd3 gxf4 34.♕g6+ ♔h8 35.♕h6+ ♘h7–+ (Atalik in ChessBase Magazin 89). **33...♕f5** „Das ist die Pointe der Kombination. 33...♘g4?? 34.♖g6+ ♔f7 35.♕xg4 wäre dagegen einfach nur dumm gewesen!“ (Atalik). **34.♖e1** Verliert auf der Stelle. 34.h3 ♕xe6 35.♕xg5+ ♔f7–+. **34...♘g4! 0–1** Die weiße Grundreihenverteidigung kollabiert.

7. **29.♕a8?** Thomas gab auf, anstatt das Blatt mit **29...♖xa2!** zu drehen. 29...♖c1+? ist natürlich deutlich schwächer. 30.♖xc1 ♖xb8 31.♕c6±. Korrekt war **29.♕b5 ♖c1+ 30.♔f2 ♖c2+ 31.♔e3+–** oder **29.♖xe8 ♕xe8 30.♕a4** (ein tödlicher Doppelangriff) **30...♖xg2+ 31.♔xg2 ♕xg6+ 32.♔h1 ♕g4 33.♕c2+–.**

8. **1.♕e5+ ♔f8** 1...♔h6 2.♕f4++–; 1...♔g8 2.♖e8++–. **2.♕f6!** Schwarz gab auf, da er gezwungen ist, das Feld e7 zu blockieren. **2...♕xe7 3.♕h8#.**

9. Der schwarze König braucht ein bisschen frische Luft. **1...♖dxe8** 1...♕xe1+? 2.♕xe1 ♖dxe8 3.♕d1 ist besser für Schwarz, aber nicht klar. **2.♕xe8 h6! 0–1**

10. **29.♔g1?** wurde bestraft durch **29...♕d4+ 30.♔h1** 30.♖f2? ♖e1#. **30...♕f2 0–1.** Stattdessen hätte **29.♕b5** geschehen müssen:

11. Bronstein entkorkte den verblüffenden Doppelangriff **24...♖xa3!! 0-1** 24...♕e1+? trifft auf 25.♕f1!, da der Röntgenangriff des Turmes auf a1 die Dame verteidigt.

12. Hat Sie eine Welle der Inspiration berührt? **1...♕c6!!** Ein starker Doppelangriff. Die Partie endete mit 1...♕b7? 2.♕f1 1–0; falls 1...♖a8?, so 2.♕f1! ♖a1 3.♕xa1 gxf6 4.♕d1+–. **2.♔g1** 2.♕xc6? ♖d1+ 3.♖f1 ♖xf1#. **2...♕xf6–+.**

13. **25.♖xc6!! ♕xc6** 25...♖xc6 26.♕xd5+ ♖e6 27.♕xa8++–. **26.♗xd5 ♕d6 27.♗xg7 ♘b6** 27...♔xg7 28.♕c3+ ♘f6 29.♗xa8+–. **28.♗xe6+ ♕xe6 29.♗a1 ♕xa2 30.♖d1 ♕c4 31.♕d6 1–0**

14. 24.♖xd7+ ♔c8 24...♔e8 25.♖c7+ ♔d8 26.e7#. **25.♕c6+ bxc6 26.♗a6#** Eine nette Version von Bodens Matt.

15. 25...♖xd4! 25...gxf4 26.gxf4 ♕xf4 27.♖f1 ♕c7 28.g5 hxg5 29.♖h2 ist nicht klar. **26.cxd4** 26.fxe5?? ♖d1+ 27.♖xd1 ♖xd1#. **26...♕xd4** Die weiße Armee ist schlecht koordiniert und dementsprechend setzt sich das starke schwarze Läuferpaar durch. **27.♘f2** 27.♘c3 ♕d3+ 28.♔a1 ♗xc3−+. **27...♕b4** 27...♕c4−+. **28.a3** 28.♕h2!? ♗b5! 29.♖c2 *(29.a3 ♕b3 30.♖c2 ♗c4−+)* 29...♖d2! 30.a3 *(30.♖hc1 ♕xb2+! 31.♖xb2 ♖xb2+ 32.♔a1 ♖b4+ 33.♖c3 ♗xc3#)* 30...♕d4 31.♖xd2 ♕xd2 32.♘h3 ♗e2!−+ (Finkel in ChessBase Magazin 78). **28...♕c4 29.♖he1 ♖c8 30.♔a1** 30.♕g2 ♗c2+ 31.♔a1 ♗xb2+−+. **30...♗b3 31.♕h1 ♕c5 32.♖e5 ♗xe5 33.fxe5 ♕xf2 34.♖b1 ♗d5 35.♕xh6 ♕e3 36.♕f6 ♕b3 37.♕xg5+ ♔f8 0–1**

16. 21.fxe6 fxe6 22.♘xe6!! ♖xf1+ 22...♕xe6? 23.♗xd5+−. **23.♔xf1 ♔h8** 23...♘f7 24.♕xd5 ♕xd5 25.♗xd5 ♖c8 26.♗b3 ♘d6 27.♗d4+−; 23...♖f8+? 24.♘xf8 ♕h3+ 25.♔e1+−. **24.♕xd5 ♕b7 25.♕xb7 ♘xb7 26.♗d5 ♖a6 27.♗d4** Schauen sie sich die mächtigen Läufer an! Sie greifen den König in der einen Ecke und den Springer und Turm in der anderen Ecke an. **27...♘d8 28.♘xg7 ♗c5 29.♗f6 ♖xf6+ 30.gxf6 ♗d4 31.♘h5 1–0**

17. 23.♗f3! 23.♗g4? ♘e5 *(23...♖d4 24.h3 ♖xg4 25.hxg4 ♗f4±)* 24.♕e4 ♖ed6 25.h4 ♘g6 26.h5 ♘f8 27.♗e5 ♖d8 28.♗c7 ♖d4 29.♕xb7 ♖e8±. **23...♖c5 24.♕xc1 ♘d4 25.♕d2 1–0**

18. 15.♗xh7+! 15.♕xh5? f5=. **15...♔xh7 16.♕xh5+ ♔g8 17.♗xg7!!** „Heutzutage hätte sich Lasker diese Idee urheberrechtlich schützen lassen können.“ (Kasparow in der ChessBase Mainbase). **17...♔xg7 18.♕g4+ ♔h7** 18...♔f6? 19.♕g5#. **19.♖f3!** Lasker führt frische Kräfte in den Angriff. **19...e5 20.♖h3+ ♕h6 21.♖xh6+ ♔xh6 22.♕d7!** Die finale Pointe. Der Doppelangriff gewinnt einen der Läufer. **22...♗f6 23.♕xb7 ♔g7 24.♖f1 ♖ab8 25.♕d7 ♖fd8 26.♕g4+ ♔f8 27.fxe5 ♗g7 28.e6 ♖b7 29.♕g6 f6 30.♖xf6+ ♗xf6 31.♕xf6+ ♔e8 32.♕h8+ ♔e7 33.♕g7+ ♔xe6 34.♕xb7 ♖d6 35.♕xa6 d4 36.exd4 cxd4 37.h4 d3 38.♕xd3 1–0**

18A. Generell lauten die Voraussetzungen für das doppelte Läuferopfer. (1) ein rochierter gegnerischer König auf g8 (oder auf g1, wenn Schwarz angreift), (2) Läufer mit offenen Diagonalen in Richtung der Punkte h7 und g7 (oder h2 und g2), (3) Die Möglichkeit eines Damenschachs, normalerweise auf h5 (h4), um den gegnerischen König nach g8 zurückzuzwingen (g1), und (4) ein Turm, der bereit steht, um auf die dritte oder vierte Reihe zu gehen, oder sogar besser auf einer dieser Reihen steht und den Angriff auf der g- oder h-Linie unterstützt. Alle Voraussetzungen sind hier erfüllt, so dass Weiß zuschlug. **18.♗xh7+!** 18.♗xg7? ♔xg7 19.♕g4+ ♔h8 20.♕d4+ ♔g8 21.♕xd7 ♗f6 Weiß steht klar besser, aber es ist noch nicht vorbei. **18...♔xh7 19.♕h5+ ♔g8 20.♗xg7! f5** 20...♔xg7? 21.♖g4+ ♔f6 22.♕g5#. **21.♗e5! ♖f6 22.♖h4 1–0**

18B. Judit Polgar nutzte die Gelegenheit. **25.♗xh7+! ♔xh7 26.♕h5+** Und der frühere Schachweltmeister gab auf wegen **26...♔g8 27.♗xg7! f6** 27...♔xg7 28.♖g3+ ♔f6 29.♕g5#. **28.♗xf6 ♖xf6 29.♖g3+ ♔f8 30.♕h8+ ♔f7 31.♖g7#.**

18C. Hier funktioniert das doppelte Läuferopfer nicht. **16...♗xh2+? 17.♔xh2 ♘g4+ 18.♔h3** 18.♔g3!? g5 19.♘xd5 ♕xd5 20.♔xg4 ♕xg2+ 21.♗g3+- und es sieht so aus, als ob Schwarz die exponierte Stellung des weißen Königs ausnutzen könnte. **18...♗xg2+ 19.♔g3?** 19.♔xg2?! ♕xh4 20.♖h1 ♕g5 21.♔f1 ♕f4 22.♔g1 ♖e5 gibt Schwarz gefährliche Kompensation; 19.♔xg4!? war am besten. 19...g5 20.♔g3 ♗xf1 21.♖xf1±. **19...♕d6+! 20.♔xg4?** 20.♔xg2 ♕h2+ 21.♔f3 ♕h3+ 22.♔f4 *(22.♗g3? ♘h2+ 23.♔f4 ♕g4#)* 22...♘h2-+. **20...h5+** und Weiß gab auf, da sein König im Mattnetz gefangen ist. **21.♔xh5** 21.♔g5 ♕f6+ 22.♔xh5 ♗f3#. **21...♗f3+ 22.♔g5 ♕f6#**

19. **19...♗xh2+** 19...♗xg2!? funktioniert ebenfalls. 20.♔xg2 ♕g5+ 21.♔f3 *(21.♔h1 ♕f4-+)* 21...♖fe8-+ Häufig ist es besser, Fluchtfelder zu kontrollieren anstatt Schach zu geben, um zu verhindern, dass sich der angegriffene König in Sicherheit bringt. **20.♔xh2 ♕h4+ 21.♔g1 ♗xg2!! 22.f3** 22.♔xg2 ♕g4+ 23.♔h1 ♖d5-+. **22...♖fe8 23.♘e4** 23.♖fe1 ♖xe1+ 24.♖xe1 ♕xe1+ 25.♔xg2 ♕e2+ 26.♔g3 *(26.♔g1 ♖d5 27.f4 ♖h5 28.♕c3 ♕g4+ 29.♔f1 ♖h1+ 30.♔f2 ♖h2+ 31.♔e3 ♕e2#)* 26...♖d5 27.f4 ♖h5 28.♕c3 ♕h2+ -+. **23...♕h1+ 24.♔f2 ♗xf1 25.d5 f5! 26.♕c3** 26.♘f6+ ♔f7 27.♘xe8 ♖xe8 28.♖xf1 ♕h2#. **26...♕g2+ 27.♔e3 ♖xe4+ 28.fxe4 f4+** 28...♕g3+!? 29.♔d2 ♕f2+ 30.♔d1 ♕e2#. **29.♔xf4 ♖f8+ 30.♔e5 ♕h2+ 31.♔e6 ♖e8+ 32.♔d7 ♗b5#.**

20. Ljavdanski brachte sich mit den folgenden zwei Zügen selbst um: **26...♗f4?**

I 26...♖fe8!! 27.♗xd8 *(27.♕e3 ♗f4 28.♖xf4 ♖xd2 29.♕xd2 ♕xb6 30.♘e2 ♖xe6 31.♘d4 ♖e4∓)* 27...♖xe6!! Schwarz hat nur einen Bauern für den Turm, aber erstaunlicherweise dringt sein Angriff durch. 28.♔g1 ♗f8!:

A) 29.♕f4? ♗c5+ 30.♖d4 b4 31.♗a5 *(31.♘d1 ♖e4-+)* 31...bxc3 32.♗xc3 ♖e2 33.♔f1 ♗b5-+.

B) 29.♕xh7+ ♕xh7 30.♖xh7 ♔xh7∓.

II 26...b4? 27.♘d5 ♗xd5 28.♗xd8 ♗xg2+ 29.♖xg2 ♖xd8 30.♖d4 ♕f3 31.♕d2.
27.♕xf4 ♖xd2? 27...g5 28.♗xd8 gxf4 29.e7 ♖e8 30.♖xf4 ist unklar. **28.♕xd2 ♕xb6 29.e7 ♖e8 30.♘d5! ♗xd5 31.♕xd5+ ♔g7 32.♖xh7+ ♔xh7 33.♕f7+ ♔h6 34.♕xe8 ♕f2 35.♕h8+ ♔g5 36.h4+ ♔g4** Weiß kann sich jetzt eine Dame holen, da sein König vor den Schachs problemlos fliehen kann. **37.e8♕ ♕f1+ 38.♔h2 ♕f4+ 39.♔g1 ♕c1+ 40.♔f2 ♕f4+ 41.♔e2 1–0**

21. Ponomarjow entkorkte das verblüffende **35...♔d7!!**. Nach 35...♔xe8? gewinnt 36.g4! einen Läufer. **36.g4 ♗xc3 37.gxf5 ♗xf5 38.h4 ♗d3 39.♖a2 ♔xe8 40.♔e3 ♗d4+ 41.♔d2 ♗b1 42.♖xa7 c3+ 43.♔c1 ♗e4 0–1**

22. **1.♔f7! ♖xc6 2.♗g5+** 2.♗xb8? ♖b6-+. **2...♔c7** 2...♔c8 3.♗e6+ ♘d7 4.♔e7 ♖c7 5.♗e3=. **3.♗f4+ ♔c8 4.♗e6+ ♘d7 5.♔e7 ♘ab6 6.♗e3 ♔c7 7.♗f4+ ♔c8 8.♗e3=.**

23. **21.♗e4! ♕c8** 21...d5 22.♕xh5!! ♗xg5 *(22...gxh5 23.♗xh7#)* 23.♗xg6 ♕d7 24.♕xg5+-. **22.♕xh5!** Schwarz gab auf wegen **22...gxh5** 22...♗xg5 23.♗xg6+- **23.♗xh7#**.

24. Der überraschende Rückzug **35.♗b2!!** zwang Schwarz zur Aufgabe. 35.♕c4? ♘d5! 36.♕xc6 bxc6 37.♗c5♖. **35...h5** 35...♘d5 36.♗xd5 ♕xd5

37.♗xf6+ ♔g8 38.♕e8#; 35...♗xb2 36.♕xb2+ ♕f6 37.♕xf6#; 35...♔g7 36.♕e7++−. **36.♛c4 ♛xc4 37.♝xf6++−.**

25. **1...♛xf3+ 2.♚xf3 ♞e3!! 0–1**

26. Weiß beendete die Partie mittels **29.♜xf7!** 29.c6 a2 30.♕a5 ♕d6 31.♖c1 ♖a8 32.♖f1 gewinnt ebenfalls. **29...♜a8** 29...♖xf7 30.d8♕++−; 29...♔xf7 30.d8♕++−. **30.♜e7 ♚f8 31.♜xh7 ♚g8 32.d8♛+ 1–0**

27. **40.c7!! ♛xc7 41.♛e1+** und Schwarz streckte die Waffen, da das Matt nach **41...♚g5 42.h4+ ♚h5 43.♛e6!** unvermeidbar ist. **43...♛e5 44.♛g4#.**

28. **26...e2 27.♝d2 ♝e3!! 0–1**

29. **30...♛xe6!** 30...♕g7? trifft auf 31.♕e2. **31.dxe6 c2 32.♛e3 ♜b1+ 33.♚h2 c1♛ 34.♛g3** Die folgende Kombination funktioniert nicht. 34.e7 ♕xe3 35.♗d5+ ♔g7 36.fxe3 ♖b8 37.♗c6 ♔f7−+. **34...♚g7! 35.♛h4 ♛g1+ 36.♚h3 0–1**

30. **30.♝b3!! ♝xb3 31.a6 c4 32.a7 1-0**

31. **34.♜g8+! ♜xg8 35.♞xg8 ♝c6 36.♞f6 a5 37.h5!?** 37.e8♕+ ♗xe8 38.♘xe8 ♖xh4 39.♗c4 ist wegen des reduzierten Materials schwieriger zu gewinnen. Deswegen möchte Hracek seinen Haupttrumpf für einen höheren Preis abgeben. **37...a4 38.♚c1 ♜h4 39.♚b2 ♜h3 40.♝f5 a3+ 41.♚a2 ♜e3 42.♝d7 1–0**

32. **35.♜xd5! 1-0** Schwarz ist ohne Verteidigung. **35...♜xf8** 35...♕xd5 36.♕xg7#. **36.♜xd7+−.**

33. **21...♞e5! 22.dxe5** 22.♕c3 ♘c6 23.♗e3 ♘xd4+ 24.♗xd4 ♗xd4 25.♖hd1 ♗xc3−+. **22...♜c6+!?** 22...♖xb2+ 23.♔xb2 ♕xd3 24.♖c8+ ♗f8 25.♔a1 ♕xf3 26.♖e1 ♔g7 sollte auf lange Sicht ebenfalls gewinnen. **23.♛c3** 23.♗c3?! ♖xb2+ 24.♔xb2 ♕xd3 25.♖hd1 ♕b5+ 26.♔a1 ♗xe5−+ (Hübner in ChessBase Magazin 86). **23...♛d5 24.♚b1 ♜xc3 25.♝xc3 ♝xe5 26.♚a1 ♝xc3 27.♜xc3 ♛e5 28.h4 h5 29.a3 ♛f4 30.♜e3 ♜c8 31.♚b1 ♜c7 32.♜d3 ♜e7 33.♚a1 ♚g7 34.♜c3 ♜c7 35.♜e3 ♜c2 36.♞g5 ♛c7 37.♚a2 ♛c4+ 38.♚b1 ♜xf2 39.♜c3 ♛b5 40.♜c2 ♛d3 0–1**

34. **36.♜a3!!** 36.♖c4 ♖xc4 37.dxc4 ♘xe4 38.♕e3±. **36...♞xd3** 36...♖xa3 37.♕xc5 ♕d6 38.♕c8+ ♕f8 39.♕xf8#; 36...♘b3 37.d4!!+−. **37.♛h4 1–0**

35. **37...♜xg2+! 38.♚h1** 38.♔xg2 c5+−+. **38...♛a1+! 0-1** Ein entscheidender Doppelangriff.

36. **33...♜h5!! 34.♜ff4** 34.♖xh5? ♕xg4+ 35.♔f1 ♕xh5−+. **34...♝g5!** Der entscheidende Schlag. **35.♛g3 ♝xf4 36.♜g8+ ♚e7 37.♛xf4 ♛h6 0–1**

37. **31...♛xd2!!** und Weiß gab auf wegen **32.♛xd2 e3+−+.**

38. **20...♝xf2+! 21.♚h1** 21.♔xf2 ♖d2+ 22.♔g1 ♖xb2 23.♖xd8+ ♕xd8 24.♕f3 f5∓; 21.♖xf2?? ♖xd1+ 22.♖f1 ♕c5+−+. **21...f5 22.♛e2 ♝c5 23.♜xd7 ♛xd7 24.h3 h6 25.♜e1 ♚h7 26.♛e5 ♛f7 27.♛e2 f4 28.♛g4 g5 29.♜xe6?** Das geht wegen der schwachen weißen Grundreihe nach hinten los. **29...♛xe6 30.♛xe6 ♜d1+ 31.♚h2 ♝g1+ 0–1** Der weiße König kann nicht fliehen. **32.♚h1 ♝f2+ 33.♚h2 ♝g3#**

39. **34.♝c8! ♛xc8** 34...♘c6 35.♕xa4 ♖xh3+ 36.gxh3 ♕xc8 37.♔g2+−. **35.♛xd6+ ♚e8 36.♛xe5+ ♚f8** 36...♕e6 37.♕c7 ♔f8 *(37...♖xh3+ 38.♔g1+−)* 38.♖d8+ ♘e8 39.♕c5+ ♔g8 40.♗e7+−. **37.♛d6+ ♚e8 38.e5 1–0**

40. 28.♗b6+! ♔xb6 29.♖xe6+ ♗d6 29...♔xa5? 30.♖a1+ ♗a3 31.♖xa3#. **30.♖exd6+ ♔c7 31.♖d7+ ♔c8** 31...♔b6? 32.♖b7+ ♔xa5 33.♖a1#; 31...♔b8? 32.♘c6+ ♔c8 33.♘e7+ ♔b8 34.♖1d6+−. **32.♘c6 ♖e8 33.♘e7+ ♔b8 34.♖1d6 1–0**

41. 36.♖d8!! ♖xe3+ 36...♖xd8? 37.♖xg7+ ♔f8 38.♕xd8+ ♔xg7 39.♕f6+ ♔g8 40.♕f7+ ♔h8 41.♕h7#. **37.♔f2 ♖f3+ 38.♔g2 1–0**

42. 26.♗xf7+! ♔xf7 26...♕xf7 27.♘gxh6++−. **27.♕c4+ ♔g6 28.♕xc7 ♖xd4 29.♘xd4?!** 29.♘h4+ ♔h7 30.♖xd4 war laut Dautov (in ChessBase Magazin 94) besser. **29...♗c8 30.♘e5+ ♔h7** 30...♖xe5 31.♕xe5 ♕xf2+ 32.♔h2 ♘f6 33.♕e1 ♕xb2 34.♘f3± (Dautov). **31.♘df3 ♕c5!** Weiß gewann, obwohl er nur etwas besser stand.

43. 25.♗xf5!! ♖f6 25...exf5 26.♕d5+ ♔f8 27.♗b4++−. **26.♗xe6+ 1–0**

44. 24.♖c8!! und Schwarz gab auf wegen **24...♖xc8 25.♕xe6+ ♔f8 26.♕xc8+ ♔e7 27.♗c4+−.**

45. 34.♘c5!! 34.♕h6?? ♕xg2#. **34...♕xc5** 34...♘xc5? 35.♕d8#. **35.♕xd7+ ♔f8 36.♕d8+ ♔g7 37.♖d6 1–0**

46. 1.♗xf7+ ♔xf7 2.♕b3+ ♖e6 2...♔f8 3.♘fg5 hxg5 4.♘xg5 ♖e7 5.dxe7+ ♔xe7 6.♕f7+ ♔d8 7.♘e6#. **3.♘fg5+ hxg5 4.♘xg5+ ♔f6 5.h4 1–0**

47. 24.♗c4!! ♕xc4 24...♕h7 25.e6 ♗xe6 26.♖d8+ ♘xd8 27.♕xd8+ ♔f7 28.♕d7+ ♔f8 29.♕xe6+−. **25.♕xd7+ ♔f8 26.♕xf5+ ♔e8** 26...♕f7 27.♕g4 ♘xe5 28.♖d8+ ♔g7 29.♗f6+ ♔xf6 30.0-0+ ♔e7 31.♕g5++−. **27.♕d7+** und Schwarz gab auf, da der weiße Königsturm mit entscheidendem Effekt den Angriff verstärkt.

48. 21.♗xf7+! ♕xf7 21...♔xf7 22.♕c4+ ♔f8 *(22...♔g6 23.♘h4+ ♔h7 24.♘hf5±; 22...♕e6 23.♖xd6 ♕xc4 24.♖xc4±)* 23.♘f5 ♖ac8 24.♘xe7 ♖xc4 25.♘g6+ ♔f7 26.♖xc4 ♗d5 27.♘gh4±. **22.♖xd6 ♖ad8** 22...♘d5 23.♕d2 ♘xe3 24.♖d7! ♖e7 25.♖cc7 ♖xd7 26.♖xd7 ♕c4 27.♕xe3± (Donev in ChessBase Magazin 76). **23.♘e5 ♕b3 24.♖xd8 ♖xd8 25.♖c7 ♗e4 26.♕xa6 ♕xb2 27.♕c4+ ♗d5 28.♖xg7+! ♔xg7 29.♕c7+ ♘d7 30.♕xd8 ♕a1+ 31.♔h2 ♕xe5 32.♕xd7+ ♗f7 33.♕c6 ♕e6 34.♕c3+ ♕f6 35.♕d2 ♕e5 36.♕b4 ♕f6 37.f3 h5 38.♕e4 ♗e6 39.♕b7+ ♗f7 40.♕e4 ♗e6 41.♘d5 ♗xd5 42.♕xd5 ♔h6 43.f4 1–0**

49. 30.♘d7!! ♖xd7 30...♕c7 31.♘f6++−; 30...♗xc4 31.♘xb8+−. **31.♗xe6+ ♖xe6 32.♖xe6 ♘c7 33.♖e7 1–0**

50. 21...♗xf3 22.♗xf3 ♖d2!! 0–1

51. 21...♗e3! 22.♕c2 ♖fc8 23.♘c4 d5 0–1 wegen **24.exd5 ♖xc4−+.**

52. 18.♕b4! bxa6 18...♖e8 19.♖ab1 ♖e6 20.♖fe1+−. **19.♗h7+!** Eine typische Ablenkung, die Sie sich merken sollten. **19...♔xh7 20.♕xf8+−** und Weiß gewann später.

53. 27.♖xf6 ♖xf6? 27...♕xf6! 28.♗xf6+ ♖xf6 29.d7 ♖f2 30.♕e1 e5 ist nicht gänzlich klar. Hatten Sie das berechnet? In den Tests sollten Sie innerhalb der vorgesehenen Zeit so tief wie möglich in die Stellung eindringen. **28.♕g4 ♕h6** 28...♕xg4 29.♗xf6+ ♕g7 30.♖xg7 ♗d4 31.♗xd8 *(31.♗xd4? ♖xd6 32.♖d7+? wird widerlegt durch 32...♖xd4)* 31...e2 32.♗h4+−. **29.♕xe6**

♖df8 30.d7 e2 31.♗xf6+ ♕xf6 32.♖g8+ 1–0

54. Der letzte schwarze Zug war c7-c5, aber en passant zu schlagen war nicht die Lösung. **26.♕xg7+!! ♖xg7 27.♖xf8+ ♔h7 28.♖1f7 ♗a4 29.♖xg7+ ♔h6 30.♔d2 ♗b5** 30...♕xd5+ 31.♔e1 ♕d1+ 32.♔f2 ♕c2+ 33.♔g3 ♕xc3 34.♖xg6++-. **31.♖h8+ ♔g5 32.h4+ ♔f5 33.♖h5+ ♔g4** 33...gxh5? 34.♖g5#. **34.♖g5+ ♔xh4 35.♗f6 1–0**

55. 39...♘f2+ 40.♕xf2 ♖c1+! 0–1

56. 26.♘g7! ♕e7 26...♘xg7? 27.♕xf6 ♘h5 28.♕f7+ ♔h8 29.♕xc7+-. **27.♘xh5 gxh5 28.♖xf6 ♗d6 29.♗g5** 29.♗f5!?+-. **29...♕g7 30.♖h6 b4 31.♖xh5 ♘g6 32.♗e6+ ♔f8 33.♕g4 bxc3 34.♗h6 ♕xh6 35.♕f5+ ♔g7 36.♕f7+ 1–0**

57. 29...♖e1!! 0–1 Der Turm dient als Köder, um den weißen Turm von der Verteidigung des Feldes f3 abzulenken. **30.♔g2** 30.♖xe1 ♕xf3#. **30...♖xf1 31.♔xf1 ♕xf3+ 32.♔e1 ♕xd5–+.**

58. 30...g5! In der Partie geschah 30...♗xd5?=. **31.♖e1 gxf4** 31...♘g4!?. **32.♖xe5 ♖ac8 33.♖e8+ ♖xe8 34.♗xf3 fxg3 35.hxg3 ♖e7–+.**

59. 39.♕xf5! ♖g4? 39...♕c1+! war zäher, aber nicht ausreichend. 40.♔xc1 ♖g1+ 41.♔d2 exf5 42.e6 ♖g6 43.♖h8+ ♖g8 44.♗e7+ ♔g7 45.♖xg8+ ♔xg8 46.♔e3 f4+ 47.♔xf4 ♗g6 48.♔e5 ♗e4 49.♗c5 ♔g7 50.♔d6+- (Psachis in ChessBase Magazin 90); 39...♕xf5?? 40.♗e7#. **40.♖h8+** 40.♗g7+ ♔e7 *(40...♔g8 41.♖h8+ ♔xg7 42.♕h7#)* 41.♕f8+! ♕xf8 *(41...♔d7 42.♗f6++-)* 42.♗f6#. **40...♔f7 41.♕h7+ 1–0**

60. 29...♗xf3 und Weiß gab auf wegen **30.♗xb3** 30.gxf3 ♘xd2–+. **30...♗e4 31.♖e1 axb3 32.♖xe4 ♖d8–+.**

61. 21...♘xf4! 22.♗g4! 22.gxf4?? ♖g6+ 23.♘xg6 ♕xa3–+. **22...♘g6?!** 22...♘e6 23.♖e3∓. **23.♖e1 f6** 23...♖e6 24.♗xe6 *(24.♕c1!?)* 24...♕xa3 25.♘xf7=. **24.♘f3** Weiß hatte einige Kompensation und gewann die Partie letztendlich.

62. 24.♖h8+!! ♔g7 24...♔xh8 25.♘xf7+ ♔h7 26.♘xd6+-. **25.♖xe8 ♕d4 26.♕xd4 cxd4 27.♖e7 ♔g8 28.♖xf7 ♘c6 29.♗e6 1–0**

63. 15.♕g3! ♗g4 15...♖he8? 16.♘g6 ♕xg3 17.♘xe7+ ♖xe7 18.hxg3+-; 15...♘e8 16.♖e2 *(16.♘xh7!?)* 16...♘f8 17.♖he1 h5 18.♘xf7 ♖xf7 19.♘xe6 ♕xg3 20.hxg3 ♘xe6 21.♖xe6+-. **16.♖xe7 ♕xe7 17.f3 h6** 17...♕e3+ 18.♔b1 ♗h5 19.♗f5 ♕xd4?! 20.♘xh5 ♘xh5 21.♗xd7+ ♔xd7 22.♕h3++-. **18.♖e1 ♕f8 19.♘xf7 ♕xf7 20.♗g6! ♕f8 21.fxg4 ♕d6 22.♖e6 ♕f8? 23.♗f5 ♕f7 24.♖xf6!** und Schwarz gab auf wegen **24...♕xf6 25.♘e6+–.**

64. 1.♕g3 1.♕e3+-. **1...♕xh6+** 1...♖xg3?? 2.♖xe8#. **2.♕h3 ♕d6 3.♔h1 ♔g8 4.♖xe8+ ♔f7 5.♖h8 1–0**

65. 65.♖e7+ ♖xd4 66.cxd4 g3 66...♗d5 67.♔xf4+-. **67.♖xe4 g2 68.♖e1 f3 69.♔g6 f2 70.♖e8# 1-0**

66. 41.♕h5!! ♖xg2+ 41...♖xh5 42.♖g8+ ♔d7 43.e8♕+ ♔c7 44.♕xh5+-. **42.♖xg2+ ♖xh5 43.♖xb2 ♖xh3+ 44.♔g1 ♖h7 45.♖h2 ♖g7+ 46.♔f2 ♖g8 47.♖h6 ♔f7 48.e8♕+ ♖xe8 49.♖h7+ 1-0** Schwarz am Zug gewinnt einfach mit 1...♖xg2+! 2.♖xg2 ♕xg2+ 3.♔xg2 ♖xh6 –+.

67. 9.♕d8+! ♔xd8 10.♗g5+ ♔c7 10...♔e8 11.♖d8#. **11.♗d8# 1–0**

68. Bevor er durch seine Buchbesprechungen auf www.ChessCafe.com, bekannt wurde, spielte Taylor Kingston ab und an eine gute Partie. **14.♘g5! ♗xg2 15.♗xf6 g6** 15...♗xf6?? 16.♕xh7#. **16.♘xe6! fxe6 17.♗xe7 ♕xe7 18.♔xg2** Gewinnt einen wichtigen Bauern und letztendlich die Partie.

69. Nunn prägte den Ausdruck „LPDO" (loose pieces drop off) – bedeutet etwa „schlechte Figuren gehen verloren), was hier zutrifft. **39...♖d3! 0–1**

70. 31...♖d6!! 32.♘e6+ 32.♕xe8? ♖xd1+ 33.♔g2 ♘xe8–+; 32.♖xd6? ♕xb5–+. **32...♕xe6 33.♖a1 ♖d5 34.♕a4 ♕h3 35.f3 e4 36.♕a7 exf3 0–1**

71. 27.♕d5+ ♖f7 28.♕xf7+ 28.♕d8+ ♖f8 29.♕xf8+ ♔xf8 30.♖f4++–. **28...♔xf7 29.♖f4+ ♔e7 30.♖xf3 ♕e2 31.♖e1 1–0**

72. Der tödliche Doppelangriff **12.♕d1 1-0** entschied sofort. Karpow verliert nicht häufig schon nach zwölf Zügen, deswegen schauen Sie immer nach schlecht stehenden Figuren!

73. 25...♘d2? war ein fürchterlicher Fehler. **26.♘xd2 ♕xc3 27.♘b3! ♕xb4?** 27...♕xd3! musste geschehen. 28.♘c5 ♕c2 29.♘xd7 ♕xf2+ 30.♔h1 h6 31.♕g3 ♖cc2 32.♕xf2 ♖xf2 33.♘f6+ ♔g7 34.♖g1 und Schwarz hat dank seiner Aktivität Remischancen. **28.h4 ♕c3** 28...♖b2 29.♖xb2 ♕xe1+ 30.♗f1+–. **29.♗xb5 ♗xb5 30.♖ec1 d4 31.♘xd4 ♖b2 32.♖a1 ♖a2 33.♖xc3 ♖xa1+ 34.♔h2 ♖xc3 35.♘xb5 1–0**

74. 30.♘e6+ 30.dxe5? ♖xb1 31.♖xb1 ♘xe3 32.fxe3 ♕xe3+ 33.♔h1 ♖d2–+; 30.♖xb8!? könnte sogar stärker sein. 30...♖xb8 31.♘d7 *(31.dxe5? ♖b2 32.♘d3 ♖c2* gibt Schwarz gute Kompensation für den Bauern.*)* 31...♖b2 32.♖f1 e4 *(32...♘xe3? 33.♕xe5++–)* 33.♕a8 h5 34.♕f8+ ♔h7 35.♘e5 ♕f6 36.♘xf7+–. **30...fxe6?** 30...♔g8! 31.♘xd8 ♘xe3 32.fxe3 ♖xb1 33.♖xb1 ♕xe3+ 34.♔f1 ♕d3+ 35.♔f2 ♕xd4+ 36.♔e2 ♕e4+ 37.♔d2 ♕xb1 38.♕xe5 ♕b4+ bot weiterhin einige Remischancen. **31.♖xb8 ♖xb8 32.♕a7+ ♔h6 33.♕xb8 e4 34.♕e5 1–0**

75. 29.♕e8! ♗f6 30.♕d7 Der Turm kann nicht entkommen. **30...h5 31.♗xg6 ♔xg6 32.♕d3+ ♔g7 33.♖f3 ♕e7 34.♔h2 1–0**

76. 34...♖e6! 35.♖f1 35.f7+ ♔xf7 36.♘g5+ ♔g6 37.♘xe6 ♕xd6–+ (Postny in ChessBase Magazin 85). **35... ♖xd6 36.♘xd6 ♕xd6 37.f7+ ♔f8 38.♖f5 g6 39.♖fxe5 c3 40.♖e6 c2 0–1**

77. 35...♖xc2! 36.♕f3 36.♔xc2 ♕c4+ 37.♔d2 ♕xf1–+. **36...♖c5 37.♕a8+ ♔g7 38.♕xa6 ♖xg5 39.♕c6 ♕d5 40.♕c3+ 0–1**

78. 31.♖xc4! 31.♕b7? ♕xf2+ 32.♔h1 ♖d3 33.♗b5+ ♘d7 34.♗xd7+ ♔e7 35.♗c6+ ♔f6 36.♖aa1 ♖h8 37.♗g2 ♖xh2+ 38.♔xh2 ♕xg3+ (Ribli in ChessBase Magazin 77) 39.♔g1 *(39.♔h1? ♕h4+ 40.♔g1 ♕d4+ 41.♔h2 ♕d6+–+)* 39...♕e3+=. **31...♘xc4 32.♕b8+ ♔e7 33.♕b7+ ♔f6 34.♕xf3+ ♔e7 35.♖c1 1–0**

79. 29...♖xc4! 30.♖xc4 ♕d5 31.g3 ♕xc4 32.♖c1 ♕e2 33.♖c8 ♘d5 34.♕f1 ♕f3 35.♕g2 ♕b3 36.♕f1 ♘xf4 37.♖c5 ♕xa4 38.♖c7 ♕b3 0–1

80. 24.♗e7+!! ♔xe7 24...♖xe7? 25.♖c8+ ♖e8 26.♖xe8#. **25.♖c7+ ♔d8 26.♕f7 ♕e1+ 27.♔g2 ♕xf2+!** Minassjan schlägt zurück! 27...♕e4+? 28.♔h2

♕a4 29.♖xb7 ♕c6 30.♖b8+ ♕c8 31.♕xa7♖. **28.♔xf2 ♖gf8 29.♖d7+ ♔c8 30.♖xb7 ♖xf7+ 31.♖xf7 ♖d8 32.♖xa7 ♖d7 33.♖a8+** Das Bauernendspiel nach 33.♖xd7?? ♔xd7 ist wegen des gedeckten Freibauern für Schwarz gewonnen. 34.♔e3 ♔c6 35.♔d4 ♔b5 36.♔c3 ♔a4 37.♔b2 g5 38.♔a2 d4 39.♔b2 d3 40.♔c3 ♔xa3 41.♔xd3 ♔b4 42.♔d4 ♔b5−+. **33...♔c7 34.♔e3 ♔b6 35.♖e8 ♖a7 36.♖xe6+ ♔c5 37.♖g6 ♖xa3+ 38.♔f4 ♖a7 39.h4 ♖f7+ 40.♔e3 ♖e7 41.♔f4 ♔d4?!** 41...♖f7+=. **42.e6 ♖a7?!** 42...♔c3 43.♔e5 d4 44.♔d6 d3 45.♔xe7 d2 46.♔f8 d1♕ 47.e7 ♕f3+ 48.♔xg7 ♕e4=. **43.♖g4 h5?** 43...♔c5 44.♔e5 ♔c6 45.h5 ♖b7= (Swidler). **44.♖g5 ♖e7 45.♔f5 ♔c5 46.♔e5 d4 47.♖xh5 d3** 47...♖e8 48.♖g5 ♖e7 49.♖f5 d3 50.♖f3 ♔c4 51.♔d6+−. **48.♖h8** Der Turm gehört hinter den Freibauern. **48...♔c4** 48...♖a7 49.♖d8 ♔c4 50.♖d7 ♖a1 51.♖d4+ ♔c3 52.e7 d2 53.e8♕ ♖e1+ 54.♖e4 ♖xe4+ 55.♔xe4 d1♕ 56.♕e5++−. **49.♖c8+ ♔b3 50.♖d8 ♔c2 51.♔d6 ♖e8 52.e7 d2 53.♔e6 1–0**

81. 30...♖a5! 30...♖b3? 31.♕c1 ♕a4 wurde in der Partie gespielt und nun hätte Weiß sofort mit 32.♖g1+− gewinnen können. **31.♕c1** 31.♕g2 ♗xa3 32.♕xg8+ ♗f8+ 33.♔b1 ♖a1+ 34.♔c2 ♕a4+ 35.♔d2 ♖xf1 36.♕xf8+ ♔c7=. **31...♕b6 32.♕c2 ♕a6 33.♕c1=** (Lukacs in CBM 79).

82. 35...g3+!! Die Partie verlief dagegen 35...♕xh2+? 36.♗g2 ♕f4+ 37.♔e2! ♕h6 38.♕xe6+! ♕xe6 39.♗d5!! 1–0 **36.♔e2!** 36.hxg3? ♘g4+ 37.♔g1 ♕h2#. **36...♕g4+ 37.♔d2 ♕b4+ 38.♔c2 ♕a4+ 39.♔b1** 39.♕b3? ♕xb3+ 40.♔xb3 gxh2 41.♗g2 f4−+. **39...♕b4+=** mit Dauerschach.

83. 55...♖xh5!! In der Partie ging es folgendermaßen weiter: 55...♔b4? 56.♖b6+ ♔c5 57.♖xh6 ♔b4 58.♔c2 ♖c3+ 59.♔d2 ♖h3 60.♖h8 ♔c5 61.♔c2 ♔b5 62.♔d2 ♔c6 63.h6 ♔b7 64.b4 ♔a7 65.♔e2 ♖h4 66.♔f3 ♖xb4 67.♖g8 ♖h4 68.♖g6 ♔b7 69.♔g3 ♖h1 70.♔f4 ♔c7 71.♔f5 ♔d7 72.♔f6 ♔e8 73.♔g7 1–0. **56.♖a5+ ♔b4 57.♖xh5** Patt.

84. 1...♔h6!! 2.♕d3 2.♕c8 ♖xe2 3.♕f8+ ♔g5 4.♕g7+ ♔f4 5.♕d4+=; 2.♗g4 d1♕ 3.♗xd1 ♕xh3+ 4.gxh3 ♖h2+ Patt. **2...d1♕ 3.♕xd1** 3.♕xg3 ♕xg1+ 4.♔xg1 ♖xg2+ 5.♔xg2 Patt. **3...♕xh3+ 4.gxh3 ♖h2+ 5.♔xh2** Patt.

85. 1.♘g1 1.♘g5? ♔e3 2.♘f3 ♘f4+−+. **1...♘e3+** 1...e1♕ 2.♘f3+=; 1...e1♘+ 2.♔xf1=. **2.♔h3! ♘f4+** 2...e1♘ 3.♘f3+ ♘xf3 Patt. **3.♔h2 ♘g4+** 3...e1♘ 4.♘f3+ ♘xf3+ 5.♔g3 und einer der Springer geht verloren. **4.♔h1 ♘f2+** 4...e1♘ 5.♘f3+ ♘xf3 Patt. **5.♔h2 e1♘ 6.♘f3+ ♘xf3+ 7.♔g3 ♔e3** Patt. Ein glänzendes Werk!

86. 56...♖c1+ 57.♔b6 ♖c7! 58.♔a6 58.a6 ♖xb7+ 59.axb7 Patt. **58...♖c6+ 59.♖b6 ½–½** Man einigte sich auf Remis wegen **59...♖xb6+ 60.♔xb6** Oder 60.axb6 und patt.

87. 19.♗d4+ ♔h6 20.♖h4+ ♔g5 21.♖h5+ ♔g4 21...♔f4? 22.♖f1+ ♔g4 *(22...♔e4 23.♖h4+ ♗g4 24.♖xg4#)* 23.h3+ ♔g3 24.♖f3#. **22.h3+?!** 22.♖f1!? ♘e2+ 23.♔h1 ♘xd4 24.h3+ ♔g3 25.♖g5+ ♔h4 26.♖h5+=. **22...♔g3 23.♗f2+** 23.♖f1 könnte ebenfalls zum Remis ausreichen. Eine mögliche Variante lautet 23...♗g4 24.♗f2+ ♔f4 25.hxg4 ♘e2+ 26.♔h2 ♔e4 27.♖h3 ♕e5+ 28.♔h1 ♕g5 29.♖e1 ♕d2 30.♗xe8 ♖xe8 31.♖d3 ♕h6+ 32.♖h3 ♕d2=. **23...♔f4 24.♖h4+?** 24.♖f1 ♗g4

25.hxg4 musste geschehen (siehe 23.♖f1). **24...♔g5 25.♖h5+ ♔f6 26.♗d4+ ♔xf7 27.♖f1+ ♔e6 28.♖f6+ ♔d7 29.♖xh7+ ♔d8 30.♖f2 ♕c1+ 31.♔h2 ♘d5 32.c4 ♕d1 33.♗xa7 ♖xa7 34.♖xa7 ♕d4 35.♖ff7 ♕e5+ 0–1**

88. 1.♗xh7+ ♔xh7 2.♕h4+ Noch stärker ist 2.♖h3+ ♔g8 3.♘f6+ gxf6 *(3...♔f8 4.♕c5+ ♘e7 5.♖h8#)* 4.♕h4 ♔f8 5.♕xf6 ♘e7 6.♕h6+ ♔g8 7.♕h8#. **2...♔g8 3.♘f6+ gxf6** 3...♔f8 4.♘xe8 ♕xc2 5.♕h8+ ♔e7 6.♖bd3+–. **4.♖h3 ♔f8 5.♕xf6 ♘e7 6.♕h6+ 1–0**

89. 16.♗xh7+! ♔f8 16...♔xh7 17.♕h5+ ♔g8 18.g6! fxg6 19.♖xg6 ♗f8 20.exd6 ♕xd6 21.♖hg1 ♘ce5 22.fxe5 ♘xe5 23.♖xg7+ ♗xg7 24.♖xg7+ ♔xg7 25.♗h6++– (Bangiev in ChessBase Magazin 81). **17.♗e4! dxe5 18.♕h5 ♗b4 19.f5 ♘d4 20.f6 gxf6 21.gxf6 ♘xf6 22.♕h6+?!** 22.♗h6+!? ♔e7 23.♕xf7+ war viel einfacher. **22...♔e7 23.♗xb7 ♗xc3 24.♘xd4 ♕xb7 25.♖f1 ♘d7?! 26.♖xf7+!! ♔d8 27.♘f3 ♗d4 28.♖d1 ♔c8 29.♘xd4 exd4 30.♗xd4 ♕c6 31.♗f2 ♘e5 32.♖g7 ♖f8 33.♗g3 ♘f7 34.♕f4 ♕b7 35.♕b4 1–0**

90. 16.♗xh7+? 16.♘xg5 war forciert. **16...♔xh7!** 16...♔h8? ist äußerst riskant, z.B. 17.♘xg5 g6 18.♖ac1 ♕a3 19.h4 ♔g7 20.h5 ♖h8 21.hxg6 fxg6 22.♗xg6 ♔xg6 23.♕e4+ mit Angriff. **17.♘xg5+ ♔g6!** 17...♔g8? 18.♕h5 ♕d3 19.♖e4+–; 17...♔h6? 18.♕e4 ♔xg5 *(18...f5? 19.♕h4+ ♔g6 20.♕h7+ ♔xg5 21.f4+ ♔g4 22.♕g6+ ♔xf4 23.g3+ ♔f3 24.♕h5#)* 19.♕h7 ♕xe5 20.♖xe5+ ♘xe5 21.f4+ ♔xf4 22.♖f1++–. **18.♕e4+ f5! 19.♕h4 ♘xe5 20.♖ac1 ♕d2 21.♘h3 ♘g4 22.♖ed1 ♕h6 23.♕e7 ♖f7 24.♕d8 ♖d7 25.♕e8+ ♔h7 26.f4 ♘f6 27.♕f8 ♖xd1+ 28.♖xd1 ♘e4 29.♘g5+ ♘xg5 30.fxg5 ♕xg5 31.♖d8 ♗d7 0–1**

91. 16.♗xh7+?! 16.♕c2 war besser. **16...♔xh7** 16...♔h8? 17.♘g5 g6 18.♕f3 ♘f5 19.♗xg6+–. **17.♘g5+ ♔g6** 17...♔g8? 18.♕h5 ♖fc8 19.♕xf7+ ♔h8 20.♖c3+–; 17...♔h6? 18.♕g4 ♘f5 *(18...g6 19.♕h3+ ♔xg5 20.♗c1#)* 19.♗c1+–. **18.♕g4 f5?** 18...f6! 19.♘xe6+ ♔f7 20.♘xc7 ♗xg4 21.♘xa8 ♖xa8 mit unklarem Spiel war die beste Option für Schwarz. **19.♕g3 ♕c8** 19...f4 20.♕h4 ♖h8 21.♕xf4 ♖af8 22.♕g4 mit starkem Angriff. **20.♖c3 f4 21.♕g4 ♘f5** 21...♖f5 22.♘e4+ ♔h7 23.♘f6+ ♖xf6 24.exf6 ♘f5 25.♖h3+ ♔g8 26.♕g6+–. **22.♖h3 ♖h8 23.♘xe6+ ♔f7 24.♕xf5+ ♔e7 25.♕g5+ ♔xe6 26.♕g6+ ♔e7 27.♕xg7+ 1–0**

92. 12.♗xh7+?! ♔xh7 13.♘g5+ ♔g6? 13...♔g8! war forciert. 14.♕h5 ♕f6! *(14...♘f6? 15.♕xf7+ ♔h8 16.♖e4!+–; 14...♘e5? 15.♖xe5 ♗xe5 16.♕xf7+ ♔h8 17.♕h5+ ♔g8 18.b3 d3 19.♕h7+ ♔f8 20.♗a3+ ♗d6 21.♕h8+ ♔e7 22.♕xg7#)* 15.♕h7+ ♔f8 16.♘e4 ♕e5 17.cxd4 ♕xh2+=. **14.h4 ♖h8?** 14...f5 15.h5+ ♔f6 16.♕xd4+ ♗e5 17. ♕h4 ♕a5 18.b4 ♕d5 19.♗b2+- **15.♖xe6+**

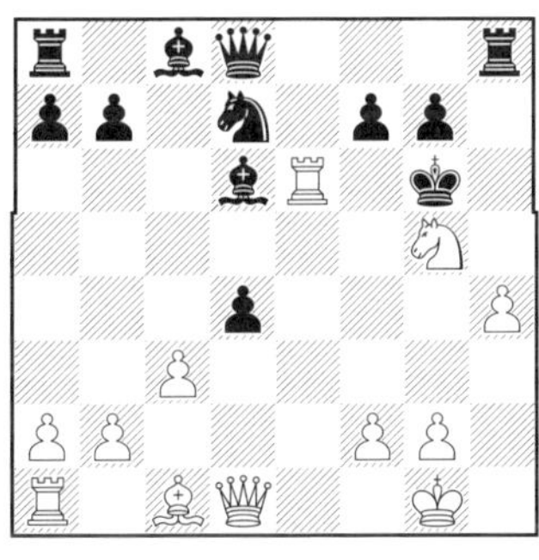

15...♘f6 15...fxe6 16.♕d3+ ♔h5 17.g4+ ♔xg4 18.♕f3+ ♔xh4 19.♕h3#.

16.h5+ ♔h6 16...♖xh5 17.♕d3+ ♔h6 18.♕h7#. **17.♖xd6 ♕a5 18.♘xf7+ ♔h7 19.♘g5+ ♔g8 20.♕b3+ 1–0**

93. 10.♗xh7+! ♔xh7 11.♘g5+ ♔h6

I 11...♔g6 12.♘e2:

A) 12...♗xg5 13.hxg5:

A1) 13...f5 14.gxf6 ♖h8 15.♘f4+ ♔f7 16.♕g4 ♖xh1+ 17.♔e2+−.

A2) 13...♕xg5 14.♘f4+ ♔f5 *(14...♕xf4? 15.♕h5#)* 15.♖h5+−.

A3) 13...♖h8 14.♘f4+ ♔f5 15.♘h5 ♕xg5 16.♘g3+ ♕xg3 17.♖xh8+−.

B) 12...♔h6 13.♕d2 ♕b6 14.c3 *(14.0–0–0!?)* 14...♘c6 15.♘f4 ♘xd4 16.♘gxe6

♘xe6 17.♘xd5+±.

II 11...♗xg5? 12.hxg5+ ♔g8 13.♕h5 f5 14.g6+−.

12.♕d2 ♗xg5 12...♕b6 13.0–0–0 ♕c6 14.♕f4+−. **13.hxg5+ ♔g6 14.♘e2 ♕xg5 15.♘f4+ ♔f5 16.♖h5 ♕xh5 17.♘xh5 g5 18.c3 ♔g6 19.♕c2+ ♔xh5 20.♕h7+ 1–0**

94. 15...♗xh2+! 16.♔xh2 ♕h4+ 17.♔g1 ♕xf2+ 18.♔h1 18.♔h2 ♖f4 19.♖e4 ♕h4+ 20.♔g1 ♖xe4 21.♗xe4 ♕xe4 22.♕xd7?! ♕e1+ 23.♔h2 ♕e5+ 24.♔h3 ♕xb2−+. **18...♖f4 19.♖e4 ♕h4+ 20.♔g1 ♖xe4 21.♗xe4 ♕xe4 22.♕xd7?! ♕e3+ 23.♔h2 ♕e5+ 24.♔h1 ♕xb2 0–1**

95. Weiß steht sehr schlecht, so dass das folgende Danaergeschenk keine schlechte Idee war. Objektiv sollte sie aber nicht funktionieren. **15.♗xh7+ ♔xh7 16.♕h5+ ♔g8 17.♘g5 ♖e8?** 17...♕d3!−+ hätte den Angriff abgewehrt. **18.♕xf7+ ♔h8 19.♕h5+ ♔g8 20.♕h7+ ♔f8 21.♕h8+ ♔e7 22.♕xg7+ 1–0**

96. 28.♖e5!! ♕a1+ 28...dxe5 29.♖xg7+ ♔h8 *(29...♔f8 30.♖g8#)* 30.♖g4+−. **29.♔h2 ♖c1 30.♖xg7+ ♔h8 31.♘xc1 ♕xe5 32.♖xf7 ♖xc1?** 32...♕xg3+ 33.♔xg3 ♖xc1 34.♖xe7+−. **33.f4 1–0**

97. 20...♘d2! 21.♗xd2 ♕xd4+ 22.e3 ♕xb2! Viel stärker als 22...♕xd2 23.♕xd2 ♖xd2 24.♖f2∓. **23.♖f2 ♖xd2 24.♖xd2 ♕xd2−+** und Schwarz gewann letztendlich das Endspiel.

98. 22.♘e7! d5 22...♖xe7 23.♕g5+ ♔h8 24.♖xe7+−; 22...♕xe7 23.♖xe7+ ♖xe7 24.♕g5++−. **23.♗xd5 ♖b6** 23...♖d7 24.♖e6 ♖xd5 25.♕h6+ ♔h8 *(25...♔f7 26.♕f6+ ♔e8 27.♘xd5+ ♗xe6 28.♕xe6+ ♕e7 29.♕xe7#)* 26.♖f6 ♖g8 27.♖f7+−. **24.♘xc8 ♖h6 25.♖e7+ ♕xe7 26.♕xh6+ ♔xh6 27.♘xe7+−** und Weiß gewann nach einigen weiteren Zügen.

99. 22...♖g3!! 22...♖xg2 23.♕xg2 ♕e3+ 24.♕e2 ♗h4+ 25.♖f2 ♗xf2+ 26.♔f1 ♗xd3 27.♖xd3 ♕xe2+ 28.♔xe2 ♗c5 ist besser für Schwarz, aber nicht so klar wie die Hauptvariante. **23.♕xg3** 23.hxg3? ♕e3+ 24.♗e2 ♕xe2#. **23...♗h4 24.♗xa6** 24.♕xh4? ♕e3+ 25.♗e2 ♕xe2#. **24...♗xg3+ 25.hxg3 ♕xa6−+** und Schwarz gewann später.

100. 30.♘g4 ♕f4 30...♕f8 2.♘h6+ ♔h8 31.♘f5+ ♔g8 32.♖xg7+. **31.♘h6+ ♔f8 32.♖f5!+ ♕xf5** (32...exf5/♘xf5 4.♕f7#) **33.♘xf5** und Schwarz gab bald auf.

101. 26.♖xe6+!! fxe6 27.♕g7+ ♔d6 28.♖xe6+ Der zweite ungebetene Gast auf e6. **28...♔xe6 29.♕xc7 ♖5d6 30.♗c4++−** und Weiß gewann später.

102. 35.♖e6 ♕d3 36.♖xh6+ und Schwarz gab auf wegen **36...♗xh6 37.♕e5+ ♔g8 38.♕e6+ ♔h8 39.♕xh6+ ♔g8 40.♕g7#.**

103. **22.♕h5 g6 23.♗xg6! 1-0** wegen **23...hxg6 24.♖g4**, etc. 22...h6 war besser, würde die Partie aber nur unwesentlich verlängern, nämlich 23.♕g6 ♕g5 24.♕h7+ ♔f8 25.♖xc5+ bxc5 26.♗xc5+ ♖e7 27.f4 ♕g4 28.♗ g6 forciert 28...♕xg6 29.♕xg6+−.

104. **35.♕h6+ ♔f7** 35...♔e7?! 36.♕d6+ ♔f7 37.♖f2 ♕g5 38.♕xd5+ ♔e7 39.♗d6+ ♔f6 40.♕e5+ ♔g6 41.♕e6+ ♕f6 42.♕xc8+−. **36.♖f2!** 36.g3 gewinnt ebenfalls. **36...♗d7** 36...♕xf2 37.♕f6+ ♔g8 38.♕g7#. **37.♕g7+ ♔e6 38.♕g6+ ♔e7 39.♕d6+ ♔e8 40.♗f6 1-0**

105. Der mutige Schlag **29.♘xb7!!** gewinnt sofort. Achten Sie darauf, dass der Läufer auf h6 weder angreift noch verteidigt. Das ist normalerweise ein schlechtes Zeichen in so einer Stellung! **29...♖d7** 29...♔xb7 30.♕b5+ ♔a8 *(30...♔c8 31.♘e4 ♕g6+ 32.♔f1 ♕xe4 33.♖c3++−)* 31.♘d5 ♘xd5 32.♕xd5+ ♔b8 33.♖b3+ ♔c7 34.♕b7#; 29...♕g5+ 30.♔f1 ♔xb7 31.♕a6+ ♔a8 32.♘d5+−. **30.♕c4+** und Schwarz gab auf wegen **30...♔xb7 31.♘d5 ♕g5+ 32.♔f1 ♘xd5 33.♖xd5 ♕d8 34.♖b5++−.**

106. **27.♗xg6!** Viel stärker als 27.♘xe6+?! ♔h7 28.♖e1 *(28.♘xc5?? ♖d1+ 29.♖e1 ♖xe1#)* 28...♕e7 29.♘xd8 ♖xd8 (Kasimdshanow in ChessBase Magazin 90) und Schwarz kann noch kämpfen. **27...fxg6** Nach 27...♕e7 gibt Kasimdshanow die folgende Variante an: „28.♗c2+ ♔f8 29.♕f4 ♘d5 30.♕xh6+ ♔e8 31.♖g3+− und Schwarz ist komplett hilflos, 31...♔d7 32.♘xe6! ♕xe6 33.♗f5! ♕xf5 34.♕d6+ ♔e8 35.♖g8#.“ **28.♗xf6+ ♔h7** 28...♔xf6 29.♖xe6+ ♔g7 30.♕xg6+ ♔h8 31.♕xh6+ ♔g8 32.♖g6++−. **29.♗xd8 ♖xd8 30.♖xe6 ♕g5 31.♕xg5 hxg5 32.♖e7+ ♔h6 33.h3 ♗d5 34.♘c2 1–0**

107. **25.♗xf6 gxf6** 25...♗xg3 26.♗xd8 ♗xf2+ 27.♔xf2+−. **26.♘xe6+** 26.♖xe6 funktioniert ebenfalls. 26...fxe6 *(26...♗d5 27.♖g8+ ♔xg8 28.♕h7+ ♔f8 29.♕h8#)* 27.♖g8+ ♔xg8 28.♕h7+ ♔f8 29.♘xe6+ ♔e8 30.♗g6#. **26...fxe6 27.♖g8+ ♔xg8 28.♕g6+ ♔f8 29.♕xf6+ ♔g8** 29...♔e8 30.♕xe6+ ♔f8 31.♕xh6+ ♔g8 32.♗b3++−. **30.♕xe6+ ♔g7 31.♕g6+ ♔f8 32.♕xh6+** und Schwarz gab auf, da er mattgesetzt wird. **32...♔f7 33.♗b3+ ♖c4 34.♗xc4+ ♗d5 35.♗xd5#.**

108. **19.♕d2! f5** 19...bxa4? 20.♗g7! ♗f8 21.♗xf8 ♔xf8 22.♕h6+ ♔e7 23.♕g5+ ♔f8 24.♖xh7 axb3 25.♕f6+−. **20.♗g7! ♗f8** 20...♔xg7? 21.♕h6+ ♔g8 22.♕xh7+ ♔f8 23.♕h8+ ♔f7 24.♖h7#. **21.♗xf8 ♖xf8 22.♖d3 ♗c8** 22...♗c6 23.♗xe6+ ♔h8 24.♖d6 bxa4 25.♕d4+−. **23.axb5 ♖b8?!** 23...♕xe5! 24.bxa6 ♕b5 25.c4 ♕b6 26.c5 ♕xc5 27.♕e2 ♕b6 28.♗c4±. **24.♕a2 ♕b6 25.♖d6 ♕xb5 26.♗xe6+ ♔h8 27.♗d5 ♖e8 28.e6 ♕c5 29.♖c6 ♕e7 30.c4 ♕f6 31.♖e1 ♖b2 32.♕a1 ♔g7** 32...♕d4 33.♖c7 ♗xe6 34.♖b7 ♖d2 35.♕xd4+ ♖xd4 36.f3+−. **33.♖c7+ ♔h6 34.♕c1+ g5 35.h4 f4 36.hxg5+ ♔xg5 37.g3 h5 38.♖f7 1–0**

109. **22.f6! ♗xf6** 22...gxf6? 23.♕f5 ♖fe8 24.♕xh7+ ♔f8 25.♕h8#. **23.♕f5 ♖fe8 24.♕xh7+ ♔f8 25.d6 g6 26.♗xa8 ♖xa8 27.♖f1 ♖e6 28.♖xf6 1–0**

110. **24.♖xe6!!** 24.♗xb7? ♖xb7 25.♗xc3 ♗xc3 26.♖ac1 ♖b8 gibt Schwarz einige Remischancen. **24...fxe6?!** 24...♖c8 25.♖xg6+ hxg6 26.♕xg6+ ♔h8 27.♕h5+ ♔g8 28.♕g4+ ♔h8 29.♗g5+−. **25.♗xe6+ ♔h8** 25...♖f7 26.♕f4 ♖cc7 27.♕xc7+−. **26.♗xc3 ♖d8 27.♕f4 1–0**

111. 17...♗e5! 17...♘d3+ 18.♔d1 ♗e5 ist Zugumstellung. **18.♕d7** 18.♕b6 ♘d3+ 19.♔d1 ♖b8−+. **18...♘d3+ 19.♔d1 ♖b8 20.♘d4 ♖b1+ 21.♔e2 ♘e1+ 22.♘b5 ♘c3+ 0–1**

112. 27.♖xh7! und Schwarz gab auf wegen **27...♔xh7 28.♖h1+ ♔g8 29.♕h8#.**

113. 22.♗xh6!! 22.♖ac1? ♘f5 23.♗xd5 ♘xe3= **22...♘g6** 22...gxh6 23.♕xh6+ ♔e8 24.♘g5 ♘g6 25.♗xd5 exd5 26.♕h7 ♖a7 27.e6+−. **23.♗xg7+ ♔xg7 24.♕f6+ ♔f8** 24...♔g8 25.♘g5 ♕b7 26.♖ac1 ♘xe5 27.♕xe5 ♗xc4 28.♕g3 ♔h8 29.♕h4+ ♔g8 30.♕xc4+−. **25.♘g5 ♕a7 26.♖ac1 ♖dc8 27.♗xd5 exd5 28.♖xd5 ♘d3 29.♖xc8+ ♖xc8 30.♖d8+ ♖xd8 31.♘e6+ ♔e8 32.♕xd8# 1–0**

114. 33...e4! 34.♖f7 34.fxe4 ♖hg4 35.♖d1 f3! 36.♘e5 *(36.exf5 f2 37.♘e3 ♖g1+ 38.♖xg1 ♖xg1#)* 36...dxe5 37.exf5 f2 38.♖cc1 e4−+ (Notkin in *Chess Today 993*); 34.♖g2 ♘g3+ *(34...e3!?)* 35.♔g1 exf3 36.hxg3 fxg3!−+ (Notkin). **34...♘g3+ 35.♔g1 ♘e2+ 36.♔f1 ♖g1+ 0–1**

115. 26.♗g7!! ♘c4 26...♗xg7 27.♖xg7+ ♔xg7 28.♕h6+ ♔f7 29.♕h7+ ♔f6 30.g5+ ♔xg5 31.♕h4#; 26...♘f7 27.♗xf6 exf6 28.♖xf7 ♔xf7 29.♖h7+ ♔g8 30.♕h6+−. **27.♗xc4 ♗xg7 28.♖xg7+ ♔xg7 29.♘e6+** und Schwarz gab auf wegen **29...♗xe6** 29...♔f7 30.♖h7+ ♔g8 31.♖g7+ ♔h8 32.♕h2#. **30.♕d4+ ♔f8 31.dxe6 ♕xc4 32.♖h8#.**

116. 29.♖h4! ♕e6?! 29...♔f7 30.♖f4+ ♔e6 31.♗f5+ ♔d6 32.♖xf3 ♔c7 *(32...exf3? 33.♗f4+ ♔d5 34.♕xf3+ ♔c4 35.♗d3+ ♘xd3 36.♕xd3+ ♔c5 37.♗e3#)* 33.♖h3±; 29...♕d5 30.♗xe4 ♘xe4 31.♕xf3+ ♘f6 32.♕f2±. **30.♗xe4 ♘xe4 31.♕xf3+ ♘f6 32.gxf6 gxf6 33.♖e4 ♕c6 34.♗h6+ ♔e8 35.♖ce1! ♕xc2+ 36.♔a1 ♖c7 37.♕h5+ ♔d7 38.♕d5+ 1–0**

117. 25.♕g4!! ♘e5 25...h5 26.♕f5! *(26.♕g6? ♖a6! 27.♕xa6 ♘xf2+!! 28.♗xf2 ♕xe4+ 29.♔g1 ♕g4+=)* 26...♕c2 *(26...♘e5 27.♖g1 ♘g4 28.♕h7 ♔xf7 29.♕xh5++−; 26...♘c5 27.f3+−; 26...♕c4 27.♖g1 ♕c3 28.♗h6 e6! 29.♖xg7 exf5 30.♖h7+ ♕g7! 31.♖xg7 ♔e7 32.exf5 mit einem gewonnenen Endspiel für Weiß)* 27.♕h7 ♔xf7 28.♗d4 ♖g8 29.♖g1 e5 30.dxe6+ ♔xe6 31.♕f5+ ♔e7 32.♕g5++−.

Alle Varianten stammen von Krasenkow in ChessBase Magazin 86. **26.♕f5 ♘xf7** 26...♖a6? 27.♕xc8++−.

27.♖g1 ♗f6 28.♖g6 ♗g5 28...♘g5 29.♗xg5 hxg5 30.♕e6 ♗g7 31.d6 ♕d4 32.♕xe7+ ♔g8 33.♕e6+ ♔f8 34.♖xb5+−. Der Angriff wird mit allen Kräften geführt! **29.♗xg5** 29.♖g1!? ♕c2 30.♗xg5 hxg5 31.♖6xg5+− war einfacher. **29...hxg5 30.♖xg5 ♕d4 31.♖bg1 ♕h8 32.e5 e6 33.dxe6 ♖c7 34.♖h5 ♕xe5 35.♖g8+ ♔e7 36.♕xf7+ ♔d6 37.♖xe5 ♖xg8 38.♕xg8 1-0** Dieser tolle Sieg brachte Agrest einen Schönheitspreis ein.

118. 18...♗xh3! 19.gxh3 ♘f4 20.♕c1 20.♖xe8 ♖xe8 21.♘g5 *(21.♕c1 ♕f5 22.♕f1 ♘xh3+ 23.♔g2 ♕g4+−+)* 21...♔h6−+. **20...♖xe1+ 21.♘xe1 ♕d4! 22.♖b1 g5 23.♖b3 ♖e8 24.♕d2 c4 25.♖b1 ♕xc3 26.♕xc3 ♘e2+ 27.♔f1 ♘xc3−+** und Schwarz gewann nach einigen weiteren Zügen.

119. 31.♖f1! 31.♔xg4? ♖f4+! 32.♗xf4 ♖xf4+ 33.♕xf4 gxh5+−+ (Atlas in ChessBase Magazin 86); 31.♕xg4 e4+ 32.♔h3 ♖f3+ 33.♔g2 gxh5 34.♕h4 ♖f2+ 35.♔h1 ♕f7 36.♕xe4

♖f1+–+. **31...♕f7** 31...gxh5 32.♖xf5+–. **32.♕h1!** 32.♔xg4 gewinnt ebenfalls. **32...gxh5 33.♖xf5 ♕c7 34.♕xh5 1–0**

120. 24.c5!! bxc5 24...dxc5 25.♕a4 ♘d7 26.♖xd7 ♔xd7 27.♘xa7 ♔c7 28.♗f4+ ♗d6 29.♖d1 ♗xf4 30.♕xf4++–. **25.♕a4! ♘d7** 25...♔e7 26.♖xd6! ♖xd6 27.♘xd6 ♔xd6 28.♗xc5++– (Awruch in ChessBase Magazin 93). **26.♘xa7 ♖c7 27.♘b5! ♕xa4 28.♘xc7+ ♔d8 29.♘xe6+ fxe6 30.bxa4+–** und Weiß gewann später.

121. 23...♘xg2! 24.♔xg2? 24.♗xf4! ♘xf4 25.a4 musste geschehen. Schwarz steht besser, aber der weitere Verlauf ist nicht gänzlich klar. **24...♖xf3!! 25.♕c4** 25.♔xf3 ♗xe4+ 26.♔g3 *(26.♔xe4 ♕d4#)* 26...♕f2+ 27.♔h3 ♕g2+ 28.♔h4 ♗f6+ 29.♗g5 ♗xg5#. **25...♖xd3! 26.♖xd3** 26.♕xd3 ♕xb4 27.♔g1 ♗xe4 28.♗d2 ♕a4–+. **26...♖c8** 26...♗xe4+ 27.♕xe4 ♕f2+ 28.♔h3 ♖f5–+. **27.♕xc8+ ♗xc8 28.♗d2 ♗f5 29.♖e1 ♕b5 30.♖de3 ♕xd5 31.♗c3 ♗h6 32.♖3e2 ♕d3 33.♗a1 ♗xe4+ 34.♖xe4 ♔g8 35.♗xe5 dxe5 36.♖xe5 ♗f8 37.b5 ♗d6 38.♖e8+ ♔f7 39.♖8e4 ♕xb5 40.h4 ♕d5 41.♖1e2 b5 42.♔f1 b4 43.♖4e3 ♕h1+ 44.♔f2 ♗c5 0–1**

122. 25...♗xf4! 26.♗xc6 26.exf4 ♕h5 27.d5 ♖e2–+; 26.gxf4 ♕h4 27.d5 ♕xf2+ 28.♔h1 ♖d6–+. **26...♕h6 27.♗g2 ♗xg3! 28.fxg3** 28.♖d2 ♖e6 29.♔f1 ♖f6 30.f3 ♖c8 31.♖e2 ♘h2+ 32.♔g1 ♘xf3+–+. **28...♕h2+ 29.♔f1 ♕xg3 30.♖d2 ♖d6 0–1**

123. 69...♕d7! 70.♕f2 70.♖e5 ♖h1+ 71.♔xh1 ♕h3+ 72.♔g1 ♕xg2#. **70...♕d1** und Weiß gab auf wegen **71.g4** 71.♖g1 ♕xh5 72.♖xb1 ♗xb1–+. **71...♕d6+ 72.♕g3 ♖h1+ 73.♔xh1 ♕xg3–+.**

124. 29.♖f6+! ♔e5 29...♕xf6 30.♗g3+ ♕e5 31.♗xe5+ ♔xe5 32.♕d7+–; 29...♔c7 30.d6+ ♔d8 31.dxe7+ ♔xe7 32.♖f5 ♕g8 33.♗h4++–. **30.♖f3?!** 30.♖xf7!+–. **30...f5 31.♗xf5 ♖hd8 32.♗g3+ ♔f6 33.♗c8+ ♔g7 34.♗xb7 ♖f8 35.♗f4 ♖xf4 36.♖xf4 ♖d8** 36...♕xf4 37.♗xa8+–. **37.♖f2 ♘g6 38.♖g2 ♕f4 39.♕c2 ♖d6 40.♕f5 1–0**

125. 27.♖e6!! h5 27...♖g8 28.♖xh6+! ♔xh6 29.♕h4+ ♕h5 30.♕xh5#; 27...♕xe6? 28.♕g7#. **28.♕e3** und Schwarz gab auf wegen **28...♕f4 29.♖e7+ ♔h8 30.♕xf4 ♖xf4 31.♖xb7+–.**

126. 48...♕b2+! 49.♔e1 49.♔d1? ♖c1#. **49...♖c1+ 50.♔f2 ♕e5** und Weiß gab auf wegen **51.e4** 51.♖c2 ♕g3+ 52.♔e2 ♕xg2#. **51...fxe4 52.♕e3 ♕f6+–+.**

127. 16.♘xe6!! ♕c8 16...fxe6? 17.♕xe6+ ♕e7 *(17...♗e7 18.♕g6+ ♔f8 19.♖hf1+ ♗f6 20.gxf6+–)* 18.♕g6+ ♔d8 19.♘c5+–. **17.♘b6 ♘xb6 18.♖d8+ ♕xd8 19.♘xd8 ♖xd8 20.♗xb6±** und Weiß verwertete letztendlich seinen Vorteil.

128. 19.♖xh7!! ♔xh7 19...♕xg2 20.♖h8+ ♔xh8 21.♗c3+ f6 22.♕xg2+–. **20.♖h1+ ♔g8 21.♖h8+!! ♔xh8 22.♗c3+ e5 23.♕xf2 f6 24.g4 g5 25.♕f5 1–0**

129. 20.♖e6!! ♗xe6 20...fxe6? 21.♕xg6#. **21.dxe6 f5 22.h5 gxh5** 22...g5 23.e7 ♗xe7 24.♖d1 ♕c7 25.♗d5+ ♔h7 26.♗e6 ♕f4 27.♖d5+–. **23.♖xh5 ♕e7 24.♘h4 ♕xe6 25.♘xf5 ♗e5 26.♗d5 1–0**

130. 27...♖xe4! 28.fxe4 ♘g5 28...cxd4 29.♗f4 ♖xh3 30.♔g1 ♖h1+ 31.♔f2 ♕h4+ 32.♗g3 ♖xf1+ gewinnt ebenfalls. **29.♕c2** 29.♗xg5? ♕xh3+ 30.♔g1 ♖g3+ 31.♖g2 ♗xd4+ 32.♖ff2 ♕xg2#. **29...♕xh3+ 30.♔f2 ♖xe3 0–1**

131. 24.♘g4! ♘xd1 24...♖xd4 25.♘xf6+ ♔f8 26.♕h6+ ♔e7 27.♖xd4 ♕xd4 28.♖xa6+−; 24...♔h8 25.♕h6 ♖g8 26.♕xf6+ ♖g7 27.♖e1 ♕xd4 28.♘e5 ♔g8 29.♖ed1+−. **25.♕h6! ♕e1+ 26.♔g2 ♘e3+ 27.fxe3 ♕d2+ 28.♔h3 ♕d3 29.♘xf6+ ♔h8 30.e4 1–0**

132. 23...♖xc2! 23...♕e2?! 24.♗c1 ♕xc2+ 25.♔a1∓. **24.♗c1** 24.♔xc2? ♕d3+ 25.♔c1 ♖c7+ 26.♗c5 ♖xc5+ 27.♕c4 ♖xc4#. **24...♘xe5 25.♕e4 ♖e2 26.♕a8+ ♔h7 27.♖e1 ♖dd2 28.♗xd2 ♘c4 29.♗c3 ♖xb2+ 30.♔a1 ♖xa2+ 0–1**

133. 26.♕d2!? 26.♗xf8 führt auch zum Sieg. 26...♔xf8 27.♗xg6! hxg6 28.♕xg6 ♗f5 29.♖exf5 ♘xf5 30.♕xf5 ♕e7 31.♕h7 ♔e8 32.♕h8+ ♕f8 33.♖e1+ ♔d7 34.♕h3+ f5 35.♖e5+−. **26...♗g4** 26...♗d7 27.♕h6 f5 28.♗c4+ ♘xc4 29.♗xa3 ♘xe5 30.♗xf8 ♖xf8 31.♕d2+− (Postny in ChessBase Magazin 86). **27.♕h6 f5 28.♗c4+ ♖f7 29.♗xd6 ♕xd6 30.♗xf7+ ♔xf7 31.♕xh7+ ♔f6 32.♖fe1 ♖f8 33.♖e7 ♔g5 34.h4+ ♔f4 35.♕h6+ ♔g3 36.♖7e3+ 1–0**

134. 21.♗xg7! 21.♕g3? ♘h5 22.♕g4 ♘d3+ 23.♖xd3 cxd3+ 24.♔b1 ♖c5 25.e5 f5 und Schwarz steht besser. **21...♘b3+** 21...♔xg7 22.♕g3+ ♔h8 23.♕h4+ ♔g8 24.♕g5+ ♔h7 25.♕xf6+−. **22.♔b1 ♘xd4 23.♕xf6 ♕xe4+ 24.♔a2 ♘xf3 25.♗xf8 ♖xf8 26.gxf3 ♕g6 27.♕c3 b5 28.♖d1 ♕g7 29.♖d4 f5 30.♕d2 ♖f7 31.♖d8+ ♔h7 32.♕f4 ♖f6 33.♕d4 ♔g6 34.♔b1 ♕e7 35.♖g8+ ♔f7 36.♖a8 ♖d6 37.♕h8 ♕d7? 38.♖xa7 1–0**

135. 34.♖d1! Lade jeden zur Party ein! 34.♗xe6?! ♕xe6 35.♗xg7+ ♔f7 ist nicht so überzeugend. **34...♗c7 35.♗xe6! ♗xa5?** 35...♕xe6 36.♗xg7+ ♔f7 37.♕xe6+ ♖xe6 38.f5+− (Psachis in ChessBase Magazin 91). **36.♗d5 ♕g6 37.♕c8+ ♖e8 38.♕xc5+ ♖ee7 39.♗xg7+ 1–0**

136. 21...♖xf2!! 22.♔xf2 ♕h2+ 23.♗g2 ♗e6 24.♖g1 24.♖h1? ♖f8+ 25.♘f3 ♖xf3+−+; 24.♕d3 ♖f8+ 25.♔e2 ♕xg2+ 26.♔d1 ♘g6 27.♖e2 ♕h3 28.♔c2 ♖d8−+ fängt die Dame. **24...♖d8** 24...♖f8+ 25.♔e2 ♕xg3−+. **25.♖ad1 ♖f8+ 26.♔e2 ♕xg3 27.♖df1 ♕e3+ 28.♔d1 ♖d8 29.♗c1 ♗b3 30.♖f8+ ♖xf8 0–1**

137. 28...a3! 29.♗f6 29.bxa3 ♕b5 30.♖d1 bxa2+ 31.♔a1 ♖ab8 32.♕xa2 ♕a4 33.♖b1 ♕d4+ 34.♖b2 ♖c2−+. **29...♕b5 30.♖d1** 30.♕f1 axb2 31.♗xb2 ♕a5 32.a3 ♖c2 33.♖e2 ♖xb2+ 34.♖xb2 ♕xa3−+. **30...bxa2+ 31.♔a1 ♕b3** und Weiß gab auf wegen **32.♕e1 ♖c2 33.bxa3 ♖b8 34.♗d4 ♖b2−+.**

138. 17.gxh6! 17.♕xe5? ♕c5 18.♕e2 hxg5 19.♕h5 f5 und Schwarz kann sich verteidigen. **17...♘xd3+** 17...♗f6 18.hxg7 ♘xd3+ 19.♕xd3 ♖e8 20.♕h3 ♗xg7 21.♖xg7++−; 17...♘g6 18.hxg7 ♖d8 *(18...♔xg7 19.♕e5+! ♗f6 20.♕h5 ♖h8 21.♖xg6++−)* 19.♕h5 ♖d5 20.♕h6 ♖f5 21.♖g3+−. **18.♕xd3 ♖d8** 18...g6 19.♖xg6++−. **19.♖xg7+ ♔f8 20.♖dg1 ♗f6 21.♖xf7+! 1–0**

139. 37...♖a1 38.♖b1 38.♕e2 ♕xd5 39.♖d3 ♘d4 40.♕f2 ♕c4 41.b7 ♕xd3−+. **38...♘g3+!!** und Karpow gab auf wegen **39.hxg3 ♖a8!** mit der verheerenden Drohung ♖h8#.

140. 34.♖d6! ♗e8 34...♖xf2 35.♕e7+ ♖f7 36.♖g6+!+− (A. Finkel in Chess-

Base Magazin 78); 34...♕xf2 35.♕g6+ ♔h8 36.♕h6+ ♔g8 37.♖g6+ ♔f7 38.♖g7+ ♔e8 39.♕e6+ ♔d8 40.♕e7+ ♔c8 41.♕c7#. **35.♕e7+** und Schwarz gab auf wegen **35...♖f7 36.♖g6+ ♔xg6 37.♕xc5+−.**

141. **30...♖xg2+!** 30...♘f3+? 31.♔f1 ♖xg2 32.♕xf3 ♖xf3 33.♖xd4 ♖fxf2+ 34.♔e1 ♖xb2 35.♔f1 ♖h2 36.♔g1 axb6 ist nicht so gut wie die Partiefortsetzung und könnte sogar zum Remis führen. **31.♔xg2 ♕g7+ 32.♔h2 ♘f3+ 33.♕xf3** 33.♔h1 ♕g4 34.♕f1 ♕xh4+ 35.♔g2 ♕h2#. **33...♖xf3 34.♖g1 ♖xf2+ 35.♔h1 ♕d4 0–1**

142. **28.♖xe6!!** 28.♘xf7? ♗xh3 ist für Weiß gefährlich, da sein König exponiert steht. **28...♗xh3** 28...fxe6? 29.♕g6+−. **29.♗e4 ♘xe4 30.♕xe4 ♗xg5 31.b7 ♕b8 32.bxc8♕ ♖xc8 33.♖e5 f5 34.♖xf5+ 1–0**

143. **15.♖xd6!! ♘g4** 15...♔xd6 16.♕d2+

A) 16...♔e6 17.♘g5+ ♔e7 18.♘d5++−;

B) 16...♔c6 17.♘xe5+ ♔c7 *(17...♔b6? 18.♕d6#)* 18.♘d5++−;

C) 16...♔c7 17.♘b5+ ♕xb5 *(17...♔b6? 18.♕d6#)* 18.cxb5+−. **16.♕g5+ ♔xd6 17.♕d2+ ♔e6?** Schwarz verkürzt sein Leiden, indem er direkt in ein schönes Matt läuft. **18.♘g5+ ♔f6? 19.♘d5# 1-0**

144. **30.♕f6!! ♕d8** 30...♖xe4 31.♕g5+ ♔h7 32.♖xe4+−; 30...♔h7 31.♕g5 ♖g8 32.♕xh5+ ♔g7 33.♘xc5 ♖xc5 34.♖e7+−. **31.♕f5 ♔g7 32.♘xd6 1–0**

145. **16.♘f5!! ♕c5** 16...gxf5 17.♕g5 ♘e8 18.♕xe7+−. **17.♗xg7 gxf5 18.♕g5 1–0**

146. **23.♘c3!** Nach 23.♘f6+? kann sich Schwarz verteidigen. 23...♗xf6 24.gxf6 ♕e3+ 25.♔h1 g6 26.♕h4 ♔h8. **23...f5** 23...♕xb2? 24.♗e4 g6 25.♕h6 f6 26.♗xg6+−. **24.gxf6 ♗xf6** 24...gxf6 25.♗e4 ♖f7 26.♗xh7+ ♖xh7 27.♕e8+ ♗f8 28.♖xf6 ♖g7+ 29.♔h1+−. **25.♗e4 g6 26.♗xg6 ♖a7 27.♗xf6 ♖xf6 28.♗xh7+ ♔g7 29.♖xf6 ♔xf6 30.♕g6+ ♔e7 31.♕g7+ ♔d8 32.♕xa7 ♕xb2 33.♕c5 ♕c1+ 34.♔g2 e5 35.♕b6+ 1–0**

147. **31.♖xd6!!** Schwarz gab auf, da er platt steht. **31...♗xd6** 31...♘f6 32.♕xe5+−; 31...♕xe4 32.♘c7+ ♖xc7 33.♖d8#. **32.♘c7+ ♔d7 33.♖f7+ ♗e7 34.♖xe7+ ♔d8 35.♘e6#.**

148. **28.♘xe6+!** „Ich verzichtete auf 28.♕f3 wegen 28...f5 und Schwarz hält sich, z.B. 29.d5 ♕c7“ (Milov in ChessBase Magazin 90). **28...fxe6 29.♕g6 ♔e7** 29...♕d8 30.♖xe6 ♖c6 31.♖be1+−. **30.♕g7+ ♔d6 31.♕xf6 ♕d8** 31...♘c6 32.d5 ♔xd5 33.♖ed1+ ♔c5 34.♕g5+ e5 35.♕e3++− (Milov). **32.♖xe6+ ♔c7 33.♕e5+ ♔c8 34.♖xa6 bxa6 35.♖b8+ ♔d7 36.♖xd8+ ♖xd8 37.♕xa5 1–0**

149. **18.e5! dxe5** 18...♗xd4 19.♗xd4 ♘e8 20.f6 g6 21.♖xg6!! fxg6 22.♗xg6+− (Ribli in ChessBase Magazin 80). **19.♖xg7!! ♖g8** 19...exf5 20.♘d5! ♘h5 21.♕xh5 ♔xg7 22.♕h6+ ♔g8 23.♗xf5+−; 19...♗xd4 20.♖xh7+! ♘xh7 21.f6+− (Ribli); 19...♔xg7 20.♗h6+ ♔h8 21.♗g5 ♔g7 *(21...♗e7 22.fxe6+− (Ribli))* 22.♕h6+ ♔g8 23.♗xf6 ♕xf6 24.♕xf6 ♗xd4 25.♕g5+ ♔h8 26.f6 ♖g8 27.♕h6 ♖g1+ 28.♔h2+−. **20.♖xg8+ ♔xg8** 20...♘xg8 21.f6!+−.**21.♗g5 ♗e7 22.♘e4 ♘d5 23.f6! ♕b6** 23...♗f8 24.♘f2 h6 25.♕e4 ♘xf6 26.♗xf6+−. **24.♘c5 ♕xc5 25.♕xh7+ 1–0**

150. Der weiße Angriff schlägt durch. **31.♗f6!! ♕b6+** 31...gxf6 32.♘h6+ ♔h8

33.exf6 ♕b6+ 34.♔h1 ♗xf1 35.♘f7+ ♔g8 36.♗h7+ ♘xh7 37.♕g6+ ♔f8 38.♕g7#. **32.♔h1 ♗xf1 33.♘h6+! gxh6** 33...♔h8 34.♘f7+ ♔g8 35.♕h8+ ♔xf7 36.♕xg7+ ♔e6 37.♕g4+ ♔f7 38.♕h5+ ♔g8 39.♗h7+ ♘xh7 40.♕g6+ ♔f8 41.♕g7#. **34.♕g4+ ♔f7 35.♕g7+ ♔e6 36.♕g4+ ♔f7 37.♕h5+ ♔g8** 37...♔e6 38.♗f5#. **38.♗h7+!! 1–0**

151. **29...♖xa2!!** „Eine großartige Kombination und eine böse Überraschung für Weiß. Plötzlich steht sein König verlassen und allein auf dem Schlachtfeld.“ (Ftacnik in ChessBase Magazin 90) 29...♕e3 ist auch besser für Schwarz, aber nicht so überzeugend wie die Partiefortsetzung. **30.♖c2** 30.♔xa2 ♕e2 31.♕b3 ♖a8+ 32.♔b1 ♕xe4+ 33.♕c2 ♕b4 34.♖he1 ♕a3−+; 30.♕xa2 ♕xe4+ 31.♔a1 ♗xb2+ 32.♔xb2 *(32.♕xb2 ♖a8+−+)* 32...♖f2+−+ (Ftacnik); 30.♗xf3? ♖xb2+ 31.♔a1 ♖a8+ 32.♕a2 ♖axa2#. **30...♖xb2+ 31.♖xb2 ♕a3 32.♕b3** 32.♖a2 ♕b4+ 33.♔c1 ♗g5+ 34.♔d1 ♕d4+−+. **32...♗xb2 33.♕xb2 ♕e3 34.♗c2 ♘d4 35.♖d1 ♘xc2 36.♕xc2 ♕b6+ 37.♔c1 ♕e6 38.♕a4 ♕h6+ 39.♔b1 ♕xh2 40.♕b4 ♖a8 41.♕xb7 ♖b8 42.♔c1 ♕f4+ 43.♔c2 ♕c4+ 0–1**

152. **28.♘xh6+! ♔h7** 28...gxh6? 29.♖g3+ ♔h8 30.♕xc4+−. **29.♘f5** 29.♘xf7 gewinnt ebenfalls. 29...♘xf4 30.♕g4 ♕xf7 31.♕xf4 ♗c6 32.♕h4+ ♔g8 33.♖g3+−. **29...g6 30.♕g4 ♖e8 31.♘d5!! ♔g8** 31...♕xd3 32.♕h4+ ♔g8 33.♘de7+ ♖xe7 34.♘xe7+ ♔f8 35.♕h8#; 31...♗xd5 32.♖h3++−. **32.♕h4 ♕xd5! 33.♖xd5 ♗xd5 34.♘e7+ ♖xe7 35.fxe7 ♘d4 36.♕f6 ♘f5 37.♖e1 ♖e8 38.♔f2 ♗e6 39.♖xe6 fxe6 40.♕xg6+ ♘g7 41.♕f6 d5 42.♔f3 d4 43.h4 ♔h7 44.♕f8 c4 45.h5 1–0**

153. **18.♘xg6!! fxg6** 18...♗g7 19.♗xg7 fxg6 20.♕h8+ ♔f7 21.♕f8#. **19.♕h8+ ♔f7 20.♕h7+ ♗g7 21.♗xg7 e5** 21...♘xg7 22.♗xg6+ ♔f8 23.♕h8#. **22.♕xg6+ ♔g8 23.♕h7+ ♔f7 24.♗h6+ 1–0**

154. **14.g4!!** Die h-Linie muss geöffnet werden! 14.♗xa8? g4 15.♘e5? ♗g5−+; 14.h4? trifft auf 14...g4. **14...♖b8 15.h4! g6** 15...gxh4 16.g5 ♔g8 17.♗h7+ ♔xh7 18.♕f4 ♔g8 19.♕xh4 f5 20.♕h8+ ♔f7 21.♕h5+ g6 22.♕h7+ ♔e8 23.♕xg6+ ♖f7 24.♖h7 ♗xg5+ 25.♘xg5 ♕xg5+ 26.♕xg5 ♖xh7 27.♕g6+ ♖f7 28.♕xe6+ ♖e7 29.♕g6+ ♔f8 30.♖g1+−. **16.hxg5+ ♔g7 17.♕f4! ♗b7 18.♖h7+!! ♔xh7 19.♕h2+ ♔g8 20.♖h1 ♗xg5+ 21.♘xg5 ♕xg5+ 22.f4 ♕xf4+ 23.♕xf4 ♗xe4 24.♕xe4 1-0** Ein fantastischer Angriff!

155. **35.♕e5! b5** 35...hxg3 36.♕xf5+ ♖e6 37.♕xe6#; 35...♖f8 36.♗d8+−. **36.♗d8 ♗a5 37.♖c7+ ♔b8 38.♖xc6+ 1–0**

156. **27...♖xd4+!!** 27...c5 gewinnt ebenfalls. **28.cxd4** 28.♔xd4? ♕d6+ 29.♔e4 ♖e8+ 30.♕e5 ♕xe5+ 31.♔d3 ♖d8#. **28...♕a6+ 29.♔c3 ♕xe2** 29...♕c6+!? 30.♕c5 *(30.♔b2 ♕c2#; 30.♔b3 ♕c2#; 30.♔d3 ♕c2#)* 30...♗xc5−+. **30.♖b1 ♘d1+ 31.♔c2 ♘e3+ 32.♔c3 ♕d1 33.♔d3 ♕c2+ 34.♔e2 ♘d1 35.♔f1 ♘c3 36.♖a1 ♕d1+ 37.♔g2 ♖xb7 38.♕xf4 ♘e2 39.♕e4 ♖b6 40.♘f1 ♘xc1 0–1**

157. **15...♘e4** 15...♗b4+ 16.♗d2 ♗xd2+ 17.♕xd2 ♘e4 führt auch zum Sieg. **16.♕xd4 ♕h4+ 17.♔e2 ♕f2+ 18.♔d1 ♕c2+ 19.♔e1 ♗c5 20.♘d6+ ♗xd6 21.fxe5 ♗b4+ 0–1** angesichts 22.♕xb4 ♕f2+ 23.♔d1 ♖d8+ 24.♕d4 ♘c3#.

158. **29.♖xe5! g6** 29...♗xe5 30.♖h4+ ♔g8 31.♗b3+ ♕f7 *(31...♔f8 32.♖h8+ ♔e7 33.♖xa8 ♕d4 34.♖e8+ ♔xe8 35.a8♕+ +-)* 32.♗xf7+ ♔xf7 33.♗e3+-. **30.♖e4 c5?! 31.♖a6 ♖xa7 32.♖xg6 ♗g7 33.♗b2 ♕b5 34.♗c3 1–0**

159. **17.g3! ♕f5** 17...♕f6 18.♕e4+ ♔c7 19.♕xd4 ♗c6 20.♕c3+-. **18.♖xd4 ♗c5 19.♖f4 ♕g5 20.h4 1–0**

160. **23.♘xb5+! axb5 24.♖xb5 ♕c6** 24...♕a6 25.♖dxd5 exd5 26.♕e7+ ♕b7 27.♕xb7#. **25.♖dxd5! exd5 26.♕e7+ ♔a6 27.♖b3 1–0**

161. **35.♘f5! ♕g5?!** 35...gxf5? 36.♖xh6+ ♔xh6 37.♖h1+ ♔g7 38.gxf5+ ♔f7 39.♕g6+ ♔e7 40.♖h7+ ♔f8 41.♕f7#; 35...h5! 36.♘xd6 ♘f6 37.♘f7 ♕e7 38.♘g5+ ♔g8 39.f3 hxg4 40.♘e6 gxf3+ 41.♔f1 ♖g4 42.♕h3 ♕h7 43.♕xf3 ♖g3 *(43...♕f7 44.♔e2 ♖xe4+ 45.♔d1 ♖g4 46.♖f1+-)* 44.♖xh7 ♖xf3+ 45.♔e2 ♘xh7 46.♔xf3+- (Atalik in ChessBase Magazin 84). **36.♖xh6+ ♔g8 37.♖xg6+! ♕xg6 38.♘e7+ ♔g7 39.♘xg6 ♔xg6 40.♖h1 ♘f6 41.f3 ♔f7 42.♖h6 ♖g8 43.g5 1–0**

162. **20...♘xf2!! 21.♔xf2 ♕g5! 22.d5** 22.g3 ♗e4 23.♘xd6 *(23.♕e3 ♕f5+ 24.♔g1 ♕xh3-+)* 23...♖xd6 24.♖e1 ♖f6+ 25.♔g1 ♖f1+!! 26.♖xf1 ♗xd3-+. **22...♗xd5 23.g3** 23.♕xd5 ♗g3+-+. **23...♗xg3+ 24.♕xg3 ♖e2+ 25.♔xe2 ♕xg3 26.♘e5 ♕g2+ 27.♔e1 f6 28.♖d3 fxe5 0–1**

163. **45...♖d4! 46.♕h1** 46.♔f1 ♕h5 47.♔g2 *(47.f3 ♖h4-+)* 47...♖d1 48.♕e2 ♕h1+ 49.♔g3 ♖g1#. **46...♕c2+ 0-1** und Schwarz gab auf, z.B. **47.♔f1** 47.♔f3 ♖f4+ 48.♔g2 ♕xf2+ 49.♔h3 ♖h4#. **47...♖d1+ 48.♖e1 ♖xe1+ 49.♔xe1 ♕c1+-+.**

164. **16...♗f5+! 17.♔g1** 17.♔g2 ♕h3+ 18.♔g1 ♗h2+ 19.♔h1 ♗g3+ 20.♔g1 ♕h2+ 21.♔f1 ♕xf2#. **17...♕h2+ 18.♔f1 ♗g3** und Schwarz gab auf wegen **19.fxg3** 19.♔e2 ♕xf2#; 19.♗xf5 ♕xf2#. **19...♗h3#.**

165. **24...♖xe3!!** Die Zugfolge 24...b6 25.♕a4 ♖xe3-+ führt auch zum Sieg. **25.fxe3** 25.♘xh4 ♕h2+ 26.♔f1 ♕h1#; 25.♕xe3 ♖xe3 26.fxe3 ♕g3-+. **25...♕g3** und Weiß gab auf wegen **26.♗d3** 26.♘xh4 ♕h2+ 27.♔f1 ♕h1#. **26...♘xf3+ 27.♔f1 ♗xd3+ 28.♖xd3 ♕e1#.**

166. **25...♘e2+!! 26.♕xe2** 26.♘xe2? ♕f2+ 27.♔h1 ♕xg2#. **26...♕g3 27.♗f4** 27.♖xe4? ♕h2#. **27...♕xf4 28.♗xe4** 28.♗f3 ♕c1+ 29.♕d1 ♕e3+-+. **28...♕g3+ 29.♔h1 ♖f1+ 30.♕xf1 ♕h2# 0–1**

167. **21.♘e6+!! fxe6 22.dxe6 ♘hf5** 22...♖c8 23.♕h5 ♘g6 24.♕d5+-; 22...♘ef5 23.♖xd7+ ♔e8 24.g4 ♘d6 25.e7 ♔xd7 26.♕e6+ ♔c7 27.♖c1+-. **23.♕e5! ♘d6 24.♖xd6 ♕xc4 25.♖xd7+ ♔e8 26.♖c1 ♕b5 27.♕c7 ♕b3 28.♖xe7+** und Schwarz gab auf, da er mattgesetzt wird. **28...♗xe7 29.♕d7+ ♔f8 30.♖c8+ ♖xc8 31.♕xc8+ ♗d8 32.♕xd8#.**

168. **39...♕xe3+!! 40.♖xe3 ♖b1+ 41.♖e1** Der König kann wegen Matt in einem Zug nicht ziehen. **41...♖xe1+ 42.♔f2 ♖e2+ 43.♔g1** und nun besiegelt der schwarze c-Bauer das weiße Schicksal. **43...c2 0–1**

169. **31.♕f4 d3** 31...♕e7 32.♖xd4 ♗f5 33.♖ed1 ♖dc8 34.♘e4 ♗xe4 35.♖d7+-. **32.♘d5** und Schwarz gab auf, da die Drohung ♕f6+ tödlich ist.

170. 25.♗xe6! ♖d2 25...fxe6 26.♕g6+ ♔f8 27.♕f6++–. **26.♗xf7+ ♔d7** 26...♔xf7 27.♖xd2 cxd2 28.♕xf5+ ♔e8 29.♕e6+ ♔d8 30.♘b6+–. **27.♕g7 ♖d8 28.♗d5+ 1–0**

171. 22.♘xf5! ♔h8 22...♖xf5 23.♕g4+ ♗g7 24.♖xf5 e3 25.♘e4+–. **23.♘h6 ♔g7** Eine mögliche Variante nach 23...♖e6 lautet 24.♕h5 ♖ae8 25.♘xe4 ♖xe4 26.♘xf7+ ♔g8 27.♖xf6 ♖e1+ 28.♖f1 ♖xa1 29.♕g5+ ♔f8 30.♖xa1 ♕xf7 31.d7 ♕xd7 32.♖f1+ ♕f7 33.♖xf7+ ♔xf7 34.♕f4++–. **24.♖xf6 ♔xf6 25.♘g4+ ♔f5 26.♘xe5 ♔xe5 27.♘xe4! ♖g8** 27...♔xe4 28.♕f3++–. **28.♕e1 ♘c2 29.♕c3+ ♘d4 30.♖e1 ♕c6 31.d7 ♕d5 32.♕h3 ♘e2 33.♘c3 1–0**

172. 24.♖xg7+!! 24.♕g5? g6 25.♖g2 *(25.♗xf6 ♘xf6 26.♕xf6 ♖b2 27.♕h4 ♕xe3)* 25...♖xb2 26.♖xd2 ♖xd2 27.e4 h6 28.♕e5 ♘e3 und in beiden Fällen kann Schwarz noch kämpfen. **24...♔f8** 24...♔xg7 25.♖g1+ ♔f8 *(25...♔h8? 26.♕xf6+ ♘xf6 27.♗xf6#)* 26.♕d6+ ♘e7 27.♕xd2+–. **25.♖g2 ♕b4 26.♗xd5 ♘xd5 27.♕d6+ 1–0**

173. 24.♖xg7+!! 24.♗h6 ♖xh6 *(24...♕e7 25.♖xg7+ ♕xg7 26.♗xg7 ♔xg7 27.♖g1+ ♔f8 28.♕h8+ ♔e7 29.♖g7+ ♖f7 30.♖xf7++–)* 25.♖xg7++– funktioniert ebenfalls. **24...♔xg7 25.♗h6+ ♖xh6 26.♖g1+ ♔f8 27.♕xh6+ ♔e8 28.♖g8+ ♔e7 29.♖g7+ 1–0**

174. 20.♕xd8+!! ♘xd8 21.♖d7+ ♔b8 22.♖xd8+ ♔c7 22...♔a7 23.♖a8#. **23.♖d7+ ♔b8 24.♖xb7#.**

175. 34.♖xg7+! 34.b3 gewinnt ebenfalls. **34...♔f8** 34...♔xg7 35.♕h6+ ♔f7 36.♕xh7+ ♔f6 37.♖h6+ ♔g5 38.♘e6#. **35.♘e6+ ♔e8 36.♖g8+ ♔f7 37.♖xb8 ♕xf3 38.♖f8+ 1–0**

176. 28...f4+ 29.♔e4 ♔e6! 30.♖d5 30.c7? f5#. **30...♖xd5 31.cxd5+ ♖xd5** und Weiß gab auf wegen **32.♗c4 f5#.**

177. Der schnellste Weg zum Sieg ist auch der schönste. **32.♕xf6+!! ♔xf6 33.♖g6+! fxg6** 33...♔e7 34.f6+ ♔e8 35.♖g8#. **34.♖xg6+ ♔e7 35.f6+ 1–0**

178. Ein kraftvoller kollinearer Zug brachte sofort die Entscheidung. **23...♖d2!! 0–1, z.B. 24.♖xd2** 24.♗xh5 ♕xh2#; 24.♖e1 ♗f3+ 25.♗xf3 ♕xh2#; 24.♘b1 ♖xe2 25.♖d8+ ♗f8–+. **24...♗f3+ 25.♗xf3 ♕f1#.**

179. 30...♖fxg2!! 31.♖xg2 31.♖xd7? ♖xg1+ 32.♔h2 ♖8g2#. **31...♕xd1+ 32.♔h2 ♖d8–+** und Schwarz gewann nach einigen weiteren Zügen.

180. 35.♖g7+ ♔h8 36.♘f8!! und Schwarz gab auf wegen **36...♖e1+ 37.♔f2 ♖e2+ 38.♔f3 ♖xf8 39.♖h7+ ♔g8 40.♖cg7#.**

181. 16.♕xg7+!! ♔xg7 17.♘f5+ ♔g8 18.♘h6# Ein wunderschönes Matt!

182. Zuerst wird die lange Diagonale geöffnet. **1...♖f7!** und Weiß gab auf, da Schwarz die g-Linie mit Schach und für den Turm g8 entscheidend öffnen wird. 1...♖d6? 2.♕a7!+–, da 2...♗d4+ auf 3.♕xd4+ mit Schach trifft! 1...♗f8? 2.♖d2+–. **2.♕xf7 ♗d4+ 3.♖xd4 ♕xg2#.**

183. 1.♖c6+! macht das Feld c7 für den Läufer frei. 1.♘c5+ ♔a5 2.♖e7 gewinnt ebenfalls. **1...♗xc6 2.♘c5+ ♔a5 3.♗c7# 1–0**

184. 1.♖xh6+!! ♗xh6 2.g7+! und Weiß setzt entweder über die geöffnete h-Linie matt, oder dringt mit der Dame entscheidend und mit Schach über g6 ein. **2...♔xg7** 2...♗xg7 3.♕h4+ ♗h6 4.♕xh6#. **3.♕g6+ ♔h8 4.♕xh6# 1–0**

185. Durch automatisches Zurückschlagen kann man manchmal eine überraschende Möglichkeit auslassen! In diesem Fall hätte es sich Schwarz leisten können, die f-Linie zu öffnen statt auf g7 zu nehmen:
16....fxg4+! 17.♔e2 17.♗xf8 verliert sogar schneller. **17...♕f2+ 18.♔d3 ♖f3+ 19.♔c4 ♖c8+ 20.♔b3 ♕b6+ 0–1** In Anbetracht der Tatsache, dass Weiß in fünf Zügen mattgesetzt wird, gab er auf.

186. 29.♕xd6! 29.♘xd6+? cxd6 30.♕xd6 ♕b6 ist besser für Weiß, aber bei Weitem nicht so überzeugend wie die Partiefortsetzung. **29...cxd6 30.♘xd6+ ♔c7** 30...♔b8 31.♘xe8+ ♔a8 32.♘c7++–. **31.♘xe8+ ♔b6** 31...♔c8 32.♘d6+ ♔c7 33.♘f7++–; 31...♔b7 32.♘xf6+– ♘xf6? 33.♖b3+ ♔c8? 34.♖b8#. **32.♖b3+ ♔c5** 32...♔a5 33.♗c7+ ♘b6 34.♗xd8+–. **33.♗d6+** und Schwarz gab auf wegen **33...♔c4 34.♖b4#.**

187. Das brillante **24.♕xh7+!** forciert die sofortige Aufgabe. **24...♔xh7 25.♖h4+ ♔g6 26.♖h6+ ♔g5 27.h4+ ♔g4 28.♘e3+ ♔g3 29.♖f3#**

188. 20...♕b2!! 20...♘xg2+? 21.♔d1 ist etwas besser für Weiß. **21.♕xf4** 21.♕xb2 ♘xd3+ 22.♔e2 ♘xb2∓. **21...♕xa1+ 22.♗b1 ♖e8 23.0–0 ♕xe5∓** und Schwarz gewann später.

189. 35.♘g5+? Shabalov macht es sich schwer. 35.♖xb8 ♖xb8 36.♕a6!+– war am besten, da 36...a3? widerlegt wird. 37.♖xe6 ♕xe6 38.♘g5++–. **35...♕xg5 36.♖c7+ ♕e7 37.♖xe7+ ♔xe7 38.♖c5! ♖hc8 39.♕a6 ♖xc5 40.♕a7+ ♔e8 41.dxc5 ♖c8 42.♕xa4+ ♗d7 43.♕d4 ♗e6 44.f4 ♔e7 45.♕b4 ♖c6 46.♔h3 ♗d7 47.♔h4 ♔f7 48.♔g5 ♔e7 49.♕b3 ♖e6 50.♕xd5 ♗c6 51.♕a2 ♗d7 52.♔h6 ♗e8 53.♔g7 ♗d7 54.♕h2 ♖c6 55.♕h4+ ♔e8**

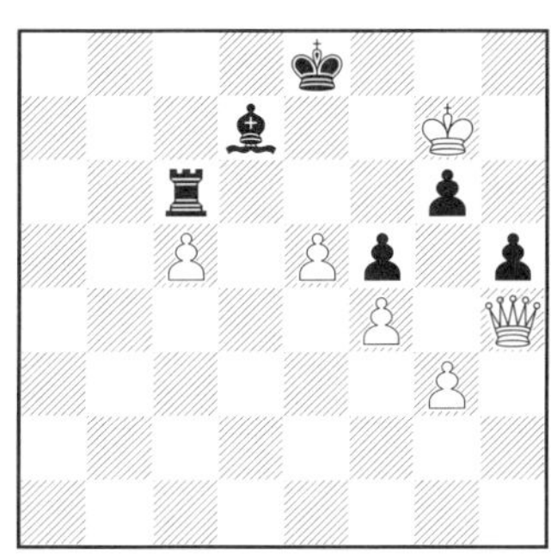

56.♕f6! ♖xf6 57.exf6 ♗e6 58.c6 g5 59.fxg5 f4 60.g6 fxg3 61.f7+ 1–0

190. 38.♕xd7 ♕xc3 38...♖xd7 39.♘e6++–. **39.♘e6+ ♔h6 40.♕xf7 ♕xa1+ 41.♔h2 ♕e5+ 42.f4 1–0**

191. 29...♘c2! 30.♖xa4 30.♕xc2? ♖xa1 31.♖xa1 ♖xa1–+. **30...♕xa4 31.♗f2 ♕xc4 32.♕e2 ♕a2 33.♖b6 ♘d4 34.♕xa2 ♖xa2 35.♔g2 c4 36.♖xd6 c3 37.♖d7 ♘b5 38.♖d8 ♗f6 39.♖c8 ♗g5 40.♔f3 c2 41.♘e2 ♖a3+ 42.♔g2**

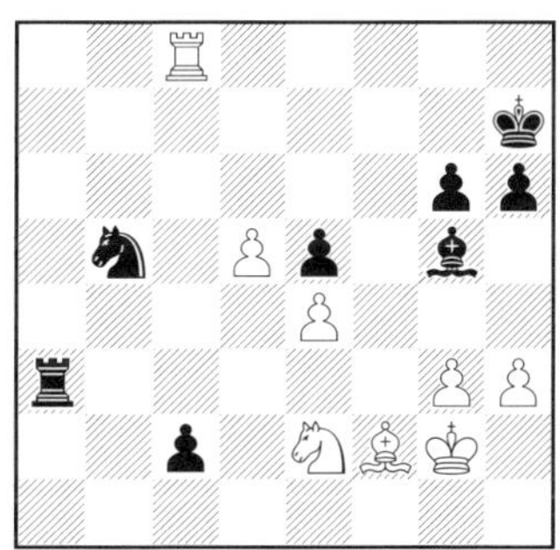

42...♖c3!! 43.♖c6 c1♕ 44.♘xc1 ♖xc6 45.dxc6 ♗xc1 46.♔f3 ♔g7 47.♔e2 ♔f6 48.♔d3 ♔e6 49.♔c4 ♘d6+ 50.♔c5 ♘xe4+ 51.♔b6 ♘f6 0–1

192. 25.♘xf7!! ♖xe3 25...♕xd4 26.♘d6 ♖xe3 27.♕f7+ ♔h7 28.♘xe8±. **26.fxe3 ♖xe3?** 26...♕e7 27.♘e5±. **27.♘xh6+ ♔h8** 27...gxh6 28.♕g6+ ♔f8 29.♕xh6++−. **28.♘f7+ ♔g8 29.♘g5 1–0** Schwarz gab auf wegen 29...♖e1+ 30.♔h2 ♖xc1 31.♕f7+ ♔h8 32.♕e8+ ♕f8 33.♕xf8#.

193. 27.♖xg7+!! ♔xg7 28.♘xe6+ ♔h7 29.♘xc7 ♖xc7 30.♕g5! ♘e5 30...♖g8 31.♕f4+−; 30...♘f6 31.♖d8 ♖xd8 32.♕g6+ ♔h8 33.♕xf6+ ♖g7 34.♕xd8++−.
31.♕xe5 ♖cf7 32.♕e6 ♖f6 33.♖d7+ ♔h6 34.♕e5 ♖8f7 35.♖xf7 ♖xf7 36.♕e6+ ♔g7 37.h6+ ♔f8 38.♕d6+ 1–0

194. 24.♘c7! ♖xd6 24...♘d4 25.♘xa6 bxa6 26.♖a1±. **25.♕xd6+! ♘xd6 26.♘e6+ ♔e8 27.♘xd8** Weiß steht klar besser und gewann letztendlich.

195. 26.♕g8+ ♖xg8 27.♘f7# 1–0 Das war einfach, oder?

196. Der Bauer f5 ist nicht wirklich geschützt. **36.♖xf5+! ♔g7** 36...gxf5? 37.♗xh5+ ♔f8 38.♗xe8+−. **37.♖g5+−** und Weiß gewann letztendlich.

197. 23.♕d5! Die Dame muss das Feld b7 im Auge behalten. 23.♕d3? erlaubt die Verteidigung 23...♖e7 24.♗h3 ♖b7 25.♖ad1 g6 26.♗xd7 ♖exd7 27.♕xd7 ♖xd7 28.♖xd7 ♕f6; Weiß steht zwar besser, aber der Weg zum Sieg ist noch sehr, sehr lang. **23...♖e7 24.♗h3 1–0**

198. 37.♕b2+ ♔g8 38.♗e4 ♖e8 39.♗xc2 ♖ee2 40.♕b8+ ♔g7 41.♗d3 ♖xg2+ 42.♔h1 ♖a2 43.♕e5+ ♔g8 44.a4+− und nach einigen weiteren Zügen gewann Weiß.

199. 45.♖b8! Eine tödliche Fesselung. **45...♖g8** 45...♖e7 46.♕d5 ♗f6 47.♕c6 ♔g7 48.♘xf6 ♔xf6 49.♗h5+−. **46.f6 1-0** Oder 46.♕g2+− .

200. 23.♘d6! ♗xd6 23...♔xd6 24.♗f7+ ♔c7 25.♗xe8+−. **24.♖xe8 ♗c5+ 25.♔h1 ♘b6 26.♖g8 g5 27.♖g7+ ♗d7 28.♗e6 1–0**

201. 32.♖c8+ ♕e8 32...♕f8? 33.♗xd5+ ♔h8 34.♖xf8#. **33.♖xe8+ ♔f7 34.♖a8!!+− 1–0**

202. 24...♘e2+ 25.♔h1 25.♕xe2 ♕g4−+. **25...♘fg3+ 0–1**

203. 28...♖xa2! 29.♖xa2 ♖xb1+ 30.♔g2 e6 31.♗f3 31.♕d3 ♖b4 32.♗f3 ♖xc4∓. **31...♕xc4∓** und Schwarz gewann später.

204. 1.♖c7!! ♗xc7 1...♕xc7 2.♗xd5+ ♔h8 3.♗xa8+−. **2.♕e4!! 1–0** Oder 2.♕f3!!+−.

205. 31...♖xg2+!! 32.♖xg2 32.♔f1 ♖g1+ 33.♕xg1 ♖xg1+ 34.♔xg1 ♕g7+ 35.♔f2 ♕c3−+. **32...♕xb2! 33.♖xg8 ♔xg8 34.♘e2 ♕xb4 35.♘g3 ♗d7 36.♘h5 ♔f7 37.♕g3 ♕b1+ 38.♔g2 ♕c2+ 39.♔g1 0–1**

206. Eine typische Kombination, um die Fesselung auszunutzen. **24.♖xd4!** 24.♖d2? trifft auf 24...♘b5. **24...♖xd4 25.♖d1 ♖xd1 26.♗xb6 axb6 27.♘xd1 ♖xd1 28.♕b3 ♖d5 29.♕a3 ♗d7 30.♕e3 ♗c6 31.♕xe4 ♖d2 32.♕c4 ♗d5 33.♕c8+ ♔f7 34.f5 exf5 35.♕xf5+ ♔e7 36.♕xh7 ♖xb2 37.♔h3 ♔f7 38.♕f5+ ♔e7 39.♕g6 ♖d2 40.♕xg7+ 1–0**

207. 33...♗xc4 0–1 34.♔g2 34.♖xc4 ♕xe5−+. **34...♕xf1+ 35.♔g3 ♗e6−+.**

208. 27...♖xe4+!! 27...♘f6? 28.0-0-0! ♘h5 *(28...♘xe4? 29.♕h7+ ♔f8 30.♘xe4 ♖xe4 31.♗xd6++−)* 29.♗xd6

♕xa4 30.♔b1±. **28.♘xe4 ♘xf4 29.0-0-0** 29.gxf4 ♕e6 30.♕e2 ♖e8 31.♘g3 ♕c8 32.♘e4 ♕c6–+. **29...♘h5 30.♘xd6 ♕xa4 31.♔b1 b5 32.g4 bxc4 33.♘xc4 ♘f4 34.♖c1 ♘f7 35.♖c2 g5–+** und Schwarz gewann später.

209. **40...♖xd5+!!** und Weiß gab auf wegen **41.cxd5 ♖b7+ 42.♔c6 ♖xb1–+.**

210. **51.♖xd4+ 1–0,** z.B. **51...♔xd4 52.♗g7+ ♔d3 53.♗xb2 ♔d2 54.g5+–.**

211. **38...♕h1+ 39.♖e1 ♖a1+! 40.♕xa1 ♕xe1+ 41.♔b2 ♕xe5+ 42.♔a2 ♕xa1+ 43.♔xa1 g5 44.b4** 44.♔b2 gxh4 45.gxh4 f5 46.♔c3 f4 47.b4 cxb4+ 48.♔xb4 f3–+. **44...cxb4 45.c5 ♔f8 0–1**

212. **25...♕xd3??** 25...♕a6 musste geschehen. **26.♖d2** „Ein simpler und tödlicher Spieß. Wenn Schwarz die Dame zieht, verliert er seinen Turm auf d8." (M. Chandler in der CB-MEGABASE.) **26...♕xd2 27.♗xd2 ♘xe4 28.♖c2 1–0**

213. **1.♕g2!!** 1.♕d4+? ♔e2 2.♕b2 ♔d1 3.♕b3 ♔d2 4.♕a2 ♔c3!!= *(4...♔d1? 5.♔d4 c1♕ 6.♔d3+–).* **1...c1♕** 1...♔d3 2.♕g5 ♔c3 3.♕c1+–. **2.♕g5++–.**

214. **1.♔d4!** 1.♔d5? a4! 2.♔d4! ♔e6! 3.♔c3! ♔e5! 4.♔b4! ♔d4!=; 1.c5?? ♔e6 2.♔d4 ♔d7 3.♔d5 a4 4.♔c4 ♔c6–+. **1...♔e6** 1...a4 2.♔c3! ♔e6 3.♔b4! ♔e5 4.♔xa4! ♔f4 5.c5+–. **2.♔c5! ♔e5 3.♔b5! ♔d4** 3...♔d6 4.c5+! ♔d5 5.c6 ♔d6 6.♔b6+–. **4.g5** 4.c5?! a4 5.g5!! a3 6.gxf6! a2 7.f7! a1♕ 8.f8♕! gewinnt ebenfalls, gemäß der Nalimov Tablebase. **4...fxg5** 4...f5 5.g6 f4 6.g7 f3 7.g8♕+–. **5.c5! g4** 5...a4 6.c6! a3 7.c7! a2 8.c8♕! a1♕ 9.♕h8+!+–. **6.c6! g3 7.c7! g2 8.c8♕! g1♕ 9.♕c5+!+–.**

215. Dieses Beispiel passt auch sehr gut zum Thema „Grundreihenmatt". **22...♕xc3!! 23.♗xd8** 23.a3 ♕c8–+. **23...♕f3!! 24.♗c7+ ♔xc7 25.♕f7+ ♕xf7 26.♖xf7+ ♖d7 0–1**

216. **24.♘c7! ♖xb1** 24...♖xc7 25.♖xb8++–. **25.♘xa6 ♖xc1 26.♗xc1 ♘d3 27.♗d2 ♗d4 28.♘b4 1–0**

217. **23...♘b4! 24.♗f4 ♘xa2 25.♗xc7 ♖d5 0–1** angesichts **26.♗xa5** 26.♖b8? ♖d1#. **26...♖xg5 27.c6** 27.♖b8 ♖xc5–+. **27...♖xa5 28.♖b8 ♖xa4 29.♖xc8+ ♔f7 30.c7 ♖c4–+.**

218. **17.♕xg7??** war ein furchtbarer Fehler. Bevor man so einen Bauern schlägt, muss man sich sicher sein, dass die Dame nicht gefangen wird! **17...♕f5! 18.♘h4** 18.d5 ♗e5 19.♘xe5 ♘xe5 20.♕g3 ♖hg8 21.♕e3 ♖xg2–+. **18...♕e4+ 19.♔d1 ♖h7 20.f3 ♕xh4** 20...♕d3!?–+. **21.♖xh4 ♖xg7–+** und Schwarz gewann nach einigen weiteren Zügen.

219. **33...♖h4! 34.e6** 34.♘xh7 ♗f3 35.♘f6+ ♕xf6–+. **34...♖h1+ 35.♔xg2 ♗f3+ 36.♘xf3 ♖xh6 0–1**

220. **30...♔c6! 0-1** mit Damenfang.

221. Rafael Waganjan wird in Deutschland wegen seines fantastischen Scores als „Mr. Bundesliga" bezeichnet. Die Saison 2002-2003 verlief nicht gut für ihn, aber das folgende Ende ist sehr schön. Waganjan entkorkte **58...g4!** und Hübner gab auf wegen **59.♖xh5 ♔g7 60.♔xg4 ♖e3**, Weiß ist komplett hilflos gegen das Vordringen des d-Bauern.

222. **21...♖xd5!** 21...♕e6? 22.♗xc6 ♗xc6 23.♘e7+ ♕xe7 24.♕xc6±.

22.♕xd5 ♘a5! 22...♘b8? 23.♕b3±. **23.♗a6 ♗xa6 24.♕a8+ ♔d7 25.d5 ♗b7?** 25...♕d8! 26.e6+ ♔e7 27.♕xa7 ♗b7 und Schwarz verteidigt sich, da 28.b4 auf 28...♕h8 29.bxa5 ♕a1+ 30.♔d2 ♕d4+= trifft. **26.♕g8! ♘c4 27.e6+ fxe6 28.dxe6+ ♔c6 29.♕xg6 ♕b4 30.e7+ ♔c5 31.♕f6 ♗c6 32.♖he1 ♔b5 33.e8♕ ♗xe8 34.♖xe8 ♖xh2 35.a3 ♕c5 36.♕c3 ♖f2 37.a4+ ♔a6 38.b4 1–0**

223. 80.♔b7 ♔c5 81.♔b8 ♔b6 82.♗c8 ♗f3 83.♗f5 ♗b7 84.♗d3! 1-0

Zugzwang, da die Diagonale a6-c8 zu kurz ist. Es gab natürlich weitere Wege, um die finale Gewinnstellung zu erreichen. Schwarz am Zug könnte den Gewinnweg auch nicht vermeiden, z.B. 1...♔d6 2.♔b7 ♔c5 und es ist die Stellung mit Weiß am Zug entstanden.

224. 29...♖f3! 29...♖h8 gewinnt ebenfalls. **30.c4** 30.♕xf3? ♕h2#. **30...♔h6!?** Erinnert Weiß daran, dass er bald keine Bauernzüge mehr haben wird. **0-1**.

225. 49...♗d4? 49...♗d6! 50.♘b6 ♔b4! Zugzwang 51.♔g2 *(51.♘c8 ♗c5!* Sperrt den Springer ein. *52.♔f4 ♔xa4 53.♔xf5 ♔b3−+)* 51...♗c5 52.♘d7 ♗e7 53.♘b8 *(53.♘b6 ♗d8 54.♘d7 ♔xa4 55.♔f3 ♗c7 56.♘c5+ ♔b5 57.♘b3 a4 58.♘d4+ ♔c4−+* verliert, da der Turmbauer ständig den Springer gefährdet.*)* 53...♔xa4 54.♘c6 ♗g5!−+. **50.♘b8! ♔xa4 51.♘c6 ½–½**

226. 35.h3! Zugzwang. 35.c5+? bxc5 36.bxc5+ ♔xc5 37.♔xe5 ♔c4=. **35...♔e6** 35...axb4 36.axb4 ♔e6 37.c5+−; 35...a4 36.h4 ♔e6 37.c5 b5 38.c6 ♔d6 39.c7 ♔xc7 40.♔xe5 ♔c6 41.♔e6 ♔c7 42.♔d5+−; 35...h4 36.gxh4 axb4 37.axb4 ♔e6 38.c5+−. **36.g4?** Das wirft überraschenderweise den Gewinn weg. 36.bxa5 bxa5 37.c5 g5 38.a4+− war der richtige Weg. **36...hxg4 37.hxg4 ♔d6 38.g5** 38.bxa5 bxa5 39.g5 ♔c5 40.♔xe5 ♔xc4 41.♔f6 a4 42.♔xg6 ♔b3 43.♔f5 ♔xa3 44.g6 ♔b2 45.g7 a3 46.g8♕ a2=, da der weiße König außerhalb der Gewinnzone ist. **38...a4!** Wir haben eine Stellung aus der Partie Lobron vs. Sehner erreicht. 38...axb4? ist natürlich falsch. 39.axb4 ♔e6 40.c5+−. **39.♔d3** 39.c5+ bxc5 40.bxc5+ ♔xc5 41.♔xe5 ♔c4=. **39...♔c6 40.♔e3 ♔d7 ½–½**

227. Weiß erzwingt auf folgende Weise Zugzwang. **1.♖g6!** 1.♖g7? ♗c5 2.♖g2 ♔h5 3.♔a2 ♗d6=. **1...♗c5 2.♔a2!! ♔h3** 2...♔h5 3.♖g3 ♔h4 4.♖xa3+−. **3.♖g5 ♗d6** 3...♔h4 4.♖xc5 bxc5 5.♔xa3 ♔g4 6.♔a4+−. **4.♖b5 ♗c5 5.♖xc5+−.**

228. Der Gewinnweg lautet wie folgt. **1.♖d6 ♗b4 2.♖d7+ ♔c8 3.♔c6 ♗c3 4.♖d3 ♗b4 5.♔b6 ♗e1 6.♖d5 ♗b4 7.♖d1** und Schwarz befindet sich in Zugzwang.

229. Schwarz hat den starken Zwischenzug **22...♗c6! 23.♘d4!** 23.♕xf5? ♕xg3+ 24.♔h1 *(24.♔f1? ♗b5+−+)* 24...d4+ 25.♗e4 *(25.♖e4 d3−+)* 25...♖xe4 26.♖xe4 ♕f3+ 27.♔h2 ♗xe4 28.♕e6+ ♔h8 29.♖g1 ♕e2+ 30.♔g3 ♕d3+ 31.♔h2 *(31.♔g4 ♕e3 32.♖g3 ♗f3+ 33.♔f5 ♕d3+ −+)* 31...♗f5 −+; 23.♖xe8+? ♖xe8 24.♕xf5? ♕xg3+ 25.♔h1 d4+−+; 23.♗c7? d4 24.♖e2 ♖xe2 25.♕xe2 ♕xg3+ 26.♔f1 ♗g2+ 27.♕xg2 ♘e3+−+. **23...♘xd6 24.♕g6 ♖xe1+ 25.♖xe1 ♖e8 26.♖xe8+ ♗xe8 27.♕h7+ ♔f8 28.♕d3 ♘e4 29.♘e2 ♗c6 30.♗b3?** 30.♕e3 h5∓. **30...♕h1+ 31.♔xh1 ♘f2+ 32.♔g1 ♘xd3 33.♘d4 ♘xb2 34.♘e6+ ♔f7 35.♘c7 ♘c4 0–1**

230. 21.♘h5+ ♖xh5 22.♖g4+! 1-0 Ein tödlicher Zwischenzug.

231. Mit 28.♘d1 hätte Weiß die Oberhand behalten können. 28.♖xg6?? funktioniert beim automatischen Zurückschlagen gut, 28...♕xg6?? 29.♖xg6 ♔xg6 30.♕g3++-, scheitert aber wegen des Zwischenschachs **28...♖xh2+! 29.♔xh2 ♕f2+!** und Schwarz forciert Matt, z.B. **30.♖1g2 ♖h8+ 31.♕h3 ♖xh3+ 32.♔xh3 ♕h4#**.

232. 24...♗a6! Ein starker Zwischenzug. 24...♖xe5? 25.♗xh6 ♖xe1+ 26.♖xe1 mit der Drohung ♖e8+ gibt Weiß ein angenehmes Endspiel. **25.♖g1 ♖xe5 26.♗xh6** 26.♘xg7 ♖xe3−+; 26.g4 ♗h4 gefolgt von ♖ae8−+. **26...♖xe1+ 27.♖xe1 gxh6 28.♖e8+ ♔h7 29.♘f6+ ♗xf6 30.♖xa8 ♗f1 31.♖xa7 ♗e5** Weiß ist verloren, da seine Königsflügelbauern schwach sind. Schwarz demonstriert gute Technik. **32.g3 ♔g7 33.a4 ♔f6 34.a5 bxa5 35.♖xa5 ♗d6 36.♔c1 ♗h3 37.♔d2 ♗xf5 38.c3 ♔g5 39.♔e3 h5 40.♔f3 ♗g4+ 41.♔g2 f5 42.♖a8 ♗d1 43.♖h8 ♗b3 44.♔f2 ♗d5 45.♖h7 c4 46.♖g7+ ♔f6 47.♖h7 ♔g6 48.♖d7 ♗c5+ 49.♔e2 c6 50.♖d8 ♔g5 51.♖d7 ♗g1 52.h4+ ♔g4 53.♖g7+ ♔h3 54.♖g5 ♔g2!? 55.♖xf5 ♗e6 56.♖f6 ♗g4+ 57.♔d2 c5 58.♖f4 ♔xg3 59.♖xc4 ♔xh4 60.b4 cxb4 61.cxb4 ♔g3 62.♔e1 ♗f2+ 63.♔f1 ♗h3+ 64.♔e2 ♗d7 65.♖c7 ♗b5+ 66.♔d2 h4 67.♖g7+ ♔f3 68.♖f7+ ♔g2 69.♖f5 ♗d7 70.♖g5+ ♗g3 71.b5 h3 72.b6 ♗c6 0-1**

233. 27.♖xa5? 27.♕h2+! ♖h7 *(27...♘h7 28.♗xf7+−)* 28.♗xh7 ♘xh7 29.♖xa5+−. **27...♘h7 28.♕g4?** 28.♖h5 ♗f6±. **28...♖fg7?** 28...♕g7∓. **29.♕d4?!** 29.♖h5!? ♖xg6 30.♗d4+ ♗f6 31.♗xb2 ♗xb2=. **29...♕xd4 30.♗xd4 ♗f6 31.♗xf6 ♘xf6 32.♖xa6?** 32.♗xc2 ♖xg2+ 33.♔h1∓. **32...♖xg6 33.g3 ♖c8 34.♖c1 ♘d5 35.♖a4 ♖g7 36.♔f1 ♖b7 37.♔e1 ♖b1 38.♔d2 ♘b4 0–1**

234. 27.♖a7!! 1–0, z.B. 27...♕xa7 28.d7 ♕xd7 28...♖cd8 29.♕xg7#. **29.♖xd7 ♖f6 30.♖xg7++−.**

235. 22...♘xf3+!! 0-1, z.B. 23.gxf3 ♗xf4 24.♘c4 24.exf4 ♖e2−+. **24...dxe3 25.♕e2 ♖c8−+.**

236. 32.♕d6!! 1–0, z.B. 32...♕xd6 32...fxe5 33.♕f6+ ♕g7 34.♕xg7#. **33.♘f7#.**

237. Der schnellste Weg zum Sieg lautet **29.♖h6!! 1–0, z.B. 29...♖e6** 29...gxh6 30.♘f6++−; 29...♖c7 30.h3 ♕g5 31.♕xh7+ ♔f7 32.e6++−. **30.h3+−.**

238. 32...♕c1+ 33.♔g2 ♖xf2+!! 0–1, z.B. 34.♔xf2 ♘d1+ 35.♔e1 ♕xa3−+.

239. 33.♕c6 1–0 33.♕d5 ist genauso gut. **33...♖b1+** 33...♖xa7 34.♕xa8++−. **34.♖xb1 ♕xc6 35.♖b8+ ♗f8 36.♖xf8+ ♔g7 37.a8♕+−.**

240. 30.♖xh6+! 30.♕xe5?? ♕xc1+ 31.♗f1 ♖xh4−+; 30.♖xd4?? hxg5−+. **30...gxh6** 30...♔g8 31.♖h8+! ♔xh8 32.♕h5+ ♔g8 33.♕xe8+ ♕f8 34.♕xe6+ ♘f7 35.♗d5+−. **31.♕xe5+ ♔g8 32.♖c7! ♖d1+ 33.♗f1 ♕f8?** 33...♖xf1+ 34.♔xf1 ♕d3+ 35.♔g2 ♕d5+ 36.♕xd5 exd5 37.♖xb7± (Ribli in ChessBase Magazin 88). **34.♕h5! ♖xf1+ 35.♔xf1 ♖e7 36.♕g6+ ♔h8 37.♖xe7 ♕xe7 38.♕xh6+ ♔g8 39.♕g6+ ♔h8 40.h4 ♕d7 41.♕h5+ ♔g7 42.♕e5+ ♔h6?! 43.♕e3+ ♔g6 44.♕xa7 ♕c6 45.♔g1 b6 46.♕a3 1–0**

241. 33.♗c5 und Schwarz gab auf wegen **33...♖d1+** 33...♖xc5 34.♕f8#. **34.♔e2 ♖e1+ 35.♔d2!? ♖d8+ 36.♔xe1 ♘d3+ 37.♔f1 ♘xc5 38.♕xf6++−.**

242. **37.♗xg7 1–0 37...♗xg7** 37...♗h1 38.♕h8+ ♔f7 39.♕xf8+ ♔g6 40.♕xf6+ ♔h7 41.♕h6+ ♔g8 42.♖d8+ ♔f7 43.♖f8#. **38.♖d8+ ♗f8 39.♕g6+ ♔h8 40.♖xf8#.**

243. **35.♕g6! ♖f5** 35...♖f7? 36.♖h8+ ♔xh8 37.♕h7#. **36.♖h2** 36.♗xf5? ♕e2+ 37.♔h3 ♕f1+ 38.♔h2 *(38.♔h4? ♗e7+ 39.♔g4 ♕xf5+ 40.♕xf5 exf5+ 41.♔xf5 ♔xh7−+)* 38...♕f2+=. **36...♔f8** 36...♖g5? 37.♖h8+ ♔xh8 38.♕h7#. **37.♖h8+ ♔e7 38.♗xf5 ♕e2+ 39.♔h3 ♕f1+ 40.♔h4 1–0**

244. **21.♖xa7!!** und Schwarz gab auf wegen **21...♕g6** 21...♔xa7? 22.♕xc7 ♕e6 23.♖a1+ ♕a6 24.♖xa6#. **22.♖ea1 ♔c8 23.♖1a6 ♖d6** 23...♕f5 24.♖xb7+−. **24.♖xd6 ♕xd6 25.♖a8++−.**

245. **35...♘d2+! 36.♔g1** 36.♘xd2? ♖e1+ 37.♖xe1 ♖xe1#. **36...♘xf3+ 37.gxf3 ♖e1+ 38.♖xe1 ♖xe1+ 39.♔g2 ♘xb4 40.♘xb4 ♖e2 0–1**

246. **37.♕xb6! ♕a2+** 37...♕xb6? 38.♖xc8+ ♕d8 39.♖xd8#; 37...♖xc1? 38.♕d8#. **38.♔g3 ♕xb3+ 39.♔h4 ♖f8 40.♕c5 g5+ 41.fxg5 ♖b8 42.♕d6 1–0**

247. **31.♖c8** 31.♘xe4? ♕xe4 32.♕xd6 ♕d4 ist nur etwas besser für Weiß. Schwarz gab auf wegen **31...♖xc8** 31...♘xg5 32.♕xf8+ ♔h7 33.♕h8#. **32.♕xf7+ ♔h8 33.♕h7#.**

248. **25.♖xe6!! fxe6 26.♗xe6+ ♔h8 27.♗xc8 ♗d8 28.♗b7 ♗c7 29.♗g2 ♕f6 30.♖d2 ♗a5 31.♖c2+−** und Weiß gewann später.

249. **34.♕e6+! ♔h8 35.♕f7 ♘e4+ 36.fxe4 ♖c2+ 37.♔f3 ♖c3+ 38.♔e2 1–0**

250. **33.♖xb7!** 33.♕d7?? trifft auf 33...f3! 34.♕h3 *(34.g3? ♗e3 35.h4 ♕c2 36.♕h3 ♕xc4−+)* 34...fxg2+ 35.♕xg2 ♕xc4−+; 33.♖b2? ♕xc4 34.♖bxf2 ♗xd5 gibt Schwarz einige Überlebenschancen. **33...♖xb7 34.♕c8+ ♔g7 35.♕xb7 ♕xc4 36.♕b2+ ♗d4 37.♖xf4 1–0**

251. **32.♖xd3! ♗e6** 32...♘xd3? 33.d7+−. **33.d7! 1–0, z.B. 33...♗xd7** 33...♘xd7 34.♖xd7 ♗xd7 35.b7+−. **34.♖d5+−.** Schwarz am Zug würde gewinnen, indem er das Feld des d-Bauern besetzen würde. **1...♔f8!−+.**

252. **22.♕e8+ ♗f8** 22...♖xe8? 23.♖xe8+ ♗f8 24.♖xf8#. **23.♗xf8 ♖xe8 24.♖xe8 ♕b8 25.♖xb8 ♘xb8 26.♗d6! 1–0**

253. **33.♕xh7+** 33.♖h3?? ♕e1#. **1–0**

254. **26.♕xf7+!! ♔xf7 27.♖xh7+ ♔e8** 27...♔f8 28.dxe7+ ♔e8 29.exd8♕+ ♖xd8 30.♖xd8+ ♕xd8 31.♖h8++−. **28.♖xe7+ ♔f8 29.♗g7+ ♔g8 30.♖h1 1–0**

255. **28...♗xg2!!** und Weiß gab sehr früh auf, da seine Verteidigung am Königsflügel zusammengebrochen ist. Die Stellung ist aber nicht so einfach zu gewinnen für Schwarz, z.B. **29.♗xg2 ♕f3 30.♔f1 ♕xg2+ 31.♔e2 ♕e4+ 32.♔d2 ♕d4+ 33.♔e2 ♕c4+ 34.♔d1 d5∓.**

256. **39...♖xf2!! 40.♖xf2** 40.♘xe4 ♖xf1+ 41.♔xf1 ♕xe7−+. **40...c2 0–1**

257. **31...♖xa2!! 32.♕c1** 32.♕xa2?? ♕xe1#. **32...♖e2 33.♔f1 ♖xe1+ 34.♕xe1 ♕b8−+** und Schwarz gewann später.

258. **29...♖e1!!** und Weiß gab auf, da er das Matt nicht vermeiden kann, z.B. **30.♖xe1 ♖xh2#.**

259. **34...♖c8! 35.♖xc8+** 35.♖xe6 fxe6 36.♗e4 c2–+. **35...♗xc8 36.♗e4 ♗b7! 0–1**

260. Weiß spielte **50.♕e5**, aber 50.♕f8! gewinnt schneller. 50...♖xf8 51.♘xf8+ ♔g7 52.♘xd7 ♘c7 53.a7 ♘a8 54.f4+–. **50...♘b4 51.♕f6 ♖a8 52.♘f8+ ♖xf8 53.♕xf8 ♘xa6 54.♕c8 ♖d6 55.♕b7+ ♔h6 56.♕e7 ♖c6 57.h4 ♘c7 58.♕d8 1–0**

261. **24.♘f6! ♗a4** 24...gxf6 25.♕xh6+ ♔e8 26.♕xf6 ♖f8 27.g5+– (A. Finkel in ChessBase Magazin 90). **25.♘xg8 ♔xg8 26.♖xc3 ♕b2 27.♔d2 ♖b8 28.f3 ♖b3 29.♕e3 ♖xa3 30.♖xa3 ♕xc2+ 31.♔e1 ♕xd1+ 32.♔f2 ♗c2 33.♖xa5 ♗d3 34.♗xd3 cxd3 35.♖a8+ ♔h7 36.♖a2 1–0**

262. **31.♕xe5!! 1–0, z.B. 31...dxe5** 31...♕xe5 32.♖xe5 dxe5 33.♖xd8++–. **32.♖xd8+ ♔h7 33.♖1d7+ ♕g7 34.♗g8+ ♔h8 35.♗d5+ ♔h7 36.♗xc6+–.**

263. **38...♖c3!! 0-1 39.♕e1** 39.♕xc3? ♘e2+–+. **39...♕d4+ 40.♔h1** 40.♔f1 ♖e3–+. **40...♘d3 41.♘f3 ♘xe1 42.♘xd4 ♘d3** (Ftacnik in ChessBase Magazin 85) **43.♘e2 ♘f2+ 44.♔g2 ♘xd1 45.♘xc3 ♘xc3–+.**

264. **21...♖c1+! 22.♖xc1 ♕xd6 23.♖gd1 ♕b6 24.♖xd7 ♗xf3–+** und Schwarz gewann später.

265. **25.♖f5!! ♕d7** und Schwarz gab auf, da sein König in der Brettmitte gefangen ist. **26.♗b4 ♕e6 27.♘d6++–.**

266. **32.♘xf7! 1–0**

267. **30.♕xg7+!! ♔xg7 31.♘xe6+ ♔f7 32.♘xc7 a5 33.♖d5 ♖xd5 34.♘xd5 ♗c5 35.♖d1 hxg3 36.hxg3 ♖b8 37.♘c3 ♔e6 38.♖d5 ♗d6 39.♘e2 ♗e5 40.♘d4+ ♗xd4 41.exd4 a4 42.♖b5 1-0**

268. **20...♘xb2! 21.♘xb5** 21.♔xb2? ♕c3+ 22.♔b1 *(22.♔c1? ♕a1#)* 22...♕xd2–+. **21...♖ab8!! 22.♔c1** 22.♘xc7 ♘d3+! mit baldigem Matt. **22...♕e5 23.f4 ♕c5 24.♕f3 ♘c4 25.♗xc4 ♕xc4 26.♘d6 ♕xa2 27.♔d1 ♕b1+ 28.♔e2 ♕xh1 0–1**

269. Die schwarze Achillesferse ist der wackelige Springer auf e6. **33.♗e5! ♖2d6 34.♗xd6 ♖xd6 35.♕e7 1–0**

270. **27.♖xg7+!! ♔xg7 28.♕xg5+ ♔f7 29.♕f6+ 1–0, z.B. 29...♔g8** 29...♔e8 30.♖d8#. **30.♖g3+ ♔h7 31.♕g7#.**

271. **31.♖h5! f6** 31...♕xe5 32.♘h6++–. **32.♕g1** 32.♕h6+–. **32...g5 33.exf6 1–0**

272. **33.♖xf5! ♕xf4 34.♖xf8+ ♕xf8 35.♖xf8+ ♔h7 36.♗xc4 ♖c6 37.♗d3+ ♘g6 38.c4 ♖xc4 39.♗xc4 ♘xf8 40.♔f1 ♘g6 41.♗d3 ♔h6 42.♗xg6 ♔xg6 43.♔e2 a6 44.e4 1–0**

273. **34.♗f5+!! ♔xf5** 34...♔d5? 35.♕e6#. **35.g4+ ♔e4 36.♕g6+ ♔f3** 36...♔d5 37.♗b6++–. **37.♕f5+ ♔e2 38.♕d3# 1–0**

274. **39.♕f8+! ♖xf8** 39...♔h7 40.♗f5+ ♕xf5 41.♕xf5++–. **40.♖xf8+ ♔h7 41.♗g8+ ♔h8 42.♗f7+ 1–0**

275. **28.♕xe6!! 1–0, z.B. 28...♖xe6 29.♘f7+ ♔g8 30.♘xd8 ♖f6 31.♔e2 ♖d6 32.♘b7 ♖e6+ 33.♔d3 ♖f6 34.♘e5+–.**

276. **28...♗f1! 0–1, z.B. 29.♘xf1 ♕xf3 30.♔h2 ♕xe4–+.**

277. **36.♖b8!!** und Schwarz gab auf wegen **36...♔g7** 36...♖xb8? 37.♕xf6#. **37.♖xf8 ♔xf8 38.♕xf6++–.** NB: nicht 36.♖b6?? ♘xc4 37.♖xf6 ♘xe5–+.

278. **35.♕e5+ ♔h6 36.♘f7+! ♗xf7 37.♔xg2 ♗d5+ 38.♔g1 ♕xh3 39.♕h2 1–0**

279. **29.♗xd6! ♕xd6** 29...♗xd6?? 30.♕xg7#. **30.♘xd6 ♗xd6 31.♖xf7 ♘de5 32.♖f5+–** und Weiß gewann später.

280. **35.♘gh5! ♕g5** 35...♕xf6 36.♘xf6 ♖f8 37.♕b3 ♖xf6 38.♕xb6 ♗b5 39.♖e7+–. **36.♖e7 ♖f8** 36...♗e6 37.♖e8+ ♖xe8 38.♕xe8++–. **37.♕xf8+ 1–0, 37...♗xf8 38.♖h7#.**

281. **31.♕xe6+! ♕xe6 32.♖xd8+ ♔f7** 32...♔h7? 33.♘xg5++–. **33.♘d6+ ♕xd6 34.♖xd6 f5 35.♖b1+–** und Weiß gewann nach einigen weiteren Zügen.

282. **33.♖xf7!! ♖xf7 34.♕xe6 ♕xa5?! 35.♕xf7 ♕xe1+ 36.♔g2 ♘g8 37.h6 1–0**

283. **26.♘b7! ♖xb7 27.♖xd8+ ♔h7 28.♕xa6 ♕b6 29.♕xb6 axb6 30.♖ed1 ♖a7 31.♖1d7 ♖xa2 32.e6 fxe6 33.♖e7 1–0**

284. Der einfachste Weg zum Sieg für Weiß lautet **38.♕xe6+! ♕xe6 39.♗d5 1–0, z.B. 39...♕xd5 40.♘e7+ ♔g7 41.♘xd5+–.**

285. **28...♕h6! 29.h3** 29.♗xh7+ ♔h8! 30.♔f1 ♕xh2 31.♕g6 ♖f6 32.♕g1 ♕xh7–+. **29...♕g5+ 30.♗g4 h5 31.♘d4 hxg4 32.♘e6 ♕h4 33.♔f1 g3 34.♘xf8 ♖xf8 35.♕g6 g2+ 36.♔e1 ♗g3 0–1**

286. **37.♘e4! ♕xc4 38.♕h6 ♖a6 39.♘f6+ 1–0**

287. **22.♗xf5!! 1–0, z.B. 22...♖xf5 23.♕xg4+ ♕g7** 23...♔h8 24.♖xh6++–. **24.♖g6+–.**

288. **27...♗xf4! 28.♖e8+** 28.♗xf4 ♕h1+ 29.♖e1 ♕xe1+ 30.♕d1 ♕xd1#. **28...♔g7 29.♕xf4 ♖xe8 30.♗c4 ♕h1+ 31.♗f1 ♔g8 0–1**

289. **30.♖xh7!! 1–0, z.B. 30...♔xh7** 30...♖xd6 31.♖ch1 ♘xc4 32.♖g7+ ♔f8 33.♖h8#. **31.♖h1+ ♔g8 32.♖h8#.**

290. **34...♕xf2+ 35.♔h1 ♕g1+!!** und Weiß gab wegen des erstickten Matts auf. **36.♖xg1 ♘f2#.**

291. **21.♕g5! g6?** 21...♘e8! 22.♘xd4 h6 23.♕f5 ♕xd3 24.♕xd3 ♘xd3 25.♘xe6±. **22.♘xd4 h6 23.♘xb5** 23.♕xh6 und 23.♕xf6 gewinnen ebenfalls. **23...hxg5 24.♘c7 ♖ae8 25.♖ed1 ♖8e7 26.♘xe6 ♖xe6 27.♗xb7+–** und Weiß gewann später.

292. **29.♕xd7! 1–0, z.B. 29...♕xd7 30.♘f6+ ♔g7 31.♘xd7 ♖d8 32.♘3e5+–.**

293. **22.♖c6! 1–0, z.B. 22...♘cd6** 22...♕xc6? 23.♘e7++–. **23.♖xa6+–.**

294. **35.♗h4! ♕a1** 35...g5 36.hxg6+–. **36.♕xf7+ ♔h8 37.f6 ♗f8 38.♕g6 1–0**

295. **28...♖f5! 29.♖xf5** 29.♖h5 ♖xh5 30.♕xh5 ♘f4–+ mit Damenfang. **0–1**

296. **34...♘g3+! 0–1, z.B. 35.♖fxg3** 35.♕xg3 ♖xg3–+. **35...♕xh2#.**

297. **26...♕d8! 0–1**

298. **24.♖xd7! 1-0** Eine typische Überlastung, die man sich merken sollte.

299. **32.♖xh7!! 1–0, z.B. 32...♖xh7** 32...♔xh7? 33.♕xg6#. **33.♕xg6+ ♔f8 34.♘e6+ ♔e7 35.♕xh7++–.**

300. **35.♕e5+** 35.♖g4+ ♖g6 36.♕e5+ ♔h7 37.♖h4+ ♖h6 38.♕f4 gewinnt ebenfalls. **35...♔f8** 35...f6 36.♕e7+ ♕f7 37.♖g4++–; 35...♔g6 36.♖g4++–. **36.♖h8 1–0**

301. **26.Ld5+ 1–0, z.B. 26...cxd5 27.Dh7#.**

302. **40.Sd7+!! Lxd7 41.Df6+ 1–0, z.B. 41...Ke8** 41...Kg8 42.Dg7#. **42.Sg7#.**

303. **33.Da7!! 1–0, z.B. 33...Dd8** 33...Dxa7? 34.Te8#; 33...Lxe1? 34.Da8++–. **34.Dxa5 Dxa5? 35.Te8#.**

304. **14...Sxe4!! 15.Lxd8** 15.fxe4 Dxh4+ 16.g3 De7–+. **15...Sxc3 16.bxc3 Tcxd8 17.c4 Tfe8+ 18.Kf2 Te7–+** und Schwarz gewann später.

305. **37.Txh6+!! gxh6 38.Txh6+ Kg8 39.Dg6+ Dg7 40.De6+ Df7 41.Th8+ 1–0**

306. Schwarz gewinnt forciert. **1...De6! 2.d7** 2.Txd4 Te1 3.Td1 Txf1+ 4.Tdxf1 Le4–+; 2.Tfxf5 Te1 3.Tf7+ Kg8 4.Tf8+ Kg7 5.Tf7+ Dxf7 6.Dxe1 Dxd5+ 7.Kh2 De5+ 8.Dxe5+ Lxe5+ 9.Kg2 Lf6–+; 2.Tdxf5 gxf5 3.Dd3 Te1+ 4.Kg2 *(4.Tf1 Dd5+ 5.Kh2 Le5+–+)* 4...Tg1+ 5.Kh2 De5+ 6.Tg3 Ta1–+. **2...Te1 3.Txd4** 3.d8D Txf1+ 4.Txf1 De4+ 5.Kh2 De2+ 6.Kg3 Dxf1 7.Txd4 cxd4 8.Lf6 Dxh3+ 9.Kf2 De3+ 10.Kg2 De2+ 11.Kg3 De1+ und Schwarz setzt matt.; 3.Tdxf5 gxf5–+. **3...Le4! 4.Dxe1 Lxf3+ 5.Kh2 Dxe1 6.Lh4 De5+ 0-1** Der schwarze Angriff lief wie am Schnürchen!

307. **32...Dxd6!** 32...Txd6?? 33.exd6 Txb5? *(33...De1+ 34.Df1+–)* 34. dxe7+–. **0–1**

308. Weiß gab auf wegen **20...Dc3!!–+.**

309. **30.Sxe6!** 30.g4 gewinnt ebenfalls. **30...Txg2+** 30...Txh5? 31.Sg7++–; 30...fxe6 31.Txg5+–. **31.Dxg2 Dxe6 32.Txh7 0–0–0 33.Dg4 Dxg4+ 34.fxg4 Tg8 35.Txf7 Txg4+ 36.Kf2 Le8 37.Tf8 Kd7 38.Txa6 Ke7 1–0**

310. **36.Dg4! 1–0, z.B. 36...Td5** 36...Dg6 37.Dd7+ Kg8 38.Tg1+–. **37.Txd5 Dxd5 38.Dxc8+–.**

311. **18.Lxb6!** 18.Db5 gewinnt ebenfalls. **18...axb6 19.Dxa8!** 19.Sc7++–. **19...Dxa8 20.Sc7+ Ke7 21.Sxa8 Txa8 22.Lxc6 bxc6 23.gxf5+–** und Weiß gewann später.

312. **37.Txg7+!! 1–0, z.B. 37...Kxg7 38.Lxh6+ Kxh6 39.Dxd1+–.**

313. **30.Txb7!! Dxb7 31.d7 1–0**

314. **21...Lh6!** mit Damenfang. **22.Dxh6 Sxh6 23.Sxe6 fxe6 24.Lxh6 Tf7–+** und Schwarz gewann später.

315. **18.Le4! Txe4** 18...Dd7 19.Ld5+–. **19.Dd5+ Kf8 20.Dxe4+–** und Weiß gewann später.

316. **31...Te1+! 32.Kh2** 32.Kf2 Txd1 33.Dxf6 Dd4+ 34.Dxd4 Txd4–+. **32...Txd1 33.Dxf6 Dd6+ 34.Dxd6 Txd6 35.Kg3 Te6 36.Kf2 Kf7 37.Ld2 c5 38.Lc3 Ke7 39.Ld2 Kd6 0–1**

317. **32...Dxd5!!** 32...Txd5?? 33.Dxh1+–. **33.Kc3** 33.Txd5? Txd5+ 34.Ke2 Txd1 35.Kxd1 Kg7 36.g5 f6 und Schwarz gewinnt problemlos. **33...Dc5+ 34.Kb2 Txd4 35.exd4 Dd5** Schwarz gewann das Damenendspiel auf instruktive Weise. **36.Dd2 Kg7 37.g5 f6 38.gxf6+ Kxf6 39.Df4+ Kg7 40.Dc7+ Kh6 41.Dh2+ Kg5 42.Dxh7 Dxd4+ 43.Ka3 Dc5+ 44.Kb2 De5+ 45.Kb1 De4+ 46.Kb2 Kg4 47.a4 Dd4+ 48.Ka2 Dd2+ 49.Ka3 Dc1+ 50.Ka2 Dc2+ 51.Ka3 Dc5+ 52.Ka2 Dc6 53.Dh2 g5 54.De2+ Df3 55.Dc4+ Kh3 56.Ka3 g4 57.Dc8 Dc6 58.Df5 Dd6+ 59.Ka2 Dd2+ 60.Ka3 Dd6+**

61.♔a2 ♕c6 62.♕h5+ ♔g3 63.♕e5+ ♔g2 64.♕b2+ ♔f3 65.♕b1 g3 66.♕f1+ ♔g4 67.♕d1+ ♕f3 68.♕d7+ ♔f4 69.♕d4+ ♕e4 70.♕d6+ ♔f3 71.♕f6+ ♔e2 72.♕b2+ ♔f1 73.♕c1+ ♕e1 74.♕h6 g2 75.♕h3 ♕e4 76.♔a3 ♔f2 77.♕h2 ♕g4 0–1

318. **23...♕xa4!! 24.♘a3** 24.♖xa4? ♖e1#. **24...♗xd4 25.♕c2 ♕a6 26.♕c4 ♕a5 27.h4 ♗xb2 0–1**

319. **30...♗a4!! 31.♕xa4 ♖xe2 32.♕d7 ♕f2 0–1**

320. **27.♗g6+! 1–0, z.B. 27...♔xg6** 27...♔g8? 28.♕e8#. **28.♘xh4++–.**

321. **28.♕xf8+! 1–0, z.B. 28...♔xf8 29.♖xd8+ ♔e7 30.♖b8+–** (Tyomkin in ChessBase Magazin 82).

322. **24...♕e4!! 0–1 25.g3!!** 25.♕xe4? ♖xd1+ 26.♕e1 ♖xe1#. **25...♕xg4 26.♖xd8 ♕f5 27.♗e7 ♔g7∓** .

323. **27...♖xb7 28.♗xb7 ♗c6!! 0–1**

324. **29.♕e5! 1–0, z.B. 29...♕f6 30.♕c7+ ♕e7 31.♖g7++–.**

325. **37...♘f2!! 0–1** 37...♘xh2?! 38.♕d3 ♕h5 *(38...♖e1+?? 39.♖xe1 ♕xd3 40.♖e8#)* 39.♖c1 ♘f3+ 40.♔g2 ♘e1+ führt ebenfalls zum Sieg.

326. **31...♗e3 0–1, z.B. 32.♕g4+ ♔h8 33.♔e2** 33.♖xe3? ♕xf2#. **33...♕xf2+ 34.♔d3 ♕d2+–+.**

327. **29.♘f6+!! ♕xf6** 29...♖xf6? 30.♕xd8+–; 29...♗xf6 30.♖xd6 ♕f8 31.♖c1+–. **30.♖xd6 ♕e5 31.♖c1 ♗e6 32.♖c7 ♔h8** Nun war **33.♖e7!** der schnellste Gewinnweg. Weiß spielte 33.♖d8+ und gewann letztendlich. Zum Beispiel **33...♕a1+ 34.♔h2 ♗c4 35.♖dd7 ♖g8 36.♕xh6+ ♗xh6 37.♖h7#.**

328. **16.♕xb5+!! 1–0, z.B. 16...axb5 17.♗xb5+ ♕d7 18.♗xd7+ ♔xd7 19.♘e5+ ♔e8 20.♘xg4+–.**

329. **22...♕g4! 23.g3 ♖g6 0–1, z.B. 24.♕xg6** 24.f3 ♖xh6 25.fxg4 ♘xd2–+. **24...hxg6 25.♘xc4 ♕h3–+.**

330. **32...♕xh3+!!** Weiß gab auf, da er mattgesetzt wird. 32...♖xh3+? 33.gxh3 ♕xh3+ 34.♔g1 ♗xf5 35.e7 ist nicht klar.; 32...♖xg2+? 33.♔xg2 ♗xf5 34.h4 ♗xe6 35.♘e5 und Weiß kann noch kämpfen. **33.gxh3** 33.♔g1 ♕xg2#. **33...♖hxh3#.**

331. **28.♖xg5+! ♔f8** 28...♗xg5 29.♕xg5+ ♘g6 30.♗xg6 ♕d3+ 31.♔a1 ♕d1+ 32.♘c1+–. **29.♖xf6 ♕d3+ 30.♔c1 ♔e7** 30...♕e3+ 31.♔d1 ♕d3+ 32.♔e1 ♔e7 33.♖g7 ♕b1+ 34.♔f2 ♘d3+ 35.♔e3+–. **31.♖g3 ♖h8 32.♖e6+ 1–0, z.B. 32...fxe6 33.♖g7+ ♘f7** 33...♔f6 34.♕g5#. **34.♕xf7+ ♔d8 35.♕d7#.**

332. **36.♖xc4!! 1–0, z.B. 36...♕xc4 37.♕e8+ ♔h7 38.♕g6+ ♔g8 39.♕xb1 ♕xg4+ 40.♔f1 ♕h3+ 41.♔e2 ♕xh5+ 42.f3 ♕h2+ 43.♗f2 ♕e5+ 44.♕e4+–.**

333. **25.♕xf4!! exf4?** 25...♘xd3 26.cxd3 ♖c2 27.♕f6 h5 28.♕xe6 fxe6 29.♘f6+ ♖xf6 30.gxf6 ♖xb2 31.♖xg6+ ♔f7 32.♖g7++–. **26.♘h6# 1–0**

334. **M. Tal – V. Kortschnoi**

Kandidatenturnier sf1, Moskau 1968

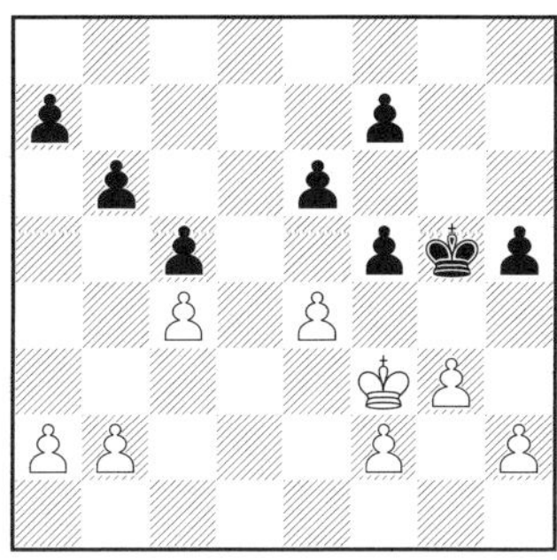

Furman, Smyslow und Awerbach analysierten **28.e5!?** 28.h3 wurde in der Partie gespielt, die remis endete. **28...f6 29.h4+ ♔g6 30.♔f4 a6 31.a3 b5 32.cxb5 axb5 33.b3 fxe5+ 34.♔e3** und gaben an, dass Weiß gewinnt. In dieser Aufgabe soll diese Aussage überprüft werden und das überraschende Resultat ist, dass Schwarz mit knapper Not davonkommt. **34...f4+!! 35.gxf4** 35.♔e4? fxg3 36.fxg3 ♔f6–+; 35.♔d2? fxg3 36.fxg3 e4 37.a4 c4 38.axb5 cxb3 39.b6 e3+–+. **35...exf4+** 35...♔f5? 36.a4 exf4+ 37.♔d3 bxa4 *(37...c4+ 38.♔c3 ♔e5 39.a5 ♔d6 40.a6 ♔c6 41.bxc4+–)* 38.bxa4 ♔e5 39.♔c4 ♔d6 40.a5 e5 41.a6 ♔c6 42.a7 ♔b7 43.♔xc5 e4 44.♔d4 e3 45.fxe3 fxe3 46.♔xe3+–. **36.♔xf4 ♔f6 37.♔e4 ♔e7 38.a4** 38.♔e5 ♔d7 39.f3 ♔c7 40.f4 ♔d7 41.f5 exf5 42.♔xf5 c4 43.bxc4 bxc4 44.♔e4 ♔c6 45.♔d4 ♔b5 46.♔c3 ♔a4=. **38...c4! 39.a5 cxb3 40.♔d3 ♔d6 41.♔c3 ♔c6** 41...b2? 42.♔xb2 ♔c5 *(42...e5 43.♔b3 ♔c5 44.f3+–)* 43.♔b3 e5 44.f3 ♔d6 45.♔b4 ♔c6 46.a6+–. **42.♔xb3 ♔c5 43.f4** 43.♔a3 b4+ 44.♔a4 ♔c4=. **43...♔d5 44.♔b4 ♔c6 45.a6 ♔b6 46.a7 ♔xa7 47.♔xb5 ♔b7=.**

335. **31.♘e5!! ♖e1+** 31...♖xe5 32.d7+ ♔xd7 33.♗xe5+–. **32.♔g2 ♗xd6 33.♗xd6 ♖b1 34.♔h3 ♖xb3 35.♔h4 ♖b2 36.♔xh5 ♖d2 37.♗b4 ♖e2 38.f4 a5 39.♗a3 ♖xh2+ 40.♔g6 ♖h3 41.♔xg7 ♖xg3+ 42.♘g6 1–0**

336. **43...♘b3! 44.♘xe6 d4 45.♘g5+ ♔g7?** 45...♔f8! 46.e6 ♘c5+ 47.♔d8 ♘b7+ 48.♔d7 ♘c5+ 49.♔d6 d3 50.♘f3 *(50.♔xc5? d2–+; 50.♘h7+ ♔g7 51.e7 d2 52.e8♕ d1♕+ 53.♔xc5 ♕c2+=)* 50...♘e4+ 51.♔d7 ♘c5+=. **46.e6 d3** 46...♔f6 47.♘h7+ ♔g7 48.e7 ♘c5+ 49.♔c6 ♔f7 50.♔xc5 d3 51.♘g5++–. **47.e7** und Schwarz gab auf wegen **47...d2 48.e8♕ d1♕+ 49.♔e7 ♕e1+ 50.♘e6++–.**

337. **34.♗xc6! ♘d6** 34...♔xc6 35.♘b3+ ♔d5 *(35...♔b6?! 36.♘xa5 ♔xa5?! 37.♖c5++–)* 36.♘xa5 ♗xh3 37.♖c5++–. **35.♗xa4 ♔d8 36.♖c3 g5 37.♗c2 ♗xc2 38.♖xc2 ♖a7 39.♘e6+ ♔e7 40.♘xg5 ♔f6 41.♘f3 ♔f5 42.♔f2 ♔f4 43.♘d2 ♖a4 44.♘b3 ♖a8 45.♘c5 1–0**

338. Der Schlag **35...♖bxd7!** zwang Weiß zur Aufgabe. 35...♖dxd7 gewinnt ebenfalls. **36.♖xd7 ♖xd7 37.♖c1** 37.♖xd7 c2 38.♖d6+ ♔e7–+. **37... ♖d2–+.**

339. **48...h3!! 49.gxh3** 49.g3 ♖c5 50.♖c2 ♖d5 51.♖c1 ♖d3 52.♔a2 ♗g2 53.♖e2 ♗d4 54.♔b1 f5–+; 49.♖xf6 hxg2 50.♖xg2 ♖xg2–+ da 51.♖xf7? wird widerlegt durch 51...♖g1+ 52.♔a2 ♗d5+–+. **49...♖g1+ 50.♔a2 ♗e4! 51.♗h2 ♖c1 0–1 52.♖xf6 ♗b1+ 53.♔a1 ♗c2+ 54.♔a2 ♗b3#.**

340. **32.c7!** 32.♘b5?! e6 33.♘d6+ ♔d8 34.♖a5 ♔c7 35.e5±. **32...♗d7 33.♘c6! 1–0, z.B. 33...f6** 33...e6?

34.c8♕+ ♗xc8 35.♖d8#. **34.♘b8 ♗c8 35.♖d8++–.**

341. 30...♖4h3+! 31.♔e2 31.♗g3 ♖xb2–+; 31.♔g4? ♘h6+ 32.♔g5 ♖h5#. **31...♖e3+ 32.♔f1 ♖f3 33.♖g2 ♖h1+ 34.♖g1 ♖h2 35.♖g2 ♘g3+ 36.♖xg3** 36.♔g1? ♖h1#. **36...♖xg3 0–1, z.B. 37.♗xg3 ♖h1+ 38.♔e2 ♖xc1–+.**

342. 44...cxd4+ 45.cxd4 a4! 46.♔d3 46.d5 b3 47.axb3 a3 48.d6 ♔f7–+; 46.dxe5 b3 47.a3 b2–+ *(47...♔f7? 48.♔d3 ♔e6 49.♔c3 ♔xe5 50.♔b2=)*. **46...b3 47.axb3** 47.a3 exd4–+. **47...a3 48.♔c2 exd4 49.b4 d3+ 0–1**

343. 54.♗d5? 54.♗a8! ist der einzige Zug, der remisiert. Mehr Material hierzu und über ähnliche Festungen finden sie in der einschlägigen Literatur. **54...♖b5! 55.♗c6** 55.♗f7 ♔f3 56.♔h2 *(56.♗xg6 ♔xg3–+)* 56...g5 57.♗xh5+ g4 58.♗g6 ♖b2+ 59.♔g1 ♔xg3 60.h5 ♖d2 61.♔f1 ♔f3 62.♔e1 ♖h2–+. **55...♖c5 56.♗b7 g5 57.hxg5 ♖xg5 58.♔g2?!** 58.♔h2 ist zäher, aber auch dann gewinnt Schwarz: 58...♔f2 59.♔h3 ♖xg3+ 60.♔h4 ♖g7! 61.♗c6 ♖h7 62.♗e8 ♔f3 63.♗g6 ♖h8 64.♗f7 ♔f4 65.♗e6 ♖e8 66.♗f7 ♖e5 67.♗b3 ♖a5 68.♗f7 ♔f5 69.♗e8 ♖a1–+. **58...h4 59.♔h3 hxg3 60.♔g2 ♔f4 61.♗c6 ♖c5 62.♗b7 ♖c2+ 63.♔g1 g2! 64.♔h2** 64.♗xg2?! ♔g3–+. **64...♖b2 0–1, z.B. 65.♗c6 ♖f2 66.♗b7** 66.♗xg2 ♔g4 67.♔g1 ♔g3–+. **66...g1♕+ 67.♔xg1 ♔g3–+.**

344. Sind Sie in die Falle getappt und dachten, dass Weiß mit **74.♖a6+!?** einfach gewinnt? Dann haben Sie die folgende Erwiderung übersehen. **74...♔g7 75.♖a7+** 75.♔g5 ♖h1 76.♖a7+ ♔g8 77.♔g6 ♖g1+! 78.♔f6 ♖f1 ist Karstedts Remis. 79.♖a8+ ♔h7 80.♖f8 ♖a1 81.♖e8 ♖f1 82.♔e6 ♔g7=. **75...♔f6!!** und Weiß kann keine Fortschritte erzielen. Die Partie ging weiter mit 75...♔g8? 76.♖xh7 ♔xh7 77.♔e5 ♔g7 78.♔e6 ♔f8 79.♔f6 1–0.

345. 37.♖d1! ♖a8 38.♖d7 ♘g7 39.♖b7 39.♘e3+–. **39...♘e8** 39...♔h7 40.♘e3 ♔g6 41.♘c4+–. **40.♖b8 ♖xa7 41.♖xe8+ ♔f7 42.♖c8 ♖a3 43.c4 b5 44.♖c7+ 1–0**

346. 35.♘xb7!! ♘xb7 36.bxa6 1–0

347. 31.♖xd5! ♖xc4 31...♘xd5? 32.♗xd5+ ♔f8 33.♗xc6+–. **32.♖d8+ ♔f7 33.♖c1!** Die finale Pointe. **1–0**

348. Lputjan forcierte den Sieg folgendermaßen: **37...♖g4+! 38.♖xg4 fxg4! 39.♔f4** 39.♔h4?! d4–+. **39...♔f7! 40.f3** 40.♔f5 d4 41.♔e4 h4 42.♔xd4 h3–+. **40...gxf3 41.♔xf3 ♔e6 42.♔f4 h4** Zugzwang. **43.♔g4 ♔xe5 44.♔xh4 ♔f4 45.g3+ ♔e4** und Weiß gab auf. **46.g4 d4 47.g5 d3 48.g6 d2 49.g7 d1♕ 50.g8♕ ♕h1+ 51.♔g5 ♕g2+–+.**

349. 26.g6+! ♗xg6 26...♔f8 27.♘e6+ ♗xe6 28.♖xe6 c5 29.♖xa6+–. **27.♖e7+! ♔xe7 28.♘xg6+ ♔e6 29.♘xh8 g5 30.♘g6 c5 31.♗g7 ♔f5 32.♘e7+ ♔e6 33.♘c6 d4 34.♔d2 a4 35.c3 ♔d5 36.♘d8 1–0**

350. 48...♔e8! 48...♔c7? 49.♘c6 ♕xb5 50.♗e5+ ist unklar. **49.♘c6** 49.♔g5 ♕a3–+. **49...♕f8 50.♗f6** 50.♘ce5? ♕f5#. **50...♕xf6 51.♘cd4 ♕h8 52.♔f4 ♔e7 53.g4 ♕f6+ 54.♔e3 ♔d6 55.♘c6 ♔c5 56.♘cd4 ♔b4 57.g5 ♕e7+ 58.♔f4 ♕e4+ 59.♔g3 ♔a4 60.♔f2 ♕g4 61.♔e3 ♔b4 62.♔f2 ♕e4 63.♘e2 ♕e8 64.♘ed4 ♔c4 65.h5 gxh5 66.g6 ♔c5 67.g7 ♕g8 68.♘f5 ♕h7 69.♔e3 ♔xb5 70.♘3d4+ ♔a4 71.♔f3 b5 72.♔f4 b4 73.♘c6 b3 0–1**

351. Die Belagerung der Festung war erfolgreich. **39.h5** 39.g5? h5 40.♔g3 ♔e6 41.f4 ♔f5=; 39.♔g3 ♔e6 40.f4 ♔f7 41.g5 *(41.h5? g5=* und die schwarze Festung hält.*)* 41...h5 42.f5 gxf5 43.♔f4 ♔e6 44.g6+−. **39...gxh5 40.g5** 40.gxh5? ♔e6 41.♔g4 ♔f6 42.f4 ♔e6 43.f5+ ♔f7! 44.♔f4 ♔f6=; 40.♔f5 h4 41.♔f4 gewinnt ebenfalls. **40...♔e6** 40...hxg5+ 41.♔xg5 ♔e6 42.f4 h4 43.♔xh4 ♔f5 44.♔g3 ♔e4 45.♔g4+−. **41.gxh6 1–0**

352. 40.♕xc7! 1–0 40.♕b8 führt auch zum Sieg, ist aber weniger forciert. **40...♕xc7 41.♖b7 ♕e7 42.c7+−.**

353. 40.♗d5! 1–0, z.B. 40...♖xa5 40...♖e2 41.♖e6+ ♔d7 42.a6+−. **41.♖e6+ ♔d7 42.♖xe5 ♔d6 43.♖xh5 ♖xd5 44.♖xd5+ ♔xd5 45.♔g4+−.**

354. Der berühmte russische Trainer gewann dank einer schönen Kombination. **34...d3!**
34...♖xb3? 35.♖7xc5 gibt Weiß gute Remischancen. **35.♖1xc5** 35.♖7xc5? d2 36.♖xd5 dxc1♕+−+. **35...♖h8! 36.♔g1** 36.♔e1 d2+ 37.♔d1 ♖h1+−+. **36...♖dd8 37.♖c1 d2 38.♖d1 ♖de8! 39.♖f1 ♖e1 40.♖d7 ♖h1+! 0–1**

355. 41.♕e6! ♕f7 41...♖e8? 42.♗d6+ ♖e7 43.f6+−. **42.♗d6+ ♔g8 43.g6!** und Schwarz gab auf, da er komplett kontrolliert wird. **43...♕xe6 44.fxe6 ♖c8 45.e7 d4 46.♗c7 ♖e8 47.♗d8+−.**

356. Falls Sie das Dreiecksmanöver nicht kannten, wurde es Zeit, es kennen zu lernen. **68...c4 69.♔c2 c3 70.♔c1!?** Schwarz verliert nun durch das Dreiecksmanöver auf c5 und d5 ein Tempo. **70...♔c5 71.♔d1** 71.♔c2 ♔c4−+. **71...♔d5 72.♔c1 ♔d4 0–1 73.♔c2** 73.♔d1 ♔d3 74.♔c1 c2 75.♔b2 ♔d2 76.♔a2 ♔c3 77.♔a1 c1♕+ 78.♔a2 ♕b2#. **73...♔c4 74.♔c1 ♔b3−+.**

357. 45.♖g4! ♗d6 45...♖g6? 46.♘g3#. **46.d4 1–0, z.B. 46...♗b8 47.d5 ♖a6 48.d6!** Die Motive sind studienartig! **48...♖a3+ 49.♘g3+ ♖xg3+ 50.♖xg3 ♗xd6 51.♖d3 ♗e7 52.♖d5+ ♔g6 53.♖xb5+−.**

358. 50.♗h5! ♖f6+ 51.♔e5 ♖e6+ 51...♖f1 52.♖xf7 ♖xf7 53.♔e6 a4 54.♗xf7+ ♔f8 55.e5 a3 56.♔d7 a2 57.e6 a1♕ 58.e7+ ♔xf7 59.e8♕+ ♔f6 60.♕h8++−. **52.♔d5 ♖e7+ 53.♗xf7+ ♖xf7 54.♖xf7 ♔xf7 55.♔xc5 ♔e6 56.♔b5 ♔d6 57.c5+ 1–0**

359. 39.♗xc5! 39.b7? ♗c7 40.♗xc5 ♗b8! 41.♗d4 ♗b5 und Schwarz sollte das Remis halten können. **39...♗a4** 39...dxc5 40.b7! *(40.d6+?* verdirbt es. *40...c4! 41.♗xc4+ ♔f8 42.b7 ♗b6+* gefolgt von ♗a7 und Schwarz gewinnt sogar.*)* 40...♗c7 41.d6+ ♔f7 42.dxc7+−. **40.♗a2!** Nicht 40.♗c4? ♗b5! 41.♗a2 ♗a6 42.♗d4 ♔f7 und Schwarz kann noch kämpfen. **1–0**

360. Der einzige Gewinnzug lautet **66...♖d3!**, wie Hecht in ChessBase Magazin 86 gezeigt hat. 66...♖xg3? 67.♖g7+! *(67.♔g8 ♖xg4−+)* 67...♔h6 68.♔f7 ♖xg4 69.♖g8! ♔h7 70.♖g7+ ♔h6 71.♖g8=; 66...f5? 67.♖e6+ ♔h7 68.♖e7+=, da 68...♔h8?? widerlegt wird durch 69.♖e2 ♔h7 70.♔f7+−. **67.♖g7+ ♔h6 68.♖xc7 a3 69.♔f7 a2 70.♖a7 ♖d7+ 71.♖xd7 a1♕ 72.♖d2 ♕a7+ 73.♔xf6 ♕g7+ 0–1**

361. 52.♖xb5! 52.♖xd7? ♗xd7 ist wegen der ungleichfarbigen Läufer remis, natürlich. **52...axb5** 52...♖xd4+ 53.♔c3 ♖xg4 54.♖b6++−. **53.♔e3 ♔f7** 53...♖d6 54.♗c5 ♖c6 55.♔e4 ♔g5 56.♔d5 ♖c8 57.a6+−; 53...♔g5 54.a6

♔xg4 55.a7 ♖d8 56.♗e5 ♖a8 57.♗b8+− (Hecht in ChessBase Magazin 83). **54.a6 ♔e6 55.a7 ♖d8 56.♔e4 ♔d6** 56...♖a8 57.♗e3! Zugzwang 57...♔e7 58.♔e5 ♔d7 59.♔d5 ♔c7 60.♗f4+ ♔b7 61.♗b8+−. **57.♗e3 ♖a8 58.♗f4+ ♔c6 59.♗b8 1–0**

362. Weiß gewinnt, aber ohne den Bauern auf a3 ist die Stellung remis. **80.♔f7** 80.♖g7+? ♔h6 81.♖g4 ♖h1 ist nur remis. **80...♔h6** 80...♖h1 81.♖g7+ ♔h6 *(81...♔h8 82.♘g6#)* 82.♔g8 ♖f1 83.♖g6#. **81.♔g8** und Schwarz gab auf, da **81...a2** auf **82.♖g6#** trifft. Ohne den Bauern auf a3 kann Schwarz mit 81...♖g1! remis halten, da 82.♖xg1 zu einem Patt führt.

363. 36.♗d5! ♖xd5 37.e7 ♖e5 37...♖g5 38.♔g3 b3 39.cxb3 cxb3 40.♔h4 ♖e5 41.♖xg6+ hxg6 42.h7++−. **38.♖xg6+ 1–0, z.B. 38...hxg6** 38...fxg6? 39.exf8♕#. **39.h7+ ♔xh7 40.exf8♕+−.**

364. 64...♔f6! 0-1 und der b-Bauer ist nicht zu stoppen. 64...♗d8? 65.♗f7 b2 66.♗g6 ♗xh4 67.a5=.

365. Schwarz hatte aufgegeben wegen **41.♖xh6+ ♔d7 42.e6+!** Natürlich nicht 42.a8♕?? ♖b3+ 43.♔d4 ♖d2#. **42...fxe6 43.a8♕ 1–0** und der weiße König kann sich via e5 in Sicherheit bringen.

366. Das folgenden Gewinnmanöver ist für die Theorie der Turmendspiele wichtig:
60.♖b6+ 60.♔e8? ♖h8+ 61.♔f7 ♖h7+=; 60.♔c8?! ♖c2+ 61.♔b7 ♖b2+ 62.♔a6 ♖a2+ 63.♔b6 ♖b2+ 64.♔a5 ♖a2+ und Weiß muss nach d8 zurückkehren und von vorne anfangen. **60...♔c5 61.♖c6+!** 61.♖a6? ♖h8+ 62.♔c7 ♖h7+ 63.♔d8 ♖h8+ 64.♔e7 ♖a8 65.♔d7 ♔b5 66.♖a1 ♔b6=; 61.♔c7?? ♖h7+ 62.♔b8 ♔xb6 63.a8♘+ ♔c6−+. **61...♔b5** 61...♔xc6 62.a8♕+ ♔c5 63.♕c8+ ♔d4 64.♕g4+ ♔d5 65.♕f5+ ♔c6 66.♕d7+ ♔c5 67.♕c7+ und der Turm ist verloren; 61...♔d5 62.♖a6 ♖h8+ 63.♔c7 ♖h7+ 64.♔b6+−. **62.♖b6+??** Ist das wirklich passiert? Ich kann es kaum glauben. Korrekt war 62.♖c8 ♖h8+ 63.♔c7 ♖h7+ 64.♔b8 ♔b6 65.a8♕+− (natürlich nicht 65.a8♖?? ♖b7#). **62...♔c5??** 62...♔xb6−+. **63.♖a6 1-0** Mit dem schwarzen Turm auf h3 könnte er auf c6 nehmen und ein richtiges Endspiel Turm vs. Dame erreichen. Auf der ersten und zweiten Reihe gewinnt der Angreifer durch eine Reihe von Schachs.

367. 51...♗c5+! 52.♗d4 52.♖d4+ ♗xd4+ 53.cxd4 a4−+. **52...♗d6 0–1**

368. 24.♗h5! g6 24...♘h7 25.♖f7+ ♔e8 26.♖fd7+ ♔f8 27.♖d8++−. **25.♗h4+! ♔e8 26.♗xg6+ ♘xg6 27.♖xe6+ ♔d7 28.♖d6+ ♔c8 29.♖xg6 ♘b6 30.♖f7 1–0**

369. 38...♗xc3+! 38...♗d4? 39.♘xb5 ♔xb5 40.♗b7 ♗g1 41.♗c8 ♗xh2 42.♗xe6 ♗xg3 43.♗xf5 ♗xf4+ 44.♔e2 h2 45.♗e4=. **39.♔xc3 ♗f1!** Überraschenderweise mit Läuferfang. **40.b4 ♗g2 41.♔c4 cxb4 0–1**

370. 68.♖xg4+!! ♔xg4 69.c7 1–0, z.B. 69...♖c2 70.♘e3+ ♔f4 71.♘xc2 dxc2 72.c8♕+−.

371. 51.♖h8+!! 1–0, z.B. 51...♔xh8 52.g6 ♖xa7 53.♖c8#.

372. 1.e4 e5 2.♘f3 f6? 3.♘xe5 fxe5? 3...♕e7 ist die Hauptvariante. **4.♕h5+! ♔e7** 4...g6 5.♕xe5+ ♕e7 6.♕xh8 ♕xe4+ 7.♔d1+−. **5.♕xe5+ ♔f7 6.♗c4+ d5** 6...♔g6? 7.♕f5+ ♔h6 8.d4+ g5 9.h4+−. **7.♗xd5+ ♔g6**

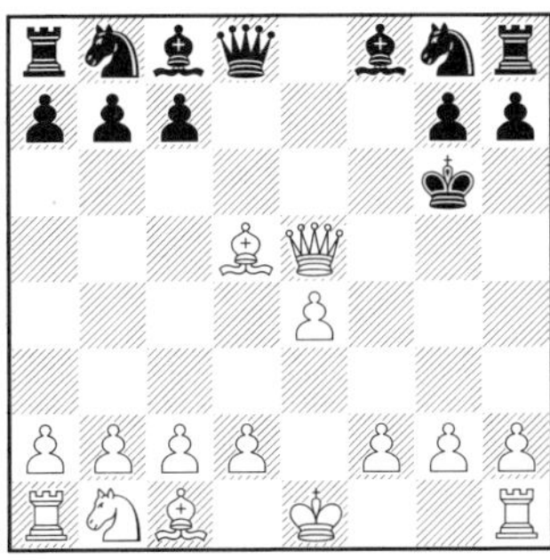

Nun muss Weiß Grecos überraschende Lösung finden. **8.h4! h5** 8...h6 9.♗xb7 ♗d6 10.♕a5+−; 8...♘f6? 9.♕g5#; 8...♕f6? 9.♕e8+ ♔h6 10.d4+ g5 11.hxg5+ ♔g7 12.gxf6+ ♘xf6 13.♗h6#. **9.♗xb7 ♗d6** 9...♗xb7 10.♕f5+ ♔h6 11.d4+ g5 12.♗xg5++−. **10.♕a5! ♘c6 11.♗xc6 ♖b8 12.♘c3+−**

373. 1.d4 d5 2.c4 dxc4 3.e4 ♘f6 4.e5 ♘d5 5.♗xc4 ♘b6 6.♗d3 ♘c6 7.♘e2 ♗g4 8.f3 ♗e6 9.♘bc3 ♕d7 10.♘e4 ♗d5 11.♘c5 ♕c8 12.a3 e6 13.♕c2 ♗xc5 14.♕xc5 ♕d7 15.b4 a6 16.0–0? Korrekt war 16.♘c3!=. Der Textzug ist ein furchtbarer Fehler wegen **16...♘c4! 17.b5** 17.♗xc4 b6 18.♗xd5 bxc5−+. **17...axb5 18.♕xb5 ♘6xe5 19.♕xd7+ ♘xd7∓** und Schwarz gewann später.

374. 1.e4 e5 2.♘f3 d6 3.♗c4 ♗g4 4.♘c3 h6? 5.♘xe5! ♗xd1? 5...dxe5 6.♕xg4±. **6.♗xf7+ ♔e7 7.♘d5#** Berühmt, aber zu schön, um es auszulassen.

375. 1.e4 e5 2.♘f3 ♘c6 3.♗c4 ♘d4?! 4.♘xe5? wird widerlegt durch **4...♕g5! 5.♗xf7+!** 5.♘xf7? ♕xg2 6.♖f1?! ♕xe4+ 7.♗e2?! ♘f3#; 5.♘g4? d5 6.♗e2 ♘xe2 7.♕xe2 ♗xg4 8.♕b5+ ♗d7 9.♕xb7 ♕xg2 10.♕xa8+ ♔e7 11.♖f1 ♗h3−+. **5...♔e7** und nach **6.0-0** erhält Weiß einige Kompensation für die Figur, die aber letztendlich nicht ausreichend sein sollte.

376. 1.d4 d5 2.c4 e5 3.dxe5 d4 4.e3? wird widerlegt durch **4...♗b4+ 5.♗d2?** 5.♘d2 dxe3 6.fxe3 ♕h4+ 7.g3 ♕e4 8.♘gf3 ♘c6∓. **5...dxe3 6.♗xb4** 6.♕a4+ ♘c6 7.♗xb4 exf2+ 8.♔xf2 ♕h4+∓. **6...exf2+ 7.♔e2 fxg1♘+!! 8.♔e1** 8.♖xg1? ♗g4+−+. **8...♕h4+ 9.♔d2 ♘c6−+.**

377. 1.d4 d5 2.c4 e6 3.♘c3 ♘f6 4.♗g5 ♘bd7 5.cxd5 exd5 6.♘xd5? ist ein furchtbarer Fehler wegen **6...♘xd5 7.♗xd8 ♗b4+ 8.♕d2 ♗xd2+ 9.♔xd2 ♔xd8−+** und Schwarz hat eine Figur mehr.

378. 1.e4 c6 2.d4 d5 3.f3 dxe4 4.fxe4 e5 5.♘f3 exd4 6.♗c4 ♗b4+? 7.c3 dxc3?

Die Gier von Schwarz wird bestraft durch **8.♗xf7+! ♔xf7?** 8...♔e7 9.♕b3 cxb2+ 10.♕xb4+ ♔xf7 11.♗xb2 und der weiße Angriff ist verheerend. **9.♕xd8 cxb2+ 10.♔e2 bxa1♕ 11.♘g5+ ♔g6 12.♕e8+ ♔h6** 12...♔f6 13.♖f1+ ♗f5 14.♖xf5#. **13.♘e6+ ♗d2 14.♗xd2+ g5 15.♗xg5#.**

379. 1.e4 c5 2.♘f3 d6 3.d4 cxd4 4.♘xd4 ♘f6 5.♘c3 a6 6.♗c4 e6 7.♗b3 ♘bd7 8.♗g5 b5 9.♗xe6 fxe6 10.♘xe6 ♕b6? 10...♕a5 musste geschehen, z.B. 11.0–0 ♔f7 12.♗xf6 ♘xf6 13.♘g5+ ♔e8 14.♖e1 ♗e7 15.♘d5 ♕d8 und Weiß hatte gute Kompensation in K. Müller – V. Mirumian, Lippstadt 1999. **11.♘d5 ♘xd5 12.♕xd5 ♗b7??** Schwarz musste 12...♘b8! versuchen. 13.0–0–0!? *(13.♕xa8 ♗xe6 14.♗e3±)* 13...♕b7 *(13...♘c6? 14.e5+−)* 14.♕xb7 ♗xb7 15.♘c7+±. **13.♘c7+** 13.♘xg7+ funktioniert ebenfalls. 13...♗xg7 14.♕e6+

♔f8 15.♗e7+ ♔e8 16.♗f6+ ♔f8 17.♕e7+ ♔g8 18.♕xg7#. **13...♕xc7 14.♕e6+ ♗e7 15.♕xe7#**. Ein ähnliches Ende kam in einer Simultanpartie von Neschmetdinow vor.

380. **1.e4 c5 2.♘f3 ♘c6 3.d4 cxd4 4.♘xd4 ♘f6 5.♘c3 e5 6.♘db5 d6 7.♗g5 a6 8.♘a3 b5 9.♗xf6 gxf6 10.♘d5 f5 11.c3 ♗g7 12.exf5 ♗xf5 13.♘c2 0–0 14.♘ce3 ♗e6 15.♗d3 f5 16.0–0 ♘e7?** Ein bekannter theoretischer Fehler. **17.♘xe7+ ♕xe7 18.♗xf5!** 18.♘xf5 ist ebenfalls möglich. **18...♗f7** 18...♗xf5 19.♘xf5 ♖xf5? 20.♕d5+ ♔h8 21.♕xa8++–. **19.♕d3 h6 20.♗e4 ♖ad8 21.♗d5+–** und Weiß gewann später.

381. **1.e4 c6 2.d4 d5 3.♘c3 dxe4 4.♘xe4 ♘f6 5.♘g3 h5 6.♗g5?! h4 7.♗xf6?** Weiß fällt auf eine alte Falle herein. **7...hxg3 8.♗e5 ♖xh2! 9.♖xh2 ♕a5+ 10.♕d2** 10.c3 ♕xe5+!! 11.dxe5 gxh2–+ und der h-Bauer läuft zur Dame. **10...gxf2+ 11.♔e2 ♕xd2+ 0–1**

382. **1.e4 c5 2.♘f3 ♘c6 3.♗b5 e6 4. 0–0 ♘ge7 5.♖e1 a6 6.♗xc6 ♘xc6 7.d4 cxd4 8.♘xd4 ♕c7 9.♘xc6 bxc6 10.e5 ♗b7 11.♘d2 c5 12.♘c4 ♗d5?** Weiß gewann mit dem schönen Zug **13.♘d6+! ♗xd6** 13...♔e7 14.♗g5+ f6 15.♕h5+–. **14. ♕xd5!! 1–0, z.B. 14...exd5** 14...0–0 15. ♕xd6 +–. **15.exd6+ ♔d8 16.dxc7++–.**

383. **1.e4 c5 2.♘f3 ♘c6 3.d4 cxd4 4.♘xd4 ♘f6 5.♘c3 e5 6.♘f5 d5 7.exd5 ♗xf5 8.dxc6 bxc6 9.♕f3 ♕c8? 10.♗a6 ♕xa6 11.♕xf5 ♗d6?** Das wird bestraft durch **12.♗h6!! ♖g8** 12...0–0? 13.♗xg7 ♔xg7 14.♕g5+ ♔h8 15.♕xf6+ ♔g8 16.♕xd6+–; 12...gxh6? 13.♕xf6+–. **13.♗xg7 ♖xg7 14.♕xf6 ♖g6 15.♕h8+ ♗f8 16.0–0–0 ♖g7 17.♖he1 f6 18.f4 ♖b8 19.fxe5 f5 20.e6 ♕b6 21.b3 ♕b4 22.♔b2 ♔e7 23.a3 ♕c5 24.♖d7+ ♔f6 25.e7 1–0**

384. **1.e4 c5 2.d4 cxd4 3.c3 dxc3 4.♘xc3 ♘c6 5.♘f3 e6 6.♗c4 ♕c7 7.♕e2 ♘f6 8.0–0 ♘g4 9.h3?? ♘d4!** und es ist vorbei, da **10.♘xd4** auf 10.♕d3 ♘xf3+ 11.gxf3 ♕h2# trifft. **10...♕h2# –+.**

385. **36...♕xe5!** 36...♖c1+? 37.♔h2 ♕xe5+ 38.♖g3+ ♕xg3+ 39.♕xg3+ ♔xf6 40.♕f4++–; 36...♖h8? 37.♖g3+ ♔f8 38.♕b4+ ♕e7 39.♕xb3±. **37.♖g3+** 37.♘xg8?? ♖c1+–+. **37...♕xg3! 38.♘h5+** 38.♕xg3+ ♔xf6 39.♕f2+ gibt Weiß einige Remischancen. **38...♔h7 39.♘xg3?** 39.♘f6+ ♔g6 40.♕xg3+ ♔xf6 führt durch Zugumstellung zu 38.♕xg3+. **39...b2 0-1**

386. **31.♖xh6+** verliert. **31...♕xh6!** 31...♔g8? 32.♖g6 ♖e1+ 33.♔f2 ♕xg6 34.fxg6 ♖ae8 35.♕d7 ♗xg6 36.dxc5 und Weiß kann weiterkämpfen. **32.♘f7+ ♔h7 33.♘xh6 ♖g8! 0–1**

387. **17.♖xd6 ♖xd6 18.♗xe5 ♖d1?** Fonaroff verpasste 18...♕a5! 19.♗c3 ♗xc3 20.bxc3 ♖g6 21.♘e7+ ♔h8 22.♘xg6+ hxg6 23.♕d6 ♔g8 24.♕b4 ♕xb4 25.cxb4 ♖d8 26.a3 ♖d2 27.♖c1 ♔f8 28.♔f1 ♖d4 29.f3 ♖d2 und die schwarze Aktivität kompensiert den Minusbauern; 18...♗xe5? 19.♕xe5+–. **19.♖xd1 ♗xe5 20.♘h6+ ♔h8 21.♕xe5!! ♕xe5 22.♘xf7+ 1–0**

388. Gegenangriff ist hier die beste Verteidigung. **23.♘xd5!** 23.♔xf2? ♕xe3+ 24.♔f1 b4∓ (Dautov in CB-MEGABASE); 23.♕xf2? ♘d3 24.♕d2 ♘xc1 25.♕xc1 ♕c5! und Schwarz steht besser. **23...♕e4?** 23...♕d7! musste geschehen. 24.♕xc5 ♘d3 25.♕d4 ♕xd5= (Dautov). **24.♕xc5 ♘d3 25.♘d2!** 25.♘g5!? war ebenfalls sehr stark. **25...♕e6!** 25...♕e5 26.♘e7+! ♕xe7 27.♕xe7 ♖xe7 28.♖c3+− (Dautov). **26.♘c7?** 26.♕xb5+− war der richtige Weg. **26...♕h6?** 26...♕d7! gibt Schwarz bessere Remischancen, z.B. 27.♕d4 *(27.♕xb5 ♕xb5 28.♘xb5 ♘xc1 29.♗xb7 ♖xe3)* 27...♕xd4 28.exd4 ♖e2! 29.♗xb7 ♘xc1 30.♘e4 b4!♖ (Dautov). **27.♕a7 ♘xc1 28.♘xe8 ♗xg2 29.♘c7! g5 30.♔xg2 ♕c6+ 31.e4 ♕c3 32.♕b8+ ♔g7 33.♘e8+ ♔g6 34.♕d6+ f6 35.♕d7 1-0**

389. **33...g4?** 33...♖d5! 34.♕xh5 ♖f5 35.♕h6 ♕f1+ 36.♔h2 ♖xf6 37.♖xg5+ ♖g6 38.♖xg6+ fxg6 39.♕xg6+ mit Dauerschach. **34.♖xg4+ 1–0 34...hxg4 35.♕xg4+ ♔h7 36.♕g7#.**

390. **20...♗b7! 21.♖d8+!!** 21.♕e1? 0–0 22.♔d2 ♗xf3 23.gxf3 ♗e3+ 24.♔e2 ♕xe5 25.♗d3 ♘d5 und der schwarze Angriff wird Weiß fortschwemmen; 21.♕xb7?? ♗e3+ 22.♔b1 ♕a2#. **21...♔xd8** 21...♕xd8? 22.♕xb7 0–0 23.c3 ♘d3+ 24.♔c2 ♘f2 25.♕c6!. **22.♕xb7 ♕a1+ 23.♔d2 ♕xh1 24.♕b8+ ♔d7 25.♕b7+** 25.♕xh8? ♕xg2+ 26.♗e2 ♕g6 27.♘e1 ♕g5+ 28.♔d1 ♕xe5∓. **25...♔d8 26.♘g5 ♗e3+ 27.♔xe3 ♕c1+ 28.♔f3 ♕xg5 29.♕b8+ ♔d7 30.♕b7+ ♔e8 31.♕b8+ ♕d8 32.♕xb4 h5 33.♗xa6 f5?!** 33...♕d5+ 34.♕e4 ♕xe4+ 35.♔xe4 ♔d7=. **34.♗b5+?!** 34.♕b7!? ♔f8 35.b4 mit Initiative. **34...♔f7 35.♕d6 ♕g5 36.♗c4 ♕e7 37.b4?** 37.♕c6 ♖e8 38.c3 ♕h4 39.♕d7+ ♔f8 40.♗xe6 ♕e4+ 41.♔f2 ♕f4+ 42.♔g1 ♕c1+ 43.♔f2 ♕xb2+ 44.♔e3 ♕xc3+ 45.♔f4 ♕c1+ 46.♔f3=. **37...♕xd6 38.exd6 ♖d8 39.b5 ♖xd6 40.♔e3 ♔e7 41.♗d3 g5 42.c4 f4+ 43.♔e2 e5?** 43...♖d4 gibt Schwarz gute Gewinnchancen. **44.♗e4?** 44.c5 ♖d4 45.b6 e4 46.♗a6 ♖b4 47.♔d2 ♖xb2+ 48.♔c3 ♖b1 49.♔c2 ♖b4 50.♔c3=. **44...♖d4 45.♗d5 e4 46.b6 e3 47.b4 ♖d2+ 48.♔e1 ♔d8 49.b5 g4 50.♗e4 ♖b2 51.♗d5 h4 52.h3 f3! 53.gxf3 g3 54.f4 g2 55.♗xg2 ♖xg2 56.c5 ♖b2 0–1**

391. **15...♔xe6?** 15...♕g8! musste geschehen. 16.♖e1 *(16.♗c4 b5!* und ich sehe keinen Weg für Weiß, seinen Angriff kraftvoll fortzusetzen.*)* 16...♗xh1 17.♕xh1 ♕xe6! und Schwarz erhält zu viel Material für die Dame, z.B. 18.♗c4 ♕xe1+ 19.♕xe1+ ♔d8 20.♕h1 ♖b8 21.h3 ♗f4 mit guten Aussichten für Schwarz. **16.♖e1+** Falls 16.♗c4+?:

A) 16...♗d5? 17.♖e1+ ♗e5 *(17...♔f5 18.♗d3+ ♗e4 19.♖xe4 ♘xe4 20.♗xe4+ ♔e6 21.♕g4++−)* 18.f4 ♗xc4 19.bxc4± kam in einer Trainingspartie vor. C. Michna – J. Hawellek.

B) 16...♔f5!

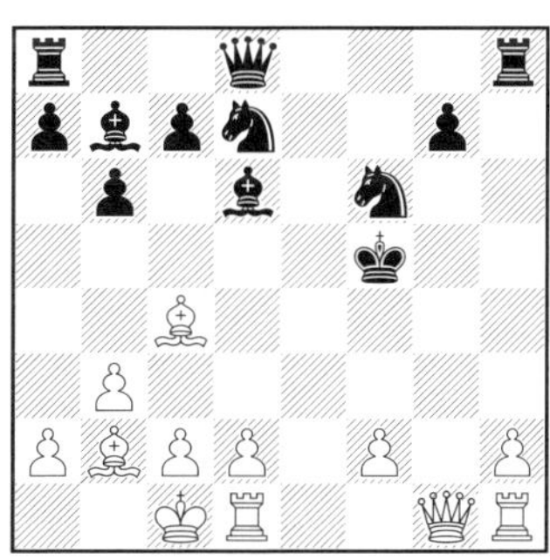

Es gibt keinen Weg, die luftige Stellung des schwarzen Königs auszunutzen.

16...♗e5 16...♘e5 17.f4 und der weiße Angriff ist sehr gefährlich.; 16...♔f5 17.h4+−; 16...♔f7 17.♗c4+ ♔f8 18.♕g6 ♘e5 19.♖xe5 ♕d7 20.♖f5+−; 16...♗e4 17.♖xe4+! ♗e5 *(17...♘xe4*

18.♕g4+ ♔e7 19.♕xg7+ ♔e6 20.♕g4+ ♔e7 21.♕xe4++−) 18.♗c4+ ♔f5 19.♖xe5+ ♘xe5 20.♗xe5 b5 *(20...♔xe5? 21.♕g3+ ♔f5 22.♖e1+−)* 21.♗f7+−. **17.f4 ♔f7** 17...♗xh1 18.fxe5 ♘d5 *(18...♘e8 19.♗c4+ ♔e7 20.♕g6+−)* 19.♕g6+ ♔e7 20.♕xg7+ ♔e6 21.♗e2 ♖h4 22.♗g4+ ♖xg4 23.♕xg4+ ♔e7 24.♕g7+ ♔e6 25.♖xh1±. **18.fxe5 ♘xe5?!** 18...♗xh1 19.exf6 *(19.e6+!?)* 19...♘xf6 20.♕xh1 und die mächtigen Läufer werden Schwarz auseinandernehmen. **19.♖xe5 ♗xh1?!** 19...♖h4!?. **20.♗c4+ ♔f8** 20...♗d5 21.♖xd5 ♘xd5 22.♕xg7+ ♔e6 23.♕e5++−. **21.♗a3+** und Schwarz gab auf wegen **21...c5 22.♗xc5+ bxc5 23.♕xc5+ ♕e7 24.♕xe7#.**

392. **23...♖xc3?** 23...♗xg5! 24.♖h3+ ♗h4 25.♕h6+ ♔g8 26.♖xh4 ♕xh4 27.♕xh4 ♘f6 28.f3 ist nur etwas besser für Weiß. **24.bxc3 ♗xg5 25.♖h3+ ♗h4 26.♕h6+** 26.g3? ♕f6 27.♖xh4+ ♕xh4 28.gxh4 ♖g8−+; 26.c4!? ♕f6 *(26...♗xc4? 27.♖e4+−; 26...♘xc4? 27.♕h6+ ♔g8 28.♖xh4 ♔f7 29.♕h5+ ♔f6 30.♕h7+−)* 27.♕g3 ♖f7 *(27...♕xf2+ 28.♕xf2 ♖xf2 29.♖xh4+ ♔g7 30.cxd5 ♖xa2 31.dxe6 ♘f6 32.e7+−)* 28.♖xh4+ ♖h7 29.♖xh7+ ♔xh7 30.cxd5 exd5 31.♕h3+±. **26...♔g8 27.♕g6+ ♔h8 28.♖ee3? ♕e7! 29.♖eg3** 29.♕g4 ♘f6 30.♖xh4+ ♘h7 31.♖xh7+ ♕xh7 32.♖h3⩲. **29...♘f6 30.♖xh4+ ♘h7 31.♖hg4?!** 31.♖g5 ♗xa2 32.♖xh7+ ♕xh7 33.♖h5 ist etwas besser für Weiß. **31...e5! 32.dxe5 ♕xe5?** 32...♗e6! 33.♕g7+ ♕xg7 34.♖xg7 ♗d5 ist etwas besser für Schwarz. **33.♕xh7+!! 1–0**

393. **1.♕f6?! ♕xc3??** Kurt Richter entdeckte die fantastische Verteidigung 1...♕c1!! 2.♕xe5 ♕xh6 3.♕f6 ♕f8 4.♖e7 ♖f5 5.♕d6 b5 6.♕d7 ♖d5 7.♕xa7=. **2.♕g7+ ♗xg7 3.♖e8+ ♗f8 4.♖xf8#.**

394. **17...♗d7?** 17...dxc4?? 18.♖xd8+ ♗xd8 19.♕e8+ ♖f8 20.♕xf8#; 17...♔h8! 18.♗xd5 *(18.♖xd5* trifft ebenfalls auf *18...♖d7∓.)* 18...♖d7 19.♕e4 ♘a6 20.♖he1 ♘c7∓. **18.♗xd5 ♕c7?! 19.♗d6! ♕b6 20.♗xf7+ ♔xf7 21.♗e5! ♕e6** 21...♔g8 22.♕c3±. **22.♗xf6 ♕xe1?** 22...♕xf6 23.♕e4 ♗c6 24.♕xh7 ♘d7 war viel zäher. **23.♖hxe1 gxf6 24.♖d5 h6 25.♖ed1 ♗c6 26.♖d8** Eine tödliche Fesselung. **26...♗xf3 27.♖e1 ♗c6 28.♖ed1 ♔e7 29.♖h8 ♗d7 30.h3 a5 31.♖xh6 a4 32.♖h8 b5 33.a3 ♔e6 34.h4 ♔e7 35.h5 ♗xg4 36.h6 ♗xd1 37.h7 1–0**

395. **23...♖a1?** 23...♖a8 kommt ebenfalls in Betracht, da 24.exf7+ ♔h8 25.♕c7 ♘a6 26.♕xb7 ♘b4 unklar ist; 23...f5! gleicht aus. 24.e7 ♕xe7 25.♕xb8+ ♔f7 26.♗f3 ♖a1=; 23...h5? 24.♖d8 ♕xd8 25.♕xf7+ ♔h7 26.e7+−. **24.exf7+ ♔h8 25.♖xa1 ♗xa1 26.♗c8 ♘a6 27.♗xb7 ♘b4** 27...♘c5 28.♗xc6±. **28.c5! ♘d5 29.♕a4 ♗c3 30.♗xc6 ♘c7? 31.♕f4 1–0, z.B. 31...♘e6 32.♕c4 ♘d4 33.♕xc3+−.**

396. Nach dem forcierten **37.♗c8!** muss sich Schwarz mit **37...♘xc3+!** verteidigen. In der Partie wählte Schwarz 37...♘g2? und verlor nach 38.♖xb7+ ♕xb7 39.♗xb7 ♘xc3+ 40.bxc3 ♘xe1 41.♗xd5 g5 42.♔c1 1–0. **38.bxc3 ♕b5+ 39.♔c1 ♕e8 40.♖xb7+ ♔g8 41.♖b4** 41.♗e6+ ♕xe6 42.♖b8+=; 41.♖b8=. **41...♕xc8 42.♖xe3 ♔f7 43.♖d4 ♕c5** und Schwarz sollte in der Lage sein, die Stellung zu halten.

397. **25...♕g6!! 0–1**

398. **24...♘d3+!!** 24...♕xd6? 25.♗xc5+−. **25.cxd3** 25.♔d2 ♕xd6−+. **25...♕f1+ 26.♔c2 ♖xh2+ 27.♗d2 ♖xd2+ 28.♔xd2 ♕f4+ 0–1**

399. **32.f3?! exf3?** 32...♗f4! hält die Stellung. **33.♕h8+ ♔e7 34.♖e1+ ♕e6 35.♕h4+ f6 36.♕h7+ ♔d6 37.c5+ ♔xc5 38.♕xc7+ ♔xb5 39.♖xe6 d3 40.♕c6+ ♔b4 41.♖e4+ ♔b3 42.♕c3+ ♔a2 43.♕a3+ 1–0**

400. **35.♘a6 ♕c8?** 35...♕d8! 36.♕e5 f6 37.♕xf6 ♕xf6 38.♗xf6 ♗b5 39.♘c7 ♗c5+ 40.♔h1 ♔f7 gibt Schwarz gute Remischancen. **36.♕e5 f6 37.♕xf6 h5 38.♘c7 1–0 38...♕xc7 39.♕h8+ ♔f7 40.♕h7++−.**

401. **54...♕g7?** 54...♕b2+ 55.♔h3 ♖e3 56.c7 ♖xg3+ 57.hxg3 ♕c1=. **55.c7 ♕b2+ 56.♔h3 1–0**

402. **23...♗e7!** 23...♖xf4? 24.♕d8+! ♗f8 25.♕xf8+!! ♖xf8 26.♖xf8+ ♔h7 27.♖f7+ ♔h8 28.♖f8+= (Bacrot in ChessBase Magazin 86); 23...♗e5? 24.♗xe5 ♕xh4 25.♗xf6++−. **24.♖gf3 ♖g6 25.♕f2 ♗e6 26.♖e3 ♕d5 27.♖e5 ♕d7 28.♕e3 ♗d5 29.♗g3** 29.♖xe7 ♗xg2+ 30.♔g1 ♗e4+−+ (Gershon in ChessBase Magazin 86). **29...♗d6 30.c4 ♗xg2+** 30...♗xc4−+. **31.♔xg2 ♗xe5 32.♕xe5+ ♕g7 33.♔h1?! ♕xe5 34.♗xe5+ ♔g8 35.♖d1 ♖e8 36.♗g3 ♖ge6 37.♖d7 ♖8e7 38.♖d8+ ♖e8 39.♖d7 ♖8e7 40.♖d8+ ♔g7 41.♗f2 ♖e2 42.♗d4+ ♔g6 0–1**

403. **24...♖xa2?** 24...♖c7! stoppt die weiße Attacke. 25.♗d3 ♔c8 26.♕xe6+ ♔b8 und der schwarze König ist in Sicherheit; 24...♗d5? 25.♕xf6!!+−, da 25...♗xf6? in 26.♖d7+ läuft. 26...♔e8 27.♗g6+ ♔f8 28.♖f7+ ♔e8 *(28...♔g8 29.♗h7+ ♔h8 30.♘g6#)* 29.♖h7+ ♔f8 *(29...♔d8 30.♖d7#)* 30.♘d7+ ♔g8 31.♘xf6+ ♔f8 32.♖f7#. **25.♖d1!** Natürlich nicht 25.♖xa2?? ♕c1+ 26.♔h2 ♕xf4+−+. **25...♕d6?!** 25...♖c7 musste geschehen, auch wenn es einen Zug zu spät kommt und es deswegen nur zum Remis reicht. 26.♗g6 ♗c6 27.♕xe6 ♗d5 28.♘f7+ ♔e8 29.♘xh6+ ♔d8 mit Dauerschach (Kortschnoi in ChessBase Magazin 83).; 25...♖ca8?! 26.♗b1 ♖a1 *(26...♖2a6 27.♘g6 ♘d5 28.♘xe7 ♘xe7 29.f5)* 27.♘g6 ♘d5 28.♕xe6 ♖8a6 29.♕g8+ ♔d7 30.♕b8 und in beiden Fällen hat Weiß gefährlichen Angriff. **26.♘g6 ♖xb2?** 26...♖ca8! 27.♘xe7 ♘e8 28.♘g6 ♖a1 29.♖xa1 ♖xa1+ 30.♔h2 ♘xg7 31.♕xb7 (Lutz in ChessBase Magazin 83) 31...♘h5 32.♘e5 ♕c7=. **27.♘xe7+− ♖xg2+ 28.♖xg2 ♗xg2 29.♕xf6 ♕xe7 30.♕xe7+ ♔xe7 31.♔xg2 ♖c4 32.♗d3 ♖c5 33.♔f3 ♖h5 34.♗f1 ♖d5 35.♔e4 ♔f6 36.♖b1 d3 37.♗xd3 ♖h5 38.♗f1 e5 39.♖xb5 ♖h4 40.♖b6+ 1–0**

404. **34.♖d1?** 34.♖xe6!! **A)** 34...♖dxe6 35.♗xe6+ ♔f8 *(35...♔h8 36.♘e5=)* 36.♗c4 ♕h6 37.♕b4+ ♖e7 38.♗xd3=; **B)** 34...♖exe6 35.♗xe6+ ♔f8 36.♕b4 ♔e7 37.♕xb7+ ♘d7 38.♗xd7 ♖xd7 39.♕b4+= (Huzman in ChessBase Magazin 93). **34...d2! 35.♕b4** 35.♕xb7 trifft auf 35...♕c2∓. **35...♖ed8 36.♘g5 ♕c2 37.♗b3** 37.♕b3 ♕xb3 38.♗xb3 ♖b6 *(38...♖c8!?)* 39.♗xe6+ *(39.♘xe6 ♖dd6∓)* 39...♖xe6 40.♘xe6 ♖e8∓. **37...♕c6 38.g3 ♕b6! 39.♘xe6 ♕xb4 40.axb4 ♖c8 41.♔f1 ♔h8 42.♘g5 ♖d4 43.♘f7+ ♔h7 44.♘g5+ ♔h6 45.♘f7+ ♔g6 46.♘e5+ ♔h7 47.♘f3 ♖xb4−+** und Schwarz gewann später.

405. **30.♖d1?** Der einzige Zug, der zum Vorteil führt, lautet 30.♕g4!, und nach 30...♕e5 31.f4 ♕xb2 32.♖c8+

♗xc8 33.♕xc8+ ♔g7 34.♕xb8 ♕xa3 35.♕e5+±; 30.♔g1? ♕d6 31.♕g5 ♕h2+ 32.♔f1 ♗a6+ 33.♔e1 ♕g1+ 34.♔d2 ♕xf2+ 35.♔c3 f6 36.♕d2 ♗e5+ sind die schwarzen Läufer zumindest genauso stark wie Turm und Läufer des Anziehenden; 30.♖e1? ♗f3 31.♕b5 ♔g7 und Schwarz steht nicht schlechter. **30...♗f3 31.♕b5** 31.♖d8+? ♔g7−+. **31...♗xd1 32.♕e8+ ♔g7 33.♕xb8 ♕xf2 34.♕e5+ ♕f6 35.♕g3+ ♔f8 36.♕b8+ ♔g7 37.♕g3+ ♔h6 38.♕e3+ ♕g5 39.♘f4 f6 40.♔h2 ♕e5 41.♕d2 ♗a4 42.♔g1 ♕c5+ 43.♔h1 ♕c2 44.♕e3 ♗c6+ 45.♘d5+ ♔g6 46.♕g3+ ♔f7 0–1**

Hinweise

Test 1

406. Schwierigkeit: 1

407. Schwierigkeit: 2

408. Schwierigkeit: 2

409. Schwierigkeit: 2

410. Schwierigkeit: 3. Hinweis: Bereiten Sie ein Abzugsschach durch den Turm vor.

411. Schwierigkeit: 3. Hinweis: Der weiße Springer ist sehr stark!

412. Schwierigkeit: 2

413. Schwierigkeit: 2

414. Schwierigkeit: 5. Hinweis: Greifen Sie an und erreichen Sie ein besseres Endspiel!

415. Schwierigkeit: 5. Hinweis: Der Bauer auf f6 hat eine viel versprechende Zukunft!

416. Schwierigkeit: 3. Hinweis: Weiß vereinfachte in ein besseres Turm- vs. Läufer und Springer-Endspiel. Wie?

417. Schwierigkeit: 3. Hinweis: Opfern Sie den Turm und berechnen Sie die Variante bis zum Ende!

418. Schwierigkeit: 2

419. Schwierigkeit: 1

420. Schwierigkeit: 4. Hinweis: Man muss nicht die Dame ziehen...

421. Schwierigkeit: 2

Test 2

422. Schwierigkeit: 1

423. Schwierigkeit: 1

424. Schwierigkeit: 2

425. Schwierigkeit: 1

426. Schwierigkeit: 4. Hinweis: Wenden Sie Tals altes Rezept an. Zentralisieren und opfern!

427. Schwierigkeit: 3. Hinweis: Fesseln und gewinnen!

428. Schwierigkeit: 3. Hinweis: Zentralisieren und opfern!

429. Schwierigkeit: 2

430. Schwierigkeit: 1

431. Schwierigkeit: 2

432. Schwierigkeit: 3. Hinwies: Der Läufer auf e7 ist nicht gut geschützt...

433. Schwierigkeit: 4. Hinweis: Das Läuferpaar ist sehr stark. Vertrauen Sie ihm und greifen Sie an, um das Remis zu erzwingen!

434. Schwierigkeit: 4. Hinweis: Schwarz steht positionell besser, so dass man sofort zuschlagen sollte.

435. Schwierigkeit: 4. Hinweis: Rückzüge sind oft schwierig zu finden...

436. Schwierigkeit: 4. Hinweis: Entfernen Sie alles, was im Weg steht!

437. Schwierigkeit: 3. Hinweis: Opfern Sie die Dame!

Test 3

441. Schwierigkeit: 2

442. Schwierigkeit: 2

443. Schwierigkeit: 4. Hinweis: Die h-Linie und die 7. Reihe ziehen die Schwerfiguren an.

444. Schwierigkeit: 1

445. Schwierigkeit: 2

446. Schwierigkeit: 2

447. Schwierigkeit: 1

448. Schwierigkeit: 2

449. Schwierigkeit: 3. Hinweis: Greifen Sie sofort mit den Springern an!

450. Schwierigkeit: 5. Hinweis: Überführen Sie die Türme zur g-Linie und berechnen sie die Variante bis zum Ende!

451. Schwierigkeit: 5. Hinweis: Öffnen Sie schnell Wege für den Angriff! Manchmal muss man Springer opfern, um den Weg für die langschrittigen Figuren zu öffnen.

452. Schwierigkeit: 5. Hinweis: Die weiße Grundreihe ist sehr schwach. Behalten Sie das Feld b1 im Auge!

453. Schwierigkeit: 4. Hinweis: Öffnen sie Linien und attackieren Sie den König rücksichtslos!

Test 4

454. Schwierigkeit: 2

455. Schwierigkeit: 1

456. Schwierigkeit: 3. Hinweis: Einen Köder auswerfen!

457. Schwierigkeit: 2

458. Schwierigkeit: 2

459. Schwierigkeit: 3. Hinweis: 1.♖b7 ist forciert, oder?

460. Schwierigkeit: 2

461. Schwierigkeit: 1

462. Schwierigkeit: 3. Hinweis: Springer und Läufer können mattsetzen!

463. Schwierigkeit: 3. Hinweis: Bauern können auch in Springer umgewandelt werden!

464. Schwierigkeit: 2

465. Schwierigkeit: 4. Hinweis: Schwarz übt eine Menge Druck auf den schwarzen Feldern aus. Nutzen Sie das auf drastische Weise aus!

466. Schwierigkeit: 5. Hinweis: Greifen Sie den schwarzen König an. Schwarz hat allerdings mehr Verteidigungsressourcen in petto als man denken könnte. Nichtsdestotrotz sollte es zu einem soliden Vorteil ausreichen.

467. Schwierigkeit: 4. Hinweis: Grischuk fand einen kraftvollen Schlag basierend auf der b-Linie und den Diagonalen h2-b8 und h3-c8.

468. Schwierigkeit: 4. Hinweis: Der weiße König geht in der Hauptvariante der Lösung auf Wanderschaft.

469. Schwierigkeit: 1

Test 5

470. Schwierigkeit: 1

471. Schwierigkeit: 3. Hinweis: Finden Sie das beste Feld für den Läufer auf d2!

472. Schwierigkeit: 3. Hinweis: Fesseln und gewinnen!

473. Schwierigkeit: 4. Hinweis: Auf Matt spielen, aber auf die richtige Art und Weise!

477. Schwierigkeit: 3. Hinweis: Ein König in der Mitte bedeutet oft Schwierigkeit:en, wenn alle Schwerfiguren noch auf dem Brett sind. Greifen Sie den Monarchen direkt an!

478. Schwierigkeit: 2

479. Schwierigkeit: 2

480. Schwierigkeit: 2

481. Schwierigkeit: 3. Hinweis: Nutzen Sie Ihre Läufer auf die richtige Art und Weise aus!

482. Schwierigkeit: 5. Hinweis: In der

Lösung muss man auf f2 und g2 nehmen. Das klappt wegen der geschwächten weißen Felder um den weißen König.

483. Schwierigkeit: 4. Hinweis: Ungleichfarbige Läufer favorisieren in der Regel den Angreifer und die Dame ist manchmal stärker als zwei Türme.

484. Schwierigkeit: 3. Hinweis: Der Punkt f7 ist häufig die Achillesferse.

485. Schwierigkeit: 1

Test 6

486. Schwierigkeit: 1

487. Schwierigkeit: 2

488. Schwierigkeit: 3. Hinweis: Die e-Linie ist überbevölkert. Das kann man ausnutzen, um zuzuschlagen!

489. Schwierigkeit: 2

490. Schwierigkeit: 3. Hinweis: Benutzen Sie alle Kräfte, um anzugreifen!

491. Schwierigkeit: 5. Hinweis: Zerstören Sie den Bauernschild des weißen Königs!

492. Schwierigkeit: 1

493. Schwierigkeit: 3. Hinweis: Der Springer ist wie ein Fisch im Wasser. Berechnen Sie bis zum Ende!

494. Schwierigkeit: 2

495. Schwierigkeit: 2

496. Schwierigkeit: 2

497. Schwierigkeit: 2

498. Schwierigkeit: 1

499. Schwierigkeit: 4. Hinweis: Der Springer und die Dame spielen entscheidende Rollen, aber der Turm setzt am Ende der Hauptvariante matt!

500. Schwierigkeit: 4. Hinweis: Am Ende der Hauptvariante setzen die Läufer, assistiert vom Bauern auf f6, matt.

501. Schwierigkeit: 5. Hinweis: Weiß muss sofort einen starken Angriff starten und dabei seine gesamte Armee benutzen.

Test 7

502. Schwierigkeit: 1

503. Schwierigkeit: 2

504. Schwierigkeit: 4. Hinweis: Mit jedem Zug eine Drohung kreieren! Entwicklung ist gut, aber eine Figur gewinnen ist besser.

505. Schwierigkeit: 2

506. Schwierigkeit: 2

507. Schwierigkeit: 2

510. Schwierigkeit: 5. Hinweis: Opfern und Linien öffnen!

511. Schwierigkeit: 3. Hinweis: Der schwarze König ist ein wenig verlassen. Greifen Sie ihn gnadenlos an!

512. Schwierigkeit: 3. Hinweis: Opfern und tief rechnen!

513. Schwierigkeit: 3. Hinweis: Das Feld d5 ist der gesamte Stolz von Schwarz.

514. Schwierigkeit: 3. Hinweis: Linien öffnen und das Maximum aus der Stellung herausholen!

515. Schwierigkeit: 3. Hinweis: Die Schwerfiguren brauchen offene Linien!

516. Schwierigkeit: 1

517. Schwierigkeit: 2

Test 8

518. Schwierigkeit: 1

519. Schwierigkeit: 2

520. Schwierigkeit: 3. Hinweis: Ihr Doppelangriff entscheidet.

521. Schwierigkeit: 3. Hinweis: ♘g5 ist nicht die einzige Möglichkeit, auf h7 zu landen.

522. Schwierigkeit: 3. Hinweis: Weiß erreicht in der Hauptvariante ein besseres Endspiel, aber man sollte auch die beste Verteidigung für Schwarz finden.

523. Schwierigkeit: 2

524. Schwierigkeit: 3. Hinweis: Der Läufer auf h3 ist gefesselt, oder?

525. Schwierigkeit: 5. Hinweis: Die schwarze Grundreihe ist schwach.

526. Schwierigkeit: 3. Hinweis: Benutzen Sie die Springer, um die Tür zu öffnen!

527. Schwierigkeit: 3. Hinweis: Die schwarze Dame muss den Turm auf b7 schützen.

528. Schwierigkeit: 3. Hinweis: Die Horwitz-Läufer sehen bedrohlich aus. Attacke!

529. Schwierigkeit: 3. Hinweis: Wo befindet sich der schwächste Punkt von Schwarz?

530. Schwierigkeit: 2

531. Schwierigkeit: 1

532. Schwierigkeit: 2

533. Schwierigkeit: 3. Hinweis: Laden sie jeden zur Party ein!

Test 9

534. Schwierigkeit: 1

535. Schwierigkeit: 2

536. Schwierigkeit: 4. Hinweis: Zuerst g7 und dann h7 oder andersherum angreifen?

537. Schwierigkeit: 4. Hinweis: Um es Ihnen einfacher zu machen, die fantastische Verteidigung zu finden. Köder

538. Schwierigkeit: 2

539. Schwierigkeit: 3. Hinweis: Die Dame liebt es, den König zu jagen und anzugreifen.

540. Schwierigkeit: 3. Hinweis: Gemäß Nimzowitsch muss man den Isolani blocken, um seinen Vorstoß zu verhindern.

541. Schwierigkeit: 3. Hinweis: Die weiße Grundreihe ist ziemlich schwach.

542. Schwierigkeit: 5. Hinweis: Der a-Bauer wird der Held sein!

543. Schwierigkeit: 3. Hinweis: Doppelangriffe beachten!

544. Schwierigkeit: 3. Hinweis: Springer mögen das Gabeln!

545. Schwierigkeit: 3. Hinweis: Zentralisieren und opfern! Weiß ist schon zentralisiert.

546. Schwierigkeit: 1

547. Schwierigkeit: 2

548. Schwierigkeit: 2

549. Schwierigkeit: 1

Test 10

550. Schwierigkeit: 1

551. Schwierigkeit: 2

552. Schwierigkeit: 3. Hinweis: Suchen Sie nach einem guten Endspiel und geben sie Acht vor dem Turm auf g6!

553. Schwierigkeit: 3. Hinweis: Springer mögen das Gabeln!

554. Schwierigkeit: 1

555. Schwierigkeit: 4. Hinweis: Die Festung des weißen Königs ist bröckelig. Es wird Zeit für einen Abriss!

556. Schwierigkeit: 3. Hinweis: Beide Damen sind auf der gleichen Diagonale.

557. Schwierigkeit: 3. Hinweis: Jagen Sie die weiße Dame.

558. Schwierigkeit: 2

559. Schwierigkeit: 3. Hinweis: Der schwarze König ist ebenfalls in Gefahr. Opfern Sie die weiße Dame!

560. Schwierigkeit: 2

561. Schwierigkeit: 1

562. Schwierigkeit: 1

563. Schwierigkeit: 4. Hinweis: Man kann nicht zwei Mal auf d6 nehmen wegen ♖c1+. Man muss es vorbereiten!

564. Schwierigkeit: 4. Hinweis: Kombinieren sie die Option ♗xg7+ mit dem gefährlichen b-Bauern!

565. Schwierigkeit: 5. Hinweis: Der Springer auf f2 muss angreifen!

Lösungen zu den Tests

Test 1

406. **21...♘xe3! 22.♖e1** 22.♘xe3 ♗xd4 23.♗xd4 ♕xd4 24.♖e1 ♘e5–+. **22...♘xf5! 23.♖xe8+ ♘f8 24.♔h1 ♘xd4–+** und Schwarz gewann später. Ein Punkt, wenn Sie ♘xf5! gefunden haben!

407. **26.♕xa7 ♕xa7 27.♖xa7 ♖xg3 28.♖a8+ ♔g7 29.d7 ♘f4 30.♖g8+ 1-0**

Zwei Punkte, wenn Sie bis 29.d7 gerechnet haben.

408. **31...♕xd2! 32.♕xd2 ♖xc4 33.f3 ♖c1+ 0-1** Zwei Punkte für ♕xd2!.

409. **33...♘ed2+ 34.♔c1 ♘b3+!** und Schwarz warf das Handtuch, z.B. **35.cxb3** 35.♔b1 ♘cd2+ 36.♔a2 ♕a5#. **35...♘e3+–+** Zwei Punkte, wenn Sie Sb3 gesehen haben.

410. **29.♕e6!** 29.♕xd6?! ♖f6 30.♕d5 ♗f7 31.♕d7 ♖h6 (Golod in ChessBase Magazin 91) ist auch besser für Weiß, aber weniger klar. **29...♕xh7+** 29...♕xd4?? 30.♗e4+ ♔g7 31.♖h7#; 29...♗f7? 30.♕xd6+–. **30.♖xh7+ ♔xh7 31.♕xd6 ♖f7 32.d5 ♘a5 33.♕e6! ♖f8 34.♕e7+ ♔g8 35.♕xg5+ ♔h7 36.♕e7+ ♔g8 37.d6 ♘c6 38.♕b7 ♗g6+ 39.♔a2 ♘e5 40.♕e7 ♖e8 41.♕f6 ♗f7 42.b3 b5 43.cxb5 axb5 44.♕xf4 ♖e6 45.♕g5+ ♔f8 46.f4 ♘d7 47.♕xb5 ♖xd6 48.♕b4 ♔e7 49.f5 ♘e5 50.g5 ♘d3 51.♕c3 1-0** Drei Punkte, wenn Sie bis 31.♕xd6+– gerechnet haben.

411. **26.♕xb4+! ♕xb4 27.♘c6+ ♔f8 28.♖d8+ ♘e8 29.♘xb4 ♗e2** 29...♔e7 30.♘c6+ ♔f6 31.b4+– (Lutz in ChessBase Magazin 83); 29...♗c4 30.♖c8 ♗d5 31.♘xd5 exd5 32.a5+– (Lutz). **30.f3 h5 31.b3!** Kramnik kämpft gegen den Läufer, indem er dessen Mobilität limitiert. **31...♖h6 32.♔f2 ♖g6 33.♔xe2 ♖xg2+ 34.♔d3 ♖g3 35.a5 ♖xf3+ 36.♔c4 1-0** Drei Punkte, falls Sie gesehen haben, dass 26.♕xb4+ gewinnt.

412. **32...♘d3+ 33.♖xd3 ♖f2** 33...♕a1+ 34.♔c2 ♖f2+ 35.♖d2 ♖xd2+ 36.♔xd2 ♕xh1 funktioniert auch. **34.♘c2** 34.♖d2 ♕a1+ 35.♔c2 ♖xd2+ 36.♔xd2 ♕xh1–+. **34...♗h6+ 0-1** Zwei Punkte für ♘d3+.

413. **21.♕xf4!** Ein Punkt für 21.♖h2 oder 21.♖h4. **21...♗g7 22.♖xh8+ ♗xh8 23.♕h2 ♗g7** 23...♕g7? 24.♕xd6 ♖b7 *(24...f5 25.♗f7++–)* 25.♗f7+ ♖xf7 26.♕d8#. **24.♕h7 ♕e7 25.♗f7+ ♔d8 26.♕xg7 ♗e6 27.♖h1 ♗xf7 28.♖h7 ♕xe4 29.♕f8+ ♔c7 30.♕xf7+ ♔c6 31.♕c7+ ♔d5 32.♖e7 ♕d4 33.♖e1 ♕d2 34.♖h1 ♖h8 35.♕h7 1-0** Zwei Punkte für 21.♕xf4.

414. **18...♗h6+! 19.♔e1** 19.♕xh6 ♕xc3+ 20.♔e2 ♕xc4+ 21.♔f3 ♔xe6–+ (Stohl in ChessBase Magazin 82); 19.♔e2 ♘xc3+ 20.♔e1 *(20.♔f1 ♕b4* mit Angriff*)* 20...♗d2+ 21.♔xd2 *(21.♖xd2? ♕c1+–+)* 21...♘xe4+ 22.♔e2 ♕xh3 23.gxh3 ♗xe6∓. **19...♕xc3+ 20.♕xc3 ♘xc3 21.♖d3** 21.♘c7 ♘xd1 22.♔xd1 ♖c8∓. **21...♖c8!** Die Pointe! **22.♖xc3 ♗xe6 23.♗xe6 ♖xc3 24.♗b3 ♖e3+ 25.♔f2 ♖xe4 26.♗d5 ♖f4+! 27.♔g3?!** 27.♔e2!? war zäher. **27...♖b4 28.♗g8 ♗f4+ 29.♔f3 ♗e5 30.♗xh7 a5 31.♗g8 a4 32.♖e1 b5 0-1** Ein Punkt für die Widerlegung von 19.♕xh6, einen für die Widerlegung von 19.♔e2 und drei, falls Sie bis 21...♖c8! gerechnet haben.

415. **20.♖xb4! ♗xe4** 20...♘c6 21.♖c4 h6 22.♘xf7! ♖xf7 23.♗h5 g6 24.♗xg6+− (Tyomkin in ChessBase Magazin 86); 20...♗xb4 21.fxg7 ♖g8 22.♘f6++−. **21.♘xe4 ♗xb4** 21...g6 22.♖c4 ♘c6 *(22...♕a5 23.♖c8+ ♖d8 24.♖fc1+−)* 23.♖b1 ♕a7 24.♕xa7 ♘xa7 25.♖b8+ ♖d8 26.♖b7+− (Tyomkin). **22.fxg7 ♖g8?!** 22...♗c3! 23.gxh8♕+ ♗xh8 24.♕h6±. **23.♘f6+ ♔d8 24.♘xg8 ♗c5 25.♘f6! ♗xe3+ 26.♔h1 ♔c8 27.♘xd7 1-0** Zwei Punkte für ♖xb4!, zwei für das Berechnen bis 25.♘f6! und ein Punkt, falls Sie gesehen haben, dass 22...♗c3! die beste Verteidigung ist.

416. **32.♗xc5 bxc5 33.♗xh7!! ♕xh7 34.♘g6+ ♗xg6 35.♖xf8+ ♔g7 36.♕xh7+ ♗xh7** 36...♔xh7 37.♖c8 ♘a6 38.♖c6±. **37.♖c8 ♘a6 38.♖c6 ♗d3 39.♖xe6 ♔f7** und nun wäre **40.♖c6!±** sogar besser gewesen als die Partiefortsetzug 40.♖d6?!. Drei Punkte für das Berechnen bis 37.♖c8.

417. **35.♖h8+!** Zwei Punkte für 35.♗g6. **35...♗xh8** 35...♔g7? 36.♕h6#. **36.♕h7+ ♔f8 37.♗c5+ ♖e7 38.♕xh8+ ♕g8 39.♗xe7+** 39.♕h4+−; 39.♕e5+−. **39...♔xe7 40.♕e5+! 1-0** Zwei Punkte für ♖h8+ und einen weiteren, falls Sie gesehen haben, dass Schwarz nach 38.♕xh8+ verloren ist.

418. **29.♕f3 ♖c7?!** 29...♖xd7 30.♖xd7 ♕e8 31.♖f1 ♕xd7 32.♕xe4+−. **30.♗f8 ♗e5 31.♗h6 ♗xh2+ 32.♔h1! 1-0** Ein Punkt für ♕f3 und einen Extrapunkt, falls Sie bis ♔h1! gerechnet haben.

419. **25...♘xc3+! 26.♗xc3** 26.♕xc3 ♖dc7−+. **26...♖dc7 27.♖gg1 ♖xc4 28.♖c1 ♕a6 29.♔f2 ♕c6 30.♗d2 ♗xh4+ 31.♔g2 ♗g5 32.♗xg5+ hxg5 33.♖cd1 ♖d4 0-1** Ein Punkt für ♘xc3+.

420. **31...♗g5!!** 31...♘h3+? 32.gxh3 ♖xf1+ 33.♕xf1 ♖xf1+ 34.♔xf1+− (Kasimdshanow in ChessBase Magazin 92). **32.♕d2** 32.♖xc7 ♘e2+ 33.♕xe2 ♖xf1+ 34.♕xf1 ♗xe3+ 35.♕f2 ♗xf2+ 36.♔h1 ♗xb6−+. **32...♕e7!** 32...♕xb6? 33.♗xb6 ♘h3+ 34.gxh3 ♗xd2 35.♖xf7 ♖xf7 36.♖c2 ist nicht überzeugend. **33.♖fe1** 33.♘c4 ♕f6 34.♔h1 ♕g6 35.♕c2 h4−+. **33...♕f6 34.♖c8?** 34.♔h1 ♕g6 35.♖c4 h4−+ (Kasimdshanow). **34...♘e2+ 0-1** Drei Punkte für ♗g5!! und einen weiteren für 32...♕e7!.

421. **28.♖xf7! ♖xf7?** 28...♔xf7 29.♕d7+ ♕e7 30.♕xc8+−. **29.♕xe6 ♘d6 30.♕xg6+ 1-0** Zwei Punkte, falls Sie gesehen haben, dass ♖xf7 gewinnt.

Test 2

422. Ein Punkt für **1.♕d2!+−.**

423. **24.♖g3! ♗xd5** 24...g6 25.♖xg6+ hxg6 26.♕xg6+ ♕g7 27.♕xg7#. **25.♕xd5 ♖a1+** 25...♕xd5 26.♖xg7#. **26.♔b2 1-0** Ein Punkt für 1.♖g3!+−.

424. **27.♗xe6!! ♖f8** 27...♖xe6? 28.♕xb8+−. **28.♗b3 ♖be8 29.♕d4 ♕a5 30.♖e3 1-0** Zwei Punkte für ♗xe6!!.

425. **38.♕d7!** „Schwarz ist verloren, da die Koordination seiner Verteidigung zerstört wurde." (Ftacnik in ChessBase Magazin 84). **38...♕xc1 39.♕xc8+ ♔g7 40.♗d4+ f6** 40...♔h6? 41.♕h3#. **41.♕d7+ ♔f8** 41...♔h6 42.♗xf6 ♕e3+ 43.♔g2 ♕e4+ 44.♔h3 ♕f5+ 45.♕xf5 gxf5 46.♗b5+− (Ftacnik). **42.♕d6+ ♔e8 43.♕e6+ ♘e7 44.♗xa7 1-0** Ein Punkt für ♕d7!.

426. 22.♖xe6!! Opfern! **22...fxe6 23.♗e7+ ♔xe7** 23...♔f7 24.♕g6+ ♔xe7 25.♕xg7+ ist Zugumstellung. **24.♕xg7+ ♔d6 25.♘xd4** Zentralisation! **25...♕c5 26.♗f5** 26.♘b5+ ♔c6 27.♗e2+− war sogar einfacher. **26...♕e5 27.♘f3+ ♕d5 28.♕g3+ ♔e7 29.♖xd5 ♗xd5 30.♕g5+ ♔d6 31.♕f4+ ♔e7 32.♗e4 ♖h5 33.♘h4 ♖g8 34.♘g6+ ♔d8 35.♕f7 ♖e8 36.♗d3 1-0** Zwei Punkte für ♖xe6!! und zwei für ♘xd4.

427. 30...♖xf2! 31.♖xf2 ♘f4 32.♕g3 ♗xf2+ 33.♔xf2 ♘xd3+ 34.♔f1 ♘xb2−+ und Schwarz gewann später. Ein Punkt für ♖xf2, zwei weitere für ♘f4.

428. 19...♖xe3+!! 20.fxe3 ♕xe3+ 21.♔d1 21.♗e2 ♕xc1+−+. **21...♗e6! 22.♕b2 ♖d8+ 23.♘d5+ ♔g8 0-1** Zwei Punkte für ♖xe3+!! und einen weiteren für 21...♗e6!.

429. 26.♘xb6!! ♗xb6 27.♗d6 ♘d5 27...♕e8 28.♗xf8 ♕xf8 29.♖c8 ♘e8 30.♕c6 ♖c7 31.♖xe8+−. **28.♗xe7 ♘xc3 29.♗xf8 1-0** Zwei Punkte für ♘b6!!.

430. 22.♗xh6! ♘c7 22...♖xh6 23.♘g5+ ♔g8 24.♘f7 ♖xe6 25.♘xd8+−. **23.♘g5+ ♔g8 24.♘f7 ♕e8 25.♕g5+ ♔h7 26.♕h4 ♘xe6 27.♖xe6 ♖xf7 28.♖fe1 ♖b7 29.♗f8+ ♔g8 30.♖g6+ ♗g7 31.♗xg7 ♖xg7 32.♖h6 1-0** Einen Punkt für ♗xh6+−.

431. 36.♖xf6! ♖xf6 36...♘f4+ 37.♔g1 ♖xf6 *(37...♕g5 38.♖xf8+ ♖xf8 39.♕b2+−)* 38.♕b8+ ♕f8 39.♗xe5+−. **37.♕b8+! ♖xb8 38.♖xb8+ ♔g7 39.♖g8#** Zwei Punkte für das Berechnen bis ♖g8#.

432. 18.♘f5! ♘xe5 19.♗xb6! ♕xb6 20.♘xe7+ ♔h8 21.♘ed5 ♗xd5 21...♕xb2 22.e7 ♘g7 23.exf8♕+ ♖xf8 24.♖ab1+−. **22.♘xd5 ♕xb2 23.e7 ♘g7 24.♕h4 ♖c8 25.♘f6 h5 26.exf8♕+ ♖xf8 27.♕g5 ♘g4 28.♘d7 ♖c8 29.h3 ♕b7 30.♖xf7 1-0** Drei Punkte für das Berechnen bis 21.♘ed5.

433. 31...♖xd4!! 32.exd4 ♗xd4+ 33.♔g3 ♗c3 34.♖xe8+ 34.♕f2? g5−+. **34...♕xe8 35.♖d1! g5!!** 35...♗e5 36.h4 h6 37.h5 ♕e7 38.♕e4 ist nicht so klar. **36.♘h5?** 36.♘d5! ♗e1+ 37.♖xe1 ♕xe1+ 38.♔g4 ♗b7 39.♕e4 und Weiß bewahrt sich Remischancen. **36...♗e1+ 37.♔h3?** 37.♖xe1 ♕xe1+ 38.♕f2 musste geschehen. **37...♕e6+ 0-1** Zwei Punkte für 31...♖xd4!!, zwei weitere für 35...g5!! und einen weiteren für 35...♗e5.

434. 20.♖xe5! ♗xe5 21.c4 ♗xc4 21...♕d4? 22.♘f3 ♕xb2 23.♗xe5+−; 21...♕d6? 22.♘g4 f6 *(22...♗xg3? 23.♕xh6+ ♔g8 24.♘f6#)* 23.♕xh6+ ♔g8 24.♕xg6+ ♔h8 25.d4+−. **22.♗xe5 ♕xe5 23.dxc4± ♕d4 24.♕xd4 cxd4 25.♗d3 ♔g7 26.f4 ♖fd8 27.♘f3 ♖c6 28.♔f2 ♖cd6 29.g4 ♖h8 30.♔g3 h5 31.g5 ♖c8 32.♘e5 ♖cd8 33.b4 ♖c8 34.♔f3 ♖c7 35.♖b1 ♖c8 36.♔e4 ♖c7 37.♖b3 ♖c8 38.♖a3 ♖c7 39.♖a6 ♖d8 40.b5 ♖d6 41.a4 1-0** Vier Punkte für das Berechnen bis 23.dxc4±.

435. 19.♕e2!! 19.♕xe7?? ♕xf2+ 20.♔h1 ♕f1+ 21.♗xf1 ♖xf1#. **19...♕d6** 19...♕xa1 20.♕xe7 ♕xc1+ 21.♗f1+− wegen der Doppeldrohung ♕xf8# und ♕xh7#; 19...♕g7 20.♗b2 ♖f6 21.♘e6 ♕f7 22.♖d1+−. **20.♗b2+ ♔g8 21.♗c2 ♖d8 22.♖d1 1-0** Drei Punkte für das Berechnen bis 21.♗f1 +− in der Variante 19...♕xa1.

436. 32...♕xb6!! 32...♕f7?! 33.♘xc4 ♕xc4 34.♗d5 ♕d3 35.b3 ♖e1 36.♗c4 ♖xf1+ 37.♕xf1 ♕xd6 38.♕h3 ist viel weniger überzeugend. **33.d7** 33.axb6 ♗xf1 34.♕xf1 ♖xe4 35.d7 ♖e1–+. **33...♖xe4!** war stärker als die Partiefortsetzung 33...♕d8. **34.♕xe4 ♕c5 35.♕e8+ ♗g8 36.d8♕ ♗xd8–+** Zwei Punkte für ♕f7?!; zwei Punkte für ♕xb6!! und zwei Punkte für ...♖xe4!.

437. **30.♕xe5!! dxe5 31.♖xd7 ♖f8** 31...♗xd7? 32.♖xf7+ ♔h8 33.♗f6+ ♖g7 34.♖xg7+–. **32.♖fxf7+ ♖xf7 33.♖xf7+ ♔g8 34.♖g7+** 34.♖e7+–. **34...♔h8 35.♘d5! ♕d6 36.♘f6 1-0** Zwei Punkte für ♕xe5!! und einen weiteren für das Berechnen bis 34.♖g7+ oder ♖e7+–.

Test 3

438. Der Zwischenzug **34.♗e5!! 1-0** gewinnt auf der Stelle. Ein problemartiges Finale. Zwei Punkte für ♗e5!!.

439. **35.♖xd5! exd5** 35...♕xf4 36.♘xf4 ♖xd5 37.♘xd5+–. **36.♘d4+** und Schwarz gab auf wegen **36...♔d8** 36...♖e7 37.♕xc7 ♖xe1 38.♕b8+ ♔e7 39.♕b4++–. **37.♘e6+ ♔c8** 37...fxe6 38.♕xf8#. **38.♘xc7+–** Einen Punkt für das Berechnen bis ♘d4+.

440. **8.♘xf7! ♔xf7 9.♕xe6+** und Schwarz gab auf, da er bald mattgesetzt wird. 9.♘g5+ gewinnt ebenfalls. **9...♔g6 10.♕f7+ ♔h6** 10...♔f5 11.♗e6+ ♔e4 12.d3#. **11.d4+ g5 12.♗xg5#** Einen Punkt für ♘xf7!.

441. **1.♖xh6+** 1.♗f5? ♔h8 und der Angriff ist abgewehrt. **1...gxh6** 1...♔xh6 2.♕g5+ ♔h7 3.♕h4+ ♔g6 4.f5#. **2.♕g8+ ♘xg8 3.♗f5# 1-0** Zwei Punkte für 1.♖xh6+.

442. Weiß hätte die Gelegenheit mit **41.fxe5+!** ausnutzen können. Stattdessen geschah 41.♖xa6? ♖xe4 42.♖xd6+ ♔f5 und man einigte sich bald auf Remis.
41...♔xe5 42.♖xb4! cxb4 43. ♔f3 ♔f6 44. ♔f4 a5 45.e5+!! Die Pointe. **45...dxe5+ 46. ♔e4 g5 47 hxg5+ ♔xg5 48. ♔xe5+–**. Zwei Punkte, falls Sie 45.e5+!! gesehen haben, wonach das Bauernendspiel gewonnen ist.

443. **33.♖h5! ♗xg6** 33...♖xg6 34.♖h8+ ♔f7 35.♖h7+–; 33...♔g8 34.♖h7+–. **34.♖h8+ ♔f7 35.♖xc8 ♘xc8 36.♖xb7+ ♘e7 37.♗xg6+ ♕xg6** 37...♔xg6 38.♕g4+ ♔h7 39.♕xg7+ ♔xg7 40.♖xe7++–. **38.♕b4** „Wie peinlich. So gut wie jedes Feld ist besser als f6 für den Turm.“ (McShane in ChessBase Magazin 71). **38...♕f5?!** 38...♔g8 39.♕xe7 ♖f8 40.♖b5 ♖e8 *(40...♖f7 41.♖b8+ ♔g7 42.♕h4+–)* 41.♕xa7+– (Stohl). **39.♕xe7+ ♔g6 40.♕h7+ 1-0** Zwei Punkte für ♖h5 und zwei weitere für das Berechnen bis ♕b4.

444. **14...♕c6 15.f3 ♕b5 16.♗a4 ♕xb2 0-1** Ein Punkt für 15...♕b5.

445. **27.♖xe6! ♖xg3+** 27...♗xe6 28.♖xd4+ ♕xd4 29.♕xd4++–; 27...♔xe6 28.♖e1+ ♔d7 29.♕xe7++–. **28.hxg3 ♘f5 29.♕h7+ ♔xe6 30.♕g6+ ♔d7** 30...♔e5 31.f4+ ♔e4 32.♖e1+ ♔f3 33.♕xf5+– (Psachis in ChessBase Magazin 78). **31.♕xf5+ ♔c6 32.♕f6+ ♔c5 33.♕e7+ ♔c4 34.♕e5 ♔c5 35.f4 b5 36.f5 ♔c6 37.♕f6+ ♔c5 38.♕e5 ♔c6 39.♖xd4 ♕a1+ 40.♔f2 ♕h1 41.♖xd5! ♕xd5 42.♕xc3+ ♔d6 43.♕d3+–** und Weiß gewann bald. Zwei Punkte, falls Sie gesehen haben, dass ♖xe6! gewinnt.

446. **33.♘xf7! ♔xf7?!** 33...♖xg1 34.♘xh8! ♖g8 *(34...♖xe1? 35.♕g5+ ♔f8 36.♔xe1 ♘e6 37.♘g6+ ♔e8 38.♕xf5 ♕f7 39.♕xh5 ♘f8 40.♘f4+–)*

35.♕h6 ♘e6 36.♖g1+−. **34.♖xg6 ♔xg6 35.♕g5+ ♔f7 36.♕f6+ ♔g8 37.♖g1+ 1-0** Zwei Punkte für das Berechnen bis 34.♘xh8! (in der Variante 33...♖xg1).

447. **30.♗xh6** 30.♖g3? g5=. **30...f6** 30...gxh6? 31.♖g3+ ♕g5 *(31...♔f8 32.♕h8#)* 32.♖xg5+ hxg5 33.♕f6+−. **31.♗e3 ♕e6 32.b3 c5 33.♕f4 ♔f7 34.h4 ♖e8 35.♕f3 ♕c8 36.♗f4 ♘d8 37.♕h5+ 1-0** Einen Punkt für ♗xh6.

448. **26...♘xf2!! 27.♗xc6** 27.♔xf2 ♖xe3 28.♖xe3 ♕xf4+−+; 27.♗xf2 ♕xf4 28.♖xe7 ♕xc1+−+. **27...♘xh3+ 28.♔f1** 28.♘xh3 ♕g3+−+. **28...bxc6 29.♘xd5** 29.♘xh3 ♖xe3 30.♖xe3 ♖xe3 31.♖xc6 ♕e7−+. **29...cxd5 30.♖c6 ♕f4+ 31.♗xf4 ♖xe1+ 32.♔g2 ♘xf4+ 0-1** Zwei Punkte für ♘xf2!!.

449. **33.♘xe6!! ♗d7** 33...♖xe6 34.♗xe6+ ♘xe6 35.♘f5+−; 33...♘xe6 34.♘f5 ♘xd4 35.♘xe7+ ♔h8 36.♘f5+−. **34.♘xc7 ♗xg4 35.♘b5 ♗b4 36.♖c1 ♗f3 37.a3 a6 38.axb4 axb5 39.♖xc3 ♖a7 40.g4 ♗e4 41.♔h2 ♔f7 42.♔g3 ♖a3 43.f3 ♗b1 44.h5 ♔e8 45.♗g7 ♘a4 46.♖c1 ♖xb3 47.♘xd5 f5 48.♖e1+ ♔d7 49.g5 ♔d6 50.♘f6 ♘c3 51.♗f8+ ♔c7 52.♔f4 ♗d3 53.g6 hxg6 54.hxg6 ♘e2+ 55.♔e5 ♗c4 56.♖xe2 ♗xe2 57.♘d5+ 1-0** Drei Punkte für ♘xe6!!.

450. **24.♖h3!! ♗xh3 25.gxh3 ♕b6!? 26.♗h7+?** 26.♖f1! ♖f8 27.♕f6 *(27.♖f4+−)* 27...♖ae8 *(27...b4 28.♕xh6 bxc3+ 29.bxc3 f5 30.♗c4++−)* 28.♕f5+−. **26...♔h8 27.♕f6+** Schwarz gab auf, aber seine Stellung scheint haltbar, z.B. **27...♔xh7 28.♕xf7+ ♔h8 29.♕f6+ ♔g8 30.♕g6+ ♔h8 31.♕xh6+ ♔g8 32.♕g6+ ♔h8 33.♕f6+ ♔h7 34.♖e1 ♕c7 35.♖e7+ ♕xe7 36.♕xe7+ ♔h6**♖ Zwei Punkte für ♖h3 und drei weitere, falls Sie gesehen haben, dass 26.♖f1! der richtige Weg zum Sieg ist.

451. **15.♘a4!! bxa4 16.♗xa4+ ♔e7** 16...♘ed7!? 17.♖xc5 ♕xc5 18.♘xe6 ♕c4 *(18...♕b4 19.♘xg7+ ♔f8 20.♗xd7±)* 19.♗xd7+ ♘xd7 20.♘xg7+ ♔f8 21.♕xc4 ♖xc4 22.♗h6±; 16...♘fd7 17.b4 ♕xb4 18.♗xd7+ ♘xd7 19.♖b1±; 16...♔f8? 17.♖xc5 ♖xc5 18.♘b3+−. **17.♖xc5 ♖xc5 18.♘b3 ♖hc8** 18...♘xe4 19.f4 ♗d5 20.♘xc5±. **19.♘xc5 ♖xc5 20.b4!! ♕xb4 21.♕d2! 1-0** Zwei Punkte für ♘a4!!, ein weiterer für die Widerlegung von 16...♘ed7 und die letzten zwei für 20.b4!!, gefolgt von ♕d2.

452. **24...♕g6! 25.♕h3** 25.♗xc4 ♘d6−+. **25...♘dc5** 25...♘xf2!? 26.♔xf2 ♕c2+ 27.♔f1 ♖e2 28.♕g3 ♖xg2 29.♕xb8+ *(29.♘d4 ♕e4−+)* 29...♘f8−+ (Shabalov in CB-Magazin 87); 25...♗c8∓. **26.♘c3?! ♘d2 27.♖bc1** 27.♖xd2? ♕xb1+ 28.♗xb1 ♖e1#. **27...♗c8 28.♗b1 ♘xb1 29.♕e3 ♗b7 0-1** Drei Punkte für ♕g6! und zwei weitere für 25...♘xf2!? oder 26...♘d2.

453. **14.♘xd6+!! exd6 15.♕e2+! ♗e6** 15...♗e5 16.♖ad1 ♕c5 17.♖xd6 *(17.♖d5+−)* 17...♕xd6 18.♗xe5 ♕e7 19.♗xh8+−; 15...♔f8 16.♖ad1 ♕f6 17.♖xd6 ♕e7 18.♕d2 ♘d7 19.♖e1 ♗e5 20.♕d5+− (Ftacnik in CB-Magazin 81). **16.♗xe6 0–0** 16...fxe6? 17.♕xe6+ ♔d8 18.♖ad1 ♖e8 19.♕g6+− (Ftacnik). **17.♖ad1 ♕f6** 17...♕xb2 18.♗d5 ♘c6 19.♗xd6 ♖fd8 20.♕h5±. **18.♗d5 ♘c6 19.c3±** „Weiß genießt einen enormen Vorteil dank seiner starken Läufer und der besseren Bauernstruktur.“ (Ftacnik). Vier Punkte, falls Sie gesehen haben, dass Weiß nach 15.♕e2+! gewinnt.

Test 4

454. **21.f4 ♘c6 22.♘xc6 ♗xc6 23.♗xc5 dxc5 24.♘xe7+ ♕xe7 25.♖xe7 ♖xe7 26.e5+−** und Weiß gewann später. Zwei Punkte für das Berechnen bis 23.♗xc5.

455. **25.♕d3** 25.♕g3? wurde in der Partie gespielt. Weiß gewann nach einigen weiteren Zügen. **25...♔g7 26.♖a1 ♘c5 27.♕c3+−** (Hübner in ChessBase Magazin 89). Ein Punkt, falls Sie die Variante bis 27.♕c3 berechnet haben.

456. **21...♖f1+!** Ein schöner Köder! **22.♔xf1** 22.♘xf1 ♗xe5−+; 22.♔e2? ♗b5+ 23.♘c4 ♗xc4+ 24.♔d2 ♕d3#. **22...♕d3+ 23.♔f2 ♗xe5 24.♘gf3 ♗xb2 25.♖ab1 ♖c2 26.♖hd1 e5 27.g3 ♗g4 0-1** Drei Punkte für 21...♖f1+!−+.

457. **34.♗xh6!!** Ein Punkt für 34.♗xe4. **34...♗xh6 35.♖xf6 ♕xa2 36.♗xe4** Dank der ungleichfarbigen Läufer ist der weiße Angriff nicht aufzuhalten. **36...♖g7 37.♖xc6 ♕d2 38.♔g2 ♕d7 39.♕f6 ♕e8 40.♖e6 ♕g8 41.h4 ♗d2 42.h5 ♗g5 43.hxg6+ ♔h6 44.♕f5 1-0** Zwei Punkte für ♗xh6!!.

458. **26...♕e3! 27.♗f2** 27.♕b5 ♖xf3+ 28.gxf3 ♕xf3+ 29.♔g1 ♕xd1 30.♕f5 ♕xe1+ 31.♔g2 ♕d2+ 32.♔g3 ♕h6 33.♖f1 g6−+. **27...♖xf3 0-1** Zwei Punkte für das Berechnen bis 27...♖xf3.

459. Drei Punkte für **26.♖xa7! ♘xc5 27.♕xe8+! 1-0**

460. **1.♘e7+ ♘xe7** 1...♖xe7 2.♖xf2 ♖e1+ 3.♖f1+−. **2.♕g3+ ♕xg3** 2...♘g6 3.♕xf2+−. **3.♗xf7#** Zwei Punkte für das Berechnen bis ♗xf7 und Matt.

461. **34.♖b8 1-0** mit der tödlichen Drohung ♕f8+. Ungleichfarbige Läufer bevorteilen den Angreifer. Ein Punkt für ♖b8.

462. **1.♘f5! ♕xh4** 1...gxf5 2.♖g4+ fxg4 3.♕xg4+ ♕g5 4.♕xg5#. **2.♕h5!!** und Schwarz gab auf wegen **2...gxh5** 2...♕xh5 3.♘e7#. **3.♘h6#** Drei Punkte, falls Sie die Variante bis ♕h5!! berechnet haben.

463. **1...♖b8 2.♗xd8 ♖xb2+ 3.♔a1 c2! 4.♔xb2 cxd1♘+−+ 0-1** Drei Punkte, falls Sie die Variante bis zur Unterverwandlung berechnet haben.

464. **20.♕c5 ♖b8** 20...♖e8 21.♘b6+−. **21.♘xf6+ 1-0 21...♕xf6 22.♖d6** Ein Doppelangriff. **22...♕f4 23.♗xc6 ♖bc8 24.♕d4+−** Zwei Punkte für ♕c5.

465. **18...♘xf2!!** 18...♖xf2?! **A)** 19.♗xf2? ♘xf2 20.♕d2 *(20.♔xf2 ist Zugumstellung.)* 20...♘bd3−+; **B)** 19.♘g3 ♖d2!! Zwischenzug 20.♗xd2 ♕xd4+ 21.♗e3 ♕xd1 22.♖bxd1 ♘xg3 und Schwarz steht besser. Die Partiefortsetzung ist aber deutlich überzeugender. **19.♗xf2** 19.♕d2 ♘bd3−+. **19...♖xf2 20.♔xf2 ♗xe5 21.♔g1** 21.♖xe5 ♘d3+ 22.♔g3 ♕xd4−+ **21...♗xd4+ 22.♔h2 ♘d3 23.♖e2 ♗g1+ 24.♔h1 ♘f2+ 25.♖xf2 ♗xf2−+** und Schwarz gewann später. Zwei Punkte für 18...♖xf2?! 19.♘g3 ♖d2 und vier Punkte für ♘xf2!, falls Sie gesehen haben, dass Weiß nach 20...♗xe5 verliert.

466. **19.♗h6!! ♗xf2+!** 19...♕xd7? 20.♕g6+−; 19...♘e7? 20.♘f6+! gxf6 21.♕g4+ ♘g6 22.♕xg6+ ♔h8 23.♕g7#; 19...♗d2? 20.♘xf8 ♕xf8 21.♗xd2+−; 19...♘d4? 20.♗xg7! ♔xg7 21.♕g4+ ♔h6 22.♗xb7 ♖c2 23.♖xe1+− (Gershon in ChessBase Magazin 81). **20.♔xf2 ♘e5!! 21.♗xg7!** 21.♕xe5?

♕h4+ 22.♔f1 ♕xh6 ist etwas besser für Schwarz. **21...♘d3+ 22.♔g1?** 22.♔f1! musste geschehen, z.B. 22...♔xg7 23.♕g4+ ♔h6 24.♗xb7 ♖c7 25.♘xf8 ♖xb7 26.♕f3 ♖c7 27.♖d1±. **22...♔xg7 23.♕g4+ ♔h6! 24.♕h3+ ♔g7 25.♕g3+ ♔h8! 26.♕h3+ ♔g7 27.♗xb7 ♖c7 28.♕g4+ ♔h6!** In der Partie spielte Schwarz 28...♔h8? und Weiß gewann (siehe Aufgabe 490). **29.♕h3+ ♔g7 30.♕g4+ ♔h6=** (Gershon). Zwei Punkte für ♗h6!!, einer für die Verteidigung ♗xf2+!, ein weiterer für ♘e5!! und der letzte für 22.♔f1!.

467. 28.♖xc6+! Ein Punkt für 28.♗xh6. **28...bxc6 29.♕g4+ ♕d7 30.♕g3 ♔d8 31.♗xh6!! ♖xh6 32.♖b8+ ♔e7 33.♕g7+ ♔d6 34.♕xh6+ 1-0** Zwei Punkte für ♖xc6+ und zwei Punkte für 31.♗xh6!!.

468. 29.♖xe6! ♘d3+ 29...♕xe6? 30.♖xg7++−, eine typische Ablenkung. **30.♔d2 ♕b2+ 31.♔e3** 31.♔xd3 ♕a3+ 32.♔d2 ♕xa2+ 33.♔e3 ♕a3+ 34.♕d3 ♕xd3+ *(34...♗d4+ 35.♘xd4 ♖c3 36.♕xc3 ♕xc3+ 37.♔e4 ♕e1+ 38.♔d5 ♕h1 39.♖eg6+−)* 35.♔xd3 ♔xe6 36.♖xg7 ♔f6 37.♖h7± (Ftacnik in ChessBase Magazin 91). **31...♗d4+** 31...♕xe2+ 32.♔xe2 ♘xf4+ 33.♔f3 ♘xe6 34.♕d5 ♔f6 35.♕xh5+− (Ftacnik). **32.♘xd4!** In der Partie wählte Weiß 32.♔f3?−+ . **32...♕xd4+ 33.♕xd4 ♖xd4 34.♔xd4 ♘xf4 35.♖xa6 ♘xg2 36.♖b6 h4 37.♖xb5+−** (Ftacnik). Ein Punkt für ♖xe6 und zwei weitere für das Berechnen bis 37.♖h7 oder drei weitere für das Berechnen bis 35.♖xa6+−.

469. Beide Könige befinden sich in tödlicher Gefahr, aber Weiß schlägt zuerst zu. **40.♖xg6+! ♔xg6 41.♕g5+** und Schwarz gab auf wegen **41...♔h7 42.♖h1+ ♗h2 43.♖xh2#.** Ein Punkt für ♖xg6+.

Test 5

470. 25.♗e7!! ♗d7 25...♔xe7? 26.♕d6+ ♔e8 27.♕d8#; 25...♘d5 26.♕xg7 ♔xe7 27.♕xh8+−. **26.♗xf6 gxf6 27.♕d6** 27.♕c7+−. **27...♕b7 28.♖d3 ♕c8 29.♖b3 ♕d8 30.♗e4 f5 31.♗f3 1-0** Ein Punkt für ♗e7!!.

471. 29.♗b4! Ein Punkt für 29.♗xa5 ♕c5+ 30.♔h2±. **29...♕xf4** 29...♕xb4 30.♖xb4 ♗xb4 31.♕e6+ ♔h8 32.♖d7+−. **30.♖d8+ ♔g7 31.♖d7+ ♔h6 32.♗d2 ♖g5+ 33.♔h1 ♕f5 34.♗xg5+ ♕xg5 35.♖g1 ♕f4 36.♖g4 ♕f6 37.♕e3+ g5 38.♖h4+ 1-0** Drei Punkte für das Berechnen bis 33.♔h1.

472. 23...♘xg4! 24.♕xg4?! 24.♗d2 ♘e5 25.♖f6 ♖e8 und Schwarz steht deutlich besser. **24...♖e5! 25.♘xc5 ♗xc5 26.♖xe5 ♕xg4 27.♖xc5+ ♔b8 28.♖e1 ♕h4 29.♗g7 b6 0-1** Zwei Punkte für ♘xg4 ♕xg4 ♖e5. Ein Punkt mehr, falls Sie gesehen haben, dass ♗d2 die beste weiße Antwort nach ♘xg4 ist.

473. 3.g4!! und Capablanca verließ das Brett und hinterließ einen verblüfften Kalantarov. Schwarz verliert in allen Varianten. 3.h4? ist der falsche Weg. 3...g4! *(3...gxh4? 4.g4 h3 5.g5 h2 6.g6 h1♕ 7.g7+ ♔h7 8.g8♕+ ♔h6 9.♕g6#)* 4.♔e6 a5 5.♔d5 ♔g7 6.♔c4 ♔f6 7.♔b5 ♔e6 8.♔a4 ♔d5 9.♔xa5 ♔e5!= Fernopposition. **3...♔h7** 3...a5 4.h4 gxh4 5.g5+−. **4.h4 ♔h6 5.♔f6 ♔h7 6.h5!** 6.hxg5? ♔g8=. **6...a5 7.♔e5** Und Kalantarov gab auf, da sein a-Bauer ein Opfer des weißen Königs wird. Das resultierende Endspiel ist gewonnen, im Gegensatz zu 3.h4?, da das Schlüsselfeld d5 sich außerhalb des Quadrats des geschützten Freibauern auf h5 befindet. Wegen weiterer Details siehe *Endgame Corner 10* in den Archiven von *The ChessCafe.com*. Zwei Punkte für g4!! und zwei weitere für h5!.

474. 27...♗a4! Ein Punkt für 27...d5–+. **28.♕c1** 28.♕xa4 ♗c3#. **28...d5 0-1** Zwei Punkte für ♗a4.

475. 29...♘f4+! 30.exf4 exf4 31.♖xd2 31.♖h3 f3+–+. **31...♕xg3+ 32.♔f1 ♕f3+ 33.♔e1 ♕xh1+ 0-1** Zwei Punkte für ♘f4+.

476. 24.c6! ♗c8 24...♖ac8? 25.♗xe4 fxe4 *(25...dxe4 26.♕c4+ ♖f7 27.cxb7+–)* 26.♖xf8+ ♔xf8 27.♕f2++–. **25.♗xe4 dxe4** 25...fxe4 26.♖xf8+ ♔xf8 27.♕c5+ ♕e7 28.♖f1+ ♗f5 29.♕xd5+–. **26.♕c4+ ♖f7 27.c7?!** 27.♕d5! ♕e7 28.c7 ♕xc7 29.♕xa8+–. **27...♗d7 28.♖d1** Es folgt ein lehrreicher Angriff mit ungleichfarbigen Läufern. **28...♕e7 29.♗xe5! ♖c8 30.♗d6 ♕e6 31.♕c5 h6 32.♖b1 ♔h7 33.♖b8 g5 34.♗e5 ♕a6 35.h3 ♕d3 36.♗d4 ♕a6 37.♕e5 ♕e6 38.♖d1 f4?! 39.♖xc8 ♗xc8 40.♕h8+ ♔g6 41.exf4 gxf4 42.♕g8+ ♔h5**

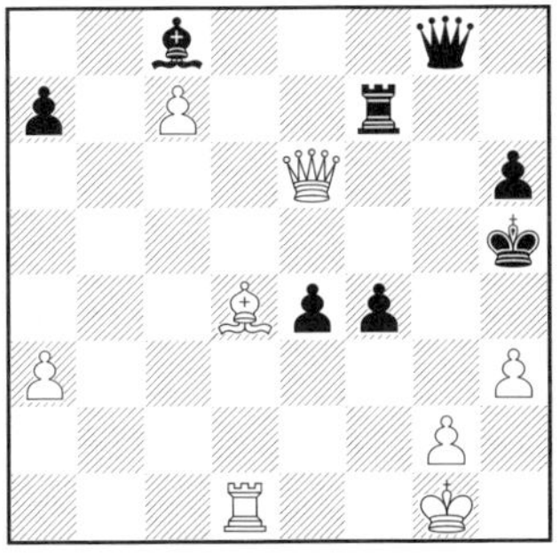

43.♖c1! ♖xc7 44.♕g4+ 1-0 Ein Punkt für c6, ein weiterer, falls Sie 27.♕d5!+– gesehen haben.

477. Schwarz kann nicht mehr rochieren, auch wenn das für die Lösung nicht relevant ist. **27.♖dxe6+!** 27.♖exe6+ funktioniert natürlich gleichfalls. **27...fxe6 28.♖xe6+ ♔f7 29.♕c4! ♘xc5** 29...♘f6 30.♖e7+ ♔g6 31.♕f7+ ♔f5 32.♖xc7+–. **30.♖xc6+ ♔e8 31.♖xc5! ♕xc5 32.bxc5 ♔e7 33.♕e4+ ♔f7 34.♕f5+ ♔e7 35.g4 g6 36.♕e5+ ♔f7 37.♕d5+ ♔e7 38.♕d6+ ♔f7 39.♕d7+ 1-0** Drei Punkte für das Berechnen bis 29.♕c4.

478. 21.♘bxd6! ♘xd6 22.♘b6! ♗f8 23.b4! ♘cxe4 24.fxe4 ♗e8 25.♕f3 ♗e7 26.♘xa8 ♕xa8 27.♗c5+– und Weiß gewann später. Ein Punkt für ♘bxd6! und einer für ♘b6!.

479. 32...♕f3+ 32...♕c4?! 33.♘xb2 ♕c6+ 34.♕g2 ♕xc3 35.♕xf2 ♕xb2 ist nicht so überzeugend wie die Partiefortsetzung. **33.♕g2 f1♕+! 34.♖xf1 ♕xg2+ 35.♔xg2 ♖xc2+ 0-1** Zwei Punkte für f1♕ (or ♖) +. Ein Punkt für 32...♕c4.

480. 27...♗e4+ 28.♔b2 28.♖xe4 ♖xc1+ 29.♔b2 ♗g7+ 30.♖d4 ♖8c2+ 31.♔a3 ♘c5–+; 28.♕xe4 ♖xb5+ 29.♔a1 ♗g7+–+. **28...♗g7+ 0-1** Zwei Punkte, falls Sie gesehen haben, dass ♗e4+ gewinnt.

481. 20...♘xe3 20...♗b5? 21.♖xd5±. **21.♕xe3 ♗b5 22.c4** 22.♖d4 ♗c5 23.♗xe6 *(23.♖fd1 ♗xd4 24.♕xd4 ♕xf7–+)* 23...♗xf1 24.♔xf1 ♕b6–+ Doppelangriff. **22...♗c5 23.♖d4 ♗xc4 24.♖c1 b5 25.♗xe6 ♕a7 0-1** Ein Punkt für ♗b5 und zwei weitere, falls Sie gesehen haben, dass Schwarz am Ende mit ♕b6 oder ♕a7 gewinnt.

482. 15...♘xf2! 16.♔xf2 ♘g4+ 17.♔g1 ♘xe3 18.♕d2 ♘xg2! 19.♔xg2 d4! 20.♘xd4 ♗b7+ 21.♔f1 21.♔g1 ♗xd4+ 22.♕xd4 ♖e1+! Eine typische Ablenkung. 23.♔f2 ♕xd4+ 24.♖xd4 ♖xa1−+; 21.♔f2 ♕d7! 22.♖ac1 *(22.♘f3 ♕xd2+ 23.♘xd2 ♗d4+ 24.♔f1 ♗c8 25.♘ce4 ♗a6+ 26.♔g2 ♗xa1 27.♖xa1 ♗b7 28.♖e1 f5−+)* 22...♗xd4+ 23.♕xd4 ♕f5+ 24.♔g1 *(24.♕f4 ♕h3−+)* 24...♕f3 25.♘d5 ♗xd5 26.♕xd5 ♖e1+−+. **21...♕d7!** und Schwarz gab auf wegen **22.♕f2** 22.♘db5 ♕h3+ 23.♔g1 ♗h6−+. **22...♕h3+ 23.♔g1 ♖e1+!! 24.♖xe1 ♗xd4−+.** Ein Punkt für ♘xf2, einen für ♘xg2, einen für d4 und zwei für ♕d7 und die Mattkombination.

483. 21.♖h5 f6 21...gxh5? 22.♕g5#. **22.♖xh7! ♕xc3 23.♖h8+!** Ein wichtiges Zwischenschach. **23...♔xh8 24.♕h6+ ♔g8 25.♕xg6+ ♔h8 26.♗xc3 d6** 26...♖c8 27.g4+−, und nun hätte Smirin, wie er selbst angab, 27.♗d2! spielen sollen. Stattdessen geschah 27.f3?!, wonach er letztendlich auch gewann. 27...♖c8 27...♖g8 28.♕h6#; 27...f5 28.♗c3+ e5 29.♕xd6+−. 28.♕h5+ ♔g8 29.♗h6+−. Drei Punkte für das Berechnen bis ♖h8+ und die Erkenntnis, dass Weiß einen Gewinn bringenden Angriff hat. Ein Punkt mehr für 27.♗d2!.

484. 23.♖xf7+!! ♘xf7 24.♘e6 ♕d7 25.♕f6! ♕xe6 25...♘g8? 26.♘xf8+ ♖xf8 27.♕g7#; 25...♘xh6? 26.♕f7+ ♔h8 27.♗xh6 ♗xh6 28.♕g7#. **26.♕xe6+−** und Weiß verwertete seinen Vorteil nach einigen weiteren Zügen. Zwei Punkte für das Berechnen bis ♘e6 und einen weiteren für 25.♕f6!.

485. 21.♖c6! ♗xf4 21...♕xc6? 22.♘e7++−. **22.gxf4 ♖d8** 22...♘b8 23.♖xc7 ♕e6 24.♖e7 ♕c6 25.♕d4 ♖f7 26.♖c1 ♕xc1 27.♖e8+ ♖f8 28.♖xf8+ ♔xf8 29.♕f6++−. **23.♖xa6 ♕f7 24.♘f6++−** und Weiß gewann bald. Ein Punkt für ♖c6!.

Test 6

486. 36.♕g6+ 1-0 36.♕g5+ ♕xg5 37.♖xf8# Ein Punkt für ♕g6+ oder ♕g5+.

487. 25.♕h7! ♖e6 26.♗h6 ♔e8 27.♕xg7 ♘xd5 28.♕h8+ ♔e7 29.g7 ♖xh6 29...♖g6 30.♕f8+ ♘xf8 31.gxf8♕+ ♔e6 32.♗g5+−. **30.♖f7+ ♔xf7 31.g8♕+ ♔e7 32.♕d8+ 1-0** Zwei Punkte für ♕h7!.

488. 22.♘xf7!! ♗xf7 22...♔xf7 23.♘xd5 ♖xd5 *(23...♗xd5 24.♖xe7+ ♖xe7 25.♕xf6+ ♔g8 26.♕xe7+−)* 24.♗xd5 ♗xd5 25.♖xe7++−. **23.♖xe7** 23.♘xd5 ♘xd5 24.♗xe7 ist Zugumstellung. **23...♖xe7 24.♘xd5 ♘xd5 25.♗xe7 ♖e8 26.♗d6 ♕f5 27.♗e5+ ♔g8 28.♕g3 ♗e6 29.♖e1 ♕f7 30.a3 ♘b6 31.♗c2 ♗f5 32.♗d1 ♘d7 33.♖e3 ♘xe5?**

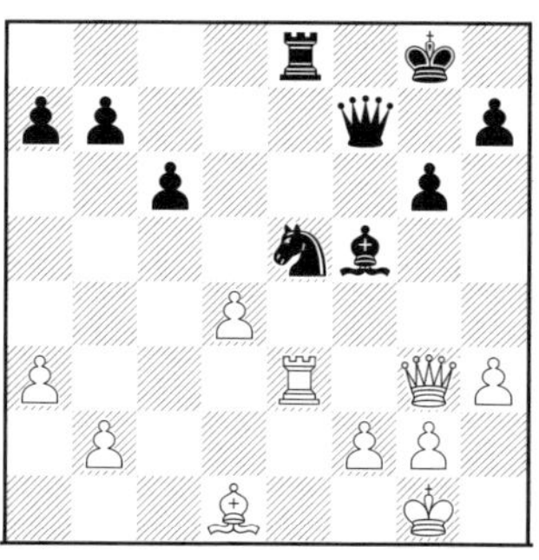

34.♗b3! 1-0 Fesseln und gewinnen! Ein Punkt für ♘xf7, einen für die Widerlegung von ♔xf7 und einen für das Berechnen bis 25.♗xe7+−.

489. **27.♘xg7! ♔xg7 28.♕g4+ ♔h8 29.♖d7 ♕b8 30.♕f5 1-0** Zwei Punkte für das Berechnen bis 29.♖d7+–.

490. **34.♗h6!! gxh6** 34...♘b7 35.♗xg7 ♔xg7 36.♖1a4+–; 34...♕f5! 35.♖xg7+ ♔h8 36.♕e2±. **35.♖1a4 c4 36.♖xc4 1-0** Zwei Punkte für 34.♗h6!! gxh6 35.♖1a4+– und einen mehr, falls Sie gesehen haben, dass 34...♕f5! die beste Verteidigung für Schwarz ist.

491. **28...♗xh4! 29.♗d2?** 29.gxh4? ♕f2+ 30.♔h1 ♕xh4+ 31.♔g1 ♕g4+ 32.♔h1 ♕h5+ 33.♔g2 ♖g8+ 34.♔f1 ♖g7!!–+ (Tyomkin mit Hilfe von Deep Fritz in ChessBase Magazin 85); 29.♖e3!∓ ist die beste Verteidigung. **29...♗xg3! 30.♖f1** 30.♕xg3 ♖g8–+. **30...♗f2+ 31.♔h1 ♕h5+ 32.♔g2 ♕g4+ 33.♔h2 ♖f5 0-1** Zwei Punkte für ♗xh4 und einen weiteren, falls Sie bemerkt haben, dass 29.♖e3 die beste Verteidigung für Weiß ist. Zwei weitere Punkte gibt es, falls Sie die Widerlegung von gxh4 gesehen haben – insbesondere 34...♖g7!!.

492. Einen Punkt für **30...♗d7!–+ 0–1**

493. **33...♘xh3+! 34.♔h1** 34.gxh3 ♗f2+–+. **34...♘f2+ 35.♔g1 ♗h2+ 0-1** Einen Punkt für ♘xh3+ und zwei weitere für das Berechnen bis 35...♗h2+.

494. **26.♘f5! ♕b8** 26...♗xg2 27.♕h8+ ♖g8 28.♕xe5 *(28.♕h6+ ♔e8 29.♗d4 ♕d5 30.♕h7+–)* 28...♘xe5 29.♗c5+ ♔e8 30.♔xg2 ♘d3 *(30...♖d2+ 31.♔g1 ♘d3 32.♘d6+ ♔d7 33.♘e4+–)* 31.♘d6+ ♔d7 32.♖d1 ♘xc5 33.♘xf7++– (Milov in ChessBase Magazin 83 extra). **27.♗xg5 ♕b6+ 28.♖f2 1-0** Einen Punkt für 26.♘f5, und einen, falls Sie gesehen haben, dass die Verteidigung 26...♗xg2 nicht ausreichend ist.

495. **29.♕d4+! f6** 29...♔g8 30.♘f6+ ♔g7 31.♘e8++–. **30.♕h4+ ♔g7 31.♘xf8 ♕d6!** 31...♕xf8 32.♕g3++–; 31...♔xf8 32.♕h8+ ♔e7 33.♕xd8+ ♔xd8 34.♗xa6+– (Gershon in ChessBase Magazin 81). **32.♗e4** 32.♖d1!?+–. **32...♖c1+?!** 32...♕d4+!? 33.♔f1 ♔xf8 34.♖d1 ♖h7! 35.♕f4! ♘xf4 36.♖xd4 ♖xh2 37.♖d6+– (Gershon). **33.♖xc1 ♘xc1 34.♗f3! ♕xf8 35.♕g3+ ♔h8 36.♕h3+ ♔g7 37.♕g4+ ♔h8 38.♕h5+ ♔g7 39.♕g4+ ♔h8 40.♕h3+ ♔g7 41.♕d7+ ♔h8 42.♗e4 ♕h6 43.♕e8+ ♔g7 44.♕e7+ ♔h8 45.♗d5 ♕f4 46.♕f8+ ♔h7 47.♗g8+ ♔g6 48.♗f7+ ♔f5 49.♕c5+ ♔e4 50.♗d5+ ♔f5 51.♗f7+ ♔e4 52.♗g6+ f5 53.♗xf5+ ♕xf5 54.♕xc1 1-0** Zwei Punkte für ♕d4+.

496. **23.♘xh5 ♕xh5 24.♕xe5 1-0** Zwei Punkte für ♕xe5.

497. **20...♖b2** 20...♕e2?! 21.♗f1 ♕d2 22.♕d4 ♕b2 23.♕xe3 ♕xa1 24.♖xa7 ist nicht so überzeugend wie 20...♖b2. **21.♖e1** 21.♕d4 ♕e2 22.♕xe3 ♕xa6–+; 21.fxe3 ♕e2 22.♗f3 ♕f2+ 23.♔h1 ♕xh2#. **21...♕e2!! 0-1** Ein Punkt für ♖b2 und einer für ♕e2!!.

498. **25.♘xe6! ♗g6** 25...♕xe6? 26.♖xf8+ ♖xf8 27.♕xg7#. **26.♘xf8** 26.♖xd6!? ♕xd6 27.♖xf8+ ♕xf8 28.♘xf8 ♖xf8 29.♕c7 ♖f7 30.♕xb6+–. **26...♖xf8 27.♖xf8+ ♖xf8 28.♖xd6 ♕e4 29.♕e1 b5 30.h3 ♖e8 31.♗d4 ♖e6 32.♕g3 bxc4 33.bxc4 ♖xd6 34.♕xd6 ♕b7 35.♕d8+ ♔f7 36.♕h8 ♕b1+ 37.♔h2 ♕xa2 38.♕xg7+ ♔e6 39.♕e5+ ♔d7 40.♕d5+ ♔e7 41.♗c5+ ♔f6 42.e4 ♕e2 43.♕d8+ ♔g7 44.♕f8#** Ungleichfarbige Läufer begünstigen den Angreifer! Ein Punkt für ♘xe6!.

499. 26...♘c3! 27.♘xd4 ♖xb2 28.♖xb2 ♕a2+!! 0-1 29.♖xa2 ♖b1# Ein Punkt für ♘c3 und drei weitere für ♕a2+!!.

500. Die berühmte immergrüne Partie endete unglaublich schön. **20.♖xe7+! ♘xe7!?**
20...♔d8 21.♖xd7+! ♔c8 *(21...♔xd7 22.♗f5+ ♔e8 23.♗d7+ ♔d8 24.♗xc6+ ♔c8 25.♗d7+ ♔d8 26.♗e7#)* 22.♖d8+! ♔xd8 *(22...♖xd8 23.gxf3+−; 22...♘xd8 23.♕d7+!! ♔xd7 24.♗f5+ ♔c6 25.♗d7#)* 23.♗e2+ ♘d4 24.♗xf3 ♗xf3 25.g3 ♗xd1 26.♕xd1 „mit einem langweiligen aber gewonnenen Endspiel.“ (Kasparow in ChessBase Magazin 59).
21.♕xd7+!! ♔xd7 22.♗f5+ ♔e8 23.♗d7+ ♔f8 24.♗xe7# 1-0 Zwei Punkte, falls Sie die Gewinnvariante bis zum Ende berechnet haben und zwei Punkte, falls Sie die Variante 20...♔d8 bis 25.g3 berechnet haben.

501. 37.♘f6!! ♖e5 37...gxf6 38.gxf6 h6 *(38...♖e5 39.♖g1! c2 40.♔h2 ♗g7 41.♕h6+−)* 39.♖g1! *(39.♘e6+−)* 39...♕d2! *(39...c2? 40.♗xc2 ♕xd4 41.♔h1+−)* 40.♕h4 c2 *(40...♖b7 41.♗c2!+−)* 41.♘xc2 ♖c3 *(41...♖xc2 42.♗xc2 ♕xc2 43.♔h1 ♕xe4+ 44.♕xe4 ♖xe4 45.♖g8+ ♔h7 46.♖xf8+−)* 42.♘e3 ♖c1 43.♔h2! ♖xg1 44.♖xg1 ♖e5 45.♘c4 ♕d4 46.♘xd6+− (Ftacnik in ChessBase Magazin 80). **38.g6! fxg6** 38...hxg6 39.♕h4+ ♖h5 40.♘xh5+−; 38...gxf6 39.♕xf6+ ♗g7 40.♕d8+ ♖e8 41.♕xe8+ ♗f8 42.♕xf8#. **39.♘d7 ♗e7 40.♘xe5 dxe5 41.♕f7 h6 42.♕e8+ 1-0** Drei Punkte für 37.♘f6, zwei weitere für das Berechnen bis 39.♖g1 oder 39.♘e6 in der Variante 37...gxf6.

Test 7

502. 30.♖xe8+ ♖xe8 31.♖d1 Schwarz gab auf wegen **31...♕e2 32.♖e1+−.** Einen Punkt für das Berechnen bis 32.♖e1.

503. 21.♗c6! Verstellung. **21...♗c8** 21...♕xc6 22.♕xf8+ ♔xf8 23.♖e8#. **22.♗xd7 ♕xd7 23.♖d3 ♕c7 24.♕d6 1-0** Zwei Punkte, falls Sie gesehen haben, dass ♗c6 gewinnt.

504. 8.♕e2! „Das weiße Spiel ist ein großartiges Beispiel für konkretes Spiel in der Eröffnung. Von jetzt an kreiert Weiß mit jedem Zug Drohungen und Schwarz ist nicht in der Lage, seine Stellung zu halten.“ (A. Finkel in ChessBase Magazin 95). **8...♕d5** 8...f5? 9.♕b5+ ♘d7 10.♕xb7 ♖b8 11.♕xa7 ♖b6 12.♘b5 ♗xf3 13.♘xc7+ ♔f7 14.♗c4++− D. Paz Ladron de Guevara – C. Zurita, Málaga 1999. **9.♘b5! 0-0-0** 9...♖c8 10.c4 ♕e6 *(10...♕c6 11.♘xa7+− J. Lappage – J. Tomaschewski, Oropesa del Mar 2001)* 11.♘bd4 ♗xf3 12.gxf3 ♕d7 13.♘b3 ♘g5 14.f4+−. **10.c4 ♕e6** 10...♘d3+ 11.♕xd3 ♕xd3 12.♗xd3 ♖xd3 13.♘e5+− (Finkel). **11.d4 ♘g6** 11...♗xf3 12.gxf3 ♘d3+ 13.♕xd3 ♘g3+ 14.♗e3 ♘xh1 15.♘xa7+ ♔b8 16.d5+− M. Ori – I. de Vita, Porto San Giorgio 1999; 11...♘d3+ 12.♕xd3 ♘g3+ 13.♗e3 ♘xh1 14.d5 ♕f6 15.♕b3± (Finkel). **12.d5 ♕f5 13.♘bd4 ♕e5** 13...♘f4 14.♘xf5 ♘xe2 15.♘e3 ♘xc1 16.♘xg4 e6 17.♖xc1 ♗b4+ 18.♔e2 exd5 19.cxd5 ♖he8 20.♘e3 f5 21.a3 ♗a5 22.♘d4+− M. Buckley – N. Regan, England 1999. **14.♘xe5 ♗xe2 15.♘xg6 ♗xf1 16.♘xh8 ♗xc4 17.♘xf7 ♖xd5 18.♘e6 ♖f5 19.♘xf8 ♘xf2 20.♖g1 ♗xf7 21.g4 ♘d3+ 22.♔e2**

1-0 Einen Punkt für ♕e2, zwei weitere für ♘b5 und einen, falls Sie 11.♘bd4 in der Variante 9...♖c8 gesehen haben.

505. 23.f3? 23.♖d7! ♕xe4 *(23...♕e6 24.♕xb4+-)* 24.♗b3 ♗d5 *(24...♘e6 25.♗xe6 fxe6 26.♕c7+-; 24...f6 25.♕c5+ ♔e8 26.♖hd1+-)* 25.♗xd5 ♘xd5 26.♕xd5+-. **23...♘e6 24.♕b6 ♖b8 25.♕f2 ♕c5!** und die Partie endete remis. Zwei Punkte, falls Sie gesehen haben, dass 23.♖d7 ♕xe4 24.♗b3 für Weiß gewinnt.

506. 27.♕g6+ ♔d8 28.♘xd5! Viel überzeugender als 28.♖fd1 ♖h6 29.♕xe4 ♔e8 30.♘xd5±. **28...♗xd5** 28...♕xe5 29.♖f5 ♕g3 30.♕e6 ♖e8 31.♖f8+-. **29.♖fd1 ♕xe5 30.♕f7 ♖h5 31.♖c5 1-0** Zwei Punkte für ♘xd5 und einen für 28.♖fd1.

507. 17.♖xe6! 17.♗xf6? 0–0! 18.♗xe7 ♗xb3♖. **17...fxe6 18.♗xe6 ♕xe6** 18...♕b8 19.♗f4 ♕a7 20.b6+-. **19.♕xa8+ ♔f7 20.♕xh8 ♘d3 21.bxa6 ♘xf2 22.♖f1 ♘2g4 23.h3 ♕e5 24.hxg4 ♕xg5 25.♕xh7 ♔e8 26.♕h8+ ♔d7 27.a7 ♘xg4 28.♖d1+ ♔e6 29.♖e1+ 1-0** Zwei Punkte für ♖xe6.

508. Zwei Punkte für **29...♗g4+** Oder 29...♕d2+ 30.♔f1 ♗f4 31.♕f3 ♗g4 32.♕e4 ♗f5-+, was auch zwei Punkte wert ist. **30.♔f1 ♗f4!! 0–1**

509. 21.♘c5+! ♗xc5 22.♕f7+ ♔d6 23.♗e7+! ♔d5 1-0 Drei Punkte für das Berechnen bis ♗e7+.

510. 19.♖d7+ ♗xd7 20.♖xd7+ ♔e6 21.♖d6+ ♔f7 21...♔f5? 22.♕d7+ ♔g5 23.♗d2+ ♔h4 24.♕g4#. **22.♖d7+ ♔e6 23.♗g4+! f5 24.♖d6+ ♔f7 25.♖d7+ ♔e6 26.♘f4+!! exf4 27.♖d6+ ♔f7 28.♖d7+ ♔e6 29.♖d6+ ♔f7 30.♕d7+ ♘e7 31.♖f6+ ♔g7** 31...♔g8 32.♕xe7+-. **32.♕xe7+ ♔h6 33.♖xg6+! 1-0** Drei Punkte für das Berechnen bis ♘f4+!! und zwei für das Berechnen bis zum Ende.

511. 25.♘e5! ♘xe5 25...fxe5 26.♗xc6 ♖d2 27.♘d6 ♖d4 28.♕e3 bxc5 29.♕xe5+ ♔g8 30.♘e8+- (Gelfand in ChessBase Magazin 86). **26.fxe5 ♘xc5 27.exf6+ ♔f7** 27...♔g8 28.♖cd1+-. **28.♕h3 ♕g8 29.♗c6 ♖d3**

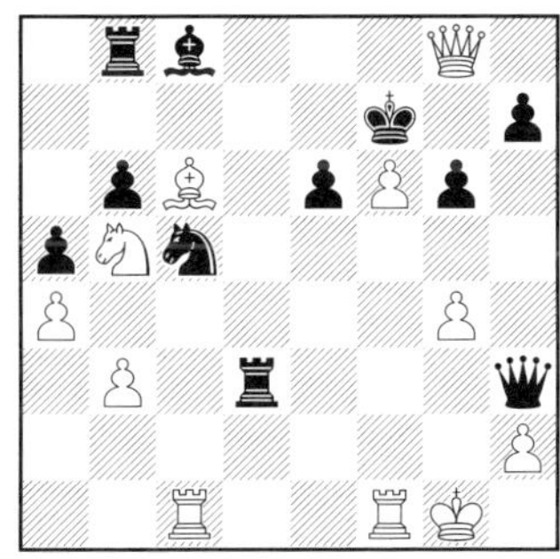

30.♗e8+!! ♔xe8 31.f7+ ♕xf7 32.♘d6+! ♖xd6 33.♖xf7 ♔xf7 34.♕xh7+ ♔e8 35.♕c7! ♖d4 36.♕xb8 ♔d7 37.h3 1-0 Drei Punkte für ♘e5.

512. 18.♘xe6 18.♖xe6!? fxe6 19.♘xe6 ♖xe6 20.♘c7+- ist sogar einfacher. Nach 18.♗b5? ♗xd5 19.♖xd5 kann sich Schwarz durch den Doppelangriff 19...♕a5! verteidigen. **18...fxe6 19.♖xe6! ♔h8** 19...♖xe6 20.♘c7!+-. **20.♖xc6 bxc6 21.♘c7 ♗e5 22.♕h6 ♖f6** 22...♗xc7 23.♖xd7+-. **23.♕g5 ♗xh2+** 23...h6 24.♖xd7!+-. **24.♔xh2 ♕xc7+ 25.♔g1 ♕d8 26.♖xd7 1-0** Zwei Punkte für 18.♖xe6! und einen für 20.♘c7, oder wenn Sie wie Degraeve spielen möchten, dann zwei Punkte für 19.♖xe6 und einen für 21.♘c7.

513. 23.d5!! ♘xd5 23...exd5 24.♘d4! ♘e6 *(24...♗c8? 25.♕xe7!+-; 24...♖g5*

25.♘cxb5 cxb5 26.c6 ♗a6 27.♕a3+-) 25.♗xb5! cxb5 26.♘cxb5 ♕e5 27.c6 ♕xe3 28.fxe3 ♖gg8 29.♘xe6 fxe6 30.c7+ ♔c8 31.cxd8♕+± (Finkel in CB-Magazin 74). **24.♘xd5 ♖xd5** 24...exd5 25.♖e1 ♖e8 26.♘d4 ♖gg8 27.♖a1±. **25.♖xd5 exd5 26.♖e1 ♗d8 27.♗h3 f5** 27...♗c8 28.♕h6!? ♖g6 29.♕xh5+−. **28.♗xf5 ♖g8 29.♕h6! ♗e7 30.♘e5 ♗g5 31.♕xh5 ♗d2 32.♘d7+ ♔a7 33.♖a1+ ♗a6 34.♕xf7 1-0** Drei Punkte für 23.d5!!.

514. **27.♘xe6+!!** 27.♕h8+ ♔d7 28.♕xa8 ♗xe2 29.♘xe6 ist besser für Weiß, aber nicht so überzeugend wie die Partiefortsetzung. **27...♘xe6** 27...♖xe6 28.♖xd5+ ♔c8 29.♖xc5 ♕d7 30.♖d1+−. **28.♕h8+ ♖e8 29.♖xd5+ ♕d7** 29...♔c8 30.♕xe8+ ♘cd8 31.f5+−. **30.♕f6+ ♖e7 31.♖hd1 ♕xd5 32.♖xd5+ ♔c7 33.♖d6 ♗xe2 34.♖xc6+ 1-0** Einen Punkt für ♕h8+ oder einen Punkt für die Widerlegung von ♖xe6 (nach 27.♘xe6+!!) und zwei Punkte für die Widerlegung von ♘xe6.

515. **35.♘xd5!!** 35.♖xg7? ♖e8 36.♕f3 ♗e5−+. **35...♕xe3** 35...♗xd5 36.♕xa3 ♗xa3 37.♗xc4 ♔e7 38.♗xd5 ♖d8 39.♖xg7++−; 35...♕xa5 36.♘xf6+−; 35...♘xd5 36.♕xa3 ♗xa3 37.♖xc6 ♖e8 38.♖xd5++−. **36.♘xe3 ♔c7 37.♖xg7+ ♘d7 38.♘xc4 ♖b8+ 39.♘b6 ♖e8 40.♗f3 ♖e1+ 41.♔a2 ♖a1+ 42.♔xa1 ♗e5 43.c3 ♗xg7 44.♗xc6 ♗xd4 45.cxd4 1-0** Drei Punkte für 35.♘xd5!!.

516. **27.♗h6+!! ♔xh6** 27...♔f6 28.♕f8+ ♔e6 29.♘xe5+−. **28.♕f8+ ♖g7** 28...♗g7 29.♕f4+ ♔h5 30.♕g5#; 28...♔h5 29.♕xe7+−. **29.♘xe5 ♕e6 30.♕f4+ g5 31.hxg5+ ♖xg5 32.♘f7+ 1-0** Einen Punkt für ♗h6+!!.

517. **28...♕xg2!! 29.♕xg2** 29.♕h4 h5−+. **29...♘d2+ 30.♔c1 ♗xg2 31.♖h4 ♗f3!? 32.♖g1 ♘xb3+ 33.axb3 a5−+** und Schwarz gewann später. Zwei Punkte für das Berechnen bis 29...♘d2+.

Test 8

518. **27...♘f3** und Weiß gab auf wegen **28.gxf3 ♖d2 29.♔g1 ♕xh2+ 30.♔f1 ♕f2#.** Einen Punkt für ♘f3.

519. **54.♖a8+ ♔d7 55.a6** und Schwarz gab auf wegen des Spießes **55...h4 56.a7 ♖a1 57.♖f8 ♖xa7 58.♖xf7++−.** Zwei Punkte, falls Sie den Gewinnweg gesehen haben.

520. **26.♖xd7 ♕xd7 27.♘e2 ♕c7** 27...♗e5 28.♕xd5+ ♕xd5 29.♗xd5+ ♔f8 30.♗xc4 ♖xb2 31.♘ed4+−. **28.♕xd5+ ♔f8 29.♘xf4 ♕xf4 30.♕d8+** 30.g3 ♕c7 31.♘c5+−. **30...♔f7 31.♕d7+ ♔g6?** 31...♔f8 32.♕d8+ ♔f7 33.♕d5+ ♔e7 34.g3 ♕c7 35.♕g8+−. **32.♕e8+ 1-0** Zwei Punkte für das Berechnen bis ♘e2 und einen weiteren, falls Sie 30.g3 oder den Gewinn in der Partie gesehen haben.

521. **31.♘f8! ♘f6** 31...f6 32.♘g6+−. **32.♘d7 ♗e6 33.♖xe6 1-0** Drei Punkte für ♘f8.

522. **29.♖xh7! ♔xh7 30.♕h5+ ♔g7 31.♖h1 ♖d1+!! 32.♖xd1 ♔g8?** 32...♕h8!± musste geschehen. **33.g6 ♕g7 34.gxf7+ ♔f8 35.♕h2 ♗f6 36.♕f2 ♗e6 37.♕a7 ♗xf7 38.♕xa4+−** und Weiß gewann später. Einen Punkt für das Berechnen bis 31.♖h1 und zwei weitere, falls Sie gesehen haben, dass die beste Verteidigung von Schwarz 31...♖d1+!! 32.♖xd1 ♕h8! ist.

523. 39.♕a6! ♕c8 40.♖xb3! ♕c1+ 41.♔h2 ♖xb3 42.♕xe6+ 1-0 Zwei Punkte für das Berechnen bis 40.♖xb3.

524. 25...♗f5!! 26.♕f3 26.♖xh4 ♘xf2+ 27.♔c1 ♘xd3+ 28.♔c2 ♘f4+ 29.♔b3 ♗xb1−+. **26...♕g5** 26...♘xf2+−+. **27.♖b2 ♘c3+ 28.♔e1** 28.♘xc3 ♗g4 29.♖g2 ♗xf3+−+. **28...♘xe2+ 29.♖xb4 ♘d4 0-1** Drei Punkte für 25...♗f5!!.

525. 26.♘e7+! Weiß spielte 26.♖b4?, was zur Aufgabe #3 führt. **26...♔f8** 26...♖xe7? 27.♖d8+ ♖e8 28.♖xe8#. **27.♘g6+!! hxg6** 27...fxg6 28.fxe3+ ♔g8 29.♕xe8# (Atlas in ChessBase Magazin 95). **28.♖h4!! ♘xf1** 28...♖b8 29.♖h8+ ♔e7 30.♕e4+ ♔d7 31.♖xb8 ♕xb8 32.fxe3+− (Atlas). **29.♖h8+ ♔e7 30.♖xe8+ ♔d6** 30...♔f6 31.♕f4#. **31.♕a6++−** (Atlas). Drei Punkte für das Berechnen bis 28.♖h4!! und zwei weitere, falls Sie die Variante bis zum Ende berechnet haben.

526. 19.♘xf7! ♖xf7 19...♗xb2 20.♖xf5 g6 21.♕h6 *(21.♘d8++−)* 21...gxf5 22.♘d8+ ♖f7 *(22...♔h8 23.♕xf8#)* 23.♗xf7++−; 19...♕xf7 20.♖xe5+− (Huzman in ChessBase Magazin 84). **20.♕xf5!! g6** Huzman gibt auch die folgende Variante an. 20...♗xb2 21.♖d7 ♔h8 22.♕xf7 ♕e5 23.♖ad1+−, 20...♖xf5 21.♖d8# und 20...♔h8 21.♗xe5+−. **21.♗xe5 1-0** Einen Punkt für 19.♘xf7, einen für 20.♕xf5!! und den letzten für 20...♔h8 21.♗xe5+−.

527. 37.♘e6! ♕d5? 37...♖xb8! 38.♘g5+ ♔h6 *(38...♔g7 39.♕c3+ ♔h6 40.♘f7+=)* 39.♘xe4 fxe4 40.♕xc4 ♖b1+ 41.♔g2 ♖bb2 42.♕g8=. **38.e4** 38.♘g5+! ♔g7 39.♕c3+ ♔h6 40.♖h8+ ♖h7 41.♖xh7#. **38...fxe4 39.♕f4 ♖xb8 1-0** Zwei Punkte für 37.♘e6! und einen für 37...♖xb8!.

528. 30...♖h8! 30...♗xg2+ 31.♕xg2 ♖h8+ 32.♔g1 ♕xe1+ 33.♖xe1 e2+ 34.♕f2 ♖g8+ 35.♔h1 ♗xf2 36.♖xe2 ist besser für Schwarz, aber nicht so gut wie die Partiefortsetzung. **31.♕xh8 ♗xg2+ 32.♔g1?!** 32.♖xg2 ♕xe1+ 33.♖g1 *(33.♔h2 ♗d6+−+)* 33...♕xg1+ 34.♔xg1 e2+ 35.♔g2 e1♕ 36.♕h2 e5 37.♔h3 *(37.♔f3 e4+−+)* 37...♗f2−+. **32...♗d5+ 33.♔f1 ♗c4 0-1** Drei Punkte für 30.♖h8 und einen Punkt für 30.♗xg2+.

529. 22.♗xf7+ Zwei Punkte für 22.♕a2. **22...♔xf7 23.♖xc6 ♕xc6 24.♕xd8 ♕xa4** 24...♖xd8? 25.♘xe5+ ♔e6 26.♘xc6+−. **25.♕d6+−** und Weiß gewann später. Drei Punkte für das Berechnen bis 24.♕xd8.

530. 24.♘e6! d4 24...fxe6 25.♗xe6+ ♖f7 26.♖a8+−. Eine fatale Fesselung. **25.♘xc7 f5 26.♗f3 ♕xc7 27.♖a7 ♕d8 28.♕xd4 ♘e5 29.♗d5+ ♗xd5 30.♕xd5+ ♘f7 31.♖xf7! ♖xf7 32.♖a8 1-0** Zwei Punkte, falls Sie gesehen haben, dass ♘e6! gewinnt.

531. Einen Punkt für **10.♕xe6+ fxe6** 10...♕e7 11.♕xe7#. **11.♗g6# 1–0**

532. 16.♘xe6! fxe6 17.♕xe6+ und Schwarz gab auf wegen **17...♕e7** 17...♗e7 18.♗g5+−. **18.♕xe7+ ♗xe7 19.♗g5+−** (Alvarez in ChessBase Magazin 95). Zwei Punkte für das Berechnen bis 19.♗g5+−.

533. 31...♕xg5?? Ein furchtbarer Zeitnotfehler. 31...♖f8! 32.hxg6 ♕a1+ 33.♔g2 ♖xf2+ 34.♕xf2 ♖xf2+ 35.♔xf2 ♕f6+−+. **32.♕xg5 gxh5 33.♖a8 1-0** Einen Punkt für 31...♖f8 und zwei weitere für 33...♖xf2+.

Test 9

534. 17.e5! 17.♘d5? ♘xd5 18.exd5 ♗xb2 19.f5 a3 20.♗h6 a2 21.fxg6 hxg6 22.♗xf8 ♖xf8 23.♖dd1 e5! ist nicht überzeugend. **17...dxe5** 17...♘h5 18.♘d5+−.
18.fxe5 ♕xe5 19.♗f4 ♕e6 20.♗xb8 ♖xb8 21.c7 ♖c8 22.♖d8+ ♗f8 23.♘d5 ♘xd5 24.♖xc8+−1-0 Einen Punkt für 17.e5.

535. 25.♗xf6! 25.♘g5? trifft auf 25...♕e7 26.♘xh7 ♕c5+ 27.♗c3 ♘h5! mit unklaren Konsequenzen, da 28.gxh5?? ♕f5+ sogar verliert. **25...♗xf6 26.♕xh7+ ♕xh7 27.♘xf6+ ♔h8 28.♖xh7+ ♖xh7 29.♘xh7 ♔xh7 30.g5 ♔g7 31.♔d3 ♔f7 32.♔e4 1-0 32...♔e7 33.♔e5 a5 34.a4 b6 35.f4 ♔f7 36.♔d6+−** Zwei Punkte, falls Sie das gewonnene Bauernendspiel gesehen haben.

536. 24.♖eh5? 24.♖g5

A) 24...g6? 25.♕h5 ♕c1+ 26.♔h2 ♕c7+ *(26...♖c8 27.♖xg6+ fxg6 28.♕xh7+ ♔f8 29.♕h8+ ♔e7 30.♖h7+ ♔d6 31.♕e5+ ♔c6 32.♕xe6#)* 27.♘e5 f6 28.♖xg6+ ♔h8 29.♕h6 ♕e7 30.♖hg4+−;

B) 24...♕c1+ 25.♔h2 ♕c7+ 26.♘e5 f6 27.♕xe6+ *(27.♕h5? wird widerlegt durch 27...♗e4−+. Ein netter unbewachter Wächter!)* 27...♖f7 28.♕e8+ ♖f8 29.♕e6+=. **24...♕c1+ 25.♔h2 ♗xf3 26.♖xh7 ♕c7+ 27.♕g3 ♕xg3+ 28.♔xg3 f6 29.♖h8+ ♔f7 30.♖xf8+ ♔xf8 31.♖h8+ ♔f7 32.♔xf3 ♖xa2−+** und Schwarz gewann nach einigen weiteren Zügen. Vier Punkte, falls Sie die gesamte Remisvariante 24.♖g5 gesehen haben.

537. 1...♗d3!! 2.♔xd3 ♕e7 3.e4 3.♕h6+ ♕h7+ Schach! **3...♕g7 4.♕h5+ ♔g8 5.♗d4 c5 6.♗xc5 ♖c8 7.f4 ♘a6!** 7...♖xc5? 8.♕e8+=. **8.♗f2 ♘b4+ 9.♔e2 ♖xa2 0-1** Vier Punkte für ♗d3!!.

538. 22.♕h6 1-0 22.♘h6+? ♔h8 *(22...gxh6? 23.♕xh6 f6 24.♘g5 ♘xg5 25.♖xe8 ♖xe8 26.♗xf6 ♘e6 27.♖e1 ♘gf8 28.f4* gibt Weiß Angriff.*)* 23.♘g5 ♘xd2 24.♖xe8 ♗e6 und Schwarz verteidigt sich; 22.♘xg7? ♘xd2 23.♘xe8 ♘xf3+ 24.gxf3 ♘e5=. Zwei Punkte für ♕h6.

539. 22.♘xf7!+− ♔xf7 23.dxe6+ dxe6 24.♖c7+ ♔g8 25.♕g4 ♗g6 26.♕xe6+ ♔h8 26...♔h7 27.♖xg7+ ♔xg7 28.♕f6+ ♔h7 29.♕e7++−. **27.♖c8 ♘d7 28.♖xa8 ♘f8 29.♖xd8 1-0** Drei Punkte, falls Sie bis ♕g4 gerechnet haben.

540. 14.d5! exd5 14...♘b8 15.♘g5 h6 16.♘h7 ♖d8 17.♘xf6+ ♗xf6 18.♕h7+ ♔f8 19.♗f4 ♗xc3 20.bxc3 ♗xd5 21.♕h8+ ♔e7 22.♕xg7 ♘c6 23.♗g6 ♕e8 24.♗xh6+−. **15.♗g5 g6 16.♖xe7! ♕xe7** 16...♘xe7 17.♗xf6+−. **17.♘xd5 ♘xd5 18.♗xe7 ♘cxe7 19.♗b3 ♖ad8 20.♖d1 ♖d6 21.♘g5 h6 22.♘e4 ♖dd8 23.♕d4 ♖fe8 24.f3 ♗c6 25.♕e5 ♘f5 26.♘f6+ ♘xf6 27.♖xd8 1-0** Drei Punkte, falls Sie ♖xe7 gesehen haben.

541. 1...♗xg3 2.♕xe8+ ♔h7!! 0-1 Einen Punkt für ♗xg3 und zwei für ♔h7!!.

542. 26...♖xc4!! 27.♖xb8 27.♕d1 ♖b4 28.♖xb4 ♕xb4 29.♗c3 ♕a3−+. **27...♖c1+ 28.♗f1 ♖xb8** „Weiß ist verloren, sobald ein zweiter schwarzer Turm auf die Grundreihe eindringt, während seine Schwerfiguren aus dem Spiel sind. Natürlich bedarf das Ende einer präzisen Berechnung.“ (McShane in ChessBase Magazin 89). **29.♗c3 ♖bb1 30.♕d3 a3! 31.♕xa6 a2 32.g4 ♖xf1+! 33.♕xf1 ♘e4 34.♗a1 ♘d2 0-1**

Fünf Punkte für das Berechnen bis 28...♖xb8–+.

543. 26.♖xd8+ ♖xd8 27.♗xg7+! ♔h7 27...♘xg7 28.♕h4 f6 29.♕xh6+ ♔g8 30.♕h8+ ♔f7 31.♕xd8+–; 27...♔g8 28.♕c7+–. **28.♕h4 ♖d2?!** 28...♖d5!? 29.♗d4 ♕g5± ist zäher. **29.♗xh6! ♔xh6 30.g4 ♕g5 31.♕xh5+** 31.♕e1+–. **31...♕xh5 32.♖xh5+ ♔g7 33.a4 ♖d3 34.c6!? bxc6 35.♖a5 ♖xf3 36.♖xa7 e5 37.a5 ♔f6 38.a6 e4 39.♖a8 ♖d3 40.♖e8 ♖d5 41.b4 ♖d7 42.c4 1-0** Drei Punkte für ♗xg7+.

544. 21.♕xf8+! 21.♘f7+? ♖xf7 22.♕xf7 ♖f8 23.♕xf8+ ♗xf8 24.♖xf8+ ♔g7 =/ unklar. **21...♖xf8 22.♖xf8+ ♔h7 23.♘f7** und die schwarze Dame kann dem mächtigen Springer nicht entkommen. **23...♕d7 24.♘g5+ ♔h6 25.♘f7+ ♔h7 26.♘g5+ ♔h6 27.♖h8+!! ♗xh8 28.♘e6+** und Schwarz gab auf wegen **28...g5 29.♗xg5+ ♔g6 30.♘f8++–**. Einen Punkt für ♕xf8+ und zwei weitere, falls Sie ♖h8+! gesehen haben.

545. 16.♘xf7!! ♖xf7 17.♖xe6+ 1-0, z.B. 17...♗e7 18.♖xe7+ 18.♖ae1 ♖d7 19.♖f6+–. **18...♔xe7 19.♖e1+ ♔f8 20.♕xh6+ ♔g8** 20...♖g7 21.♕f6++–. **21.♕g5++–** Drei Punkte für das Berechnen bis 18.♖xe7+ oder 18.♖ae1.

546. 17...♕xf4!! 18.♖xg7+ 18.exf4 ♘d4+ 19.♔e1 ♘xb3 20.♖xg7+ ♔xg7–+. **18...♔h8 19.♖cg1?** 19.exf4 ♘d4+ 20.♔e1 ♘xb3 21.♖xh7+ ♔xh7 22.♗xb3 ♖g8∓. **19...♖xd2+?!** 19...♕xe4!–+. **20.♔xd2 ♕f2+ 21.♔c1 ♕xe3+ 22.♕xe3 ♗xe3+ 23.♔c2 ♗xg1 24.♖xg1 ♖g8∓** und Schwarz gewann später. Einen Punkt, falls Sie 17...♕xf4!! 18.♖xg7+ gesehen haben und dass der König nach f8 oder h8 muss.

547. Zwei Punkte für **28.♗xf5 1–0**

548. 27...♘xf3! 28.♘xd5 28.♕xf3 ♕xc3 29.♕xf5? ♖f6–+. **28...cxd5 29.♕xf3 ♗g4! 30.♕f4 ♕h4+ 31.♔g1 ♖f6 32.♕g3 ♕xg3+ 0-1** Zwei Punkte für 27...♘xf3!.

549. 14.♗f4! ♕xf4 14...e5? 15.♗xe5 ♕xe5 16.♗g6#. **15.♗ g6+ ♕f7 16.♗xf7++–** und Weiß gewann nach einigen weiteren Zügen. Einen Punkt für 14.♗f4!.

Test 10

550. 32...♖xg2+! 33.♔xg2 ♘e3+ 34.♔f2 ♘xd5 35.♗xe5 ♔f8 36.♗d6+ ♔e8 37.♔e2 und nun hätte Schwarz **37...♘e7** mit der Idee ♘f5-g7 spielen sollen. Er hätte danach gute Gewinnchancen gehabt. Einen Punkt für ♖xg2+!.

551. 27...♗h3!! Ein schöner Köder, um die weiße Dame abzulenken. **28.♘xf8** 28.♕xh3 ♖xf7 29.♕e6 ♖e7 30.♕xe7 ♘xe7 31.♖xe7 ♕d8–+ (Dautov in CB-Magazin 95). **28...♗xe6 29.♘xg6+ hxg6 30.♖xe6 ♕xc3 31.♖e4** 31.♗xg6 ♕xd4+ 32.♔f1 ♕f4+ 33.♔e1 ♕h4+! 34.♔d2 ♕b4+–+ (Dautov). **31...♕c1+ 32.♔f2 ♕d2+ 0-1** Zwei Punkte für ♗h3!!.

552. 28.♖xe8+ 28.bxc3? ♖xe1 29.♖xe1 ♖e6!–+ (Kapengut). **28...♕xe8** 28...♗xe8 29.bxc3 ♖g5 30.♕xf7!? *(30.♕xh3±)* 30...♗xf7 31.f4 ♖h5 32.c4+– (Stohl in ChessBase Magazin 89). **29.♘xd7 ♗xb2?** 29...♗g7 30.♗xf5 ♕e2 31.♕xh3 ♖h6 32.♕g2+– (Stohl). **30.♘f8!** Drejew nutzt die Fesselung gekonnt aus! **30...♕xf8 31.♕xg6 c4 32.♗xc4 ♕f6 33.♕xf6+ ♘xf6 34.♖b1+–** und Weiß gewann bald. Einen Punkt für ♘xd7 und zwei weitere, falls Sie das Endspiel nach 28...♗xe8 gesehen haben. Wenn Sie stattdessen 30.♕xh3 spielen wollten, schreiben Sie sich nur einen Punkt gut.

553. 24.♗xg7 ♖xg7 24...♔xg7 25.♕h6+ ♔f7 26.♘f4 ♕xd4 27.♘xg6 ♘e6 28.♕h5+−. **25.♖e8! ♕xd5** 25...♕xe8 26.♘xf6++−. **26.♖h8+! ♔xh8 27.♖xf8+ ♕g8 28.♕h6+ ♖h7 29.♖xg8+ ♔xg8 30.♕xg6+ ♔h8 31.♕xf6++−** und Weiß gewann später. Drei Punkte für das Berechnen bis 26.♖h8+.

554. 9.♗xb5+! ♘c6? 9...♗c6 10.♗xc6+ ♘xc6 11.♕d3 ♘d6 12.♘bd2±; 9...♕xb5? 10.♕d8#. **10.♘e5** und Schwarz gab auf, z.B. **10...♕c7 11.♕a4 ♖c8 12.♕xe4+−**. Einen Punkt für ♗xb5+.

555. 20...♖xe3!! 21.b3 21.♗c3 g6 22.♗xd3 cxd3 23.♕b3 ♖d8∓ (Ribli in CB-Magazin 84); 21.♗xe3 ♕xg3 22.♗xd3 *(22.fxg3? ♘xe3+−+)* 22...♕xh3+ 23.♔g1 cxd3 24.♕xd3 ♖c6 25.♕xd5 ♖g6+ 26.♗g5 h6−+. **21...♘xf2! 22.♗e1** 22.♔xf2 ♖xe2+ 23.♔xe2 ♕xg3−+ (Ribli). **22...♕xg3 23.♖xd5 ♕xh3+ 24.♔xf2 ♖ce8 0-1** Zwei Punkte für ♖xe3!! und zwei weitere, falls Sie die Variante 21.♗xe3 bis zum Ende berechnet haben. 26...h6−+.

556. 23.♖xd5!! ♕xa2 23...♕xe1 24.♖xd7! ♕xd1+ 25.♖xd1+−; 23...♖xd5 24.♕xa5 ♖xd1+ 25.♔b2 ♗xc4 26.bxc4+− (Atlas in CB-Magazin 95). **24.♖xd7 ♕a1+ 25.♔d2 ♖xd7+ 26.♗d3 ♕a5+ 27.♔e2 1-0** Drei Punkte für 23.♖xd5!!.

557. 18...♗f5! 19.♕h6 ♖g6! 20.♕xf4 ♖xg2+! 21.♔xg2 ♕xe2+ 22.♔g3 ♕xh5 23.♗xd4 ♘bc6 24.♖ae1 ♘xd4 25.♕xd4 ♕h3+ 26.♔f2 ♕xh2+ 0-1 Zwei Punkte für das Berechnen bis 19...♖g6 und einen mehr für ♖xg2+!.

558. 17...♘xf2!! „Vouldis spielte eine wunderschöne Kombination basierend auf der totalen Dominanz auf den schwarzen Feldern." (Ftacnik in CB-Magazin 91). 17...♖xf2 18.♗xf2 ♘xf2 19.♕xf2 ♘g4 ist Zugumstellung. **18.♗xf2 ♖xf2 19.♕xf2 ♘g4 20.♕xd4 ♗xd4+ 21.♔h1 ♘f2+ 22.♔g1 ♘xd3+ 23.♔h1 ♘f2+ 24.♔g1 ♘xe4+ 25.♔h1 ♘f2+ 26.♔g1 ♘d3+ 27.♔h1 ♘xe1−+** und Schwarz gewann später. Zwei Punkte für das Berechnen bis 21...♘f2+.

559. 27.♖xf7!! 27.♕xg8+? ♔xg8 28.♖d8+ *(28.♖xf7 e6 29.♖dd7 ♗xf3 30.♖fe7 ♔f8 31.♖f7+=)* 28...♔g7 29.♖xf7+ ♔h6 30.♘h4 ♕c5+ 31.♔g3 ♕g5 32.♖xh7+ ♔xh7 33.♖g8=; 27.♕e5? e3+! 28.♕xe3 ♕xf6∓. **27...♖xg5 28.♘xg5 1-0** 28.♖d8+? ♖g8 29.♖xg8+ ♔xg8−+ da der Turm kein starkes Abzugsschach hat. Drei Punkte für 27.♖xf7!! ♖xg5 28.♘xg5+−.

560. 30.♘h6+! ♔h7? 30...gxh6 31.♕g6+ ♔f8 32.♕xh6+ ♔f7 33.♕xd2+−. Laut einem Sprichwort werden Damenrückzüge auf Diagonalen häufiger übersehen als andere Züge. Deswegen hoffe ich, dass Sie diesen nicht übersehen haben. **31.♘f5+ 1-0** gefolgt von der tödlichen Gabel auf e7. Zwei Punkte für das Berechnen bis 33.♕xd2.

561. 23.♖b3+ ♔a8 23...♖b6 24.♘c6+ ♖cxc6 25.♕xc6+−. **24.♖xc5** und Schwarz gab auf wegen **24...♖xc5 25.♗b7+ ♕xb7 26.♖xb7 ♔xb7 27.♕b4++−.** Einen Punkt für das Berechnen bis ♕b4+.

562. **23...♖xe3+!! 24.♕xe3** 24.♔xe3? ♖e8+ 25.♔f4? g5+ 26.♔f5 ♕xf3#. **24...♕xg4+ 25.♔f1 ♕xd7 26.♕xa7 ♕b5+ 27.♔g2 0-1** Einen Punkt für ♖xe3+!!.

563. **29.♖f1!!** Einer dieser mysteriösen Turmzüge? In der Partie kam 29.♖d1? vor, worauf 29...♘c4! hätte folgen sollen und Schwarz gewinnt wegen der schwachen Grundreihe. Natürlich nicht 29.♗xd6? ♖xd6 30.♕xd6 ♖c1+! 31.♖xc1 ♕xd6∓; 29.♖e1 ♖e8 30.♖f1 ♖xe5 31.♕xe5 ♕b6 32.♘b3 ist etwas besser für Weiß, aber natürlich nicht so gut wie die Hauptvariante. 29...♖cd7 29...♕b6 30.♘c4!!+− (Mikhalevski in ChessBase Magazin 92). 30.♘c6+− Zwei Punkte für 29.♖e1 ♖e8 30.♖f1 oder zwei Punkte für 29.♖f1!! und zwei weitere für 30.♘c4!! nach 29...♕b6.

564. **38.♗xg7+!** 38.♕xf8 ♖xf8 39.♗xg7+ ♘xg7 40.♖d8 ♔g8 41.b8♕ ♖e8 42.♖1d6+− gewinnt auch. **38...♘xg7** 38...♖xg7 39.♕xf8+ ♘xf8 40.b8♕+−. **39.♕xf8! ♖xf8 40.♖d8 ♘e6 41.♖xf8+ ♘xf8 42.b8♕ ♔g7 43.♕a7+ ♔h6** 43...♔g6 44.♕e7 ♘e6 45.♖d6+−. **44.♕f7 1-0** Vier Punkte für das Berechnen der Variante 38.♕xf8 bis 40.♖d8+− oder für das Berechnen der Hauptvariante bis 40.♖d8.

565. **42.♗c5?** 42.♘e4! ♖e6 43.♘f6+ ♖xf6 *(43...♗xf6 44.♖xf8+ ♔d7 45.gxf6 ♖xe3 46.♖xf7+ ♔e6 47.♕e7++−)* 44.♕b8+ ♔d7 *(44...♗d8 45.♖xf8+ ♔xf8 46.♕xd8++−)* 45.gxf6 ♗xf6 46.♖h2+−; 42.♘g4! funktioniert ebenfalls. **42...♖d2! 43.♕b8+** 43.♕a4+ ♔d8 44.♗b6+ ♔c8 45.♕xa6+ ♔d7 46.♕a4+ ♔e6 und Schwarz ist weiterhin im Spiel. **43...♖d8 44.♖xf8+ ♗xf8 45.♕e5+ ♔d7 46.♕d5+ ♔e8 47.♕c6+ ♖d7 48.♘e4 ♗e7 49.♕c8+ ♖d8 50.♕c6+ ♖d7 51.♕c8+ ♖d8 52.♕c6+ ♖d7 53.♕c8+ ½–½** Fünf Punkte für das Berechnen bis ♖h2!+−. Sie können mit ♘e4 oder ♘g4 starten.

Auswertung

Sie haben für jeden Test zwei Stunden Zeit. Lösen Sie die Aufgaben, ohne ein Brett aufzubauen, und schreiben Sie die Lösung auf ein Blatt Papier auf. Um eine möglichst präzise Auswertung zu erzielen, empfehle ich den Durchschnitt aller zehn Tests als Maßstab zu nehmen. Natürlich sollte man die Auswertung (Ihre „Taktische Elo") nicht zu sehr auf die Goldwaage legen.

0-1:	Studieren Sie nochmal das erste Kapitel!
2-3:	Unter 1000
4-5:	1000
6-7:	1100
8-9:	1200
10-11:	1300
12-13:	1400
14-15:	1500
16-17:	1600
18-19:	1700
20-21:	1800
22-23:	1900
24-25:	2000
26-27:	2100
28-29:	2200
30-31:	2300
32-33:	2400
34-35:	2500
36-37:	2600
38-39:	2700
40-42:	Über 2700, fordern Sie den Weltmeister heraus!